Scott Foresman

Cuaderno de lectores y escritores

Glenview, Illinois • Boston, Massachusetts • Chandler, Arizona
Upper Saddle River, New Jersey

ISBN-13: 978-0-328-48370-9
ISBN-10: 0-328-48370-2
9 10 V011 15 14 13
CC2

Unidad 1: Enfrentar retos

Unidad 2: Hacer lo correcto

Unidad 3: Inventores y artistas

Unidad 4: Adaptación

Unidad 5: Aventureros

Unidad 6: Lo inesperado

Nombre ______________________________

Unidad 1 Registro de lectura independiente

Tiempo de lectura	Título y autor	¿Sobre qué trata?	¿Cómo lo calificarías?	Explica tu calificación.
Desde _____ hasta _____			Excelente 5 4 3 2 1 Malo	
Desde _____ hasta _____			Excelente 5 4 3 2 1 Malo	
Desde _____ hasta _____			Excelente 5 4 3 2 1 Malo	
Desde _____ hasta _____			Excelente 5 4 3 2 1 Malo	
Desde _____ hasta _____			Excelente 5 4 3 2 1 Malo	

Nombre ______________________________

Unidad 2 Registro de lectura independiente

Tiempo de lectura	Título y autor	¿Sobre qué trata?	¿Cómo lo calificarías?	Explica tu calificación.
Desde ____ hasta ____			**Excelente** **Malo** 5 4 3 2 1	
Desde ____ hasta ____			**Excelente** **Malo** 5 4 3 2 1	
Desde ____ hasta ____			**Excelente** **Malo** 5 4 3 2 1	
Desde ____ hasta ____			**Excelente** **Malo** 5 4 3 2 1	
Desde ____ hasta ____			**Excelente** **Malo** 5 4 3 2 1	

Nombre ______________________________

Unidad 3 Registro de lectura independiente

Tiempo de lectura	Título y autor	¿Sobre qué trata?	¿Cómo lo calificarías?	Explica tu calificación.
Desde ______ hasta ______			**Excelente** 5 4 3 2 1 **Malo**	
Desde ______ hasta ______			**Excelente** 5 4 3 2 1 **Malo**	
Desde ______ hasta ______			**Excelente** 5 4 3 2 1 **Malo**	
Desde ______ hasta ______			**Excelente** 5 4 3 2 1 **Malo**	
Desde ______ hasta ______			**Excelente** 5 4 3 2 1 **Malo**	

Nombre ______________________________

Unidad 4 Registro de lectura independiente

Tiempo de lectura	Título y autor	¿Sobre qué trata?	¿Cómo lo calificarías?	Explica tu calificación.
Desde _____ hasta _____			Excelente 5 4 3 2 1 Malo	
Desde _____ hasta _____			Excelente 5 4 3 2 1 Malo	
Desde _____ hasta _____			Excelente 5 4 3 2 1 Malo	
Desde _____ hasta _____			Excelente 5 4 3 2 1 Malo	
Desde _____ hasta _____			Excelente 5 4 3 2 1 Malo	

Nombre ___________________________

Unidad 5 Registro de lectura independiente

Tiempo de lectura	Título y autor	¿Sobre qué trata?	¿Cómo lo calificarías?	Explica tu calificación.
Desde ____ hasta ____			Excelente 5 4 3 2 1 Malo	
Desde ____ hasta ____			Excelente 5 4 3 2 1 Malo	
Desde ____ hasta ____			Excelente 5 4 3 2 1 Malo	
Desde ____ hasta ____			Excelente 5 4 3 2 1 Malo	
Desde ____ hasta ____			Excelente 5 4 3 2 1 Malo	

Nombre ______________________________

Unidad 6 Registro de lectura independiente

Tiempo de lectura	Título y autor	¿Sobre qué trata?	¿Cómo lo clasificarías?	Explica tu calificación.
Desde _____ hasta _____			**Excelente** **Malo** 5 4 3 2 1	
Desde _____ hasta _____			**Excelente** **Malo** 5 4 3 2 1	
Desde _____ hasta _____			**Excelente** **Malo** 5 4 3 2 1	
Desde _____ hasta _____			**Excelente** **Malo** 5 4 3 2 1	
Desde _____ hasta _____			**Excelente** **Malo** 5 4 3 2 1	

Nombre ______________________________

La **ficción realista** es un género de narraciones que trata sobre personajes y sucesos que son imaginarios, pero parecen reales. Sus elementos son: ambiente, personajes, argumento y tema. Incluye las siguientes características:

- Los personajes se comportan como personas reales.
- Los ambientes son o parecen reales.
- El argumento, o la serie de sucesos que ocurren en el cuento, parece real.

Instrucciones A medida que leas *El kayak rojo,* busca ejemplos de personajes, del ambiente y del argumento que muestren que este cuento es una ficción realista. Escribe esos ejemplos abajo.

Personajes ______________________________

____

____

Ambiente ______________________________

____

____

Argumento ______________________________

____

____

Explorar el género

Piensa en otro cuento que hayas leído y que sea ficción realista. ¿Qué semejanzas y diferencias encuentras entre los personajes de ese cuento y los de *El kayak rojo*? Escribe un resumen de las semejanzas. Usa una hoja aparte si necesitas más espacio.

____

____

____

____

____

____

____

Nombre ________________________________

Un **cuento exagerado** es un cuento humorístico que relata una historia sobre personajes y sucesos imposibles, pero usa detalles realistas. El cuento exagerado incluye las siguientes características:

- Muchos detalles pertenecen a la vida diaria.
- Se exagera excesivamente a los personajes.
- Los sucesos que se describen no podrían suceder en la realidad.

Instrucciones A medida que leas *Rosa Trueno,* busca ejemplos de detalles realistas, personajes exagerados y sucesos imposibles que hacen que este cuento sea un cuento exagerado. Escribe esos ejemplos abajo.

Detalles realistas ________________________________

Personajes exagerados ________________________________

Sucesos imposibles ________________________________

Explorar el género

Piensa en otro cuento que hayas leído y que sea un cuento exagerado. ¿Qué semejanzas encuentras entre ese cuento y *Rosa Trueno*? Parafrasea brevemente, o cuenta con tus propias palabras, el argumento de ambos cuentos exagerados. Mantén el orden en el que ocurrieron los sucesos. Usa una hoja aparte si necesitas más espacio.

Nombre ______________________________

Título de la selección ______________________________ **Autor** ______________________

Cuando **inferimos,** usamos nuestros conocimientos previos con la información del texto para plantear nuestras propias ideas sobre lo que leemos. Para inferir, o hacer inferencias, intenta los siguientes pasos:

- Piensa en lo que ya sabes sobre los temas.
- Combina lo que ya sabes con la información del texto para hacer inferencias.
- Básate en tus inferencias y piensa en ideas, moralejas, lecciones o temas en el texto.

Instrucciones Mientras lees la selección, usa tus conocimientos previos y las claves del texto para hacer inferencias. Usa la tabla de abajo para mostrar cómo hiciste tus inferencias. Luego, escribe un enunciado que resuma el tema, la moraleja o la lección de la selección.

Lo que sé	Información del texto	Lo que infiero

Enunciado que resume el tema, la moraleja o la lección ______________________________

Nombre ____________________

Una **biografía** relata la historia de toda o una parte de la vida de una persona real. Generalmente, los sucesos de la vida de esa persona se cuentan en el orden en que ocurrieron. Las biografías incluyen las siguientes características:

- El tema es una parte o toda la vida de una persona real.
- Los sucesos de la vida de la persona generalmente se cuentan en el orden en que ocurrieron.
- Los sucesos se cuentan en una narración en tercera persona, y se usan pronombres como *él*, *ella*, *se* o *su* al referirse a esa persona.

Instrucciones A medida que leas *Satchel Paige*, busca ejemplos del tema, del orden de los sucesos y de la narración en tercera persona que hacen que esta selección sea una biografía. Escribe esos ejemplos abajo.

Tema ____________________

Sucesos ____________________

Narración en tercera persona ____________________

Explorar el género

Piensa en otra selección que hayas leído y que sea una biografía. Parafrasea brevemente, o cuenta con tus propias palabras, dos sucesos importantes de cada biografía. Mantén el orden en el que ocurrieron los sucesos. Usa una hoja aparte si necesitas más espacio.

Nombre ______________________________

Título de la selección ______________________________ **Autor** ______________

La **estructura del texto** se refiere a la manera en que el autor organiza el texto. Éste puede organizarse por causa y efecto, comparación y contraste, u otros tipos de estructura del texto. Saber cómo está estructurado un texto ayuda a mejorar nuestra comprensión. Éstas son maneras de identificar la estructura del texto:

- Antes de leer, dale un vistazo previo al texto. Haz predicciones y preguntas, y usa las características del texto, como los títulos, los encabezados y las ilustraciones, para intentar identificar la estructura.
- A medida que lees, busca lenguaje que te dé claves sobre la organización.
- Después de leer, recuerda la organización y resume el texto.

Instrucciones Mientras das el vistazo previo y lees la selección, escribe las características del texto que te ayuden a identificar la estructura del texto. Recuerda hacer preguntas y predicciones, usar las características del texto y buscar claves en el lenguaje para identificar la estructura del texto. Después de leer, indica cuál es la estructura del texto y haz un resumen corto de la selección.

Antes de la lectura ______________________________

____

____

____

Durante la lectura ______________________________

____

____

____

Estructura del texto y resumen ______________________________

____

____

____

Nombre ____________________

Título de la selección ____________________ **Autor** ____________________

Visualizamos para crear imágenes en nuestra mente mientras leemos. Crear imágenes nos ayuda a comprender mejor lo que leemos. Para visualizar, intenta lo siguiente:

- Combina lo que ya sabes con los detalles del texto para formar una imagen mental.
- Piensa en los sucesos del cuento o de la selección. Usa tus cinco sentidos para crear imágenes e intenta situarte dentro del cuento o la selección.

Instrucciones Mientras lees la selección, usa los sentidos como ayuda para visualizar lo que sucede o la información que el autor proporciona. Anota lo que relaciones con cosas que puedas ver, oír, saborear, oler y tocar.

Ver ____________________

Oír ____________________

Saborear ____________________

Oler ____________________

Tocar ____________________

Nombre ______________________________

La **no ficción literaria** es un género de narraciones en las que se cuenta la historia de un suceso real o de varios sucesos reales. Los elementos que se encuentran en la ficción también pueden usarse en este tipo de narración. Los textos de no ficción literaria incluyen las siguientes características:

- El argumento se centra en sucesos reales.
- Los personajes pueden ser personas que realmente existieron en el momento en que ocurrió el suceso.
- El texto puede incluir elementos de la ficción, como diálogos, descripciones e ilustraciones.

Instrucciones A medida que leas *Mantén la bandera en alto,* busca ejemplos de sucesos y personas reales, y de diálogos, descripciones e ilustraciones que hagan que esta selección sea un texto de no ficción literaria. Escribe esos ejemplos abajo.

Sucesos reales ______________________________

____

____

Personas reales ______________________________

____

____

Diálogos, descripciones e ilustraciones ______________________________

____

____

Explorar el género

Piensa en otra selección que hayas leído y que sea un texto de no ficción literaria. ¿Qué semejanzas y diferencias encuentras entre los sucesos de esa selección y los de *Mantén la bandera en alto*? Escribe un resumen de las semejanzas y las diferencias entre los sucesos de ambas selecciones. Mantén el orden de los sucesos. Usa una hoja aparte si necesitas más espacio.

____

____

____

____

Los **cuentos folclóricos** son cuentos creados por un cuentista anónimo, que se pasan oralmente de generación a generación hasta que alguien los escribe. Los cuentos folclóricos incluyen las siguientes características:

- El contenido casi siempre son las costumbres o las creencias de una cultura en particular.
- Los personajes humanos y animales generalmente representan algún rasgo humano o aspecto de la naturaleza humana.
- Se expresan temas sobre la naturaleza humana.

Instrucciones A medida que leas *La cartera de Ch'i-lin,* busca ejemplos de contenido, personajes y temas que hacen que este cuento sea un cuento folclórico. Escribe esos ejemplos abajo:

Contenido ____________________

____

____

Personajes ____________________

____

____

Temas ____________________

____

____

Explorar el género

Piensa en otro cuento que hayas leído y que sea un cuento folclórico. ¿Qué semejanzas y diferencias encuentras entre ese cuento y *La cartera de Ch'i-lin*? Escríbelas. Usa una hoja aparte si necesitas más espacio.

____

____

____

____

Nombre ______________________________

Título de la selección ______________________ **Autor** ______________

Los buenos lectores **verifican** su comprensión de lo que han leído y usan estrategias de corrección para **aclarar** su comprensión. Para verificar y aclarar puedes hacer lo siguiente:

- Haz preguntas durante y después de la lectura, y resume para comprobar tu comprensión.
- Ajusta tu velocidad de lectura, continúa leyendo o vuelve a leer la sección que te causó confusión.
- Visualiza lo que lees.
- Usa las características del texto y las ilustraciones como ayuda para aclarar el texto.

Instrucciones Mientras lees, anota los números de las páginas de los lugares en los que tuviste dificultad para comprender. Luego, describe la estrategia de corrección que usaste para aclarar el significado.

Dónde tuve dificultades en el texto ______________________________

____

Estrategias de corrección que usé ______________________________

____

____

____

Resumen de la selección

Escribe un resumen de dos o tres oraciones de la selección. Usa una hoja aparte si necesitas más espacio.

____

____

____

____

____

Nombre ______________________________

La **poesía** es una forma de composición literaria organizada en versos, que generalmente tiene un patrón de rima o de ritmo. La poesía incluye las siguientes características:

- Los versos del poema pueden rimar según un patrón, con rimas que aparecen en el medio o al final de los versos.
- Algunos poemas tienen un patrón rítmico.
- A menudo, los poemas tienen palabras que apelan a los sentidos.

Instrucciones A medida que leas *La cabalgata de Paul Revere,* busca ejemplos de patrones rítmicos, de rimas y de palabras que apelan a los sentidos, que hacen que esta selección sea un poema. Escribe esos ejemplos abajo:

Rima ______________________________

____

____

Ritmo ______________________________

____

____

Palabras que apelan a los sentidos ______________________________

____

____

Explorar el género

Piensa en otra selección que hayas leído y que sea un poema. ¿Qué semejanzas y diferencias encuentras entre ese poema y *La cabalgata de Paul Revere*? Escríbelas. Usa una hoja aparte si necesitas más espacio.

____

____

Nombre ________________________________

Las **obras de teatro** son textos escritos para representarse ante un público. Las obras de teatro en general están divididas en actos y escenas numerados, y consisten principalmente en diálogos y acotaciones para los actores. Las obras de teatro incluyen los siguientes elementos:

- Personajes y ambiente
- Diálogo
- Escenas

Instrucciones A medida que leas *La fabulosa máquina del movimiento perpetuo,* busca ejemplos de personajes y ambiente, diálogos y escenas. Escribe esos ejemplos abajo.

Personajes y ambiente ________________________________

Diálogos ________________________________

Escenas ________________________________

Explorar el género

Piensa en los personajes y el ambiente, los diálogos y las escenas de otra obra de teatro que hayas leído. ¿Qué semejanzas y diferencias encuentras entre esa obra de teatro y *La fabulosa máquina del movimiento perpetuo*? Escríbelas. Usa una hoja aparte si necesitas más espacio.

Nombre ______________________

Título de la selección ______________________ **Autor** ______________________

Visualizamos para crear imágenes en nuestra mente mientras leemos. Crear imágenes nos ayuda a comprender lo que leemos. Para visualizar, intenta lo siguiente:

- Combina lo que ya sabes con los detalles del texto para formar una imagen mental.
- Piensa en los sucesos del cuento o la selección. Usa tus cinco sentidos para crear imágenes e intenta situarte dentro del cuento o la selección.

Instrucciones Mientras lees la selección, usa los sentidos como ayuda para visualizar lo que sucede o la información que el autor proporciona. Anota lo que relaciones con cosas que puedas ver, oír, saborear, oler y tocar.

Ver ______________________

____

____

Oír ______________________

____

____

Saborear ______________________

____

____

Oler ______________________

____

____

Tocar ______________________

____

____

Nombre ____________________

Título de la selección ____________________ **Autor** ____________________

Cuando **predecimos,** decimos lo que creemos que sucederá en la selección. Las predicciones se basan en un vistazo previo o en lo que ya hemos leído. **Establecemos un propósito** para guiar nuestra lectura. Para predecir y establecer un propósito, puedes hacer lo siguiente:

- Lee el título y el nombre del autor. Busca ilustraciones y otras características del texto.
- Piensa en por qué estás leyendo y establece un propósito.
- Usa tus conocimientos previos, o lo que ya sabes, para hacer una predicción.
- A medida que leas, comprueba y cambia tu predicción basándote en la nueva información.

Instrucciones Dale un vistazo previo a la selección. Haz una predicción y establece un propósito de lectura para la selección. A medida que leas, comprueba tus predicciones y establece un propósito nuevo cuando sea necesario. Cuando termines de leer, escribe un resumen de la selección.

Antes de la lectura
Haz una predicción ____________________

____

Establece un propósito de la lectura ____________________

____

Durante la lectura
Comprueba y cambia tu predicción ____________________

____

Establece un nuevo propósito ____________________

____

Después de la lectura
Escribe un resumen ____________________

____

____

Nombre ______________________________

Título de la selección ______________________________ **Autor** ______________________________

La **estructura del texto** se refiere a la manera en que el autor organiza el texto. Éste puede organizarse por causa y efecto, comparación y contraste, u otros tipos de estructura del texto. El orden secuencial y el orden lógico son dos tipos más de estructura del texto. Saber cómo está estructurado un texto ayuda a mejorar nuestra comprensión. Éstas son maneras de identificar la estructura del texto:

- Antes de leer, dale un vistazo previo al texto. Haz predicciones y preguntas, y usa las características del texto, como los títulos, los encabezados y las ilustraciones, para intentar identificar la estructura.
- A medida que lees, busca lenguaje que te dé claves sobre la organización.
- Después de leer, recuerda la organización y resume el texto.

Instrucciones Mientras das el vistazo previo y lees la selección, escribe las características del texto que te ayuden a identificar la estructura del texto. Recuerda hacer preguntas y predicciones, usar las características del texto y buscar claves en el lenguaje para identificar la estructura del texto. Después de leer, indica cuál es la estructura del texto y haz un resumen corto de la selección.

Antes de la lectura ______________________________

____

____

____

Durante la lectura ______________________________

____

____

____

Estructura del texto y resumen ______________________________

____

____

____

Nombre ______________________________

El **texto expositivo** describe personas y sucesos reales. Un texto expositivo es un tipo de texto de no ficción. Los textos expositivos incluyen las siguientes características:

- El tema se relaciona con el mundo y las personas reales.
- La información del texto es verdadera.
- Las selecciones suelen incluir características del texto, como diagramas, mapas, tablas y gráficas.

Instrucciones A medida que leas *Efectos especiales en cine y televisión,* busca ejemplos de características del texto expositivo. Escribe los ejemplos abajo.

Tema de la selección ______________________________

____

____

Hechos ______________________________

____

____

Características del texto ______________________________

____

____

Explorar el género

Piensa en otra selección que hayas leído y que también sea un texto expositivo. ¿Qué semejanzas y diferencias encuentras entre esa selección y *Efectos especiales en cine y televisión*? Escribe sobre ello. Usa una hoja aparte si necesitas más espacio.

____

____

____

____

Nombre ______________________________

Título de la selección ______________________ **Autor** ______________________

Los buenos lectores se hacen preguntas mientras leen. **Preguntar** nos ayuda a verificar nuestra comprensión y a aclarar cualquier cosa que sea confusa. Preguntar también ayuda a hacer inferencias y a interpretar los textos que leemos, y favorece la conversación. A medida que leas, usa la siguiente estrategia de preguntar:

- Da un vistazo previo a la selección y piensa en cualquier pregunta que tengas sobre el tema.
- Lee con una pregunta en mente y haz anotaciones cuando encuentres información que se refiera a la pregunta.
- Establece un propósito de lectura preguntándote qué puede esperar el maestro que aprendas al leer este texto.
- Escribe otras preguntas que surjan mientras lees y busca las respuestas en el texto.
- Recuerda que no todas las preguntas se responden en el texto. A veces, tenemos que hacer inferencias o interpretaciones basadas en la información que proporciona el autor.

Instrucciones A medida que leas la selección, usa la tabla de abajo para escribir en la columna de la izquierda cualquier pregunta que tengas sobre el texto. Escribe las respuestas que encuentres o las inferencias que hagas en la columna de la derecha.

Preguntas	Respuestas, inferencias

La **ficción realista** es un género de narraciones que trata sobre personajes y sucesos que son imaginarios, pero parecen reales. La ficción realista incluye las siguientes características:

- Los personajes parecen gente real que podrías conocer.
- El ambiente es una ciudad o pueblo, una escuela u otros lugares que podrías conocer.
- El argumento es posible y podría suceder en la vida real.

Instrucciones A medida que leas *El tropezón con la cocinera,* busca ejemplos de los personajes, del ambiente y del argumento que hacen que este cuento sea una ficción realista. Escribe esos ejemplos abajo.

Personajes ______________________________

____

____

____

Ambiente ______________________________

____

____

____

Argumento ______________________________

____

____

____

Explorar el género

Piensa en el argumento de otro cuento que hayas leído y que sea ficción realista. ¿Qué semejanzas encuentras entre ese cuento y *El tropezón con la cocinera*? Escribe un resumen de las semejanzas entre ambos argumentos. Ordena tus ideas en un orden lógico. Usa una hoja aparte si necesitas más espacio.

____

____

____

Nombre ______________________________

Título de la selección ______________________ **Autor** ______________

Las **ideas importantes** de los textos expositivos son las ideas principales sobre un tema que el autor quiere que el lector comprenda. Para identificar las ideas importantes puedes hacer lo siguiente mientras lees:

- Dale un vistazo previo a la selección y lee el título, los encabezados y las leyendas.
- Busca palabras que tengan una fuente especial, como cursiva, negrita y listas de viñetas.
- Busca palabras o frases clave como *por ejemplo* y *más importante*.
- Usa las características del texto, como fotografías e ilustraciones, diagramas, tablas y mapas.

Instrucciones Usa la tabla de abajo para escribir cualquier idea importante y detalles que encuentres mientras leas la selección. Haz una lista de las características del texto o palabras clave que usaste para ubicar esas ideas. Luego, escoge una idea importante y parafrasea, o cuenta con tus propias palabras, esa idea, usando los detalles que enumeraste en la tabla. Asegúrese de preservar el orden lógico.

Ideas importantes	Detalles

Parafrasea una idea importante ______________________

____

____

____

Nombre ______________________________

Título de la selección ______________________________ **Autor** ____________________

La **estructura del cuento** es el orden de las partes importantes del cuento, que se suceden a lo largo del principio, el desarrollo y el final. Para identificar la estructura del cuento, los buenos lectores hacen lo siguiente:

- Buscan el conflicto, o problema, al principio del cuento.
- A medida que se desarrolla el conflicto, siguen los sucesos del argumento en el orden en que ocurren.
- Reconocen el clímax cuando los personajes enfrentan el conflicto.
- Identifican cómo logra resolverse el conflicto.

Instrucciones Mientras lees el cuento, grafica la estructura del cuento en el mapa de argumento de abajo. Cuando termines, parafrasea brevemente, o vuelve a contar el cuento con tus propias palabras, en una hoja aparte. Asegúrate de mantener los sucesos en el orden en que ocurren.

Título

Personajes

Ambiente

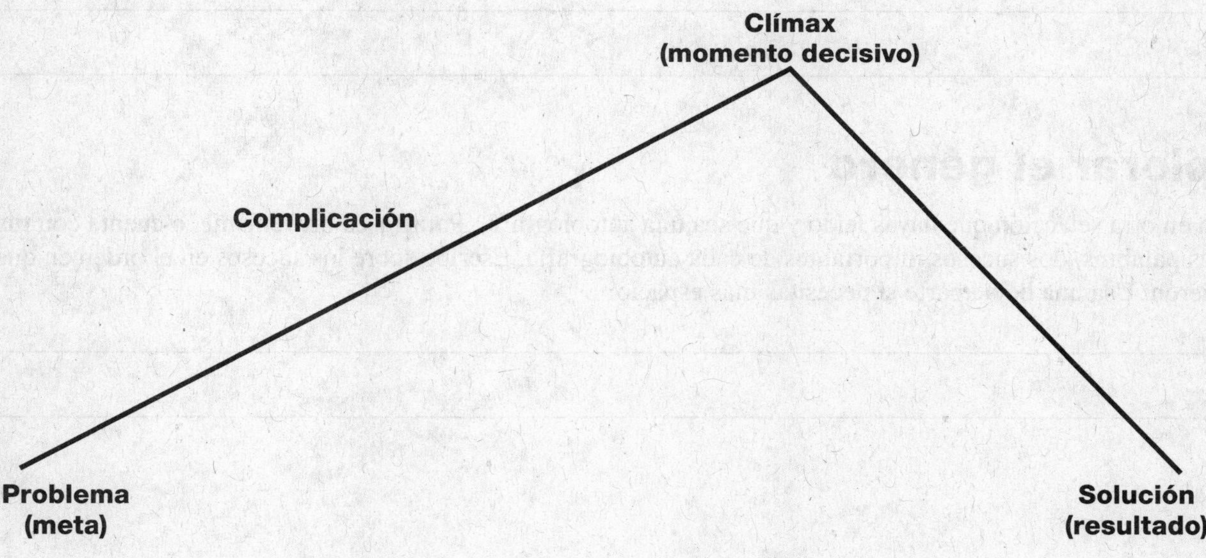

Nombre ______________________________

Una **autobiografía** es una forma de no ficción literaria. Como una biografía, relata la historia de toda o una parte de la vida de una persona real. Pero en una autobiografía, la persona cuenta su propia historia. Una autobiografía incluye las siguientes características:

- El tema es una parte o toda la vida de una persona real.
- Los sucesos de la vida de la persona generalmente se cuentan en el orden en que ocurrieron.
- Los sucesos se cuentan desde el punto de vista de la primera persona.

Instrucciones A medida que leas *El gimnasta,* busca ejemplos del tema, del orden de los sucesos y de la narración en primera persona que hacen que esta selección sea una autobiografía. Escribe esos ejemplos abajo.

Tema ______________________________

____

____

Sucesos ______________________________

____

____

Narración en primera persona ______________________________

____

____

Explorar el género

Piensa en otra selección que hayas leído y que sea una autobiografía. Parafrasea brevemente, o cuenta con tus propias palabras, dos sucesos importantes de cada autobiografía. Escribe sobre los sucesos en el orden en que ocurrieron. Usa una hoja aparte si necesitas más espacio.

____

____

Nombre ____________________

Una **ficción humorística** es una narración inventada por un autor, con elementos cómicos o graciosos, como exageraciones o ironía. Los personajes son imaginarios, aunque generalmente se comportan como personas reales. Los ambientes pueden ser o parecer reales. Las características de la ficción humorística incluyen:

- Por lo general, los personajes se comportan como personas reales.
- Los ambientes son o parecen reales.
- El argumento contiene elementos cómicos o graciosos.

Instrucciones A medida que leas *La escalera para zorrillos,* busca ejemplos de personajes, ambiente y argumento que hacen que este cuento sea una ficción humorística. Escribe esos ejemplos abajo.

Personajes ____________________

____

____

Ambiente ____________________

____

____

Argumento ____________________

____

____

Explorar el género

Piensa en otro cuento que hayas leído y que sea ficción humorística. ¿Qué diferencias encuentras entre ese cuento y *La escalera para zorrillos*? Escribe un resumen de las diferencias entre ambos cuentos. Ordena tus ideas de manera lógica. Usa una hoja aparte si necesitas más espacio.

____

____

____

____

____

____

____

Nombre ______________________________

Título de la selección ______________________ **Autor** ______________

Cuando **inferimos,** usamos nuestros conocimientos previos con la información del texto para plantear nuestras propias ideas sobre lo que leemos. Para inferir, o hacer inferencias, intenta los siguientes pasos:

- Piensa en lo que ya sabes sobre los temas.
- Combina lo que sabes con la información del texto para hacer inferencias.
- Básate en tus inferencias, y piensa en ideas, moralejas, lecciones o temas en el texto.

Instrucciones Mientras lees la selección, usa tus conocimientos previos y las claves del texto para hacer inferencias. Usa la tabla de abajo para mostrar cómo hiciste tus inferencias. Luego escribe un enunciado que resuma el tema, la moraleja o la lección de la selección.

Lo que sé	Información del texto	Lo que infiero

Enunciado que resume el tema, la moraleja o la lección ______________________

____

____

____

Nombre ______________________________

Título de la selección ______________________ **Autor** ______________

Los buenos lectores **verifican** su comprensión de lo que han leído y usan estrategias de corrección para **aclarar** su comprensión. Para verificar y aclarar puedes hacer lo siguiente:

- Haz preguntas durante y después de la lectura, y resume para comprobar tu comprensión.
- Ajusta tu velocidad de lectura, continúa leyendo o vuelve a leer la sección que te causó confusión.
- Visualiza lo que lees.
- Usa las características del texto y las ilustraciones como ayuda para aclarar el texto.

Instrucciones Mientras lees, anota los números de las páginas de los lugares en los que tuviste dificultad para comprender. Luego, describe la estrategia de corrección que usaste para aclarar el significado.

Dónde tuve dificultades en el texto ______________________________

____

Estrategias de corrección que usé ______________________________

____

____

____

Resumen de la selección

Escribe un resumen de dos o tres oraciones de la selección. Usa una hoja aparte si necesitas más espacio.

____

____

____

____

____

Nombre ______________________________

Título de la selección ______________________ **Autor** ______________

Cuando **resumimos** y **parafraseamos,** recogemos las ideas y los sucesos importantes de una selección en pocas oraciones. Parafrasear es decir lo que hemos leído en nuestras propias palabras. Los buenos lectores resumen y parafrasean lo que han leído para comprobar y mejorar su comprensión. Mantener las ideas y sucesos importantes en orden lógico también mejora la comprensión. Para resumir o parafrasear, haz lo siguiente:

- En los cuentos de ficción, busca los sucesos importantes del argumento, incluido el clímax.
- En la no ficción, busca las ideas importantes que presente el autor.
- Haz anotaciones mientras lees como ayuda para resumir o parafrasear, siempre con los sucesos en un orden lógico.
- Vuelve a decir los trozos importantes de información con tus propias palabras.

Instrucciones Mientras lees la selección, escribe abajo cualquier idea o suceso importante del argumento. Recuerda anotar los sucesos en un orden lógico. Cuando termines de leer, usa tus notas para resumir o parafrasear la selección.

Ideas o sucesos importantes

____

____

____

____

____

Resumen

____

____

____

____

____

Nombre ______________________

Título de la selección ______________________ **Autor** ______________

Los buenos lectores se hacen preguntas mientras leen. **Preguntar** nos ayuda a verificar nuestra comprensión y a aclarar cualquier cosa que sea confusa. Preguntar también ayuda a hacer inferencias y a interpretar los textos que leemos, y favorece la conversación. A medida que leas, usa la siguiente estrategia de preguntar:

- Da un vistazo previo a la selección y piensa en cualquier pregunta que tengas sobre el tema.
- Lee con una pregunta en mente y haz anotaciones cuando encuentres información que se refiera a la pregunta.
- Escribe otras preguntas que surjan mientras lees y busca las respuestas en el texto.
- Recuerda que no todas las preguntas se responden en el texto. A veces, tenemos que hacer inferencias o interpretaciones basadas en la información que proporciona el autor.

Instrucciones A medida que leas la selección, usa la tabla de abajo para escribir en la columna de la izquierda cualquier pregunta que tengas sobre el texto. Escribe las respuestas que encuentres o las inferencias que hagas en la columna de la derecha.

Preguntas	Respuestas, inferencias

Nombre ______________________________

Título de la selección ______________________ **Autor** ______________

Las **ideas importantes** de los textos de no ficción son las ideas principales sobre un tema que el autor quiere que el lector comprenda. Para identificar las ideas importantes, puedes hacer lo siguiente mientras lees:

- Dale un vistazo previo a la selección y lee el título, los encabezados y las leyendas.
- Busca palabras que tengan una fuente especial, como cursiva, negrita y listas de viñetas.
- Busca palabras o frases clave como *por ejemplo* y *más importante.*
- Usa las características del texto, como fotografías e ilustraciones, diagramas, tablas y mapas.

Instrucciones Usa la tabla de abajo para escribir cualquier idea importante y detalles que encuentres mientras leas la selección. Haz una lista de las características del texto o palabras clave que usaste para ubicar esas ideas. Escribe un resumen corto de la selección usando esas ideas importantes y detalles.

Ideas importantes	Detalles

Escribe un resumen breve ______________________________

____

____

____

Nombre ______________________

Título de la selección ______________________ **Autor** ______________________

La **estructura del texto** se refiere a la manera en que el autor organiza el texto. Éste puede organizarse por causa y efecto, comparación y contraste, u otros tipos de estructura del texto. Saber cómo está estructurado un texto ayuda a mejorar nuestra comprensión. Éstas son maneras de identificar la estructura del texto:

- Antes de leer, dale un vistazo previo al texto. Haz predicciones y preguntas, y usa las características del texto, como los títulos, los encabezados y las ilustraciones, para intentar identificar la estructura.
- A medida que lees, busca lenguaje que te dé claves sobre la organización.
- Después de leer, recuerda la organización y resume el texto.

Instrucciones Mientras das un vistazo previo y lees la selección, escribe las características del texto que te ayuden a identificar la estructura del texto. Recuerda hacer preguntas, usar las características del texto y buscar claves en el lenguaje para identificar la estructura del texto. Después de leer, indica cuál es la estructura del texto y haz un resumen corto de la selección.

Antes de la lectura ______________________

____

____

Durante la lectura ______________________

____

____

Estructura del texto y resumen ______________________

____

____

Nombre ______________________________

Los **mitos** son cuentos antiguos que han pasado de boca en boca durante siglos. Algunos mitos tienen muchas versiones diferentes dependiendo de la cultura. Éstas son algunas características de los mitos:

- Las creencias de una cultura particular se ven reflejadas en la historia.
- Los personajes generalmente son dioses, diosas y humanos que interactúan con las fuerzas de la naturaleza.
- El argumento suele centrarse en sucesos que intentan explicar un fenómeno natural.

Instrucciones A medida que leas *El rey Midas* y *su toque de oro*, busca ejemplos de elementos de una cultura particular, de personajes como dioses, diosas y humanos, y de sucesos que intenten explicar algo de la naturaleza y que hagan que este cuento sea un mito. Escribe esos ejemplos abajo.

Cultura ______________________________

____

____

Personajes ______________________________

____

____

Sucesos ______________________________

____

____

Explorar el género

Piensa en la cultura, los personajes y los sucesos de otro cuento que hayas leído y que fuera un mito. ¿Qué semejanzas y diferencias encuentras entre ese cuento y *El rey Midas* y *su toque de oro*? Escríbelas. Usa una hoja aparte si necesitas más espacio.

____

____

____

____

____

____

Nombre ______________________

Título de la selección ______________________ **Autor** ______________________

Cuando **predecimos,** decimos lo que creemos que puede pasar en la selección. Las predicciones se basan en el vistazo previo o en lo que ya hemos leído. **Establecemos un propósito** con el fin de guiar nuestra lectura. Podemos hacer lo siguiente para predecir y establecer un propósito.

- Leer el título y el nombre del autor. Observar las imágenes y otras características del texto.
- Pensar sobre la razón por la que leemos y establecer un propósito.
- Emplear los conocimientos previos de la lectura (aquello que ya se conoce) para hacer una predicción.
- Mientras se lee, verificar y modificar la predicción de acuerdo con la nueva información.

Instrucciones Da un vistazo previo a la selección. Haz una predicción y establece un propósito de lectura. A medida que leas, verifica tus predicciones y establece un nuevo propósito de ser necesario. Al finalizar la lectura, escribe un resumen de la selección.

Antes de la lectura
Hacer una predicción ______________________

____

Propósito de la lectura ______________________

____

Durante la lectura
Verificar y modificar la predicción ______________________

____

Establecer un nuevo propósito ______________________

____

Después de la lectura
Escribir un resumen ______________________

____

____

Nombre ______________________

Título de la selección ______________________ **Autor** ______________________

Los **conocimientos previos** son lo que ya sabemos sobre un tema. Usar conocimientos previos nos ayuda a comprender mejor lo que leemos. Activa tus conocimientos previos de la siguiente manera:

- Dale un vistazo previo a la selección para saber de qué se trata.
- Piensa en lo que ya sabes sobre el tema.
- Relaciona la selección con tu propio mundo, la gente, los lugares y los sucesos que ya conoces.

Instrucciones Usa la tabla SQA de abajo para anotar tus conocimientos previos sobre la selección. Haz una lista de lo que ya sabes en la columna S. Luego haz una lista de lo que quieres aprender en la columna Q. Después de leer, haz una lista de lo que aprendiste en la columna A. Escribe un resumen corto de la selección en una hoja aparte.

S	Q	A

Nombre ____________________

Sugerencias para hablar de libros

- Hablar de manera clara.
- Mirar a los ojos.
- Hablar de un libro que a ti te gustó leer.
- No revelar el final.
- Hablar por 2–4 minutos, comentando información entretenida o importante sobre el libro.

Instrucciones Usa como ayuda los puntos de conversación de abajo para organizar tu exposición sobre el libro.

1. ¿Cuál es el título del libro?
2. ¿Quién es el autor o la autora?
3. ¿Cuál es el género?
4. ¿Qué otros libros ha escrito el autor o la autora?

Si tu libro es de ficción...

5. ¿Cuál es el aspecto más emocionante del libro: el argumento, los personajes o el tema?
6. Describe brevemente un ambiente, una escena o un personaje de ese libro.

Si tu libro es de no ficción...

7. ¿Qué información importante encontraste en este libro?
8. Describe brevemente una parte interesante del libro.
9. ¿Tienes una relación personal con la historia o el tema?
10. Explica por qué tus oyentes deberían leer ese libro.

Nombre ____

Antes de escribir

- Ayuda a tu compañero con una lluvia de ideas para su escrito.
- Comenta con tu compañero el tema de escritura. ¿Debería reducir o ampliar su tema?

Después del primer borrador

- Antes de intercambiar las hojas, dile a tu compañero lo que te gustaría que buscara al leer tu escrito.
- Usa notas adhesivas o trozos de una hoja de cuaderno para anotar las preguntas o los comentarios que tengas sobre el escrito de tu compañero.
- Señala la información o las ideas que están bien escritas.
- Comenta cualquier información que parezca innecesaria o confusa, pero asegúrate de que tus comentarios sean útiles y considerados.

Revisión

- Lee la hoja de tu compañero en voz alta para escuchar tanto sus fortalezas como los lugares donde tenga que mejorar.
- Siempre dile a tu compañero lo que crees que hizo bien en su escrito.
- Comienza con un cumplido o señalando una fortaleza, y luego hazle sugerencias para mejorar. Por ejemplo, "Me gustó _________. ¿Qué te parece si haces lo mismo con _________?".
- Recuerda también verificar la ortografía y la gramática.

Otras áreas que deberías comentar:

- Título
- Introducción
- Conclusión
- Descripciones
- Ejemplos
- Uso de verbos, sustantivos, adjetivos o adverbios

Nombre ____

Nombre del producto de escritura ____

Instrucciones Repasa tu borrador final. Califícate a ti mismo en una escala del 4 al 1 (4 es el puntaje más alto) en cada característica de la escritura. Después de completar la tabla, responde las preguntas.

Características de la escritura	4	3	2	1
Enfoque/Ideas				
Organización				
Voz				
Lenguaje				
Oraciones				
Normas				

1. ¿Cuál es el mejor aspecto de este fragmento de escritura? ¿Por qué lo crees?

____

____

____

____

2. Escribe algo que crees que deberías cambiar en este fragmento de escritura si tuvieras oportunidad de escribirlo de nuevo.

____

____

____

____

Elementos literarios: Personaje y argumento

- El **argumento** es la serie de sucesos de un cuento.
- La persona o el animal que más influye en el argumento de un cuento es el **personaje principal.**
- El argumento incluye: (1) el problema o **conflicto** que el **personaje principal** experimentará, (2) la **complicación** a medida que crece el conflicto, (3) el **clímax,** cuando el personaje principal enfrenta el conflicto y (4) la **solución,** cuando el problema o conflicto se soluciona.

Instrucciones Lee el siguiente texto. Completa el diagrama con los elementos del cuento.

Rafael hacía algunos trabajos en el establo cuando la radio dejó de funcionar. Entró en su casa y notó que las luces no encendían. ¡No había electricidad! Rafael sabía que toda la leche que había en el refrigerador se echaría a perder si permanecía tibia mucho tiempo. La granja de su familia no podía darse el lujo de perder toda esa leche.

Entonces recordó cómo hacía su padre para mantener frías las gaseosas cuando salían de pesca. Rafael llevó 23 galones de leche a la orilla del arroyo y los sumergió hasta las tapas en la parte menos profunda. Sabía que el agua fresca mantendría la leche fría hasta que volviera la electricidad.

Personaje principal

1. ____________________

Complicación

2. ____________________

Problema o conflicto

3. ____________________

Clímax

4. ____________________

Solución

5. ____________________

Actividad para la casa Su hijo o hija analizó el argumento de un texto breve. Comente algún cuento con su hijo o hija e identifique los personajes, el problema o conflicto, la complicación y la solución.

Nombre ______________________________

Aspectos principales de las instrucciones

- explican un proceso en pasos
- describen los pasos en orden
- suelen estar numeradas o tienen palabras clave que indican el orden

Plantar semillas de flores

Las flores en el alféizar de una ventana agregan un toque agradable a cualquier casa. Plantar semillas de flores en una taza o una pequeña maceta es una actividad sencilla que genera grandes recompensas. Con el cuidado adecuado, en poco tiempo tus semillas brotarán y se convertirán en flores hermosas.

Para empezar, necesitas un paquete de semillas de flores, una maceta o un envase para flores, piedritas, tierra de jardinería, una cuchara o una pala, y agua. Primero, coloca las piedras en el fondo de la maceta. Eso ayudará a que el agua se escurra de las raíces de la planta cada vez que la riegues. Cuando una maceta no escurre adecuadamente, las raíces quedan con demasiada agua y pueden pudrirse. Luego, agrega tierra en tu maceta con una pala. Llénala hasta un poco más de la mitad.

Ya estás listo para plantar. Abre tu paquete de semillas y esparce semillas en la tierra. Como cada planta es diferente, lee las instrucciones del paquete de semillas para ver cuántas semillas puedes plantar y a qué distancia deben estar una de otra. Hunde las semillas en la tierra. Asegúrate de que queden completamente cubiertas. Agrega más tierra si es necesario. Finalmente, riega las semillas para asegurarte de que la tierra esté húmeda, pero no demasiado mojada. Ten cuidado de no regar demasiado tu planta. No deben quedar charquitos de agua en la superficie de la maceta.

Cuando hayas plantado tus semillas, coloca la maceta en un lugar soleado de tu casa. El alféizar de una ventana puede funcionar muy bien. Controla diariamente la tierra para asegurarte de que no se reseque. Si todo va bien, hacia el final de la semana deberías comenzar a ver pequeños brotes. Si tus flores crecen demasiado para la maceta original, puedes pasarlas al jardín o colocarlas en una maceta más grande.

1. Lee las instrucciones. ¿Qué proceso explican estas instrucciones? ¿Cuál es el primer paso del proceso?

____

____

____

2. ¿Cuál es el segundo paso del proceso? ¿Qué palabra clave te indica el orden del paso dos?

____

____

Nombre ____________________________________

Vocabulario

Instrucciones Escoge la palabra del recuadro que concuerde mejor con la definición. Escribe la palabra sobre la línea que se muestra a la izquierda.

Verifica las palabras que conoces

- ___ **intencionalmente**
- ___ **insistencia**
- ___ **refunfuñé**
- ___ **corriente**
- ___ **minuto**
- ___ **neutro**
- ___ **habitualmente**

____________________ **1.** Repetición, persistencia.

____________________ **2.** Protesté en voz baja.

____________________ **3.** Sesenta segundos.

____________________ **4.** Normal, común.

____________________ **5.** Generalmente, a menudo.

Instrucciones Escoge la palabra del recuadro que mejor complete las oraciones de abajo. Escribe la palabra sobre la línea que se muestra a la izquierda.

____________________ **6.** Como el carro estaba en ________, no se movió cuando Lauren pisó el acelerador.

____________________ **7.** No quise herir sus sentimientos ________, no me di cuenta de lo que dije.

____________________ **8.** ________ cuando tuve que prestarle mi juguete preferido a mi hermanito.

____________________ **9.** El niño tironeaba mi vestido con ________ para que le diera otra galleta.

____________________ **10.** No sucedió nada fuera de lo ________ en toda la semana, todo fue normal.

Escribir una carta de reclamo

Imagina que has regresado de una tienda donde tuviste una experiencia muy fea. ¡Los empleados fueron tan irrespetuosos que quizás nunca más compres en ese lugar! En una hoja aparte, escribe una carta al gerente de la tienda en la que describas lo que sucedió. Usa tantas palabras del vocabulario de esta semana como te sea posible.

Actividad para la casa Su hijo o hija identificó y usó palabras del cuento *El kayak rojo*. Repase con su hijo o hija las definiciones de cada una de las palabras del vocabulario y, juntos, usen las palabras en oraciones.

Nombre ______________________

Cuatro tipos de oraciones

Todas las oraciones empiezan con mayúscula y tienen algún tipo de puntuación.

Una **oración enunciativa** es una afirmación. Termina en punto.

El señor Col era el jefe de la oficina de objetos perdidos.

Una **oración interrogativa** plantea una pregunta. Empieza y termina con signos de interrogación.

¿Saben dónde está mi paraguas?

Una **oración imperativa** da una orden o solicita algo. Termina en punto. Por lo general el sujeto no aparece en la oración pero se lo sobrentiende.

Tráigame la lista de objetos encontrados.

Una **oración exclamativa** expresa una emoción fuerte. Va entre signos de admiración.

¡Hurra, lo encontré!

Una **interjección** es una palabra o grupo de palabras que expresa una emoción fuerte. No es una oración completa.

¡Caramba!

¡Bravo!

¡Ay!

Instrucciones Vuelve a escribir las oraciones. Haz todas las correcciones necesarias en las mayúsculas y la puntuación.

1. el arroyo es peligroso en invierno

____

2. no respira!

____

3. quién le hace la respiración boca a boca

____

Instrucciones Completa las oraciones con las palabras del recuadro. Luego, escribe si la oración es *enunciativa, interrogativa, imperativa* o *exclamativa.*

haber visto a alguien!	hacen la navegación peligrosa.
la otra orilla.	chalecos salvavidas?

4. El viento y el oleaje ______________________

5. ¿Llevan los tripulantes ______________________

6. Dirígete hacia ______________________

7. ¡Me parece ______________________

Actividad para la casa Su niño o niña estudió cuatro tipo de oraciones. Pídale que escriba una oración de cada tipo sobre algo que haya sucedido en la escuela.

Nombre ____________________

Acentuación: Palabras agudas

Palabras de ortografía			
canción	jugar	jamás	allí
mansión	jabalí	sofá	perejil
misión	sartén	calor	millón
correr	vivaz	corazón	café
alfiler	además	medir	altitud

Palabras en contexto Completa cada oración con una palabra de la lista.

1. El ________ tiene colmillos grandes. 1. ____________
2. Esta roca tiene un ________ de años. 2. ____________
3. Como hacía ________ , me quité el abrigo. 3. ____________
4. Hizo un agujero pequeño con un ________ . 4. ____________
5. Cuando corres, tu ________ late más rápido. 5. ____________
6. El cachorrito es muy ________ . 6. ____________
7. Lo que más le gusta es ________ con la pelota. 7. ____________
8. Colocamos aceite en la ________ . 8. ____________
9. Ésa es mi ________ favorita, siempre la escucho. 9. ____________
10. Condimentamos la salsa con pimienta, ________ y sal. 10. ____________

Significados de las palabras Escribe la palabra de la lista que tenga casi el mismo significado.

11. nunca 11. ____________
12. también 12. ____________
13. marchar rápido 13. ____________
14. calcular 14. ____________
15. altura 15. ____________
16. sillón 16. ____________
17. casa grande 17. ____________
18. ahí 18. ____________
19. infusión 19. ____________
20. tarea 20. ____________

Actividad para la casa Su hijo o hija escribió palabras agudas. Pídale que identifique más palabras agudas en un periódico, libro o revista.

Nombre ______________________________________

Pasos de un proceso

Proceso ______________________________________

Paso 1

Paso 2

Paso 3

Paso 4

Paso 5

Vocabulario • Homógrafos

- Un **homógrafo** es una palabra que se escribe igual que otra u otras palabras, pero tiene un significado diferente.
- Muchas veces, las palabras que forman pares o grupos de homógrafos pertenecen a diferentes categorías gramaticales.
- Cuando busques un homógrafo en el diccionario, lee cada definición que se proporciona. La primera definición que aparece quizás no sea el significado que concuerda con la forma en que se usa la palabra en la oración.

bien[1] *s.* bienestar, felicidad
bien[2] *adv.* debidamente, de buena manera

carpa[1] *s.* tienda, toldo
carpa[2] *s.* pez de aguas dulces, de cuerpo pequeño y una sola aleta dorsal

corriente[1] *adj.* común, habitual
corriente[2] *s.* cantidad de líquido, electricidad o gas que se mueve en una misma dirección

neutra[1] *adj.* indiferente
neutra[2] *adj.* electricidad que no es positiva ni negativa

pesar[1] *s.* sentimiento de dolor
pesar[2] *v.* tener peso, determinar el peso de algò

sobre[1] *s.* cubierta de papel donde se coloca una carta, tarjeta, etc.
sobre[2] *prep.* encima de

Instrucciones Completa las siguientes oraciones con palabras de la lista de homógrafos de arriba.

1. Esta mañana, mi hermano y yo fuimos a pescar con mi tío. ¡Y pesqué una hermosa ____________________
2. —¡Debe ____________________ más de un kilo! —dije cuando vi cómo trataba de soltarse.
3. —¡Sujeta ____________________ la caña! —exclamó mi hermano—. ¡La ____________________ es muy fuerte!
4. Cuando finalmente logré sacarla del agua, la puse ____________________ una piedra para observarla. ¡Era realmente grande!
5. Aunque a mamá no le gusta el pescado, su respuesta no fue ____________________, sino que estaba muy feliz.

Diccionario/Glosario

- Un **diccionario** es una lista de palabras en orden alfabético con su significado e información adicional, como su categoría gramatical.
- Un **glosario** es una lista de las palabras importantes que se usan en un libro, con su significado. Los glosarios están al final del libro.
- Cuando veas una palabra poco común, y las palabras del contexto no te permitan descubrir su significado, puedes usar un diccionario o un glosario para saber qué significa.

Instrucciones Lee las entradas de un diccionario y de un glosario.

Entrada de un diccionario

anodino, na (del lat. *anodynus*). **1.** adj. Insignificante, ineficaz, insustancial. *El fuego anodino de la fogata apenas nos calentaba.* **2.** adj. Med. Dicho de un medicamento o de una sustancia: Que calma el dolor. *Es un medicamento anodino en casos leves.*

Entrada de un glosario

Era del Hielo *s.* Período glacial durante el cual gigantescas placas de hielo se desprendieron de los polos. La última Era del Hielo duró desde aproximadamente 1,600,000 hasta 10,000 a.C. (p. 107)

Nombre ____________________

Instrucciones Responde las siguientes preguntas:

1. En la entrada del diccionario, ¿qué indica la frase entre paréntesis?

____

2. En la entrada del diccionario, ¿qué indican las letras “na” después de *anodino*?

____

3. ¿Por qué crees que el diccionario da ejemplos de oraciones en la definición de la palabra?

____

4. ¿Cuántas definiciones de la palabra *anodino* hay en el diccionario? ¿Cuál es la definición más común?

____

5. ¿Qué representa *adj.* delante de cada entrada?

____

6. ¿Qué no tienen las entradas de los glosarios que sí tienen las de los diccionarios?

____

7. ¿Por qué hay un número de página al final de la entrada del glosario?

____

8. ¿Qué información obtienes tanto en las entradas de los diccionarios como en las de los glosarios?

____

9. Si leyeras un libro sobre la vida en el desierto, ¿esperarías encontrar *Era del Hielo* en el glosario? ¿Por qué?

____

____

10. Si estuvieras leyendo un cuento y encontraras una palabra que no conoces, ¿dónde buscarías primero la definición: en un glosario o en un diccionario?

____

____

Actividad para la casa Su hijo o hija aprendió a usar diccionarios y glosarios. Hagan una lista de las ocasiones posibles en las que usarían un diccionario o un glosario.

Nombre ______________________________

Acentuación: Palabras agudas

Corrige un artículo periodístico Sara escribió un artículo para el periódico local. Encierra en un círculo siete errores de ortografía. Encuentra un error en el uso de mayúsculas. Escribe las correcciones en las líneas.

La mansión Rivera

Ubicada en el corazon de la ciudad, la mansión fue por más de cien años el hogar de la familia Rivera. Durante ese tiempo, la familia recibió importantes ofertas por la compra de la casa, pero jamas pensó en deshacerse de ella. La elegante construcción encierra, sin duda, un millon de recuerdos. Alli nació y vivió Javier Rivera, el famoso Compositor. También allí, ademas, solía jugár y corrér su nieto, el actual alcalde de nuestra comunidad.

1. ______________________

2. ______________________

3. ______________________

4. ______________________

5. ______________________

6. ______________________

7. ______________________

8. ______________________

Palabras de ortografía

canción
mansión
misión
correr
alfiler
jugar
jabalí
sartén
vivaz
además
jamás
sofá
calor
corazón
medir
allí
perejil
millón
café
altitud

Palabras difíciles

mandamás
apretón
gratitud
tempestad
rehén

Corrige palabras Encierra en un círculo la palabra escrita correctamente.

9.	cancion	canción	cansión
10.	altitud	altitúd	altitú
11.	jabali	jabalí	javalí
12.	mision	mición	misión
13.	sartén	sarten	sartém
14.	caffé	café	cafe
15.	peregil	perejíl	perejil

Escuela + Hogar

Actividad para la casa Su niño o niña escribió palabras agudas. Pídale que diga una oración con cada palabra de ortografía.

Nombre ______________________________

Cuatro tipos de oraciones

Lee las oraciones. Luego, lee cada pregunta. Encierra en un círculo la letra de la respuesta correcta.

¡Emergencia!

(1) ¿Tú sabes qué hacer en un caso de emergencia? (2) Escucha bien lo que te voy a contar. (3) Mi vecino llegaba una noche a su casa. (4) ¡Vio que salía humo del garaje! (5) Mi vecino llamó a los bomberos inmediatamente.

1 ¿Qué tipo de oración es la oración 1?

A enunciativa
B interrogativa
C imperativa
D exclamativa

2 ¿Qué tipo de oración es la oración 2?

A enunciativa
B interrogativa
C imperativa
D exclamativa

3 ¿Qué tipo de oración es la oración 3?

A enunciativa
B interrogativa
C imperativa
D exclamativa

4 ¿Qué tipo de oración es la oración 4?

A enunciativa
B interrogativa
C imperativa
D exclamativa

5 ¿Qué tipo de oración es la oración 5?

A enunciativa
B interrogativa
C imperativa
D exclamativa

Actividad para la casa Su niño o niña se preparó para tomar un examen sobre tipos de oraciones. Pídale que lea un trozo de un cuento y diga qué oraciones son enunciativas, interrogativas, imperativas o exclamativas.

Causa y efecto

- Una **causa** es lo que hace que algo suceda. Un **efecto** es lo que sucede como consecuencia de una causa.
- Si no hay palabras clave, hazte estas preguntas: "¿Qué hizo que ocurriera este suceso?, ¿Qué ocurrió como consecuencia de este suceso?".
- Un efecto puede convertirse en causa de otro efecto.

Instrucciones Lee el siguiente texto y completa el diagrama de abajo.

Luego de tres días de lluvia sin interrupción, ninguno de nuestros vecinos pudo evitar que el agua entrara en su casa. Las casas con sótano fueron las más perjudicadas. Los sótanos se inundaron a pesar de los esfuerzos realizados para extraer el agua. Los juguetes, las lavadoras y los muebles que estaban en los sótanos quedaron completamente empapados.

Nuestra vecina, la Sra. Chan, estaba muy triste porque todas las fotografías de sus nietos estaban en el sótano. Su nieta May era mi mejor amiga y yo tenía una fotografía escolar en la billetera. La envolví con una bolsita plástica, me puse el impermeable y corrí a la casa de la Sra. Chan. Justo cuando le daba la fotografía de May a la Sra. Chan, un rayo de sol se asomó detrás de una nube.

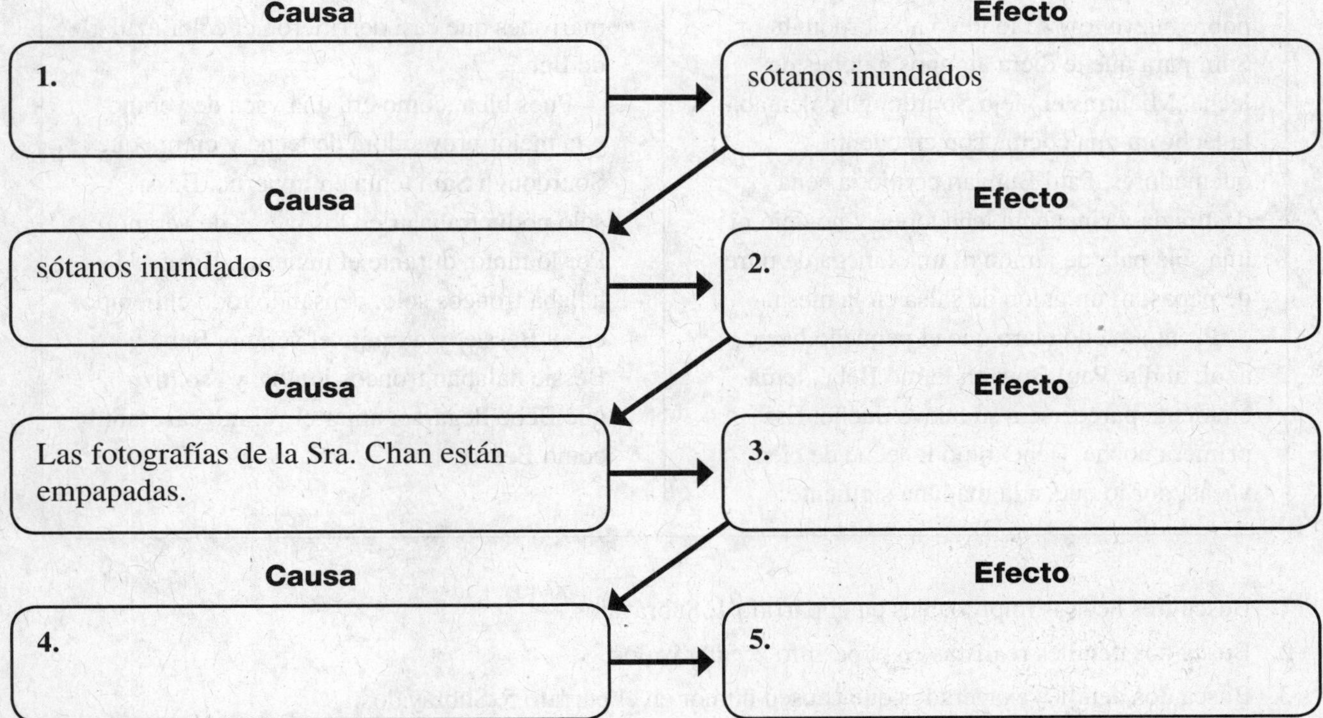

Actividad para la casa Su hijo o hija identificó las causas y los efectos en un texto breve. Mientras hace algún trabajo en su casa, pida a su hijo o hija que le explique los efectos de ese trabajo. Luego logre que su hijo o hija deduzca si ese efecto puede convertirse en la causa de otro efecto.

El invierno de la nieve azul

Era el invierno más frío que Paul Bunyan había visto. Era tan frío que los peces migraban hacia el sur, los árboles rogaban que los talaran y hasta la nieve se puso azul. Las noches eran tan heladas que cuando Sourdough Sam llamó a Paul Bunyan y los otros leñadores para cenar, sus palabras se congelaron y quedaron flotando en el aire, por lo que nadie lo escuchó y los leñadores se quedaron con hambre hasta la mañana.

Para alejar la mente de su estómago hambriento, Paul Bunyan salió a caminar. Estaba a punto de comerse un puñado de nieve azul del tamaño de un valle cuando escuchó un sonido extraño... como el resoplido de un oso mezclado con el balido de un cordero. Paul Bunyan miró entre sus dedos y vio el espectáculo más triste: un pequeñísimo buey bebé, teñido de azul por la nieve.

Bien, a Paul Bunyan le dio lástima el pobre bueycito y se lo llevó a Sourdough Sam para que le diera algunos galones de leche. Mientras el viejo Sourdough calentaba la leche en una cocina con cincuenta quemadores, Paul Bunyan comió la cena destinada a cincuenta leñadores, y no dejó ni una sola pata de jamón ni una fanega de puré de papas, ni un galón de salsa en la mesa.

Pronto quedó claro que el pequeño buey azul, al que Paul Bunyan llamó Bebé, tenía en mente parecerse a su nuevo dueño. Esa primera noche, Bebé tomó la leche de cien vacas, por lo que, a la mañana siguiente, Sourdough Sam tuvo que preparar la avena del desayuno con nieve azul derretida. En poco tiempo, Bebé creció tanto que Paul Bunyan tuvo que construir un establo extra grande donde meterlo. Cuando Bebé cumplió una semana de edad, comenzó a ayudar a Paul Bunyan halando cien troncos a la vez con la fuerza de su cuello enorme.

El único problema entre Bebé y Paul Bunyan era que Bebé amaba el invierno y odiaba el verano, por lo que Paul Bunyan debió ser sumamente creativo para lograr que Bebé siguiera halando troncos en el calor del verano. Hasta pintó los caminos de blanco para que Bebé creyera que estaban cubiertos de nieve. Finalmente, a Paul Bunyan se le ocurrió una idea magnífica: le presentó a Bessie, la vaca amarilla. Bessie era casi tan grande como Bebé, y tan hermosa como un día de verano. Tenía una encantadora piel amarilla y cálidos ojos marrones que casi derritieron el color azul de Bebé.

Pues bien, como era una vaca de verano y la mejor proveedora de leche y crema que Sourdough Sam tenía en invierno, Bessie sólo podía trabajar en los meses de verano. Por lo tanto, durante el invierno, Bebé halaba troncos solo, pensando todo el tiempo en su Bessie, y durante el verano, Bebé y Bessie halaban troncos juntos, y eso hizo que Bebé llegara a amar el verano casi tanto como Bessie.

1. Busca tres hechos improbables en el párrafo 1. Subráyalos.
2. Busca dos detalles realistas en el párrafo 2. Subráyalos.
3. Busca dos detalles exagerados que causen humor en el párrafo 5. Subráyalos.

Vocabulario

Instrucciones Escoge la palabra del recuadro que coincida con la definición. Escribe la palabra sobre la línea.

Verifica las palabras que conoces

___marcados
___forjó
___delicadeza
___devastación
___nana
___brea
___talentosa
___hurto
___venas

_______________ **1.** vasos sanguíneos que llevan la sangre desde todas las partes del cuerpo hasta el corazón

_______________ **2.** canción de cuna

_______________ **3.** robo

_______________ **4.** sustancia espesa, negra y pegajosa que se obtiene del alquitrán o del aguarrás

_______________ **5.** fabricó; formó

Instrucciones Elije la palabra del recuadro que completa cada oración. Escribe la palabra sobre la línea de la izquierda.

_______________ **6.** El ganadero tiene a sus bueyes _________ con el símbolo de su rancho para que nadie los pueda reclamar como propios.

_______________ **7.** Cubrieron las grietas del techo con _________.

_______________ **8.** La abuela y el abuelo bailaban con elegancia y _________ al suave ritmo de la música.

_______________ **9.** Marisa es muy _________ y sorprendió al director con una buena idea para resolver el problema de la basura en la escuela.

_______________ **10.** El tornado trajo _________ y destrucción tras su paso arrollador por el pueblo, donde arrancó varias casas desde los cimientos.

Escribir una carta amistosa

En una hoja aparte, escribe una carta amistosa a alguien que viva en otra ciudad sobre algo que te sucedió donde vives. Usa tantas palabras del vocabulario como puedas.

Actividad para la casa Su hijo o hija identificó y usó palabras del vocabulario de *Rosa Trueno*. Trabaje con su hijo o hija para aprender las palabras y sus definiciones. Para esto, pida a su hijo o hija que confeccione tarjetas relámpago coloridas.

Nombre ____________________

Sujetos y predicados

Casi todas las oraciones tienen un sujeto y un predicado. Las palabras que expresan de qué o de quién trata la oración constituyen el **sujeto completo.** La palabra más importante del sujeto es el **núcleo del sujeto.** Sólo un sustantivo o un pronombre puede ser núcleo de un sujeto.

Una canción melodiosa tranquiliza a cualquiera.

(El núcleo del sujeto es *canción*).

En español muchas veces el sujeto no aparece en la oración y es el verbo el que nos indica quién es el sujeto. Entonces decimos que el sujeto es **tácito.**

Ayer fui al cine. (El sujeto tácito es *yo*).

Las palabras que expresan cómo es o qué hace el sujeto forman el **predicado completo.** La palabra más importante del predicado es el núcleo del predicado. El **núcleo del predicado** es el verbo.

Mi tía toca canciones melodiosas en el piano.

(El núcleo del predicado es *toca*).

Un **fragmento de oración,** o **frase,** es un grupo de palabras a las que les falta el predicado. A la siguiente frase le falta el predicado:

La belleza de la música

Instrucciones Subraya una vez el núcleo del sujeto y dos veces el núcleo del predicado.

1. Un tornado tiene forma de embudo.

2. El mortífero embudo mide más de una milla de ancho.

3. Estos torbellinos de viento y polvo son impredecibles.

4. Los pioneros les tenían pavor.

Instrucciones Escribe en la raya el sujeto tácito de cada oración subrayada.

5. El viento gira a gran velocidad en el interior de un tornado. A veces puede levantar hasta tejados.
____

6. Un tornado atraviesa la pradera. A su paso va dejando destrucción. ____________________

Actividad para la casa Su niño o niña estudió el sujeto y el predicado en la oración. Hablen sobre alguna tormenta que hayan pasado juntos y pídale que escriba algunas oraciones describiéndola. Luego, dígale que identifique el núcleo del sujeto y el del predicado en cada oración.

Nombre ______________________

Acentuación: Palabras graves

Palabras de ortografía				
lápiz	**útil**	**cráter**	**sana**	**cárcel**
fértil	**móvil**	**césped**	**cariñosas**	**hombro**
ágil	**árbol**	**tiza**	**valiente**	**estándar**
ángel	**azúcar**	**encima**	**palabra**	**ustedes**

Palabras en contexto Completa cada oración con una palabra del recuadro.

1. En el torneo, jugaremos contra ________. 1. ______________
2. El delincuente fue enviado a la ________. 2. ______________
3. La ________ se usa para escribir en el pizarrón. 3. ______________
4. Mi papá toma el café sin ________ . 4. ______________
5. Pinté el dibujo con un ________ de color. 5. ______________
6. El meteorito hizo un ________ bastante grande. 6. ______________
7. ¿Cómo se escribirá esa ________? 7. ______________
8. Si le dibujas alas, parecerá un ________. 8. ______________
9. El gato se trepó al ________. 9. ______________
10. Le vendaron el brazo hasta el ________. 10. ______________

Antónimos Escribe la palabra de ortografía que tenga el significado opuesto o casi opuesto.

11. inmóvil 11. ______________
12. antipáticas 12. ______________
13. miedoso 13. ______________
14. árido 14. ______________
15. inútil 15. ______________

Sinónimos Escribe la palabra de ortografía que tenga el mismo significado o casi el mismo significado.

16. saludable 16. ______________
17. arriba 17. ______________
18. normal 18. ______________
19. veloz 19. ______________
20. hierba 20. ______________

Actividad para la casa Su niño o niña escribió palabras graves. Pídale que diga una oración con cada palabra de ortografía.

Guía para calificar: Cuento exagerado

	4	3	2	1
Enfoque/ideas	Personajes y sucesos exagerados	Personajes y sucesos algo exagerados	Personajes y sucesos muy poco exagerados	Personajes y sucesos no exagerados
Organización/secuencia	Orden evidente de los sucesos	Orden de los sucesos evidente en su mayoría	Orden de los sucesos confuso	No hay orden de los sucesos.
Voz	Voz original y atractiva	Voz generalmente atractiva	No hay una voz original clara.	La voz no es original ni atractiva.
Lenguaje	El escritor usa detalles sensoriales expresivos.	El escritor usa detalles sensoriales buenos.	El escritor usa detalles sensoriales vagos.	El escritor no incluye detalles sensoriales.
Oraciones	Oraciones completas, claras	La mayoría de las oraciones son claras y completas.	Algunas oraciones son poco claras e incompletas.	Muchas oraciones incompletas
Normas	Uso correcto de sujetos y predicados	Uso correcto de la mayoría de los sujetos y predicados	Algunos errores con sujetos y predicados	Muchos errores con sujetos y predicados

Vocabulario • Homógrafos

- Los **homógrafos** son palabras que se escriben igual pero tienen significados diferentes.
- Busca **claves del contexto** —las palabras y oraciones que rodean una palabra— para descubrir qué significado se usa en la oración.

Instrucciones Lee el siguiente texto sobre un huracán. Luego, responde las preguntas de abajo. Busca homógrafos mientras lees.

Mientras Pedro subía por la escala hasta el tejado, sentía cómo la sangre de sus venas le latía en todo el cuerpo. Era la primera persona en dar un vistazo a la destrucción que el huracán había causado. Con cualquier escala que la midieran, había sido una tormenta terrible, la peor de la estación. Recorrió el área con la mirada y vio que muchas casas tendrían que construirse de nuevo. El huracán había causado mucho daño en la comunidad: había restos esparcidos por todas partes, los árboles de la plaza se habían caído, la estación de radio ya no tenía antena... Sin embargo, sabía que ninguno de sus vecinos tendría que montar una carpa y vivir en su jardín mientras reparaban su casa. La gente del pueblo se ayudaría entre sí para encontrar refugio y todos estarían bien.

1. *Escala* puede significar "una escalera de mano" o "graduación para medir una magnitud". ¿Cón qué significado se usa la palabra *escala* en la primera oración del texto? ¿Cómo te das cuenta?

____

2 ¿Cón qué significado se usa la palabra escala en la tercera oración del texto?

____

3. ¿Qué significa *estación* la primera vez que aparece en el texto?

____

4. ¿Qué significa *estación* la segunda vez que aparece en el texto?

____

5. Montar puede significar "cabalgar" o "armar". ¿Qué significa *montar* en este texto?

____

Actividad para la casa Su hijo o hija leyó un texto breve y usó claves de contexto para comprender homógrafos, o palabras que se escriben igual pero tienen significados diferentes. Con su hijo o hija, haga una lista de homógrafos. Anime a su hijo o hija a que invente una oración con cada significado.

Almanaque

Un **almanaque** es un anuario que contiene calendarios, pronósticos del tiempo y las fechas de los días feriados. Además tienen tablas y gráficos con información actualizada sobre temas tales como la población de ciudades y naciones, y listas de personas galardonadas en el campo de la ciencia, la literatura y los deportes.

Instrucciones Lee la entrada del almanaque que tiene el censo de los Estados Unidos. Utiliza la información para responder las preguntas de la página siguiente.

Censo de los Estados Unidos

Cada diez años, el gobierno federal realiza un censo o recuento del número de personas que viven en los Estados Unidos. Según la Constitución, se debe realizar un censo cada diez años para determinar el número de representantes que corresponde a cada Estado en la Cámara de Representantes del Congreso de los Estados Unidos.

El censo compara las poblaciones de ciudades, regiones y estados. Esta información permite a los agentes del gobierno decidir cómo y dónde aplicar los fondos del Gobierno Federal. Los censos por lo general no sólo cuentan a los habitantes sino que además recolectan información, como por ejemplo:

- La raza de los ciudadanos
- El número de adultos y de niños
- El número de empleados y desempleados
- El nivel de ingreso de los ciudadanos y el tipo de vivienda en que habitan

Durante décadas, las tres ciudades más grandes han sido Nueva York, Los Ángeles y Chicago. Sin embargo, hay otras ciudades que están creciendo a un ritmo mayor que esas tres. Para muchos sociólogos, economistas y agentes del Gobierno el crecimiento de las ciudades es la información más interesante que brindan los censos. En los últimos años, la tendencia ha sido que grandes números de habitantes se mudan desde el Norte hacia el Sur, particularmente hacia los estados del Sudoeste.

El Gobierno Federal reúne información todos los años, no solamente cada diez años. Por ejemplo, el gráfico que se encuentra a continuación presenta información sobre el censo del año 2000 en una columna, pero también proporciona los datos recolectados por el Gobierno en el año 2002. Dicho gráfico muestra las diez ciudades con más de 100.000 habitantes de mayor crecimiento de los Estados Unidos.

Ciudad	Población año 2000	Población año 2002	Cambio Numérico	Cambio Porcentual
Gilbert, AZ	109,920	135,005	25,085	22.8
North Las Vegas, NV	115,488	135,902	20,414	17.7
Henderson, NV	175,750	206,153	30,403	17.3
Chandler, AZ	176,652	202,016	25,364	14.4
Peoria, AZ	108,685	123,239	14,554	13.4
Irvine, AZ	143,072	162,122	19,050	13.3
Rancho Cucamonga, CA	127,743	143,711	15,968	12.5
Chula Vista, CA	173,566	193,919	20,353	11.7
Fontana, CA	128,938	143,607	14,669	11.4
Joliet, IL	106,334	118,423	12,089	11.4

1. Según la Constitución de los EE. UU., ¿cuántos años pueden transcurrir cómo máximo entre un censo federal y el siguiente?

2. Según la Constitución de los EE. UU., ¿cuál es el propósito de hacer un censo federal?

3. Además de la población, ¿qué otros datos proporciona un censo? Da dos ejemplos.

4. ¿Quiénes consultan el censo federal?

5. ¿Cuáles son las tres ciudades más grandes de los Estados Unidos?

6. ¿Qué estado tiene más ciudades en la lista de las ciudades que crecen más rápido según el censo de 2002?

7. ¿Un almanaque sería un buen lugar para encontrar información sobre por qué nueve de las diez ciudades de los EE. UU. que crecen más rápido están en el Sudoeste o en el Oeste? ¿Por qué?

8. ¿Qué ciudad tuvo el mayor aumento numérico de la población entre 2000 y 2002?

9. ¿Qué ciudad tenía mayor cantidad de población en 2002? ¿Cuánto mayor era su población respecto a la de la ciudad que aparece abajo?

10. Entre 2000 y 2002, Los Ángeles (población: 3,503,532) tuvo un aumento de población de 104,239 habitantes. ¿Por qué crees que Los Ángeles no está en la tabla?

Actividad para la casa Su hijo o hija aprendió sobre el contenido de un almanaque y analizó los datos de un almanaque. Juntos, busquen información sobre su ciudad o área del país en un almanaque. Lean sobre la población, el pronóstico del clima, los sitios históricos, etc. Comenten cómo la información del almanaque los ayuda a comprender más sobre su área geográfica.

Nombre ______________________

Acentuación: Palabras graves

Corrige una carta Yolanda le envió una carta a su amiga. Encierra en un círculo seis errores de ortografía y un error en el uso de mayúsculas. Escribe las correciones en las líneas.

querida Margarita,

¿Recuerdas a Tina, mi gata? ¡Tuvo cuatro gatitos! Dos hembras y dos machos. ¡Son preciosos! Las hembras son más cariñósas, y sus hermanos, más juguetones. ¡Debieras verlos en el cesped del jardín! Ya tratan de treparse al arbol. Es increíble lo agil que puede ser un gato, aunque sea bebé. ¡De noche, duermen todos uno encíma del otro! Tina está sána y bien. ¡Y muy contenta! Bueno, escríbeme pronto y cuéntame de ustedes.

Tu amiga,

Yolanda

1. ______________________
2. ______________________
3. ______________________
4. ______________________
5. ______________________
6. ______________________
7. ______________________

Palabras de ortografía

- lápiz
- fértil
- ágil
- ángel
- útil
- móvil
- árbol
- azúcar
- cráter
- césped
- tiza
- encima
- sana
- cariñosas
- valiente
- palabra
- cárcel
- hombro
- estándar
- ustedes

Palabras difíciles

- agradecida
- difícil
- carácter
- frágil
- estéril

Corrige palabras Encierra en un círculo la palabra escrita correctamente.

9.	azucar	azúcar	asúcar
10.	cársel	carcel	cárcel
11.	cráter	crater	crácter
12.	movil	móbil	móvil
13.	tíza	tiza	tisa
14.	hombro	hómbro	ombro
15.	palavra	palabra	palábra
16.	lapiz	lápis	lápiz

Actividad para la casa Su niño o niña identificó palabras mal escritas en un texto. Pídale que nombre una palabra de la lista con acento escrito y otra sin acento escrito.

Sujetos y predicados

Lee las oraciones. Luego, lee cada pregunta. Encierra en un círculo la letra de la respuesta correcta.

Camino de Kansas

(1) Los vaqueros de Texas arreaban el ganado hasta Kansas. (2) Las grandes manadas viajaban lentamente. (3) Estos enormes animales pastaban durante horas cada día. (4) Los rumiantes necesitan también gran cantidad de agua. (5) Delgados y curtidos vaqueros azuzaban al ganado.

1 ¿Cuál es el núcleo del sujeto en la oración 1?

A Los vaqueros de Texas
B Texas
C arreaban
D vaqueros

2 ¿Cuál es el núcleo del predicado en la oración 2?

A viajaban lentamente.
B Las grandes manadas
C viajaban
D manadas

3 ¿Cuál es el sujeto completo de la oración 3?

A Estos enormes animales
B Estos enormes
C pastaban durante horas cada día
D pastaban

4 ¿Cuál es el predicado completo de la oración 4?

A también gran cantidad de agua
B necesitan también gran cantidad de agua
C necesitan
D Los rumiantes

5 ¿Cuál es el núcleo del sujeto de la oración 5?

A vaqueros
B Delgados y curtidos
C Delgados y curtidos vaqueros
D azuzaban

Actividad para la casa Su niño o niña se preparó para tomar un examen de sujetos y predicados. Encierre en un círculo un párrafo de un periódico y pídale a su niño o niña que identifique el sujeto y el predicado de cada oración del párrafo.

Nombre ______________________________

Elementos literarios: Tema y ambiente

- El **tema** es el significado subyacente de la historia, que generalmente no se manifiesta. El tema se puede deducir de los hechos y de otros sucesos de la historia.
- El **ambiente** es el lugar y el momento en que se desarrolla la historia. Los escritores los describen mediante imágenes y sonidos.

Instrucciones Lee el siguiente texto. Luego completa el diagrama con las imágenes, los sonidos, los olores y las sensaciones transmitidos.

Me encanta ir a la playa en verano porque las playas despiertan los sentidos. Se puede escuchar el resonar de las olas y los graznidos de las gaviotas. Se puede sentir el calor de la arena pegajosa al caminar con los pies descalzos. Hasta la mezcla de olores que trae la brisa, ese aire fresco con olor a pescado, puede permanecer hasta después de alejarse uno de la orilla. Cuando miro el horizonte en el mar, me siento tan libre como los pájaros que se zambullen en el agua y tan pequeña como los granos de arena que voy dejando caer al caminar.

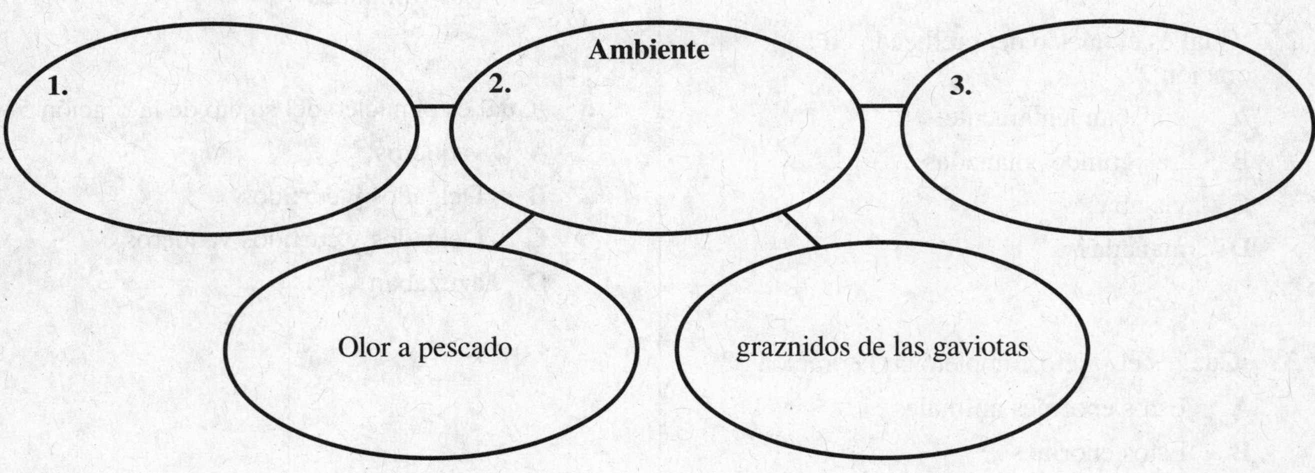

4. ¿Cuál es el tema del texto?

____

5. Imagina que estás en la playa. En una hoja aparte, haz una lista con algunas imágenes, sonidos, olores y sensaciones que sentirías.

____

____

Actividad para la casa Su hijo o hija ha identificado el ambiente y el tema en un texto de ficción. Siéntense juntos en algún lugar conocido y presten atención a las imágenes, los sonidos y los olores.

Nombre ____

Aspectos principales de una invitación

- puede ser informal o formal
- proporciona información importante sobre un suceso o plan
- a veces pide una respuesta

¡Fiesta en la playa!

Querida Melissa:

Para celebrar los últimos días del verano, ¡voy a dar una fiesta en la playa! Estos son los detalles:

Qué: ¡Fiesta en la playa!

Dónde: Playa Serena, 1409 del Camino de la Costa

Cuándo: sábado 22 de agosto, 12:00 p.m.

¡Es la mejor playa de la ciudad! Es realmente grande, así que casi nunca está demasiado llena.

Para llegar a la playa desde la Avenida Punta Arenas, dobla a la derecha y sigue tres cuadras. Tendremos un lugar armado allí, cerca del puesto del salvavidas. Busca la sombrilla amarilla.

Si vienes, no olvides traer:
Traje de baño
Protector solar
Toalla

Por favor, avísame si podrás venir o no. Puedes llamarme a casa: (222) 567-1234.

Tu amiga,
Elena

1. Di cuál es el evento, dónde tendrá lugar y cuándo será.

____

2. Nombra tres tipos de detalles adicionales que el escritor incluye.

____

Nombre ____________________

Vocabulario

Instrucciones Elige una palabra del recuadro que concuerde con la clave. Escribe la palabra en la línea.

Verifica las palabras que conoces

- ___cabo
- ___guarida
- ___precipicio
- ___jauría
- ___tendones
- ___roído
- ___marisco

____________ **1.** Es un buen lugar para construir un faro.

____________ **2.** Siempre persigue zorros y liebres.

____________ **3.** Podría considerarse un escondite secreto.

____________ **4.** Así queda el queso mordido por un ratón.

____________ **5.** Trabajan con tus músculos para que puedas hacer movimientos.

Instrucciones Elige la palabra del recuadro que completa correctamente cada oración. Escribe la palabra en la línea.

El zorro salió lentamente de su madriguera, o **1.** ____________. Después de haber **2.** ____________ el último hueso de una comida anterior, el zorro bajó por la colina hacia el **3.** ____________ o cañón, en busca de más comida. Aunque los zorros en ocasiones comen algún **4.** ____________, prefieren mucho más los **5.** ____________ y músculos de aves y de pequeños mamíferos.

Escribe una carta

En una hoja aparte, escribe una carta que podrías lanzar al mar en una botella si estuvieras varado en una isla. Usa todas las palabras de vocabulario que puedas.

Actividad para la casa Su niño o niña identificó y usó palabras de vocabulario de *La isla de los delfines azules.* Juntos, improvisen una historia incorporando las palabras de vocabulario. Por turnos, agreguen oraciones a la historia hasta haber usado todas las palabras de vocabulario.

Nombre ____

Cláusulas independientes y subordinadas

Una **cláusula** es un grupo de palabras que tiene un sujeto y un predicado. Una cláusula que tiene sentido por sí sola es una **cláusula independiente.** Una cláusula que no tiene sentido por sí sola es una **cláusula subordinada.** Una cláusula independiente y una cláusula subordinada juntas forman una **oración compleja.**

Cláusula independiente ↑ **Cláusula subordinada**

Los turistas llegaron en canoas, *aunque era un largo viaje.*

"Los turistas llegaron en canoas" tiene sentido. Es la cláusula independiente. En cambio, *"aunque era un largo viaje"* no tiene sentido si no va junto a una cláusula independiente. Como la información que da esta cláusula es menos importante, se la llama *subordinada*. Las cláusulas subordinadas se unen a una cláusula independiente con palabras como **si, que, aunque, porque, cuando, como, donde, hasta que, antes de que, después de que.**

Nos sentaremos juntos *cuando* vayamos al béisbol.

Si la cláusula subordinada está al principio de la oración compleja, se pone una coma después.

Aunque era un largo viaje, los turistas llegaron en canoas.

Instrucciones Escribe *I* si el grupo de palabras subrayadas forma una cláusula independiente. Escribe *S* si forma una cláusula subordinada.

1. Si vivieras en una isla, <u>te volverías independiente</u>. ____________
2. <u>Los indígenas tejían sus propias ropas</u> porque no podían comprarlas. ____________
3. <u>Como no había tiendas</u>, cazaban para comer. ____________
4. Las mujeres almacenaban bayas y raíces <u>antes de que llegara el invierno</u>. ____________
5. Cuando hacía buen tiempo, <u>salían a pescar</u>. ____________
6. Imagínate <u>que vives en una isla</u>. ____________

Instrucciones Subraya la cláusula independiente de cada oración.

7. Como cocinaban con leña, mantenían el fuego siempre encendido.
8. Cuando acababan de cocinar, cubrían las brasas con ceniza.
9. Soplaba las brasas para reavivar el fuego.
10. Las brasas permanecían encendidas hasta que amanecía.
11. Cuando la cocinera soplaba sobre las brasas, éstas volvían a brillar.
12. Les añado leña para que el fuego se encienda.

Actividad para la casa Su niño o niña estudió las cláusulas independientes y subordinadas. Pídale que escriba una oración sobre los indígenas americanos usando una cláusula independiente y otra subordinada y que explique cuál es la diferencia entre ambas.

Nombre ______________________________

Acentuación: Palabras esdrújulas y sobresdrújulas

Palabras de ortografía				
último	**parásito**	**cómpraselo**	**préstaselo**	**índice**
fórmula	**mecánico**	**esdrújula**	**tómatelo**	**ánimo**
lógica	**brújula**	**vámonos**	**cómetelo**	**ábaco**
mágica	**véndeselo**	**pétalo**	**lámina**	**ídolo**

Palabras en contexto Completa cada oración con una palabra del recuadro.

1. Si tienes hambre, ________ todo. 1. ____________
2. Puedes usar el ________ para hacer la cuenta. 2. ____________
3. El ________ tren sale a las diez de la noche. 3. ____________
4. "No te alteres", le dije. "________ con calma." 4. ____________
5. El mago tocó el sombrero con su varita ________. 5. ____________
6. Aunque sea tu juguete, ________, Nico. 6. ____________
7. El entrenador tomó la decisión más ________. 7. ____________
8. ¡Tu cuadro es precioso! ¡Podrías ________ a un museo! 8. ____________
9. Mi vecino es ________ de automóviles. 9. ____________
10. ¿Quieres un cachorro? ________ a Javi. Su papá cría perros. 10. ____________

Clasificar Elige la palabra de ortografía que corresponde a cada grupo.

11. aguja, imán 11. ____________
12. libro, páginas 12. ____________
13. flor, hoja 13. ____________
14. receta, método 14. ____________
15. admirado, famoso 15. ____________
16. palabra, acento 16. ____________

Sinónimos

17. humor 17. ____________
18. marchémonos 18. ____________
19. gusano 19. ____________
20. hoja 20. ____________

Actividad para la casa Su niño o niña escribió palabras esdrújulas y sobresdrújulas. Pídale que identifique más palabras esdrújulas y sobresdrújulas en un periódico, libro o revista.

Nombre ______________________________

Tabla de cuatro columnas

Nombre ______________________________

Vocabulario • Palabras desconocidas

- Cuando te encuentres con una palabra desconocida recurre a un diccionario o a un glosario.
- Los **diccionarios** presentan las palabras en orden alfabético y proporcionan información adicional. Los **glosarios** ofrecen los significados de las palabras más importantes que se encuentran en un libro.

Instrucciones Lee el texto sobre los pescadores y responde las preguntas a continuación. Busca las palabras desconocidas en un diccionario o glosario.

La gente que se gana la vida en el mar necesita saber mucho además de pescar. Por supuesto que los pescadores tienen que saber qué tipo de mariscos habitan en el área y cuántos kelp flotan en el agua. Tienen que conocer además cuál es la calidad del agua, su salobridad y si está contaminada. Resulta esencial estar informado sobre cuáles son las mejores caletas y a qué distancia de la costa se encuentran los peces de mayor tamaño. Cuando observamos la costa desde un cabo podemos apreciar su belleza, pero los pescadores tienen una visión totalmente diferente. Imaginan las profundidades del mar donde encuentran su guarida miríadas de peces diferentes. Muchas de las decisiones que toma un pescador son racionales, no dependen de la suerte, de la fuerza, ni de la perseverancia.

1. ¿Qué son los kelp? ¿Por qué la gente que se gana la vida con la pesca tiene que saber sobre los kelp?

____

____

2. ¿En qué se diferencian los mariscos de los peces?

____

3. Si estás parado sobre un cabo, ¿dónde está el agua?

____

4. ¿Qué quiere decir guarida?

____

____

5. ¿Qué quiere decir miríada? ¿Quienes se ganan la vida con la pesca se alegrarían si vieran una miríada de peces?

____

Actividad para la casa Su hijo o hija ha identificado y usado palabras del vocabulario de un texto sobre pescadores. Lean juntos algún artículo de no ficción. Pídale que señale las palabras desconocidas y búsquenlas en un diccionario o en un glosario.

OPPLER

OPPLER es el acrónimo que representa a un conjunto de destrezas de estudio que pueden ayudar a leer cualquier tipo de texto. Sobre todo son muy útiles para leer textos de no ficción. Significa lo siguiente: **Observar:** mirar el título, el nombre del autor, los encabezados de los capítulos y las ilustraciones para tener una idea de lo que se va a leer. **Predecir:** Imaginar sobre qué será la historia. **Preguntar:** crear preguntas para ir respondiendo al leer la historia. **Leer:** leer la historia, pensando en las predicciones y las preguntas. **Exponer:** exponer o escribir lo aprendido al leer la historia. **Repasar:** pensar en la historia, en las predicciones que habíamos hecho, en las preguntas que formulamos, en las respuestas que encontramos en el texto y en la información que aprendimos de la lectura.

Instrucciones Utiliza **OPPLER** para leer el texto siguiente y responder las preguntas a continuación.

Hawai: Un estado muy lejano

Hawai es un grupo de islas volcánicas en el centro del océano Pacífico, a unas 2,300 millas al oeste de San Francisco, California. Hawai se convirtió en el estado número cincuenta de los Estados Unidos en 1959. Su ubicación en el centro del océano hace que sea el lugar perfecto para la ubicación de una base militar. Y como estas islas son tan hermosas, Hawai es uno de los destinos favoritos de los estadounidenses para ir de vacaciones, a pesar de que el vuelo en avión es bastante largo.

1. Antes de leer el texto, ¿qué pudiste imaginarte al observar el título?

____

2. Antes de leer el texto, ¿cuáles fueron tus predicciones?

____

3. ¿Cuál fue la pregunta que formulaste y que quisieras poder responder después de haber leído el texto?

____

4. ¿Cuándo se convirtió Hawai en un estado de los Estados Unidos? Menciona una de las características que han hecho famoso a Hawai.

____

5. Escribe una breve reseña de lo aprendido en el texto. Comenta si pudiste encontrar las respuestas a tus interrogantes en el texto y si tus predicciones estuvieron acertadas.

____

____

____

____

Nombre ______________________________

Instrucciones Utiliza la estrategia OPPLER para leer el texto y responder las preguntas a continuación.

Los caballos salvajes de la isla de Assateague

La isla Assateague constituye una barrera de 37 millas, una angosta franja de territorio que protege la costa de Maryland. Ha sido el puesto de avanzada de la Guardia Costera de los Estados Unidos durante casi 50 años. Sin embargo, lo que singulariza a la isla son los caballos que vagan libremente por sus playas y pantanales. Si bien se desconoce su origen, el mito dice que escaparon de un barco español que estaba naufragando y que nadaron hasta la isla. Lo más probable es que, ya en el siglo XVII, los terratenientes del lugar los hayan llevado hasta allí para no pagar impuestos al ganado.

1. Antes de leer el texto, ¿qué pudiste anticipar al mirar el título?

____

2. Antes de leer el texto, ¿cuál pensaste que iba a ser el tema?

____

3. Antes de leer el texto, ¿qué interrogantes habrías querido encontrar respondidos en el texto?

____

4. ¿Qué es lo que singulariza a la isla Assateague?

____

5. Escribe una breve reseña de lo aprendido en el texto. Comenta si pudiste encontrar las respuestas a tus interrogantes en el texto y si tus predicciones estuvieron acertadas.

____

____

____

Escuela + Hogar

Actividad para la casa Su hijo o hija ha aprendido la estrategia de estudio OPPLER y la ha aplicado en dos textos de no ficción. Pídale que le explique en qué consiste ese método y luego, junto con él, aplíquelo al artículo de algún periódico o revista.

Nombre ______________________________

Acentuación: Palabras esdrújulas y sobresdrújulas

Corrige un artículo Miguel escribió un artículo para la revista de la escuela. Encierra en un círculo seis errores de ortografía. Encuentra un error de puntuación. Escribe las correcciones en las líneas.

Palabras de ortografía

- último
- fórmula
- lógica
- mágica
- parásito
- mecánico
- brújula
- véndeselo
- cómpraselo
- esdrújula
- vámonos
- pétalo
- préstaselo
- tómatelo
- cómetelo
- lámina
- índice
- ánimo
- ábaco
- ídolo

Consejo para ir de campamento

Puedes ir a la montaña, a la playa, a un lago o un bosque. O simplemente a un lugar bonito. Para ir de campamento, no hay realmente una formula magica. Pero lo ultimo que necesitas es aburrirte o pasarlo mal. Ir a disgusto o indiferente no es la actitud más logica. Debes ir de buen animo, dispuesto a disfrutar cada momento cada cosa distinta de lo que haces en tu vida habitual. Entonces será una experiencia estupenda. ¡Y no olvides llevar tu brujula!

1. ______________________
2. ______________________
3. ______________________
4. ______________________
5. ______________________
6. ____

____

7. ______________________

Palabras difíciles

- dígamelo
- sobresdrújula
- murciélago
- déficit
- fácilmente

Corrige palabras Encierra en un círculo la palabra escrita correctamente.

8.	cómetelo	cometelo	cometélo
9.	parasito	parasíto	parásito
10.	ábaco	ávaco	abaco
11.	esdrujula	esdrújula	esdrujúla
12.	vamonos	vámonos	vámosno
13.	préstaselo	préstacelo	prestaselo
14.	indice	índise	índice

Actividad para la casa Su niño o niña corrigió palabras de vocabulario mal escritas y seleccionó la escrita correctamente en un grupo de palabras. Seleccione tres palabras de la lista y pídale que las deletree señalando dónde llevan el acento.

Cláusulas independientes y subordinadas

Lee el párrafo. Luego lee cada pregunta. Encierra en un círculo la letra de la respuesta correcta.

Todo se aprovecha

(1) Los indígenas usaban rocas volcánicas como un horno, cuando estaban calientes. (2) Como los huesos son duros, los usaban para coser el cuero. (3) Los huesos también se usaban como adornos. (4) Curtían la piel de los animales para que les sirviera como material para vestidos y tiendas. (5) Esta técnica indígena del curtido logra que las pieles sean suaves y cálidas.

1 ¿Qué es la parte subrayada de la oración 1?

A cláusula independiente
B cláusula subordinada
C oración compleja
D no es una oración

2 ¿Qué es la parte subrayada de la oración 2?

A cláusula independiente
B cláusula subordinada
C oración compleja
D no es una oración

3 ¿Qué es la parte subrayada de la oración 3?

A cláusula independiente
B cláusula subordinada
C oración compleja
D no es una oración

4 ¿Qué es la parte subrayada de la oración 4?

A cláusula independiente
B cláusula subordinada
C oración compleja
D no es una oración

5 ¿Qué es la parte subrayada de la oración 5?

A cláusula independiente
B cláusula subordinada
C oración compleja
D no es una oración

Actividad para la casa Su niño o niña se preparó para tomar un examen de cláusulas independientes y subordinadas. Dígale una cláusula subordinada (*después de que comamos, antes de que salgamos*) y pídale que le añada una cláusula independiente.

Nombre ____

Hechos y opiniones

- Un **hecho** puede ser verdadero o falso.
- Una **opinión** es lo que alguien piensa o siente. Los enunciados de opiniones a menudo tienen palabras que constituyen juicios, como *interesante* o *hermoso*.
- Una misma oración puede encerrar el enunciado de un hecho y el enunciado de una opinión.

Instrucciones Lee el siguiente texto. Encierra en un círculo la H si es un hecho o la O si es una opinión. Luego circula las palabras que indican que la oración es una opinión.

Jackie Robinson fue el primer jugador de béisbol afroamericano que jugó en las grandes ligas modernas. Yo pienso que fue muy valiente al hacer eso. Jugó en las Ligas Negras hasta 1947, cuando fue contratado por los Brooklyn Dodgers. A pesar de la controversia que generó al haber roto la barrera del color, Robinson tuvo éxito de inmediato. Al final de su primera temporada, fue elegido el Mejor Debutante del Año. Durante su tercera temporada, ganó el título de bateo de la liga y fue elegido más tarde el Jugador Más Valioso de la liga. Él fue probablemente el jugador más valioso de todo el siglo veinte.

H O 1. Yo pienso que Jackie Robinson fue muy valiente al jugar en las grandes ligas.

H O 2. Jackie Robinson fue el primer jugador de béisbol afroamericano en jugar en las grandes ligas modernas.

H O 3. Jackie Robinson fue probablemente el jugador más valioso del siglo veinte.

H O 4. Jackie Robinson fue elegido el Jugador Más Valioso de la liga.

H O 5. Los Brooklyn Dodgers contrataron a Jackie Robinson.

Actividad para la casa Su niño o niña leyó un texto breve e identificó si los enunciados eran hechos u opiniones. Lea con él o ella un artículo de periódico y un editorial sobre un mismo hecho de la actualidad. Pídale que analice qué enunciados son hechos y cuáles son opiniones.

Escritura • Artículo de boletín

Muhammad Ali

Muhammad Ali es un boxeador legendario. Comenzó a practicar boxeo a los doce años, y en 1960 ganó la medalla de oro en los Juegos Olímpicos de Roma. Después de eso, se convirtió en boxeador profesional.

La carrera de Ali es legendaria y por buenos motivos: no sólo no perdió ninguna pelea profesional hasta 1971, sino que Ali era un gran hombre del espectáculo. En el cuadrilátero, se mofaba de sus oponentes y confiaba en sus rápidos reflejos para esquivar los golpes. Una vez dijo acerca de un rival: "Frazier es tan feo que debería donar su cara a la Oficina Nacional de Vida Silvestre".

En 1964, Ali derrotó a Sonny Liston y se convirtió en campeón mundial de la categoría peso pesado. Después de eso, perdió pocas peleas y ganó la merecida reputación de uno de los mejores atletas de nuestro país. Tuvo muchos admiradores de todas las razas, en una época en que a los estadounidenses negros les resultaba difícil superar la discriminación racial. Dijo una vez "Quisiera que la gente ame a los demás de la misma manera en que me quiere a mí. Sería un mundo mejor."

Aunque enfrentó a muchos oponentes duros durante su carrera como boxeador, el mayor desafío de Ali fue cuando le diagnosticaron mal de Parkinson. El mal de Parkinson es una enfermedad que afecta el sistema nervioso central y hace que la persona pierda el control de sus movimientos. Si bien la enfermedad puede haber silenciado a Ali (que ahora habla muy poco porque el Parkinson afecta su voz), no le ha impedido pelear por lo que él cree. Ali sigue luchando contra el mal de Parkinson tal como lucha contra otros problemas, como el hambre en el mundo, la pobreza y las violaciones de los derechos humanos. Aún frente a su mayor desafío, Ali sigue siendo un campeón.

1. Lee el artículo. ¿Sobre quién trata el artículo? ¿Por qué es famoso?

____

____

2. Nombra tres sucesos importantes en la vida de Ali.

____

____

____

Aspectos principales de un artículo de boletín

- presenta hechos básicos y luego agrega detalles
- generalmente, trata sobre un suceso, una idea o una persona
- incluye citas directas para realzar el artículo
- responde las preguntas: *¿Quién? ¿Qué? ¿Dónde? ¿Cuándo? ¿Por qué? ¿Cómo?*

Nombre ____

Vocabulario

Instrucciones Une con una línea cada palabra con su significado.

1. bola rápida	creencia firme en sí mismo
2. único	lanzamiento hecho a gran velocidad
3. debilidad	reírse de; mofarse de
4. confianza	que no tiene igual
5. burlona	un punto débil; un defecto leve

Verifica las palabras que conoces

___ **confianza**
___ **bola rápida**
___ **burlona**
___ **jardineros**
___ **único**
___ **debilidad**
___ **impulso**

Instrucciones Escoge una palabra del cuadro para completar cada clave y el crucigrama.

VERTICALES

6. Correr muy despacio puede ser la principal ____________________ de un jugador.

7. Un bateador sobresaliente como Hank Aaron es ____________________ entre los jugadores.

HORIZONTALES

8. No es bueno que un jugador tenga una actitud ____________________ durante el partido.

9. Los movimientos que hace el lanzador antes de arrojar la pelota le dan ____________________.

10. Los tres jugadores que juegan más alejados del bateador son los ____________________.

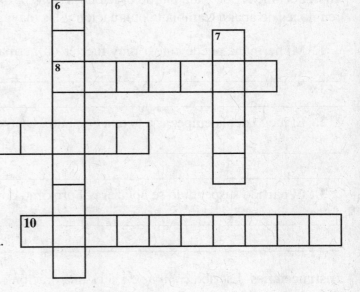

Escribir un informe de noticias

En una hoja aparte, escribe un informe de noticias breve para la televisión sobre un partido de béisbol; usa tantas palabras del vocabulario como puedas.

Actividad para la casa Su hijo o hija identificó y usó palabras del vocabulario que encontró en el cuento biográfico *Satchel Paige*. Con su hijo o hija, vea las páginas de deportes de un periódico y lea la descripción de un evento deportivo. Vean si pueden identificar alguna de las palabras del vocabulario en el artículo.

Nombre ____________________

Oraciones compuestas y complejas

Una **oración simple** expresa una idea completa. Tiene un sujeto y un predicado.

Satchel Paige es un gran atleta.

Una **oración compuesta** está formada por dos oraciones simples, con distinto sujeto y predicado, unidas por palabras como *y, ni, pero, o, u*. Antes de *pero* pon una coma.

Los admiradores esperaban muchas horas para verlo, pero él nunca los defraudaba.

Una **oración compleja** tiene una cláusula independiente y una cláusula subordinada. La cláusula subordinada no tiene sentido por sí sola. Para conectar una cláusula subordinada se usan palabras como *si, que, aunque, porque, cuando, como, donde, hasta que, antes de que, después de que*. En este ejemplo, la cláusula independiente está subrayada una vez y la subordinada dos veces.

Cuando el jugador atrapó la pelota, los Tigres hicieron una carrera doble.

Instrucciones Une cada par de oraciones con *y, pero* u *o*. Escribe la oración compuesta en los renglones de abajo. Cambia la puntuación y las mayúsculas si es necesario.

1. Mi hermana puede batear muy fuerte. Mi hermano lanza bien.

____

____

2. El juego debía empezar a la una en punto. Una tormenta estalló a las 12:45.

____

____

3. El partido suspendido se aplazará al próximo domingo. La temporada se extenderá una fecha más.

____

____

Instrucciones Escribe *compuesta* si es una oración compuesta y *compleja* si es una oración compleja. Subraya la palabra que conecta las dos cláusulas.

4. Todos son importantes en el equipo, pero el lanzador quizá sea el más importante. ____________
5. Si elimina a los bateadores, el equipo contrario no puede anotar. ____________
6. Era un momento de gran emoción porque el partido estaba empatado. ____________
7. El bateador blandió el bate y el lanzador se tocó la gorra. ____________
8. El lanzador eliminó a dos bateadores, pero el tercero conectó un jonrón. ____________

Actividad para la casa Su niño o niña estudió las oraciones compuestas y complejas. Pídale que escriba un párrafo sobre un juego de béisbol usando al menos una oración compuesta y otra compleja.

Nombre ____

Acentuación: Palabras agudas, graves, esdrújulas y sobresdrújulas

Palabras de ortografía				
estación	único	hábil	rápida	grácilmente
rápido	técnicas	razón	léxico	ámbar
decidió	también	acabó	típico	corrígemelo
cómico	semáforo	pasión	permítamelo	público

Palabras en contexto Completa cada oración con una palabra del recuadro.

1. ¿Le gusta aquel sombrero, señor? Es un sombrero ________. 1. ____________________
2. Parece muy bonito. Por favor, ________. 2. ____________________
3. Si corriges un poco el ________, tu guión quedará mejor. 3. ____________________
4. ________ tú esta vez, así aprendo a hacerlo. 4. ____________________
5. Luis podría ser un excelente actor ________. 5. ____________________
6. Sí, tiene ________ por el humor. 6. ____________________
7. La ________ de lluvia comenzó antes de tiempo. 7. ____________________
8. El ________ vendrá igual. Es un estadio cubierto. 8. ____________________
9. La princesa recorrió ________ el salón. 9. ____________________
10. Llevaba puesto un hermoso vestido color ________. 10. ____________________
11. La liebre es muy ________. ¡Parece una flecha! 11. ____________________
12. Pero el guepardo es más ________. ¡Parece un rayo! 12. ____________________
13. Esas ________ de karate son muy difíciles. 13. ____________________
14. Necesitas ser ________ para hacerlas bien. 14. ____________________
15. ¿No había un ________ en esa esquina? 15. ____________________
16. No, el ________ que hay está en la otra calle. 16. ____________________
17. Cuando Rosa ________ de cantar, sus compañeros la aplaudieron. 17. ____________________
18. Su maestra ________ la aplaudió. 18. ____________________
19. Como le encanta la música, ________ estudiar guitarra. 19. ____________________
20. Es una buena ________. 20. ____________________

Escuela + Hogar **Actividad para la casa** Su niño o niña escribió palabras agudas, graves, esdrújulas y sobresdrújulas. Seleccione una palabra de la lista y pídale que le diga su significado.

Nombre ______________________________

Tabla de cinco columnas

Nombre ____

Vocabulario • Antónimos

- Un **antónimo** es una palabra que significa lo contrario de otra palabra.
- Palabras o expresiones como *pero, al contrario, en lugar de* pueden indicar la presencia de antónimos.
- Un **diccionario de sinónimos,** que es un libro con una lista de palabras y sus antónimos y sinónimos (palabras que significan lo mismo), puede ayudarte a tener *claridad,* en lugar de *confusión,* cuando escribas y leas.

Instrucciones Lee el siguiente texto sobre un atleta. Luego encierra en un círculo las palabras de la lista de abajo que completan los pares de antónimos. Usa un diccionario de sinónimos como ayuda.

Aunque Pedro nació sin piernas, rechazaba la idea de que su discapacidad pudiera detenerlo. Al contrario de la gente que aceptaba la desgracia como una excusa para darse por vencido, Pedro trataba de vivir la vida a pleno. Es verdad que a veces su silla de ruedas hacía que se sintiera confinado en la escuela. Pero los fines de semana, su deporte favorito, escalar rocas, hacía que se sintiera completamente libre.

Pedro siempre tenía mucha precaución cuando se sujetaba las cuerdas y revisaba su equipo. ¡A doscientos pies de altura sobre el fondo rocoso de un cañón no había lugar para la imprudencia! Comenzaba a escalar desde la base de un risco. Tras horas de esfuerzo, alcanzaba la cima, exhausto. Pedro no pensaba que la escuela fuera aburrida, pero no se comparaba con la sensación emocionante que le provocaba el desafío físico y mental de escalar rocas.

1. rechazaba	discapacidad	excusa	aceptaba
2. libre	confinado	deporte	favorito
3. precaución	imprudencia	rocoso	equipo
4. base	risco	alcanzaba	cima
5. aburrida	mental	sensación	emocionante

Actividad para la casa Su hijo o hija leyó un texto corto e identificó antónimos, o palabras que significan lo contrario una de otra. Pida a su hijo o hija que describa a una persona, un lugar o una cosa que conozca usando palabras y sus antónimos, y un diccionario, un glosario o un diccionario de sinónimos como ayuda.

Nombre ______________________________

Periódico/Boletín

- Un **periódico** es una publicación periódica diaria (o semanal) que contiene noticias e información sobre eventos y temas del momento. Los periódicos que se publican a diario generalmente usan varios tipos de textos cuando cubren las noticias locales, regionales, nacionales e internacionales. La mayoría de los periódicos organizan la información según su importancia. Los periódicos tienen tres clases de artículos básicos: artículos de noticias, editoriales (que brindan su opinión), y artículos principales.
- Un **boletín** es una publicación breve a cargo de un grupo u organización que contiene noticias de interés para sus miembros.

Instrucciones Lee la página del periódico y responde las preguntas que están a continuación.

NOTICIAS DE LA CIUDAD

14 DE JULIO DE 2004 **Nublado, 72°**

BARR OTRA VEZ BATEÓ POR EL CICLO

El héroe de la cuidad, Billy Barr, ha tenido una semana que sería el sueño hecho realidad de cualquier jugador de béisbol. Anoche, por tercera vez consecutiva, Barr bateó por el ciclo, lo que significa que bateó un sencillo, un doble, un triple y un cuadrangular.

"Creo que mi abuelo me estuvo cuidando esta noche", dijo Barr cuando terminó el partido, haciendo referencia a su abuelo, Alan Barr, quien fuera uno de los primeros jugadores de las Ligas Negras en participar en la Liga Nacional en los años cincuenta. Billy Barr a menudo menciona a su abuelo, quien lo motivó a jugar béisbol.

La última vez que un jugador de la Liga Americana bateó por el ciclo en tres partidos consecutivos fue en 1971 con Sal Bando de los Atléticos de Oakland.

1. ¿Dónde se encuentra la fecha en la portada de un periódico?

____

2. ¿De qué forma el título brinda la clave sobre el tema del artículo?

____

3. ¿Cuál es el pronóstico del clima de este día?

____

4. ¿Por qué el escritor menciona al final del artículo la última vez que ocurrió este suceso?

____

5. ¿Cuál de los tres tipos básicos de artículo es éste?

____

Nombre ____________________

Instrucciones Lee la selección del boletín de la semana y responde las preguntas de abajo.

El FÚTBOL NECESITA VOLUNTARIOS EN EVANSTON

¡Hola familias futboleras de Evanston!

Pronto comenzará la próxima temporada y estamos ocupados mientras organizamos nuestros equipos y entrenadores para los partidos. Como te imaginarás, esto implica mucho trabajo. Así es que nuevamente necesitamos voluntarios para que nos ayuden esta temporada. Somos una organización de voluntarios. En 2006 ganamos el premio a la Mejor Organización Regional de Fútbol para Jóvenes gracias al apoyo de nuestros voluntarios. ¡Y queremos repetir el triunfo este año!

El trabajo de voluntario sólo requiere de algunas horas semanales. Actualmente, necesitamos cerca de 40 padres de familia para trabajar como entrenadores, árbitros y miembros del consejo.

Sabemos que todos están muy ocupados, pero nuestra organización sólo podrá tener éxito si cada uno pone su granito de arena. ¡Esperamos que puedan trabajar como voluntarios este año!

1. ¿A quién está dirigido el texto de este boletín?

2. ¿Quién crees que podría recibir una copia de este boletín?

3. Nombra dos cosas para hacer como voluntarios que les solicita específicamente este boletín a los padres.

4. Según este artículo de boletín, ¿quién está a cargo de esta organización de fútbol para jóvenes?

5. Si quisieras obtener información sobre algún evento importante que tendrá lugar en tu ciudad, ¿dónde buscarías la información: en los periódicos o en los boletines? ¿Por qué?

Actividad para la casa Su hijo o hija respondió preguntas sobre periódicos y boletines. Juntos hagan un bosquejo de la portada de un periódico basándose en las actividades que la familia hace durante el día.

Nombre ____________________

Acentuación: Palabras agudas, graves, esdrújulas y sobresdrújulas

Palabras de ortografía				
estación	único	hábil	rápida	grácilmente
rápido	técnicas	razón	léxico	ámbar
decidió	también	acabó	típico	corrígemelo
cómico	semáforo	pasión	permítamelo	público

Palabras difíciles

portón
difícilmente
problemática
sarampión
montículo

Clasificar palabras según su acento Lee las palabras del recuadro y escribe cada palabra en la casilla que corresponde según sea palabra aguda, grave, esdrújula o sobresdrújula.

palabras agudas	palabras graves	palabras esdrújulas	palabras sobresdrújulas

El acento que falta En cada una de las oraciones siguientes, le falta el acento a una de las palabras. Identifica la palabra y escríbela correctamente en el espacio de la derecha.

1. Como el problema está incorrecto, corrigemelo, por favor. 1. ____________
2. Frente a la estacion del tren puedes tomar un taxi. 2. ____________
3. Mariela es muy habil para las matemáticas. 3. ____________
4. Camina más rapido o llegaremos tarde a la reunión. 4. ____________

Actividad para la casa Su hijo o hija practicó la acentuación de palabras agudas, graves, esdrújulas y sobresdrújulas. Revise las palabras de la lista con su hijo o hija, y pídale que le diga una palabra de cada categoría.

Nombre ____________________

Oraciones compuestas y complejas

Lee las oraciones. Luego, lee cada pregunta. Encierra en un círculo la letra de la respuesta correcta.

¡Me gusta el béisbol!

(1) Cada día Juan y yo nos entrenamos lanzando o jugamos un partido con los amigos. (2) Nos gusta jugar, pero también nos gusta ganar. (3) Si practicara todos los días, mejoraría. (4) Un partido es más divertido cuando el público te anima. (5) Alguien lleva el marcador, pero en realidad jugamos para divertirnos.

1 ¿Qué es la parte subrayada de la oración 1?

A cláusula subordinada
B cláusula independiente
C oración compuesta
D oración compleja

2 ¿Qué es la parte subrayada de la oración 2?

A conjunción
B cláusula independiente
C cláusula subordinada
D oración compleja

3 ¿Qué es la parte subrayada de la oración 3?

A cláusula subordinada
B cláusula independiente
C oración compuesta
D oración compleja

4 ¿Qué es la parte subrayada de la oración 4?

A cláusula subordinada
B cláusula independiente
C oración compuesta
D oración compleja

5 ¿Qué es la parte subrayada de la oración 5?

A cláusula subordinada
B cláusula independiente
C oración compuesta
D oración compleja

Escuela + Hogar

Actividad para la casa Su niño o niña se preparó para examinarse sobre oraciones compuestas y complejas. Pídale que lea un artículo del periódico sobre deportes y que identifique oraciones compuestas y complejas.

Causa y efecto

- La causa es lo que hace que algo suceda, el efecto es lo que sucede como consecuencia de la causa.
- Un efecto puede tener más de una causa, y una causa puede tener más de un efecto.

Instrucciones Lee el siguiente texto y completa el diagrama a continuación.

Los colonizadores vinieron a América en busca de las oportunidades que no tenían en Europa. Inglaterra consideraba a América del Norte una fuente de recursos y de materias primas para su economía en crecimiento. A medida que las colonias prosperaban, el rey empezó a promulgar leyes para obligarlas a comprar productos terminados de Inglaterra en vez de permitirles fabricarlos y vender los propios. La legislación sobre el té, los textiles y el azúcar hizo que los colonizadores se sintieran molestos de que la corona se entrometiera en sus vidas cotidianas, ya que se sentían impedidos de hacer su voluntad. Cuando protestaron, el rey mandó las tropas para hacer valer la ley y mantener el orden. Los colonizadores respondieron creando un gobierno propio y firmando la Declaración de la Independencia. Como el rey no aceptó el autogobierno, al poco tiempo se desencadenó una revolución en los Estados Unidos.

Causas	Efectos
1.	Los colonizadores se establecieron en América del Norte.
	2.
3.	4.
Los ingleses no aceptaron la independencia de la colonias.	

5. Resume el texto en una o dos oraciones.

____

____

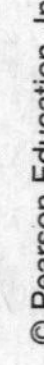

Actividad para la casa Su hijo o hija leyó un texto breve e identificó causas y efectos. Busque algún hecho ocurrido en la Guerra de la Independencia de los Estados Unidos y comente las causas y los efectos que se describen en esta selección.

Escritura • Composición expositiva

Aspectos principales de una composición expositiva

- trata sobre personas y sucesos reales
- proporciona una descripción o explicación de algo
- incluye una oración principal, un desarrollo y una conclusión

Educación para todos

Desde el comienzo de nuestra nación, los líderes de los Estados Unidos han querido proporcionar una educación para todos los ciudadanos. Cuando nuestro país estaba recién constituido, las escuelas eran dirigidas por grupos privados y organizaciones religiosas. Thomas Jefferson pensaba que un sistema educativo dirigido por el gobierno era una buena idea. Otros líderes coincidían con él.

La idea era buena, pero parecía ser una tarea imposible. ¿Quién pagaría las escuelas? ¿Quién pagaría a los maestros? ¿Cómo enfrentarían las escuelas la gran cantidad de inmigrantes que estaban viniendo a los Estados Unidos? Era una época difícil y confusa, política y económicamente. Las escuelas continuaban sirviendo sólo a estudiantes provenientes de familias ricas, que podían pagar una educación.

No fue sino hasta la década de 1880 que la idea moderna de una educación pública comenzó a tomar forma. Horace Mann, de Massachusetts, fue uno de los primeros en reformar el sistema educativo americano. Él apoyaba un sistema de escuelas públicas que brindara educación a todos los niños. Extendió el año escolar y trabajó para capacitar maestros.

Con los años, otras personas trabajaron para brindar una educación igualitaria a todos los estudiantes. Catherine Beecher trabajó para proporcionar más oportunidades educativas a las mujeres. Booker T. Washington trabajó para proporcionar educación a los afroamericanos.

Aunque el sistema educativo actual todavía enfrenta desafíos, hemos recorrido un largo camino desde la Declaración de la Independencia. Estudiantes de todas las clases van juntos a la escuela y tienen la oportunidad de recibir una educación. El desafío imposible de una educación para todos ha sido superado.

1. Encierra en un círculo la introducción y la conclusión.
2. Subraya la idea principal de cada párrafo.

Vocabulario

Instrucciones Escoge la palabra del recuadro que mejor complete cada oración. Escribe la palabra en la línea.

Verifica las palabras que conoces

- ___ estéril
- ___ ensordecedor
- ___ agrimensura
- ___ anterior
- ___ nivelar
- ___ precipitaron

Las rocas se precipitaron hacia el acantilado y produjeron un ruido casi **1.** ____________________ y elevaron una gran cantidad de polvo en el aire. Mi padre nos dijo que se había producido un derrumbe y que era peligroso transitar por esa zona de las montañas de Sierra Nevada en ese momento. Al igual que muchas familias de inmigrantes, viajábamos hacia el oeste a través de varias millas de tierra desértica y **2.** ____________________. Todo lo que juntamos durante nuestra vida **3.** ____________________ en Boston, lo habíamos guardado en la carreta. Nos dirigíamos a California a hacer fortuna.

Instrucciones: Encierra en un círculo la palabra con el mismo o casi el mismo significado que la primera palabra de cada grupo.

4. nivelar	equilibrar	intentar	alardear
5. precipitaron	preguntaron	planearon	cayeron
6. agrimensura	planificación	medición	estatura
7. ensordecedor	ruidoso	vacío	seco
8. anterior	siniestro	relacionado	previo

Entrada de un diario

En una hoja aparte, escribe la entrada de un diario como si recién te hubieras mudado a otro país. Usa tantas palabras del vocabulario como puedas.

Actividad para la casa Su hijo o hija identificó y usó palabras del vocabulario de *El día de las diez millas.* Lea con su hijo o hija algún artículo sobre la vida en otro país. Hable con su hijo o hija sobre cómo sería vivir en ese país.

Sustantivos comunes y propios

Los nombres especiales de personas, lugares, animales o cosas son **sustantivos propios.** Se escriben con mayúscula.

Alexi Bishop vive en Seattle, Washington.

Todos los demás sustantivos son **sustantivos comunes,** incluidos los sustantivos colectivos tales como *rebaño* o *clase*. No se escriben con mayúscula.

Ese sábado faltaban dos músicos en la orquesta.

Cuando escribas el título de un libro, una revista o una película, escríbelo siempre con mayúscula inicial.

¿Tus padres leyeron la novela *La casa verde*?

Escribe siempre con mayúscula las abreviaturas de los tratamientos de cortesía.

El sobre fue enviado a la Sra. Escobar.

Instrucciones Escribe el sustantivo propio o abreviatura del recuadro que se ajusta a cada sustantivo común. Agrega las mayúsculas donde corresponda.

estatua de la libertad   *la isla del tesoro*   argentina
ardillas voladoras   juana   dra.

Sustantivo común	Sustantivo propio
1. muchacha	____________
2. equipo	____________
3. país	____________
4. libro	____________
5. monumento	____________
6. doctora	____________

Actividad para la casa Su niño o niña estudió los sustantivos comunes y propios. Salgan de paseo y fíjense en los sustantivos comunes y propios que aparecen en los letreros, edificios y otros lugares de su comunidad. Luego, pídale a su niño o niña que diga y escriba esos sustantivos propios prestando atención a las mayúsculas.

Nombre ____________________

Acentuación de adverbios interrogativos y exclamativos

Palabras de ortografía						
qué	adonde	cuál	cuándo	cuánto	dónde	quiénes
que	cómo	cual	cuando	cuántas	quién	quienes
adónde	como	cuáles	cuánta	cuántos	quien	

Completar Escribe la palabra del recuadro que completa correctamente cada oración.

1. ________ hacía mucho frío, me puse los guantes. ____________
2. ¿Ves aquel parque? Es allí ________ iremos. ____________
3. La playa está llena. ¡Mira ________ gente! ____________
4. El ________ está a la derecha es mi primo. ____________
5. Ellos son ________ me lo dijeron. ____________
6. Dime ________ son las flores que más te gustan. ____________
7. ¿Sabes ________ vendrá Rafael? ____________
8. Pregúntale a ________ quieras. Verás que tengo razón. ____________
9. ________ sea más grande, seré piloto de avión. ____________
10. Vinieron todos a la fiesta, cada ________ con su disfraz. ____________

Preguntas Escribe la palabra del recuadro que completa correctamente cada pregunta.

11. ¿________ de estos dos dibujos es el tuyo? ____________
12. ¿________ se llama tu perro? ____________
13. ¿________ habitantes tiene esa isla? ____________
14. ¿________ era el rey en ese momento? ____________
15. ¿________ fueron los aztecas? ____________
16. ¿________ habitaciones tiene el hotel? ____________
17. ¿________ nació Cristóbal Colón? ____________
18. ¿________ camino nos conviene tomar? ____________
19. ¿________ tiempo hace que no llueve? ____________
20. ¿________ irás de vacaciones este año? ____________

Actividad para la casa Su niño o niña escribió adverbios. Diga dos palabras de la lista, una con acento y otra sin acento, y pídale que las use en dos oraciones.

Nombre ______________________________

Vocabulario • Palabras de varios significados

- Algunas palabras tienen más de un significado. Se llaman palabras de varios significados.
- Las **claves de contexto** son palabras y frases que están cerca de la palabra de varios significados y pueden ayudar a determinar qué significa una palabra en un contexto o situación en particular.

Instrucciones Lee el texto. Luego responde las preguntas de abajo.

Muchas cosas sorprendieron a Svetlana cuando llegó a los Estados Unidos con su familia. Más que nada, le sorprendió la cantidad de carros que había en las calles. Mucha gente tenía carros en Bulgaria, obviamente, pero aquí parecía que a todos les encantaba ir en el carro todo el tiempo. Las aceras estaban limpias y eran grandes, pero la gente se rehusaba a usarlas, incluso en días soleados. Svetlana observó que sus vecinos, en lugar de caminar, se subían a sus carros para recorrer media milla.

En Bulgaria, cuando Svetlana tenía que ir a algún lugar a pocas millas de distancia, solía hacerlo en bicicleta. A veces, usaba el ciclomotor que compartía toda la familia. Consumía poco combustible y lo podía estacionar en cualquier lado. ¿A qué atribuyó Svetlana la adicción de la gente a los carros? Imaginó que creían que los carros eran un signo de éxito. Svetlana estaba orgullosa del ejercicio que hacía cuando caminaba y montaba en bicicleta.

1. *Tiempo* puede significar "clima" o "minutos, horas, días, etc.". ¿Qué definición se usa en la tercera oración del primer párrafo?

____

2. *Lado* puede significar "sitio o lugar" o "costado o parte de un cuerpo". ¿Cuál de estas definiciones es la que se usa en la tercera oración del segundo párrafo?

____

3. *Media* puede significar "prenda de vestir que se usa en los pies" o "la mitad de algo". ¿Qué definición se usa en el texto?

____

4. Signo puede significar "indicio, señal de algo" o "figura que se emplea en la escritura". ¿Qué definición se usa en la quinta oración del segundo párrafo?

____

Actividad para el hogar Su hijo o hija identificó palabras de varios significados en un texto. Con su hijo o hija, haga una lista de palabras que usen frecuentemente y tengan varios significados.

Nombre ____________________

Enciclopedia electrónica

Una **enciclopedia electrónica** ofrece información general sobre temas diferentes. Una encilopedia electrónica puede encontrarse en un CD o en la Internet. Generalmente tienen gráficas interactivas, mapas, así como archivos de audio. Están organizadas en orden alfabético por **entradas,** que son los temas. Puedes ubicar los temas usando **palabras clave.** Las palabras clave te dan una lista de temas para elegir. Las referencias cruzadas están representadas por vínculos que están subrayados.

Instrucciones Lee esta entrada de una enciclopedia electrónica y responde las preguntas de abajo.

Enciclopedia del estudiante en línea

home

Palabra clave ____________________

Imprimir el artículo   Enviar el artículo a un amigo   Marcar el artículo como favorito

La isla Ellis

La isla Ellis se encuentra en el puerto de Nueva York. Recibió su nombre en la década de 1770 en honor a su dueño, Samuel Ellis. Entre 1892 y 1954, dieciséis millones de inmigrantes entraron a los Estados Unidos por esta isla. En 1965, la isla pasó a formar parte del Monumento Nacional de la Estatua de la Libertad. El centro de control de inmigración no se usa más; sin embargo en 1990 se convirtió en museo. El museo atesora 400 años de documentos y artefactos sobre la inmigración a los Estados Unidos.

Ver también Inmigración.

Volver al comienzo

1. ¿Cómo buscarías información sobre Samuel Ellis en esta enciclopedia en línea?

____

____

2. ¿Puedes enviar un correo electrónico con este artículo a un amigo? ¿Por qué crees que enviar un artículo por correo electrónico sería útil?

____

____

3. ¿Por qué marcarías este artículo como favorito?

____

4. ¿Cuándo se convirtió en museo la isla Ellis?

____

5. ¿De qué manera sencilla podrías aprender más sobre la inmigración?

____

Enciclopedia del estudiante en línea

home

Palabra clave

Imprimir el artículo | Enviar el artículo a un amigo | Marcar el artículo como favorito

Diversidad étnica

La mayoría de las sociedades contemporáneas tienen, hasta cierto punto, diversidad étnica. La historia ha contribuido a que las sociedades sean más diversas. Los conquistadores trajeron gente de diferentes lugares para vivir bajo su mandato. A veces, llevaban a las personas a sociedades nuevas como esclavos. Cuando no se ven forzadas a irse, muchas veces las personas se mudan a sociedades nuevas para mejorar su situación económica o para escapar de la persecución política o religiosa. Ver también origen étnico, inmigración.

La *asimilación* se produce cuando un grupo nuevo adopta algunas (o todas) las costumbres y valores del grupo dominante. La asimilación puede producirse de manera voluntaria o el grupo dominante puede forzarla.

Volver al comienzo

1. Esta selección es parte de un tema más amplio titulado *Grupos étnicos.* ¿Qué palabras clave usarías si quisieras saber cómo los irlandeses llegaron a los Estados Unidos?

____

____

2. Si quisieras saber sobre personas que se mudaron para escapar de la persecución religiosa, ¿qué palabras usarías para hacer la búsqueda?

____

3. ¿Cómo imprimirías el artículo?

____

4. Según la entrada, ¿cuáles son tres razones por las que la gente decide dejar su tierra natal?

____

____

5. ¿Cuál es la diferencia entre un diccionario y una enciclopedia?

____

____

____

Actividad para el hogar Su hijo o hija respondió preguntas sobre las enciclopedias electrónicas. Juntos busquen en una enciclopedia información sobre sus ancestros y su tierra o tierras natales.

Acentuación de adverbios interrogativos y exclamativos

Corrige una conversación Dani escribió esta conversación entre un encuestador y un vecino. Encierra en un círculo seis errores de ortografía y un error de puntuación. Escribe las correcciones en las líneas.

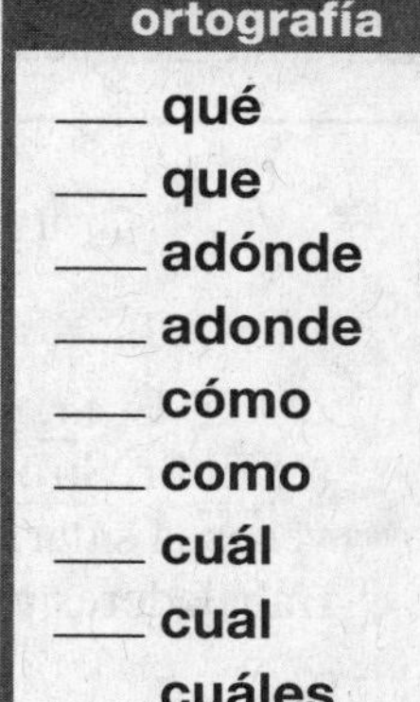

Palabras de ortografía

- ___ qué
- ___ que
- ___ adónde
- ___ adonde
- ___ cómo
- ___ como
- ___ cuál
- ___ cual
- ___ cuáles
- ___ cuándo
- ___ cuando
- ___ cuánta
- ___ cuánto
- ___ cuántas
- ___ cuántos
- ___ dónde
- ___ quien
- ___ quién
- ___ quienes
- ___ quiénes

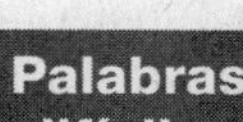

Palabras difíciles

- ___ porque
- ___ por qué
- ___ cuán
- ___ con que
- ___ con qué

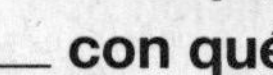

—Buenos días. ¿Puedo hacerle unas preguntas? —dijo el encuestador.
—¡Claro, como no! ¿Que desea saber? —dijo el vecino.
—¿Hace cuanto vive aquí? —preguntó el encuestador.
—Hace ocho años, respondió el vecino.
—¿Cuantas personas viven en esta casa? —preguntó el encuestador.
—Cuatro. Mi esposa, mis dos hijos y yo —respondió el vecino.
—¿Donde trabaja usted? —preguntó el encuestador.
—En una compañía —dijo el vecino.
—¿Cual es su trabajo? —preguntó el encuestador.
—¡Soy encuestador! —respondió el vecino.

1. ______________________
2. ______________________
3. ______________________
4. ______________________
5. ______________________
6. ______________________
7. ______________________

Corrige palabras Encierra en un círculo el adverbio correcto en cada oración.

8. ¿Adónde | Adonde vas?
9. ¿Quienes | Quiénes son?
10. ¿Quien | Quién llamó?
11. ¿Cuáles | Cuales prefieres?
12. ¿Cuando | Cuándo irás?
13. ¡Cuánta | Cuanta humedad!
14. ¡Cuantos | Cuántos mosquitos!

Actividad para la casa Su niño o niña identificó palabras de la lista mal escritas. Pídale que busque ejemplos de adverbios en un libro, periódico o revista.

Nombre ____

Sustantivos comunes y propios

Lee las oraciones. Luego, lee cada pregunta. Encierra en un círculo la letra de la respuesta correcta.

Comienza la carrera

(1) El Sr. Crocker era el jefe de construcción de la compañía Central Pacific. (2) El Sr. Strobridge era su mano derecha. (3) A cada cuadrilla se le prometió cuatro veces el salario. (4) Ya se habían colocado los durmientes de madera. (5) Los trabajadores procedentes de China saltaron a las vagonetas del primer tren.

1 ¿Qué es la palabra subrayada de la oración 1?

A abreviatura de título

B sustantivo propio

C sustantivo común colectivo

D sustantivo común individual

2 ¿Qué es la palabra subrayada de la oración 2?

A sustantivo propio

B sustantivo común individual

C sustantivo común colectivo

D no es un sustantivo

3 ¿Qué es la palabra subrayada de la oración 3?

A sustantivo propio

B sustantivo común individual

C sustantivo común colectivo

D no es un sustantivo

4 ¿Qué es la palabra subrayada de la oración 4?

A sustantivo propio

B sustantivo común individual

C sustantivo común colectivo

D no es un sustantivo

5 ¿Qué es la palabra subrayada de la oración 5?

A sustantivo propio

B sustantivo común individual

C sustantivo común colectivo

D no es un sustantivo

Actividad para la casa Su niño o niña se preparó para tomar un examen de sustantivos comunes y propios. Pídale que lea un párrafo de un artículo de periódico o revista y que encierre en un círculo los sustantivos propios y subraye los sustantivos comunes.

Acentuación: Palabras agudas

Palabras de ortografía				
canción	alfiler	vivaz	calor	perejil
mansión	jugar	además	corazón	millón
misión	jabalí	jamás	medir	café
correr	sartén	sofá	allí	altitud

Ordenar alfabéticamente

Escribe en orden alfabético las doce palabras de ortografía siguientes.

canción misión correr jugar jabalí sartén
jamás sofá corazón allí perejil café

1. ______________
2. ______________
3. ______________
4. ______________
5. ______________
6. ______________
7. ______________
8. ______________
9. ______________
10. ______________
11. ______________
12. ______________

Palabras ocultas

Cada una de estas palabras cortas está incluida en una palabra de ortografía. Escribe la palabra de ortografía que contiene la palabra corta.

13. mi ______________
14. lo ______________
15. le ______________
16. si ______________
17. de ______________
18. va ______________
19. di ______________
20. ti ______________

Actividad para la casa Su niño o niña aprendió a escribir palabras agudas. Busque palabras agudas en un libro o revista y pídale que las escriba.

Nombre ______________________________

Cuatro tipos de oraciones

Instrucciones Escribe *EN* si la oración es enunciativa, *IN* si es interrogativa, *IM* si es imperativa y *EX* si es exclamativa.

1. La familia de Felipe hizo un viaje en kayak por Alaska. ______________
2. ¿Sabes manejar un kayak? ______________
3. Un kayaquista usa un remo largo. ______________
4. Descubre quién inventó el kayak. ______________
5. ¡Los esquimales lo usan desde hace miles de años! ______________
6. ¿Sabías que los kayaks de los esquimales están hechos de piel? ______________
7. Un kayak pesa sólo unas 32 libras. ______________
8. ¡Es extraordinariamente ligero! ______________
9. ¿Sabes bajar los rápidos en kayak? ______________
10. Acércame el remo, por favor. ______________

Instrucciones Completa las oraciones con las palabras del recuadro. Luego escribe *EN*, si la oración es enunciativa, *IN* si es interrogativa, *IM* si es imperativa y *EX* si es exclamativa.

participan en carreras.	ir en kayak es peligroso?	emocionante es bajar rápidos!
hay carreras de kayaks.	a montar en kayak.	

11. ¿Crees que ______________________________
____
12. Los buenos kayaquistas ______________________________
____
13. Enséñame, por favor, ______________________________
____
14. ¡Qué ______________________________
____
15. En los Juegos Olímpicos ______________________________
____

Acentuación: Palabras graves

Palabras de ortografía				
lápiz	**útil**	**cráter**	**sana**	**cárcel**
fértil	**móvil**	**césped**	**cariñosas**	**hombro**
ágil	**árbol**	**tiza**	**valiente**	**estándar**
ángel	**azúcar**	**encima**	**palabra**	**ustedes**

Analogías

Escribe la palabra que completa cada comparación.

1. Una nota es para un músico lo que una ______ es para un escritor. ______
2. Una jaula es para un ave lo que una ______ es para una persona. ______
3. Lo que el toro tiene de fuerte, el mono lo tiene de ______. ______
4. Lo que el tigre tiene de feroz, el domador lo tiene de ______. ______
5. Lo que tiene de rica una golosina, lo tiene de ______ una manzana. ______
6. La cadera es a la pierna lo que el ______ es al brazo. ______
7. La zanahoria es para el conejo lo que el ______ es para la mosca. ______
8. El pincel es para el pintor lo que el ______ es para el dibujante. ______
9. Lo que tiene de rico el mar, lo tiene de ______ la tierra. ______
10. La madriguera es al zorro lo que el ______ es a la lechuza. ______

Clave de palabras

Escribe la palabra de ortografía que concuerda con cada clave.

11. Así les dices a las personas amables y afectuosas. ______
12. Lo que es una norma, un modelo o un patrón común. ______
13. Ni nosotros ni ellos... ______
14. Casi siempre lo dibujan con alas. ______
15. Forma parte de los volcanes. ______
16. Es otra manera de decir *arriba*. ______
17. Cuando algo sirve, lo describes de esa forma. ______
18. Muchos deportes se juegan sobre él. ______
19. La usas para escribir en el pizarrón. ______
20. Si se puede mover, es eso. ______

Actividad para la casa Su niño o niña aprendió palabras graves. Para que practique en casa, dígale palabras graves de un libro o revista y pídale que diga si llevan o no acento escrito.

Nombre ______________________________

Sujetos y predicados

Instrucciones Encierra en un círculo el sujeto completo de cada oración.

1. Muchas herramientas están hechas de metal.
2. Una barra de hierro se irá oxidando con el curso del tiempo.
3. El oxígeno del aire se mezcla con el metal.

Instrucciones Encierra en un círculo el predicado completo de cada oración.

4. El acero es un material fundamental en edificaciones y herramientas.
5. El acero se obtiene a partir del mineral de hierro.
6. Las cercas de acero evitan la pérdida del ganado.

Instrucciones Subraya el núcleo del sujeto una vez y el del predicado dos veces.

7. El erizado y fino alambre va de poste en poste.
8. El granjero clava los postes en el suelo.
9. Los postes de madera forman una línea recta.
10. Los ganaderos reparan la cerca constantemente.

Instrucciones Escribe *F* si es un fragmento y *O* si es una oración.

11. sustituido por plástico ______
12. El plástico es resistente, duradero y más ligero que el metal. ______
13. Muchas partes de los carros y los camiones de hoy día ______
14. Piensa en la cantidad de usos del plástico. ______
15. Muchos nuevos materiales procedentes del reciclaje ______

Nombre ________________________

Acentuación: Palabras esdrújulas y sobresdrújulas

Palabras de ortografía				
último	parásito	cómpraselo	préstaselo	índice
fórmula	mecánico	esdrújula	tómatelo	ánimo
lógica	brújula	vámonos	cómetelo	ábaco
mágica	véndeselo	pétalo	lámina	ídolo

Búsqueda de palabras

Escribe diez palabras de ortografía ocultas. Las palabras pueden ser horizontales, verticales o diagonales.

Á B Í G L Ó J Í Í D
S P L D U C A D Í M
R É O Á B A C O Á Á
É T A N M T H L L G
Ú A S I T I P O Ó I
L L Ú M Á C N J G C
T O R O A Í M A I A
I F G É Í N D I C E
M L F Ó R M U L A G
O S O A L Á P R S E

1. ____________
2. ____________
3. ____________
4. ____________
5. ____________
6. ____________
7. ____________
8. ____________
9. ____________
10. ____________

Revoltijo

Descifra las palabras de ortografía y escríbelas en las líneas.

11. óotlaemt ____________
12. lúburaj ____________
13. ocmáeinc ____________
14. uúaerjdsl ____________
15. voosnmá ____________
16. sprcmlóoea ____________
17. tpiásaro ____________
18. tóceemol ____________
19. neeoédslv ____________
20. ptrslsaoeé ____________

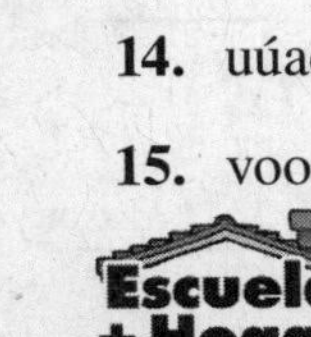

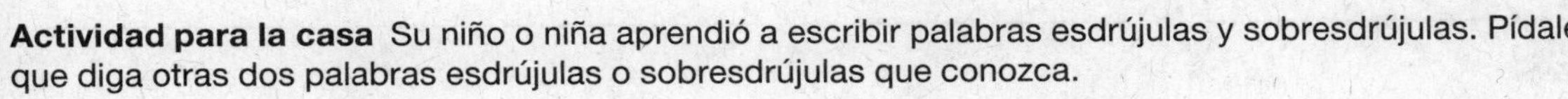
Actividad para la casa Su niño o niña aprendió a escribir palabras esdrújulas y sobresdrújulas. Pídale que diga otras dos palabras esdrújulas o sobresdrújulas que conozca.

Cláusulas independientes y subordinadas

Instrucciones Escribe *I* si el grupo de palabras forma una cláusula independiente. Escribe *S* si forma una cláusula subordinada.

1. Visitamos la costa cuando llegamos a California. ____________
2. Fuimos a una playa que nos habían recomendado. ____________
3. Aunque había sol, el agua estaba fría. ____________
4. El agua parecía incluso más fría porque teníamos la piel caliente. ____________
5. Si uno miraba hacia el mar, a lo lejos se veían delfines nadando. ____________
6. Saltaban fuera del agua como si estuvieran jugando. ____________
7. Me pareció que había algo más en el horizonte. ____________
8. Cuando miré con los binoculares, vi focas. ____________
9. Me gustaría que ya estuvieras aquí con nosotros. ____________
10. Cuando llegues, nos bañaremos en el mar. ____________

Instrucciones Completa cada oración agregando una de las cláusulas del recuadro. Subraya la cláusula subordinada en cada oración.

que confirma la regla   no podrías olvidarla   porque las morsas suelen ser más grandes
puede pesar más de 8,800 libras   que las focas no tienen

11. Puedes distinguir una foca de una morsa
____

12. Además, las morsas poseen dos largos colmillos
____

13. Por su tamaño, la foca elefante es la excepción
____

14. Si vieras una foca elefante,
____

15. Cuando un macho de foca elefante alcanza su pleno desarrollo,
____

Nombre ______________________________

Acentuación: Palabras agudas, graves, esdrújulas y sobresdrújulas

Palabras de ortografía				
estación	**único**	**hábil**	**rápida**	**grácilmente**
rápido	**técnicas**	**razón**	**léxico**	**ámbar**
decidió	**también**	**acabó**	**típico**	**corrígemelo**
cómico	**semáforo**	**pasión**	**permítamelo**	**público**

Antónimos Escribe la palabra de ortografía que tenga el significado opuesto o casi opuesto.

1. torpe ______________________
2. desinterés ______________________
3. atípico ______________________
4. lenta ______________________
5. comenzó ______________________

Sinónimos Escribe la palabra de ortografía que tenga el mismo significado o casi el mismo significado.

6. asimismo ______________________
7. resolvió ______________________
8. delicadamente ______________________
9. veloz ______________________
10. comediante ______________________

Clave de palabras Escribe la palabra de ortografía que concuerda con cada clave.

11. El vocabulario que usas. ______________________
12. Arréglalo por mí. ______________________
13. Es un color. ______________________
14. Hay cuatro en el año. ______________________
15. Son métodos o procedimientos. ______________________
16. Tiene tres luces de diferente color. ______________________
17. Déjemelo o démelo. ______________________
18. Los que aplauden en el teatro. ______________________
19. No hay otro, o no hay otro igual. ______________________
20. Cuando no la tienes, estás equivocado. ______________________

Actividad para el hogar Su niño o niña aprendió palabras agudas, graves, esdrújulas y sobresdrújulas. Pídale que lea palabras en un libro, revista o periódico, y que las clasifique según esos grupos.

Oraciones compuestas y complejas

Instrucciones Escribe *compuesta* si la oración es compuesta y *compleja* si la oración es compleja.

1. Vemos a los grandes atletas como ídolos, pero empezaron modestamente. ____________
2. Consiguieron ser buenos porque se esforzaron mucho. ____________
3. Si tuvieron fracasos, no se desanimaron. ____________
4. Practicaron durante años y su juego mejoró. ____________

Instrucciones Combina cada par de oraciones con la palabra entre ( ). Escribe la oración compuesta en la raya.

5. Me gusta nadar. Mi hermano prefiere correr. (pero)

____

6. Salto como un conejo. Mi papá corre como un caballo de carreras. (y)

____

7. ¿Elijo un deporte? ¿Practicamos los dos? (o)

____

8. A mí me gustaría correr. Deberías ayudarme a entrenar. (pero)

____

Instrucciones Elige las palabras entre ( ) que unen mejor las dos cláusulas.

9. Un hombre debe caminar despacio ____________ quiere llegar lejos. (si, que)
10. Satch tenía una sonrisa ____________ brillaba al lanzar la bola. (cuando, que)
11. Los jugadores de las Ligas Negras dormían ____________ podían. (donde, aunque)
12. Viajaban sin parar ____________ comenzaba el otoño. (hasta que, para que)

Nombre ________________________________

Acentuación de adverbios interrogativos y exclamativos

Palabras de ortografía				
qué	**cómo**	**cuáles**	**cuánto**	**quién**
que	**como**	**cuándo**	**cuántas**	**quien**
adónde	**cuál**	**cuando**	**cuántos**	**quiénes**
adonde	**cual**	**cuánta**	**dónde**	**quienes**

Palabras en contexto Completa cada oración con una palabra de la lista.

1. ¿________________ crees que Laura se disfrazará para la fiesta?
2. Fue Juan ________________ cantó esa canción.
3. ¿________________ te dijo eso? ¿Ayer?
4. ¿En ________________ piensas, Tomás?
5. Lo haré ________________ me indicaste.
6. ¿________________ habré dejado mi lapicero?
7. ________________ vayamos de campamento, llevaré mis binoculares.
8. ¿________________ cuesta esa muñeca, señor?
9. ¿En ________________ de los estantes está la enciclopedia?
10. ¡Levanten la mano ________________ quieren ir de excursión!
11. ¿________________ se fueron de vacaciones?
12. La escuela a la ________________ iba estaba cerca de un río.
13. El museo del ________________ hablo es el de ciencias naturales.
14. ¡Mira ________________ flores tiene ese jardín!
15. No sé a ________________ preguntárselo.
16. Mi primo me acompañó ________________ fuimos el otro día.
17. ¿________________ son algunas características de los insectos?
18. ¡Es increíble ________________ fuerza tiene la hormiga!
19. ¿________________ fueron los jugadores que hicieron los goles?
20. ¿________________ lados tiene un cuadrado?

Actividad para el hogar Su niño o niña aprendió a escribir adverbios. Pídale que diga dos oraciones usando el mismo adverbio, con y sin acento.

Nombre ____________________

Sustantivos comunes y propios

Instrucciones Escribe el sustantivo propio del recuadro que se ajusta a cada sustantivo común. Agrega las mayúsculas donde corresponda.

capitolio	jorge luis borges	srta. mistral
aconcagua	simón bolívar	nicaragua

Sustantivo común **Sustantivo propio**

1. personaje histórico ____________________
2. edificio ____________________
3. país ____________________
4. escritor ____________________
5. montaña ____________________
6. maestra ____________________

Instrucciones Copia las oraciones escribiendo con mayúscula los sustantivos propios.

7. Las ciudades de nueva york y pennsylvania tenían una buena red de ferrocarril.

____

8. La gente de san francisco y otras partes de california necesitaba una mejor comunicación por tren.

____

9. Las vías procedentes de omaha y sacramento se encontraron en promontory summit, utah.

____

10. La primera línea pública de ferrocarril se inauguró en inglaterra en 1830 y unía liverpool con manchester.

____

Nombre ______________________________

Notas para crear una narración personal

Instrucciones Rellena el organizador gráfico con información de un suceso o experiencia sobre la que te gustaría escribir.

Resumen

¿Qué sucedió? ______________________________

¿Cuándo? ______________________________

¿Dónde? ______________________________

¿Quién se encontraba allí? ______________________________

Detalles

Principio

Desarrollo

Final

Palabras que hablan sobre ti.

Instrucciones ¿Cuáles son las emociones que mejor te describen al momento de enfrentar los desafíos al principio, en el desarrollo y al final de una experiencia personal? Elige una o dos palabras del banco de palabras para describir cada etapa de la experiencia. Luego, agrega detalles para *señalar* al lector cada emoción.

ansioso	desilusionado	afligido
emocionado	entusiasmado	temeroso
orgulloso	satisfecho	alegre
inspirado	resuelto	desilusionado

Principio ______________________________

____

____

____

____

Desarrollo ______________________________

____

____

____

____

Final ______________________________

____

____

____

____

Nombre ______________________________

Combinar oraciones

Una manera de mejorar la escritura es combinar oraciones simples para formar oraciones compuestas o complejas. Esto producirá que las ideas se presenten con mayor fluidez. Las dos oraciones que combines deberán tener sentido. Puedes formar oraciones compuestas al combinar oraciones breves usando *y, pero, o.* Puedes formar oraciones complejas al combinar oraciones breves usando las conjunciones *si, porque, antes, después, puesto,* o *cuando.*

Instrucciones Usa la palabra entre ( ) para combinar dos oraciones. Recuerda usar mayúsculas en la primera palabra de la nueva oración y omitir el punto final al combinar la oración anterior con la nueva oración.

1. (pero) Mi hermana mayor puede trepar al árbol de pino en la pradera. Yo no lo he intentado aún.

____

____

2. (porque) Pensé que no podría lograrlo. Las primeras ramas eran muy altas.

____

____

3. (cuando) Me alzó. Pude llegar a la rama más baja.

____

____

4. (y) La áspera corteza raspó mi piel. El pino pringoso dejó huellas de su resina en mis manos.

____

____

5. (pero) Tenía miedo. Trepé hacia lo más alto del pino.

____

____

Corrección 1

Instrucciones Corrige estas oraciones. Busca errores de ortografía, gramática y sintaxis. Usa las marcas de corrección para indicar las correcciones.

Marcas de corrección	
Borrar (eliminar)	⌐
Agregar	^
Ortografía	◯
Letra mayúscula	≡
Letra minúscula	/

1. Una persona que nace sorda por lo jeneral no habla, pero pueden tener formas de comunicarse.

2. Al igual que muchas personas sordas, yo uso el lenguaje de señas, el cual incluye señas manuales, jestos, expresiones faciales, y movimientos corporales.

3. ¿Sabías que la primera escuela para sordos se abrió en Hartford, connecticut, en 1987

4. Laurent Clerc uno de los fundadores de la escuela quien conocía una forma de lenguaje de señas que usaban en francia.

5. Los usuarios expandieron y adaptaron el lenguaje de señas de Clerc asta que se convierte en el lenguaje de señas que usamos actualmente.

6. Los padres que no son sordos suelen aprender el lenguaje de señas ellos se lo enseñan a sus hijos sordos.

7. Yo siempre digo que el tiempo y el esfuerzo es necesarios para aprender el lenguaje de señas.

8. El lenguaje de señas ayuda a aquellos que no pueden encuchar a enfrentar los desafíos de la comunicación.

Ahora corrige el borrador de tu narración personal. Luego, usa el borrador revisado y corregido para escribir una copia final de tu narración. Finalmente, comparte tu trabajo escrito con el público.

Comparar y contrastar

- **Comparar** y **contrastar** dos o más cosas es mostrar en qué se parecen y en qué se diferencian.
- Algunas palabras clave son *como, igual, pero* y *sin embargo*.
- A veces los escritores no usan palabras clave cuando comparan y contrastan cosas.

Instrucciones Lee el siguiente texto. Completa las columnas de abajo basándote en las observaciones de Alex sobre las diferencias entre el mar y el lago cercano a su casa.

Alex nunca antes había ido al mar, por eso se entusiasmó mucho cuando Joel lo invitó a ir con su familia a Rhode Island. Mientras caminaban por la arena, Joel preguntó a Alex si sabía algo sobre la "marea revuelta", que era una corriente fuerte de agua cerca de la costa. Como Alex temía admitir que no sabía nada sobre el mar, le dijo a Joel que sí, que sabía todo sobre la marea revuelta. Al nadar, Alex observó varias diferencias entre los lagos y los océanos. Ambos eran fríos. El agua salada del mar lo hacía flotar con más facilidad. Las olas del mar también eran mucho más grandes que las del agua dulce. Recordó que en el lago los pececitos le rodeaban los pies. En el mar los cangrejos se le trepaban encima. De pronto, Alex y Joel oyeron el sonido de un silbato. Un salvavidas ordenaba a los nadadores que salieran del agua. Alex escuchó que el salvavidas le explicaba a un hombre que la marea revuelta era demasiado fuerte y que había arrastrado a una niña cientos de pies mar adentro. La niña casi se había ahogado. Alex tragó saliva. Sabía que se había expuesto al peligro por no admitir su ignorancia.

Lago	Mar
agua dulce	**1.**
2.	**3.**
4.	**5.**

Actividad para el hogar Su hijo o hija comparó y contrastó los detalles de un texto corto. Comente con su hijo o hija sobre dos lugares que hayan visitado para divertirse. Pida a su hijo o hija que haga una lista de las semejanzas y diferencias.

Nombre ___________________________

Aspectos principales de una descripción

- el lenguaje vívido ayuda a los lectores a visualizar la escena
- puede ser parte de un cuento más largo
- suele dar detalles que dicen cómo era el olor, el sabor o la textura de algo, así como detalles de cómo se veía o sonaba algo

Recuerdos de mi abuelo

Cuando mi abuelo murió, supe que podía mantener vivo su recuerdo a través de objetos que él dejó. Luego del funeral, fui a su casa y busqué en los estantes y los armarios. Estaban llenos de cosas de mi pasado.

Su abrigo aún olía a la colonia que usaba. Toqué la suave tela con mis dedos e inhalé el aroma fragante y dulce. Revisé pilas de fotografías para recordar su sonrisa. Solíamos beber gaseosa juntos, así que miré en el refrigerador. ¡Todavía tenía gaseosa! Tomé una botella y la llevé por la casa. Sabía delicioso. Me puso feliz recordar cuando mi abuelo y yo compartíamos aquella bebida.

Afuera comenzó a llover. Al escuchar el suave sonido de la lluvia y a mis padres que hablaban en la sala de estar, comprendí que mi abuelo siempre podría vivir en mi corazón. Comprendí que puedo estar triste y feliz al mismo tiempo.

Me llevé a casa su abrigo y algunas fotografías. Cuando me pongo su abrigo, lo recuerdo con orgullo.

1. Escribe tres palabras sensoriales de la selección.

____

2. ¿Cómo es el escritor? ¿Cómo lo sabes?

____

____

____

Nombre ______________________________

Vocabulario

Instrucciones Elije la palabra del recuadro que sea más adecuada para la definición. Escribe la palabra sobre el renglón.

Verifica las palabras que conoces

___ ocultaban
___ hamacas
___ lamentaban
___ erizos
___ severamente
___ pinzas

______________ **1.** herramienta que se usa para apretar o agarrar

______________ **2.** no poner a la vista, esconder

______________ **3.** estrictamente, firmemente

Instrucciones Elije la palabra del recuadro que sea más adecuada para completar la oración.

______________ **4.** Los buzos extrajeron docenas de espinosos ________ del fondo del mar para venderlos a un restaurante del lugar que se especializa en comida japonesa.

______________ **5.** Los hermanos se mecían con pereza en las ________ debajo del árbol, mientras conversaban sobre la mejor manera de pasar el último día de vacaciones.

______________ **6.** ________ su tristeza cuando perdían el partido para al menos aparentar ser buenos deportistas.

______________ **7.** La mascota dejó caer sus orejas y no movió más la cola cuando la regañaron ________ por morder los muebles.

Escribir una descripción

En una hoja aparte, escribe una descripción sobre cómo sería ser un delfín y vivir en el mar. Utiliza la mayor cantidad posible de palabras del vocabulario.

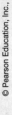

Actividad para la casa Su hijo o hija identificó y utilizó palabras del vocabulario del texto *En la playa*. Juntos escriban una historia sobre la decisión de ser honestos con alguien.

Nombre ______________________________

Verbos regulares y verbos reflexivos

Los **verbos regulares** son los que respetan los modelos de conjugación. En español hay tres modelos: la primera conjugación, que abarca los verbos cuyos infinitivos terminan en ***-ar,*** como *amar;* la segunda, en la que terminan en ***-er,*** como *temer,* y la tercera, en la que terminan en ***-ir,*** como *partir.*

Infinitivo	Presente	
Amar	Yo am-**o** Él/Ella/Usted am-**a** Ellos/Ellas/Ustedes am-**an**	Tú am-**as** Nosotros/as am-**amos**
Temer	Yo tem-**o** Él/Ella/Usted tem-**e** Ellos/Ellas/Ustedes tem-**en**	Tú tem-**es** Nosotros/as tem-**emos**
Partir	Yo part-**o** Él/Ella/Usted part-**e** Ellos/Ellas/Ustedes part-**en**	Tú part-**es** Nosotros/as part-**imos**

Los **verbos reflexivos** se usan para indicar que la acción del verbo es recibida por el mismo sujeto que la realiza.

Los verbos reflexivos presentan un infinitivo terminado en **-se,** como levantar-**se**. En la conjugación ese pronombre cambia de forma dependiendo de la persona.

Yo **me** lavo   Tú **te** lavas   Él/Ella/Usted **se** lava

Nosotros/as **nos** lavamos   Ellos/Ellas/Ustedes **se** lavan

Algunos verbos reflexivos son: *peinarse, ducharse, vestirse, bañarse, afeitarse.*

El pronombre reflexivo puede ir delante del verbo conjugado o detrás del infinitivo:

Todas las mañanas **me** peino.   Tardo un minuto en peinar**me**.

Instrucciones Copia las oraciones escribiendo en presente el verbo subrayado.

1. Mis primas bañarse en el mar.

____

2. Mami leer en la arena.

____

3. Tú llamar a las primas para ir al arrecife.

____

4. Mis primas y yo cubrir un hoyo con arena.

____

Actividad para el hogar Su niño o niña estudió los verbos regulares y los verbos reflexivos. Pídale que conjugue el presente de los verbos *cantar* y *levantarse.*

Diptongos, triptongos y hiatos

Palabras de ortografía				
aire	boina	buey	ley	cualidad
causa	limpia	miau	feo	mediana
aceite	paisaje	violín	patalea	cooperar
deuda	rey	poema	diciembre	aguacero

Significados de palabras Escribe la palabra de la lista que tenga el mismo significado o casi el mismo significado que la palabra subrayada.

1. Mi hermano usa camisas de talla media. 1. ____________
2. ¿Por qué motivo se produjo la discusión? 2. ____________
3. Cuando llegamos, la casa estaba aseada. 3. ____________
4. El monarca de España era Alfonso. 4. ____________
5. Mi hermana escribió una poesía. 5. ____________
6. Se nubló de repente y cayó un chaparrón. 6. ____________
7. La vista era muy bonita. 7. ____________
8. Fue un momento muy desagradable. 8. ____________
9. Los niños exploradores usan una gorra. 9. ____________
10. Toda norma debe ser respetada. 10. ____________

Clasificar Escribe la palabra de la lista que concuerda con cada grupo.

11. colaborar, ayudar, ________ 11. ____________
12. patea, se sacude, ________ 12. ____________
13. viento, cielo, ________ 13. ____________
14. obligación, compromiso, ________ 14. ____________
15. gato, sonido, ________ 15. ____________
16. octubre, noviembre, ________ 16. ____________
17. característica, manera de ser, ________ 17. ____________
18. música, instrumento, ________ 18. ____________
19. vaca, toro, ________ 19. ____________
20. vinagre, sal, ________ 20. ____________

Actividad para el hogar Su niño o niña escribió palabras con diptongo, triptongo y hiato. Juntos, busquen palabras pertenecientes a esos grupos en un libro, periódico o revista.

Nombre ______________________________

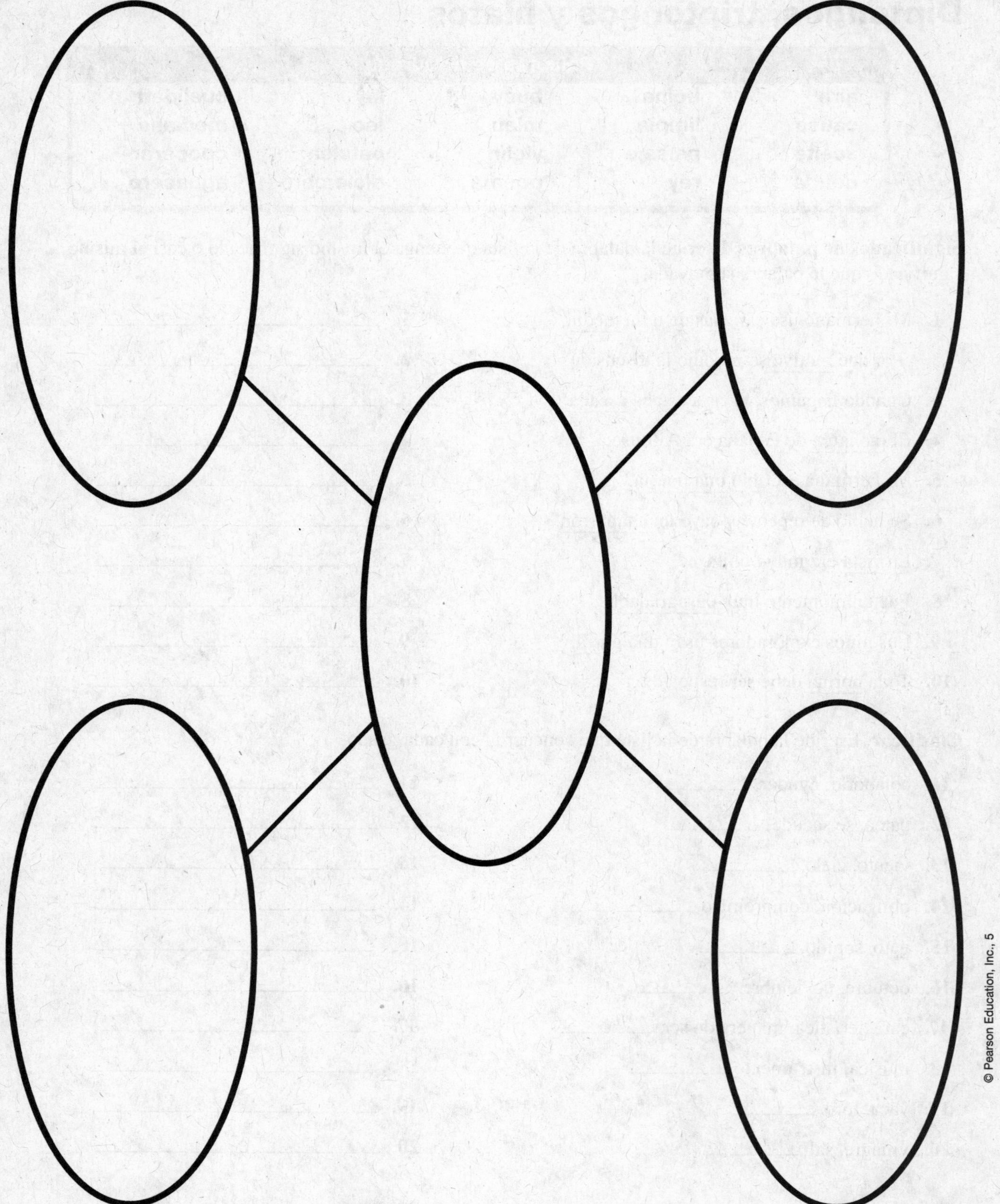

Vocabulario: Palabras poco comunes

- Es posible que cuando leas, te encuentres con **palabras poco comunes.**
- Las **claves del contexto** son las palabras y oraciones que rodean a la palabra poco común y que te ayudarán a deducir su significado.

Instrucciones Lee el siguiente texto. Busca las palabras poco comunes y las claves del contexto para determinar su significado. Usa un diccionario para verificar el significado de las palabras y luego responde las preguntas a continuación.

Se sintió un fuerte olor a salitre cuando la Dra. Jensen sumergió un vial en las aguas salobres del pantano. Estaba tomando muestras en un lugar cubierto de hierbas en la orilla para hacer una prueba de contaminación. Muchas especies de animales dependen del ecosistema de los pantanos para permanecer saludables.

Mientras sostenía el vial en alto, observaba su contenido y enroscaba la tapa de plástico. Se reía pensando que a pesar de que aparentemente no había vida en él, había pequeñísimos organismos que nadaban en esa agua turbia y oscurecida por el barro. Al mirar las olas a la distancia, la Dra. Jensen sonreía. Las gaviotas que se arremolinaban sobre la arena bajando en picada, parecían intuir que había trozos de pan en su bolsa de laboratorio.

1. Los olores pueden sentirse a grandes distancias. ¿Cuál es el olor del salitre? ¿Cómo lo sabes?

____

____

2. Busca una palabra en el texto cuyo significado no se puede determinar por las claves del contexto. Búscala en un diccionario y da la definición.

____

3. ¿Cuál podría ser el significado de la palabra “vial” a partir de las claves del contexto? Utiliza un diccionario para comprobar si tu respuesta es correcta.

____

4. ¿Cuál podría ser el significado de la palabra “arremolinar” a partir de las claves del contexto? Utiliza un diccionario para comprobar si tu respuesta es correcta.

____

5. La palabra “organismos” no se puede inferir a partir de las claves del contexto. Busca la palabra en un diccionario y da el significado.

____

Actividad para la casa Su hijo o hija ha identificado palabras poco comunes que se pueden definir por medio de las claves del contexto. Juntos busquen palabras poco comunes en un periódico o revista y pídale que deduzca su significado.

Libros de referencia

Un **libro de referencia** es un manual. Los manuales generalmente contienen instrucciones de uso o de referencia. Un libro de referencia gramatical es un manual sobre el uso de una lengua. Al igual que otros manuales, generalmente tiene una tabla de contenidos, un índice, secciones, ilustraciones y explicaciones. Siempre que tengas dudas gramaticales debes usar un libro de referencia gramatical.

Instrucciones Utiliza la siguiente sección de un libro de gramática para responder las preguntas que están a continuación.

Pronombres personales

Los pronombres personales pueden ser pronombres sujeto, pronombres objeto y pronombres término de preposición.

1. Pronombres sujeto: reemplazan al sujeto de una oración.

   Kim y yo organizamos la fiesta de fin de año; nosotros estamos a cargo.
2. Pronombres objeto: reemplazan al objeto de una oración en el predicado.

   ¿Crees que nos puedes ayudar con las invitaciones?
3. Pronombres término de preposición: le siguen a una preposición y forman una frase preposicional.

   Dibujas muy bien; ésta es una tarea ideal para ti.

Observa las siguientes oraciones e identifica los pronombres personales. Luego indica qué tipo de pronombres son.

¿Tú tienes el teléfono de Mayra?

Creo que ella te lo dio la semana pasada.

Ella tenía un mensaje de Carlos para mí.

1. ¿Cuántos tipos de pronombres personales hay?

   ____

2. ¿Cuáles son los tipos de pronombres personales?

   ____

   ____

3. ¿Qué tipo de pronombre usarías para indicar la persona que realiza una acción?

   ____

4. ¿Qué tipo de pronombre usarías en una frase preposicional?

   ____

5. ¿Qué pronombres identificaste en el ejercicio de la parte inferior de la referencia?

   ____

Nombre ____________________

Instrucciones Usa la siguiente tabla de contenidos de un libro de gramática para responder las preguntas que están a continuación.

Capítulo 2 Los sustantivos

Capítulo 3 Los pronombres

6. ¿Qué capítulo consultarías si tuvieras una duda sobre la palabra *suyos*?

____

7. ¿Por qué crees que los libros de gramática están estructurados según las categorías gramaticales?

____

____

8. ¿Qué clases de palabras podrías encontrar bajo "Pronombres personales"?

____

9. ¿Si tuvieras dudas sobre cómo es el plural de un sustantivo, qué sección del libro de gramática consultarías?

____

10. ¿Por qué habrán incluido esos ensayos al final de cada capítulo?

____

____

Actividad para la casa Su hijo o hija ha respondido preguntas sobre libros de referencia gramaticales y sobre manuales. Juntos busquen un manual de algún aparato de la casa (la computadora, el refrigerador, el televisor, el teléfono, etc.) y lean la tabla de contenidos para ver cómo ha sido organizado. ¿Tiene sentido? ¿Podrías encontrar una respuesta o una solución si consultaras ese manual?

Nombre ______________________

Diptongos, triptongos y hiatos

Corrige un cartel Encierra en un círculo cinco errores de ortografía. Encuentra una oración con un error de puntuación. Escribe las correcciones en las líneas.

Festival artístico de beneficencia

Con su visita, podrá coperar para la construcción de la nueva escuela comunitaria.
¡Diviértase creativamente! ¡Al are libre!
¡Participe en nuestros talleres abiertos de música, pintura y poesía!
¡Pinte su cuadro, toque el violin o escriba un puema!
¡Todos tenemos un artista dentro!
Fechas: 5 y 6 de dicembre, de 9 a.m. a 6 p.m.
Lugar: Pasaje del Rei 555 (a unos metros, de la plaza)

1. ______________ 2. ______________

3. ______________ 4. ______________

5. ______________ 6. ______________

7. ______________________________

Palabras de ortografía

aire
causa
aceite
deuda
boina
limpia
paisaje
rey
buey
miau
violín
poema
ley
feo
patalea
diciembre
cualidad
mediana
cooperar
aguacero

Corrige palabras Encierra en un círculo la ortografía correcta de la palabra.

7. Festejaron arrojando los sombreros al ________.
aire   airie   aere

8. El gato se ________ las patas con la lengua.
linpia   limpia   limpea

9. Ser generoso es una buena ________ .
cualidá   cualidad   cualidat

10. Me manché el pantalón con ________ .
aseite   acieite   aceite

11. ¡Nos empapamos con el ________!
aguacero   auguacero   aguasero

12. El ________ de la montaña es imponente.
paisage   peisaje   paisaje

Palabras difíciles

cuadrilátero
zoológico
ausencia
ciudadano
trapezoide

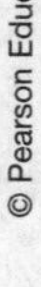

Actividad para el hogar Su niño o niña identificó palabras de ortografía mal escritas. Seleccione palabras de la lista y pídale que las deletree.

Nombre ____________________________________

Verbos regulares y verbos reflexivos

Lee el párrafo. Luego lee cada pregunta. Encierra en un círculo la letra de la respuesta correcta.

Un día en la playa

(1) Mis primos ______ en el agua. (2) Yo ______ hacia el agua. (3) Nosotros ______ muy contentos. (4) Nuestros padres ______ a la sombra. (5) El arrecife ______ a lo lejos.

1 ¿Qué forma del verbo meterse completa correctamente la oración 1?

A te metes
B se meten
C me meto
D nos metemos

2 ¿Qué forma del verbo correr completa correctamente la oración 2?

A corren
B corres
C corremos
D corro

3 ¿Qué forma del verbo nadar completa correctamente la oración 3?

A nadamos
B nadan
C nado
D nadas

4 ¿Qué forma del verbo hablar completa correctamente la oración 4?

A hablo
B hablan
C hablamos
D habla

5 ¿Qué forma del verbo brillar completa correctamente la oración 5?

A brilla
B brillan
C brillo
D brillas

Actividad para la casa Su niño o niña se preparó para examinarse sobre verbos regulares y verbos reflexivos. Pídale que conjugue el presente de los verbos *lavar* y *lavarse*.

Nombre ____

Secuencia

- La **secuencia** de los hechos es el orden en que tienen lugar, del primero al último.
- Palabras claves tales como *primero, siguiente* y *luego* pueden indicar la secuencia en un relato o un artículo, pero no siempre. Otras claves son las fechas y las horas del día.
- A veces ocurren dos hechos al mismo tiempo. Palabras clave para indicar esto son *mientras tanto* y *ese mismo año.*

Instrucciones Lee el texto y completa la línea cronológica de abajo.

El 1 de julio de 1863, un pequeño grupo de soldados de caballería de la Unión repelió a una fuerza más grande de soldados confederados, cerca de Gettysburg, Pennsylvania. Para el día siguiente, el grueso de ambos ejércitos había llegado. Ese día, los confederados atacaron ambos flancos de las fuerzas de la Unión. Pero los soldados de la Unión los rechazaron. El tercer día, los confederados atacaron la línea central de las fuerzas de la Unión con más de 12,000 soldados. El ataque fue llamado la Carga de Pickett. Una vez más, las fuerzas de la Unión resistieron. Los confederados tuvieron que batirse en retirada.

La Batalla de Gettysburg fue el momento decisivo de la Guerra Civil. Después de ese enfrentamiento, las victorias de la Unión comenzaron a aumentar. En noviembre, el presidente Lincoln visitó el sitio de la batalla y dio un discurso para honrar a quienes pelearon allí. El discurso fue llamado el *Discurso de Gettysburg*.

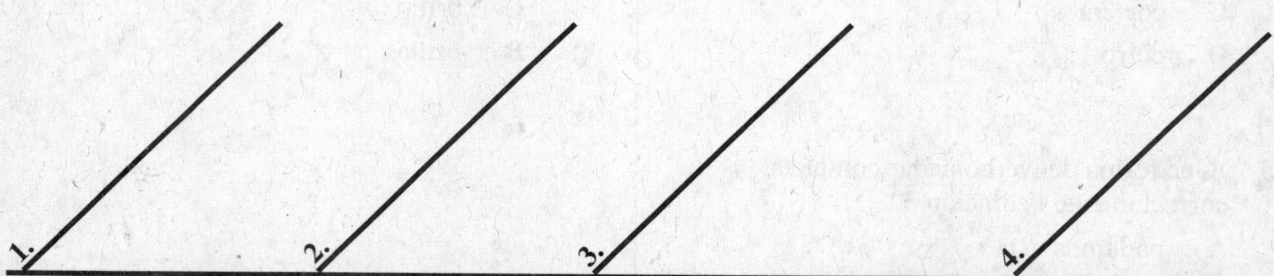

5. ¿Tuvo éxito la Carga de Pickett ? Explica tu respuesta.

____

____

Actividad para la casa Su niño o niña leyó un texto breve y respondió preguntas sobre la secuencia de hechos descritos en él. Lea con él o ella un artículo de periódico o de revista y comenten la secuencia de hechos que describe.

Aspectos principales de una carta amistosa

- contiene un encabezamiento, un saludo y una despedida
- tiene un tono casual
- habitualmente escrita a alguien que uno conoce bien
- contiene un cuerpo, o los párrafos que componen la parte principal de la carta

12 de abril de 2011

Querido Pablo:

¿La noticia no llegó a Texas todavía? ¡Resulta que soy un gran héroe! Desafié valientemente alturas increíbles para salvar a una bella integrante de la familia Díaz. De acuerdo, estoy exagerando un poco, pero déjame contarte la historia.

Yo estaba volviendo a casa, después de la práctica de fútbol, cuando encontré a Rita llorando frente a su casa. ¿Recuerdas a Rita? Está un grado más abajo que nosotros en la escuela y su familia vive a dos casas de la mía. Le pregunté por qué lloraba, y me dijo que la mascota de la familia, una rata, había escapado. Estaba en la cornisa que rodea las ventanas del piso de arriba.

"¡Menos mal!", pensé. "¿Quién quiere una rata de mascota?". Pero Rita estaba tan afligida que supe que debía ayudar. Le dije que buscara una escalera y yo vería qué podía hacer.

Tú sabes lo que pienso de las alturas. No voy a decir que soy un miedoso, pero las alturas me aterrorizan. Aún así, le pedí a Rita que sujetara fuerte la base de la escalera y enfrenté valerosamente mi miedo.

Me temblaba el pie al pisar el primer peldaño. Con cada paso nuevo, me agarraba firmemente del peldaño que estaba encima de mí. Cuando llegué hasta arriba, miré a Rita. Movió la cabeza haciéndome un gesto de aliento, pero en lo único que yo podía pensar era en el ruido que haría mi cuerpo al golpear en el suelo. La rata estaba en el recodo de la cornisa, temblando. Parecía tan nerviosa y asustada como yo. La agarré rápidamente y me la puse en el bolsillo. ¡No creo que nadie en la historia del mundo haya bajado una escalera tan rápido como lo hice yo ese día!

Rita estaba contentísima. Su familia me invitó a cenar para agradecerme por salvar su mascota. ¡Me habría encantado que estuvieses ahí para verlo! Las cosas no han sido lo mismo desde que te mudaste. Hasta la aventura de una rata grandota no es tan divertida sin mi mejor amigo. Espero que puedas visitarme pronto.

Tu amigo,

Julio

1. Lee la carta. Encierra en un círculo y rotula la fecha, el saludo y la despedida.
2. ¿Cuál es la relación que hay entre Pablo y Julio? Subraya palabras clave que te ayuden a saberlo.

____

____

Nombre ______________________________

Vocabulario

Instrucciones Elige la palabra del recuadro que concuerde con cada definición. Escribe la palabra en la línea.

Verifica las palabras que conoces

- ___ **cantimplora**
- ___ **confederación**
- ___ **gloria**
- ___ **reñido**
- ___ **rebelión**
- ___ **corcel**
- ___ **unión**

______________ **1.** fama y honor

______________ **2.** caballo

______________ **3.** frasco de metal para llevar agua u otras bebidas

______________ **4.** asociación de dos o más personas o cosas en una sola

______________ **5.** peleado, discutido

______________ **6.** grupo de países o estados que trabajan juntos

______________ **7.** una lucha contra el propio gobierno

Instrucciones Elige la palabra del recuadro relacionada con la palabra subrayada en cada oración.

8. Algunos soldados ganan <u>fama</u> en el campo de batalla.

____

9. Los soldados y los exploradores suelen llevar una <u>botella de agua</u>.

____

10. El soldado entró en combate montando su <u>caballo</u>.

____

Escribe un artículo periodístico

En una hoja aparte, escribe un artículo periodístico anunciando que los Estados Unidos han entrado en guerra civil. Usa todas las palabras de vocabulario que puedas.

Actividad para la casa Su niño o niña identificó y utilizó palabras de vocabulario de *Mantén la bandera en alto*. Comente con él o ella el significado de cada palabra de vocabulario. Pídale que use cada palabra en una oración.

Nombre ______________________________

Verbos irregulares en presente

Los **verbos irregulares** son los que no siguen los modelos de conjugación. Algunos verbos irregulares son: *andar, caber, colgar, colgarse, elegir, estar, hacer, hacerse, ir, mover, moverse, oír, oler, pedir, poder, querer, quererse, saber, ser, sentir, tener, traer, ver, verse.*

Infinitivo	Presente
Estar	Yo **estoy** Tú **estás** Él/Ella/Usted **está** Nosotros/as **estamos** Ellos/Ellas/Ustedes **están**
Ser	Yo **soy** Tú **eres** Él/Ella/Usted **es** Nosotros/as **somos** Ellos/Ellas/Ustedes **son**
Ir	Yo **voy** Tú **vas** Él/Ella/Usted **va** Nosotros/as **vamos** Ellos/Ellas/Ustedes **van**

Instrucciones Copia las oraciones escribiendo en presente el verbo irregular subrayado.

1. La bandera moverse en el asta.

____

2. El aire oler a fuego de leña.

____

3. (Yo) Ser el tambor del regimiento.

____

4. Todo el campamento sentir la tensión de la espera.

____

5. Los soldados oír la trompeta.

____

6. El niño del tambor querer dormir.

____

Actividad para la casa Su niño o niña estudió los verbos irregulares. Pídale que le diga el presente de los verbos *ser* y *estar*.

Nombre ____________________

Diptongos y hiatos: Acentuación

Palabras de ortografía

seria	**gradualmente**	**sabía**	**días**
sería	**espacio**	**continuación**	**tío**
río	**país**	**cuero**	**parecía**
rió	**continúa**	**caimán**	**sonríe**
gradúan	**sabia**	**había**	**mensual**

Palabras en contexto Escribe la palabra de ortografía que completa cada oración.

1. Hace unos ________, cayó un poco de nieve. 1. ____________
2. Ese no es un cocodrilo, es un ________. 2. ____________
3. Mi papá compra una revista ________. 3. ____________
4. Cuando ________, se me ven los dientes. 4. ____________
5. Lo saludé y, a ________, nos pusimos a charlar. 5. ____________
6. Fui a comprar limones porque en casa no ________. 6. ____________
7. El cielo está cubierto. No ________ raro que llueva. 7. ____________
8. ¡Hola! ¡No ________ que habías vuelto! 8. ____________
9. Esas válvulas ________ la entrada de aire. 9. ____________
10. Le conté un chiste y se ________ sin parar. 10. ____________

Clasificar Escribe la palabra de ortografía relacionada con cada grupo.

11. se asemejaba, se veía, ________ 11. ____________
12. conocedora, experta, ________ 12. ____________
13. agua, corriente, ________ 13. ____________
14. callada, juiciosa, ________ 14. ____________
15. primo, sobrino, ________ 15. ____________
16. sigue, avanza, ________ 16. ____________
17. lugar, área, ________ 17. ____________
18. nación, patria, ________ 18. ____________
19. piel, pelaje, ________ 19. ____________
20. poco a poco, lentamente, ________ 20. ____________

Actividad para el hogar Su niño o niña escribió palabras con diptongo y con hiato. Nombre dos palabras de la lista y pídale que use cada una en una oración.

Secuencia del cuento A

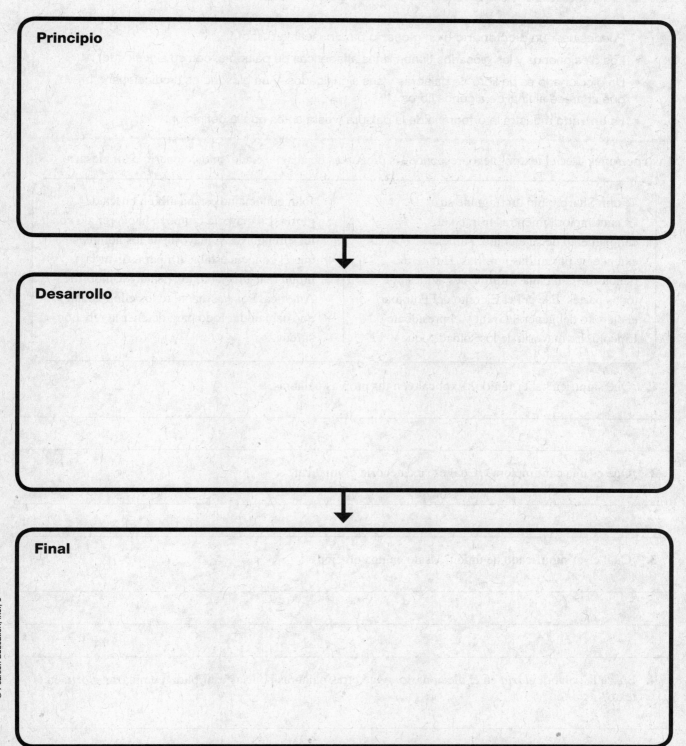

Principio

Desarrollo

Final

Nombre ____________________

Vocabulario • Diccionario/Glosario

- Cuando lees, puedes encontrar palabras desconocidas, o palabras que no comprendes. Puedes usar un **diccionario** o un **glosario** para buscar la palabra.
- Los diccionarios y los glosarios tienen listas alfabéticas de palabras, con su significado.
- Un diccionario es un libro de palabras y sus significados, y un glosario es un diccionario breve que aparece al final de algunos libros.
- La **entrada** muestra la ortografía de la palabra y está antes que la definición.

Instrucciones Lee el texto. Luego, responde las preguntas de abajo usando un diccionario o un glosario.

John Sharp tomó un trago de su cantimplora mientras miraba el campamento de su ejército. Parecía extenderse por millas y millas. Hogueras, tiendas de campaña y uniformes azules por todas partes. Ese era el Ejército del Potomac, el ejército del general Grant y el presidente Lincoln. La mayoría de los soldados que John conocía no estaba allí en busca de gloria. La mayoría tampoco había reñido con un sureño. No, la mayoría de los hombres que él conocía estaba allí para salvar la unión más preciada: los Estados Unidos de América. Por esa razón, todos ellos sabían que debían dar todo para detener la rebelión sureña.

1. ¿Qué significa haber reñido? Explícalo en tus propias palabras.

____

____

2. ¿Qué es una cantimplora? ¿Cuál es su categoría gramatical?

____

____

3. ¿Cuál es el significado de unión? Úsalo en una oración.

____

____

____

4. Busca la palabra *gloria* en el diccionario. ¿Qué otras palabras podrías usar para reemplazar *gloria* en el texto?

____

5. Explica por qué un diccionario brindaría información más completa sobre una entrada que un glosario.

____

Actividad para la casa Su niño o niña usó un diccionario para averiguar el significado de palabras desconocidas. Elija algunas palabras que su niño o niña no conozca. Pídale que use un diccionario para buscar su significado.

Nombre ____

Partes de un libro

Las **partes de un libro** incluyen **tapa, portada, página de los derechos de autor, tabla de contenidos, títulos de capítulos, leyendas, encabezamiento de las secciones, glosario** e **índice.** Examinar las partes de un libro puede darte claves sobre el libro y ayudarte a sacar de él el mayor provecho posible.

Instrucciones Lee la siguiente página de los derechos de autor y responde las preguntas de abajo.

Un discurso de tres minutos: Las observaciones de Lincoln en Gettysburg

Derechos de autor del texto © 2003 Jennifer Armstrong

Derechos de autor de las ilustraciones © 2003 Albert Lorenz

First Aladdin Paperbacks

Un sello de la División de Ediciones Infantiles de Simon and Schuster

1230 Avenida de las Américas

New York, NY 10020

Todos los derechos reservados, incluido el derecho de reproducción, total o parcial, en cualquier forma.

Número de control de la Biblioteca del Congreso: 2002107413

ISBN: 0-689-=85622-9

1. ¿Cuál es el propósito de la página de derechos de autor de un libro?

____

2. El propietario de los derechos de autor se indica después del símbolo © y el año de publicación. ¿Quién posee los derechos de autor del texto en este libro?

____

3. ¿Qué piensas que significa poseer los derechos de autor de un libro?

____

____

4. ¿Quién publicó este libro? ¿Cuándo fue publicado el libro?

____

5. ¿Cómo pueden usarse números como el de la Biblioteca del Congreso o el número de ISBN?

____

____

Nombre ______________________________

Instrucciones Observa la siguiente página de tabla de contenidos.

CONTENIDO

Formar un gobierno para los Estados Unidos de América

6. ¿Sobre qué tratará el libro de acuerdo con el título?

____

____

7. ¿Qué representa el número en el costado derecho?

____

8. ¿Qué puedes saber de un libro observando la tabla de contenidos antes de leerlo?

____

9. ¿Cuántos capítulos tiene el libro? ¿Cuál es el propósito de los títulos de los capítulos?

____

____

10. ¿Qué otras secciones puedes encontrar en un libro junto con los capítulos?

____

Actividad para el hogar Su hijo o hija aprendió las partes de un libro. Busque varios tipos de libros que haya en su casa (no ficción, un libro de referencia, un libro de ficción) y examinen juntos las partes de los diferentes libros.

Nombre ______________________________

Diptongos y hiatos: Acentuación

Palabras de ortografía			
seria	mensual	gradúan	cuero
sería	continúa	gradualmente	caimán
tío	sabia	días	había
parecía	río	sabía	espacio
sonríe	rió	continuación	país

Corrige un relato Encierra en un círculo seis errores de ortografía y un error en el uso de mayúscula. Escribe las correcciones en la línea.

> La nave despegó. En pocos dias, se acoplaría con otra nave en el espaceo. A continuacíon, los astronautas realizarían un importante experimento científico. Era un orgullo para el pais. Hasta el momento, Todo parecia ir bien. ¡La misión seguramente seria un éxito!

1. ______________________
2. ______________________
3. ______________________
4. ______________________
5. ______________________
6. ______________________
7. ______________________

Corrige palabras Encierra en un círculo la ortografía correcta de la palabra.

8. El juez tomó una decisión ________.
   sabia   sabía
9. Contó un chiste que yo ya ________.
   sabia   sabía
10. Cruzamos el ________ nadando.
    río   rió
11. Mi mamá se compró una cartera de ________.
    cuéro   cuero
12. El cuento ________ en la página siguiente.
    continua   continúa

Palabras difíciles
doliéndome
leíamos
austeridad
hacía
hacia

Actividad para el hogar Su niño o niña identificó palabras mal escritas. Seleccione palabras de la lista y pídale que las deletree señalando si llevan o no acento escrito.

Verbos irregulares en presente

Lee el párrafo. Luego lee cada pregunta. Encierra en un círculo la letra de la respuesta correcta.

Comienza la batalla

1. Yo _____ presente en la batalla. **2.** El coronel _____ heroísmo. **3.** Los soldados _____ hacia el campo de batalla. **4.** El portaestandarte _____ la bandera. **5.** Los confederados no _____ rendir el fuerte.

1 ¿Cuál es la forma correcta del verbo estar que completa la oración 1?

- **A** esto
- **B** estoy
- **C** soy
- **D** estar

2 ¿Cuál es la forma correcta del verbo pedir que completa la oración 2?

- **A** pedir
- **B** pode
- **C** pidi
- **D** pide

3 ¿Cuál es la forma correcta del verbo ir que completa la oración 3?

- **A** van
- **B** ir
- **C** iren
- **D** von

4 ¿Cuál es la forma correcta del verbo colgar que completa la oración 4?

- **A** colgar
- **B** cuelga
- **C** colga
- **D** colgue

5 ¿Cuál es la forma correcta del verbo querer que completa la oración 5?

- **A** queren
- **B** querer
- **C** quieren
- **D** quiren

Actividad para la casa Su niño o niña se preparó para tomar un examen de verbos irregulares. Pídale que le diga el presente de los verbos *poder* y *querer*.

Comparar y contrastar

- **Comparar y contrastar** te permite ver las similitudes y las diferencias entre las cosas.
- A veces hay palabras clave que indican comparaciones y contrastes, pero esto no siempre sucede.
- Puedes comparar y contrastar cosas de las lecturas con un compañero y también puedes hacerlo con cosas que sepas.

Instrucciones Lee el siguiente texto.

Durante la Edad Media en el Japón los guerreros samuráis tenían un código de honor denominado bushido. El cumplimiento de dicho código los convertía en luchadores feroces, atletas, y personas amables y honestas que gozaban de las cosas simples de la vida. En la misma época en Europa los caballeros tenían que observar el código de caballerosidad, lo cual implicaba brindar lealtad al Señor (el terrateniente que contrataba al caballero), ser valiente en las batallas, y mantener el honor. Tenían vestimentas diferentes: los samuráis usaban sobre todo protecciones de cuero, en tanto que los caballeros usaban pesadas armaduras de metal.

Instrucciones Completa el siguiente organizador gráfico. Haz una lista con las similitudes y las diferencias entre el *código de caballerosidad* y el *bushido* y luego compáralos con algún código que conozcas.

Similitudes en el texto	Diferencias en el texto	Comparación con lo que conozco
1.	**3.**	**4.**
2.	Los samuráis usaban protecciones de cuero, los caballeros usaban pesadas armaduras de metal.	**5.**

Actividad para la casa Su hijo o hija ha leído un texto breve y ha hecho comparaciones y contrastes. Lean juntos dos de sus historias preferidas y hagan comparaciones y contrastes entre los personajes principales.

Nombre ___________________________

Aspectos principales de un poema

- usa versos para comunicar ideas
- puede usar técnicas poéticas, como rima o patrones de sonido
- a menudo incluye detalles sensoriales o lenguaje vívido

El día que aprendí a pescar

En mayo pasado aprendí a pescar.
Mi hermana quería verme jugar.
"Estudias y no haces otra cosa.
Pero, mira", me dijo, "¡qué tarde tan hermosa!".

Con las cañas y una bolsa de carnada
fuimos al arroyo, pasando la cascada.
Lancé mi línea y me senté en la orilla
entre una piedra roja y otra amarilla.

¡Plaf, plaf!, hizo el pez que atrapé,
pero al agua de nuevo lo solté.
¿Sacaré de vuelta ese mismo pez
cuando vaya la próxima vez?

1. Encierra en un círculo las rimas de cada estrofa.
2. Subraya las palabras que muestran el uso de onomatopeya.
3. Escribe dos ejemplos de asonancia.

____

Nombre ______________________________

Vocabulario

Instrucciones Traza una línea para unir las palabras de la izquierda con las definiciones de la derecha.

1. asombrada	agradecimiento
2. procesión	sugerirte
3. comportamiento	sorprendida
4. gratitud	manera de actuar
5. recomendarte	algo que se desplaza hacia delante

Verifica las palabras que conoces

___ asombrada
___ comportamiento
___ benefactora
___ distribución
___ gratitud
___ procesión
___ recomendarte
___ institutriz
___ promisorio

Instrucciones Elige la palabra del recuadro que mejor se adapte para completar la oración y escríbela sobre el renglón de la izquierda.

______________ **6.** La ________ desigual de la comida hizo que algunas personas se quedaran con hambre.

______________ **7.** Si no contara con la generosidad de su ________, Guillermo no podría afrontar el pago de la universidad.

______________ **8.** Cuando eran pequeños, tenían una ________ inglesa.

______________ **9.** El profesor aseguró que le espera un ________ futuro como pianista.

______________ **10.** Quedé sorprendida con los resultados del concurso, aunque la ganadora también estaba realmente ________.

Escribir una nota de agradecimiento

En una hoja aparte, escribe una nota de agradecimiento a alguien que te haya brindado su ayuda utilizando la mayor cantidad posible de palabras del vocabulario.

Actividad para la casa Su hijo o hija ha identificado y usado palabras del vocabulario de la historia *La cartera de Ch'i-lin.* Juntos lean una historia sobre alguien que haya realizado un acto de caridad y busquen las palabras empleadas para describir a esa persona.

Verbos de acción y verbos copulativos

Una oración completa tiene un sujeto y un predicado. La palabra principal del predicado es el verbo. Los **verbos de acción** describen qué hace el sujeto.

El niño *lloraba* a menudo.

Los verbos de acción pueden describir acciones físicas (*chocar, saltar, martillar*) o mentales (*olvidar, comprender, sentir*).

Los **verbos copulativos** relacionan o conectan el sujeto con una o varias palabras del predicado. Describen qué es o cómo es el sujeto.

El niño *era* rubio y *estaba* sentado.

Los verbos copulativos más frecuentes son *ser* y *estar*. Pero hay otros verbos que pueden usarse como copulativos, entre ellos: *hacerse, quedar, parecer, ponerse, encontrarse, sentirse, volverse.*

Instrucciones Copia el verbo de cada oración. Luego, escribe *A* si es un verbo de acción y *C* si es un verbo copulativo.

1. ¿Son ustedes niños malcriados? **2.** Los niños malcriados siempre consiguen sus propósitos. **3.** Resultan egoístas. **4.** Sus padres los miman demasiado. **5.** Eso a menudo les amarga la vida. **6.** El mundo trata mejor a las personas generosas y poco egoístas. **7.** La compasión es un regalo para todos. **8.** Las personas más generosas parecen más felices.

1. ____________ ____________
2. ____________ ____________
3. ____________ ____________
4. ____________ ____________
5. ____________ ____________
6. ____________ ____________
7. ____________ ____________
8. ____________ ____________

Instrucciones Agrega un verbo del recuadro para completar cada oración. En la raya final, escribe *A* si es un verbo de acción y *C* si es un verbo copulativo.

combinan es respetaba son

9. El dragón ____________ muy popular en China. ____________
10. En la antigua China, la gente ____________ mucho a los dragones. ____________
11. Los dragones no ____________ animales reales. ____________
12. ____________ rasgos de diversos animales. ____________

Actividad para la casa Su niño o niña estudió los verbos de acción y los verbos copulativos. Lean juntos un cuento y pídale que le señale algunos verbos de acción y otros copulativos.

Nombre ______________________________

Palabras con *j, g, x*

Palabras de ortografía				
coraje	extranjero	bajar	México	eje
general	relojero	tejer	Xavier	gimnasia
conserje	empujar	crujido	Oaxaca	gigante
cerrajería	apretujar	texano	vendaje	girasol

Palabras en contexto Escribe la palabra de ortografía que completa cada oración.

1. Mi amigo se llama ________. 1. ______________
2. Él es oaxaqueño, porque nació en ________. 2. ______________
3. Yo nací en Texas. Soy ________. 3. ______________
4. En el pasado, Texas era parte de ________. 4. ______________
5. A la carreta se le rompió un ________. 5. ______________
6. Ocurrió al ________ la colina. 6. ______________
7. ________ no tenía sentido, así que echamos a caminar. 7. ______________
8. En el pueblo, llevé a reparar mi reloj al ________. 8. ______________
9. También fui a la ________ para hacerme otra llave. 9. ______________
10. El dueño es un ________. Vino de otro país. 10. ______________

Grupos de palabras Escribe la palabra de ortografía relacionada con cada grupo.

11. portero, ordenanza, ________ 11. ______________
12. flor, movimiento, ________ 12. ______________
13. susurro, ruido, ________ 13. ______________
14. apretar, estrujar, ________ 14. ______________
15. aguja, hilo, ________ 15. ______________
16. herida, tela, ________ 16. ______________
17. común, habitual, ________ 17. ______________
18. enorme, grandote, ________ 18. ______________
19. ejercicio, deporte, ________ 19. ______________
20. valentía, bravura, ________ 20. ______________

Actividad para el hogar Su niño o niña escribió palabras con *j, g, x*. Seleccione tres palabras de la lista y pídale que diga qué significan.

Nombre ______________________________

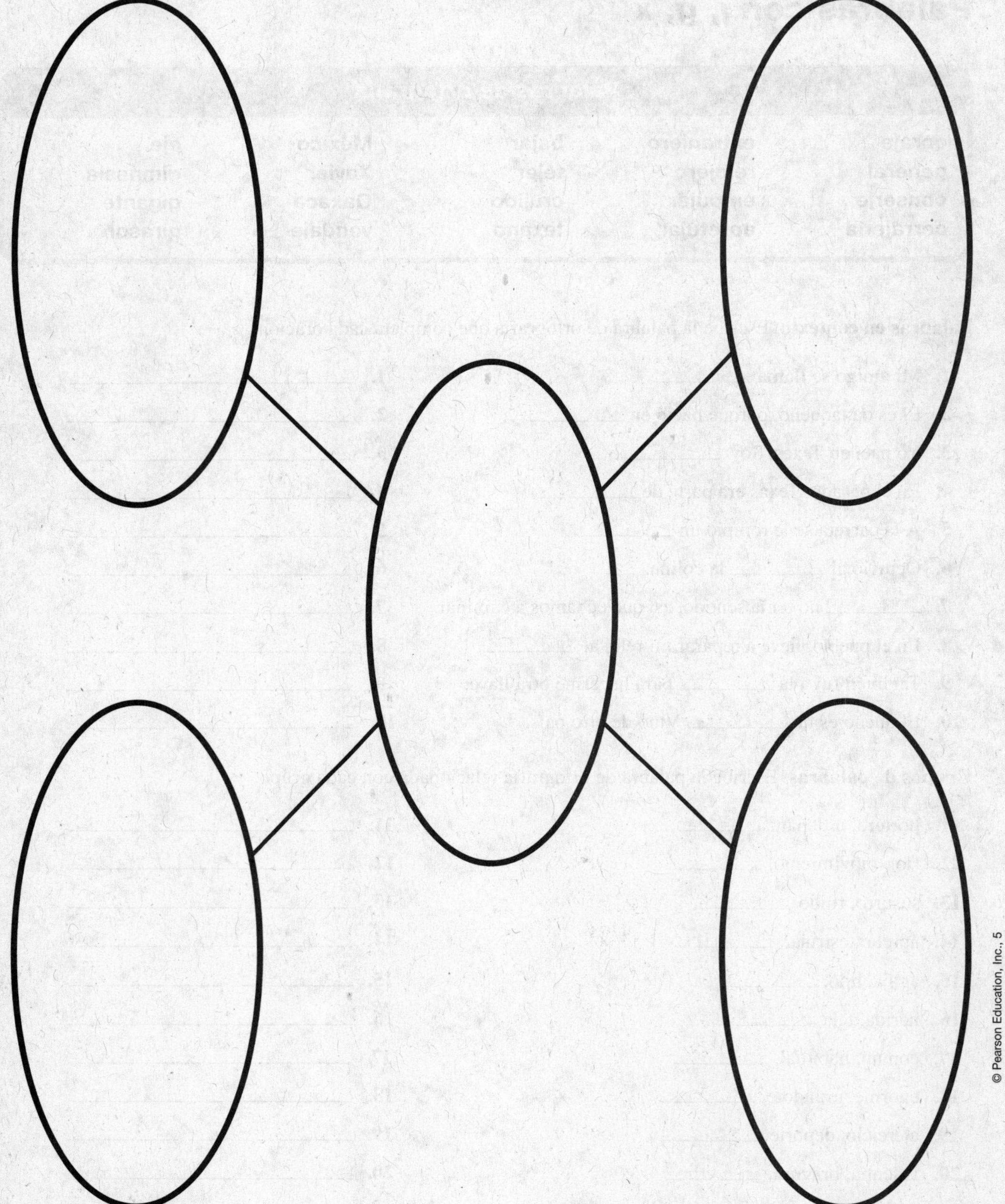

Vocabulario • Raíces griegas y latinas

- Las **raíces griegas y latinas** forman muchas palabras del español.
- Cuando te encuentres con una palabra que no conoces, reconocer la raíz puede ayudarte a descubrir su significado.
- La palabra latina *bene* quiere decir *"bien"* o *"bueno"* como en *beneficioso, beneficio* y *benefactor.* La palabra latina *gratus* significa "agradecido", como en *gratitud* y *agradecimiento.*

Instrucciones Lee el siguiente texto. Luego responde las preguntas de abajo.

Siempre quise ser cantante y trabajé mucho para lograrlo. Siempre agradecía por poder hacer lo que me gustaba. Sin embargo, era difícil ganar el dinero para pagar las lecciones de canto. Un día canté en la procesión de una fiesta. Después mi madre me buscó muy emocionada: —Ella es la Sra. Kazarian. Es benefactora de jóvenes artistas y quiere pagar tus lecciones en la escuela de música —dijo asombrada mi madre.

—Me gustaría recomendarles a una maestra que trabaja con cantantes jóvenes —nos dijo la Sra. Kazarian. Un mes más tarde, ya estaba practicando con la maestra nueva. Todos los días me siento lleno de gratitud por ser el beneficiario de la generosidad de la Sra. Kazarian. Sin su apoyo, no habría tenido esta oportunidad.

1. ¿Cuál es la raíz latina de *agradecía*? ¿Cómo te ayuda la raíz a comprender su significado?

____

____

2. ¿Cuál es la raíz latina de *benefactora*? ¿Cómo te ayuda la raíz a comprender su significado?

____

____

3. ¿Cuál crees que es el significado de *beneficiario*? ¿Cómo te ayuda la raíz a comprender su significado?

____

____

4. ¿Cómo te ayuda la raíz de *gratitud* a comprender su significado?

____

____

5. Escribe una oración usando una palabra nueva con la raíz *bene* o *gratus.*

____

Actividad para el hogar Su hijo o hija leyó un texto corto y usó las raíces latinas para identificar el significado de las palabras desconocidas. Busque en un diccionario más palabras con las raíces latinas *bene* y *gratus*.

Libro de texto / Libro comercial

Un **libro de texto** generalmente enseña una materia, como Estudios Sociales o Matemáticas. Los libros de texto contienen **títulos de capítulos, encabezados, subtítulos y palabras de vocabulario.** Un **libro comercial** es cualquier libro que no sea un libro de texto, una publicación periódica o de referencia.

Instrucciones Observa la siguiente tabla de contenidos de un libro de texto. Luego responde las preguntas que están a continuación.

Capítulo 18 Asia y África: 1920-1960

Capítulo 19 Difusión de la cultura asiática: 1966-presente

1. ¿Cuál crees que es la materia de este libro de texto? ¿Por qué?

____

____

2. De acuerdo con la tabla de contenidos, ¿cómo están organizadas las secciones de este libro de texto?

____

3. ¿En qué capítulo y sección puedes aprender acerca de la ciudad de Tokyo?

____

4. ¿En qué sección podrías encontrar un resumen del capítulo completo?

____

____

5. ¿Qué crees que hay en las secciones escritas en letra cursiva? ¿Cómo lo sabes?

____

____

Nombre ____________________

Instrucciones Lee la contraportada de este libro. Luego responde las preguntas de abajo.

El dragón del Barrio Chino

El día en que a mi hermanita se la comió un dragón de papel

EDICIÓN ACTUALIZADA Y AMPLIADA DEL DÉCIMO ANIVERSARIO

Han pasado diez años desde que Lori Liu presentó por primera vez su colección de cuentos sobre su niñez en el Barrio Chino de San Francisco. Aquella edición le permitió a la gente de todo el mundo mirar de cerca un Barrio Chino que pocas personas de afuera pueden ver. Los lectores se sumergieron con entusiasmo en ese mundo de imágenes y sonidos, como la vez que su hermanita corrió directo hacia la boca del dragón de papel de una cuadra de largo durante un desfile.

Desde entonces, la Sra. Liu ha creado nuevos cuentos llenos de música, acción, humor y buena comida, que se suman a la colección original. Esta edición celebra la colección original y la amplía para el deleite de sus fieles lectores.

"Las historias de Lori Liu están repletas de risas y lágrimas, como sucede en la niñez de todos nosotros".

-Mario Michelin, *San José Post*

"Si alguna vez ha tenido el placer de pasar la tarde en el Barrio Chino, le encantará la colección de cuentos de Lori Liu, *El dragón del Barrio Chino.* Sentirá que es un vecino del lugar y no un turista".

-Beatrice Kelly, *San Francisco News*

6. ¿Qué tipo de libro es éste?

____

7. ¿Cuál es el título del libro?

____

8. ¿Qué tiene de especial esta edición?

____

____

9. ¿Por qué hay citas en la contraportada del libro?

____

____

10. Si quisieras buscar información sobre el cuento del Año Nuevo Chino, ¿la buscarías en un libro de texto o en un libro comercial? ¿Por qué?

____

____

Actividad para el hogar Su hijo o hija leyó un texto corto y luego respondió preguntas sobre libros de texto y libros comunes. Con su hijo o hija, observe un libro de texto y un libro comercial. Pida a su hijo o hija que explique la diferencia entre los dos tipos de libros.

Nombre ____

Palabras con *j, g, x*

Corrige un cuento Ramón escribió este cuento. Encierra en un círculo seis errores de ortografía. Encuentra un error de puntuación. Escribe las correcciones en la línea.

Mi hermano

Mi hermano es un gran atleta. Practica jimnasia en un club. Pero ayer tuvo un accidente. Estaba intentando un salto muy difícil. ¡Un salto jigante! Cuando apoyó los pies al caer, se oyó un crugido en las tablas del piso, Mi hermano se torció el tobillo y tuvieron que ponerle un vendage en el tobillo. Pero él no lloró ni se quejó. ¡Tiene mucho corage! Eso sí, ¡tuvimos que ayudarlo a baxar la escalera!

1. ____________________
2. ____________________
3. ____________________
4. ____________________
5. ____________________
6. ____________________
7. ____________________

Palabras de ortografía

coraje
general
conserje
cerrajería
extranjero
relojero
empujar
apretujar
bajar
tejer
crujido
texano
México
Xavier
Oaxaca
vendaje
eje
gimnasia
gigante
girasol

Corrige palabras Encierra en un círculo la ortografía correcta de la palabra.

8. Un ________ es alguien que vende y arregla relojes.
   relogero   relojero
9. El ________ gira durante el día mirando hacia el sol.
   girasol   jirasol
10. Cuando necesitas hacer una llave, vas a la ________.
    cerragería   cerrajería
11. El ________ se encarga de administrar y cuidar el edificio.
    conserje   conserge
12. Las ruedas están unidas por un ________.
    eje   ege

Palabras difíciles

genuino
herraje
divergente
mejunje
camuflaje

Actividad para la casa Su niño o niña identificó palabras mal escritas en un párrafo. Pídale que busque otras palabras con *j, g, x* en un libro, periódico o revista.

Nombre ______________________________

Verbos de acción y verbos copulativos

Lee el párrafo. Luego lee cada pregunta. Encierra en un círculo la letra de la respuesta correcta.

La cartera de la suerte

(1) Marisa es una niña malcriada y egoísta. (2) Llorará para conseguir cualquier cosa. (3) Su madre deseaba su felicidad. (4) Marisa rechazó el regalo tres veces. (5) Todos los invitados estaban asombrados.

1 ¿Qué tipo de palabra es la subrayada en la oración 1?

A verbo de acción (física)
B verbo de acción (mental)
C verbo copulativo
D no es verbo

2 ¿Qué tipo de palabra es la subrayada en la oración 2?

A verbo de acción (física)
B verbo de acción (mental)
C verbo copulativo
D no es verbo

3 ¿Qué tipo de palabra es la subrayada en la oración 3?

A verbo de acción (física)
B verbo de acción (mental)
C verbo copulativo
D no es verbo

4 ¿Qué tipo de palabra es la subrayada en la oración 4?

A verbo de acción (física)
B verbo de acción (mental)
C verbo copulativo
D no es verbo

5 ¿Qué tipo de palabra es la subrayada en la oración 5?

A verbo de acción (física)
B verbo de acción (mental)
C verbo copulativo
D no es verbo

Actividad para la casa Su niño o niña se preparó para tomar un examen de verbos de acción y verbos copulativos. Lea con su niño o niña un artículo de periódico. Pídale que encierre en un círculo los verbos de acción y que subraye los copulativos.

Nombre ______________________________

Propósito del autor

- El propósito del autor es la razón o razones que el autor tiene para escribir.
- Un autor puede escribir para persuadir, informar, entretener o expresarse.

Instrucciones Lee el texto. Luego, responde la pregunta que está a continuación.

Las playas sucias son desagradables. Odio ver una playa o la orilla de un lago llenas de papeles de caramelos, botellas de gaseosas o cualquier otro tipo de basura. La basura en las playas es más que algo feo a la vista. También destruye la vida silvestre. Animales como los peces y las tortugas pueden comer la basura que flota en el agua. Si lo hacen, pueden ahogarse. El plástico de los paquetes de seis latas de gaseosas es peligroso para las aves. Muchas veces, las aves se enredan en el plástico y mueren. Para ayudar a mantener las playas limpias, puedes ofrecerte como voluntario los días de limpieza. ¡La gente que limpia las playas ayuda a proteger el medio ambiente y definitivamente hace lo correcto!

Instrucciones Completa el diagrama de abajo basándote en el texto.

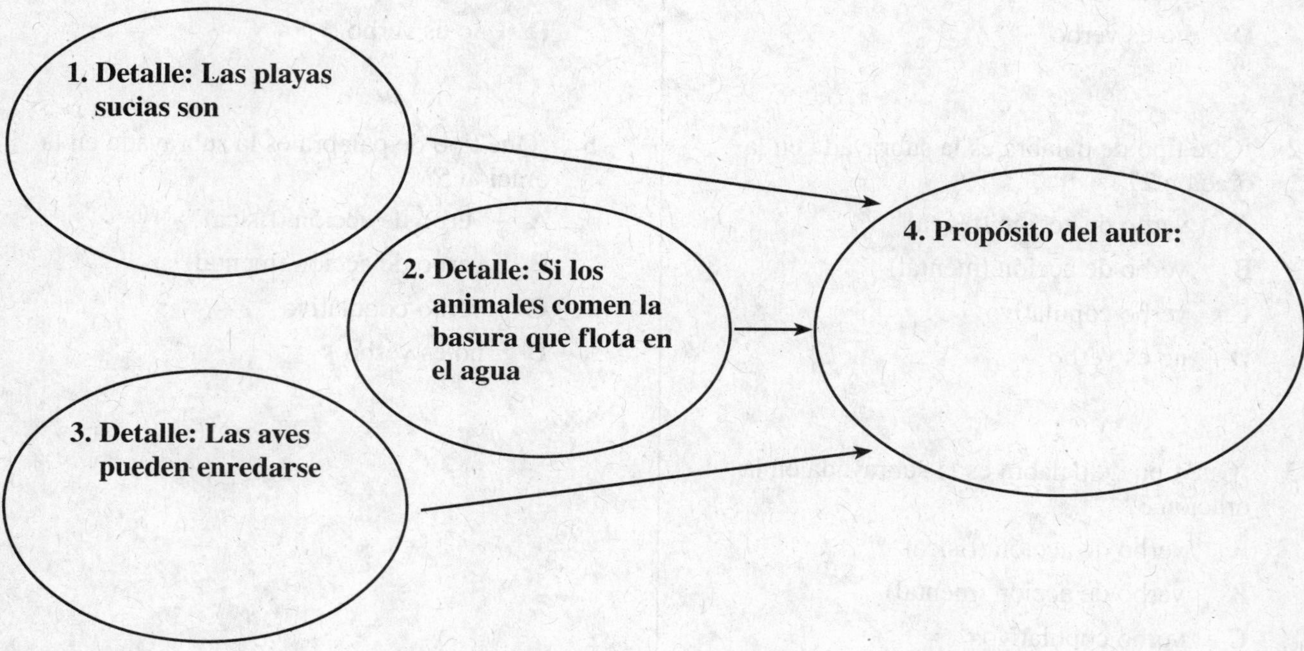

5. ¿Cómo los detalles proporcionados apoyan el propósito del autor?

____

____

____

Actividad para el hogar Su hijo o hija analizó el propósito del autor en un texto sobre las playas. Anímelo/a a leer el editorial de un periódico y a explicar el propósito del autor al escribir el editorial. Pídale que explique a quién intenta persuadir o convencer el autor.

Aspectos principales de una narración personal
- usa el punto de vista de la primera persona *(yo, me)*
- cuenta un relato sobre un suceso real de la vida
- comparte pensamientos y sentimientos sobre un suceso o un momento

Mi mamá o yo

Yo sabía que iba a ser la mejor fiesta de cumpleaños de todas a las que había ido. Los padres de María realmente querían celebrar la llegada de su décimo cumpleaños. Planificaron un día entero de diversión para ella y sus amigas, ¡y yo estaba incluida!

Íbamos a comenzar el día desayunando en un magnífico restaurante llamado Buenos Días. Después, iríamos a un parque acuático a deslizarnos por los toboganes de agua y a nadar en la piscina con olas. Luego, regresaríamos a la casa de María para una carne asada, con *hot dogs* y hamburguesas. Más tarde, en la noche, asaríamos malvaviscos y haríamos *s'mores,* sentados junto a la hoguera. ¡Era un día lleno de mis cosas favoritas!

Aún faltaba un mes para la fiesta cuando me di cuenta de la fecha: el 2 de agosto, ¡el día de cumpleaños de mi mamá! Todos los años mi mamá sólo le pedía a su familia un único regalo de cumpleaños. Pedía que todos estuviéramos allí con ella para celebrar. Generalmente cenábamos todos juntos y después íbamos al cine o rentábamos películas para ver en casa. ¿Cómo podía ir a la fiesta de cumpleaños de María, que iba a durar hasta la noche, y estar al mismo tiempo en casa para la cena de cumpleaños de mi mamá?

Cuando le conté el problema a mi mamá, ella sonrió y me dijo que estaba bien si yo faltaba a su cumpleaños este año. Pero parecía triste. Sabía cuánto le gustaba tener a toda la familia junta. Yo sabía qué tenía que hacer.

Todo el mundo se divirtió mucho en la fiesta de cumpleaños de María, excepto yo... ¡pero porque no estuve allí! Sorprendí a mi mamá quedándome en casa para celebrar su cumpleaños con ella y nuestra familia. Ella estaba tan contenta que lloró. Me dijo que yo le había dado el mejor regalo que jamás había recibido. Le demostré lo importante que ella es para mí.

1. Vuelve a leer la selección. ¿Qué decisión difícil enfrenta la escritora? ¿Cómo resuelve el problema?

____

____

____

2. ¿Cuáles son los pensamientos y sentimientos de la escritora con respecto a la fiesta de cumpleaños de su amiga?

Vocabulario

Instrucciones Escoge la palabra del recuadro que mejor coincida con cada definición. Escribe la palabra en la línea.

Verifica las palabras que conoces

___ navajo
___ concurrido
___ traqueteo
___ turquesa
___ pañuelo
___ hogan
___ brazalete

1. ______________ golpeteo, ruido de algo al moverse continuamente

2. ______________ miembro de un grupo de indígenas de América del Norte que habitan principalmente en Nuevo México, Arizona y Utah

3. ______________ cinta o cadena usada como adorno alrededor de la muñeca o el brazo

4. ______________ lugar al que va o donde hay mucha gente

5. ______________ una piedra preciosa color azul claro o verdoso, usada en joyería

6. ______________ vivienda de los indígenas navajos de América del Norte

Instrucciones Escoge la palabra del recuadro que mejor complete cada oración. Escribe la palabra en la línea.

En el suroeste de los Estados Unidos habitan indígenas de América del Norte, como el pueblo **7.** ______________. Un miembro típico del pueblo podría haber vivido en un **8.** ______________. Podría haber usado un **9.** ______________ ciñendo su cabeza. Los navajos también usaban joyas hechas de **10.** ______________.

Escribe sobre un personaje

En una hoja aparte, escribe una descripción de un personaje del cuento. Describe la apariencia y la personalidad del personaje. Usa tantas palabras del vocabulario como puedas.

____

____

Actividad para el hogar Su hijo o hija identificó y usó palabras del vocabulario de *Un negocio de verano*. Con su hijo, busquen información sobre los indígenas de América del Norte que habitaban en Texas. Usen las palabras del vocabulario para comentar sobre ellos.

Nombre ____________________

Verbos principales y verbos auxiliares

Los verbos formados por más de una palabra se llaman **frases verbales.** En una frase verbal, el **verbo principal** describe la acción y el **verbo auxiliar** indica cuándo se realiza. El verbo auxiliar se conjuga para reflejar cuándo sucedió la acción; el verbo principal suele estar en forma de participio (terminado en *-ado, -ido*), infinitivo (*-ar, -er, -ir*) o gerundio (*-iendo* o *-ando*). Los verbos auxiliares más comunes son *haber, estar, ir, poder* y *deber.*

- El verbo principal va siempre al final de la frase verbal.

  La abuela *ha empeñado* su brazalete.

- Formas de verbos auxiliares como *estoy, está* o *están* indican que la acción se realiza en presente.

  Tony *está trabajando* en la tienda del Sr. Hilson.

- Formas de verbos auxiliares como *ha, han, estuve, estaba, estábamos, era* o *eran* indican que la acción tuvo lugar en el pasado.

  Los navajos *han vivido* en esas tierras durante siglos.

Instrucciones Busca la frase verbal de cada oración. Subraya una vez el verbo auxiliar y dos veces el verbo principal.

1. Tony está pensando en la silla de montar.
2. El tío se ha doblado un pie.
3. Los turistas habían comprado muchas cosas.
4. Su mamá iba conduciendo la camioneta.
5. Alguien ha comprado la silla.
6. Tony debe trabajar hasta la tarde.

Actividad para la casa Su niño o niña estudió los verbos principales y los verbos auxiliares. Lean juntos un fragmento de un cuento y pídale que señale los verbos principales y los auxiliares.

Palabras con *h*

Palabras de ortografía			
hiato	ahijado	huésped	hueco
hielo	ahumado	almohada	prohíbo
hueso	hiena	bahía	búho
huida	hierba	rehuir	humedad
huevo	ahora	hemisferio	hilera

Claves de palabras Escribe la palabra de ortografía que concuerda con cada clave.

1. vaso, refresco, ________ 1. ____________
2. yema, clara, ________ 2. ____________
3. ave, lechuza, ________ 3. ____________
4. norte, sur, ________ 4. ____________
5. ya, presente, ________ 5. ____________
6. eludir, esquivar, ________ 6. ____________
7. cabeza, dormir, ________ 7. ____________
8. humo, sabor, ________ 8. ____________
9. carne, piel, ________ 9. ____________
10. carnívoro, risa, ________ 10. ____________

Sinónimos Escribe una palabra de ortografía que tenga el mismo significado o casi el mismo significado que la palabra subrayada.

11. Un guardia impidió la fuga del malechor. 11. ____________
12. La vaca se echó en el pasto. 12. ____________
13. Organizó una fiesta en honor a su invitado. 13. ____________
14. Había una fila de personas esperando. 14. ____________
15. Si quieres, puedes ir. Yo no te lo impido. 15. ____________
16. Cuando amanece, las hojas tienen rocío. 16. ____________
17. El barco atracó en la ensenada. 17. ____________
18. La liebre se escondió en un agujero. 18. ____________
19. Lo trata con tanto cariño como si fuera su protegido. 19. ____________
20. Al pronunciar la palabra *tío*, debes hacer una interrupción. 20. ____________

Actividad para el hogar Su niño o niña relacionó palabras de ortografía con su significado. Pregúntele el significado de tres palabras de la lista.

Nombre ______________________________

Título ______________________________

Personajes

Ambiente

Problema

Sucesos

____

____

____

____

____

____

____

____

____

Solución

Vocabulario • Palabras poco comunes

Cuando leas, encontrarás palabras poco comunes. Puedes usar claves del contexto para descubrir el significado de una nueva palabra. Las **claves del contexto** se encuentran en las palabras y oraciones cercanas a una palabra poco común.

Instrucciones Lee el siguiente texto. Luego responde las preguntas de abajo. Busca claves del contexto cerca de las palabras poco comunes para determinar su significado.

Siglos atrás, sobre una meseta en el corazón del desierto de la Gran Cuenca, un hombre enfrentaba el traqueteo de llevar su pesada mochila para colocarla sobre el lomo de su caballo. No muy lejos, una mujer sumergía una cantimplora en un arroyo. Llevaba un brazalete con una turquesa del color del cielo en la muñeca y un pañuelo en la cabeza. Estas personas eran miembros del pueblo navajo. Viajaban por el desierto para reunirse con otros navajos. Desde Arizona hasta Nuevo México, buscaban un hogar pacífico, sin los agresivos españoles que se habían asentado en lo que hoy es el suroeste de los Estados Unidos. En la actualidad, la mayor parte del noroeste de Arizona es el hogar de la Nación Navaja.

1. ¿Qué significa la palabra *pañuelo*?

____

2. ¿Qué claves del contexto te ayudan a comprender el significado de la palabra *turquesa*?

____

3. Mira las oraciones después de la palabra *navajo.* ¿Cómo esas oraciones dan claves para descubrir el significado de *navajo*?

____

____

4. ¿Qué significa *traqueteo* así como se usa en este texto?

____

5. ¿Cuál es el significado de *brazalete*? ¿Cómo lo sabes?

____

____

Actividad para el hogar Su hijo o hija contestó preguntas sobre palabras poco comunes de un texto de lectura usando claves del contexto. Explique a su hijo o hija un proceso, como la preparación de una comida complicada, usando palabras poco comunes y ayúdelo a descubrir qué significan las palabras nuevas a través de su contexto.

Medios electrónicos

- Hay dos tipos de **medios electrónicos**: informáticos y no informáticos. Los recursos informáticos incluyen el *software* de la computadora, los CD-ROM, DVD y la Internet. Los recursos no informáticos incluyen grabaciones, videos, películas, cortos, televisión y radio.
- Para buscar información en Internet, usa un buscador de Internet y escribe tus palabras clave. Sé específico. Una buena idea es usar una o más palabras clave y escribir "Y" entre ellas. Para ir a un sitio de Internet que aparece en la lista de los resultados de la búsqueda, haz clic en el vínculo subrayado.

Instrucciones Usa la lista siguiente de medios electrónicos para responder las preguntas de abajo.

- *De los pueblo a los shoshone* (documental de la televisión pública sobre indígenas de América del Norte del Suroeste)
- La Nación Navaja (sitio de Internet sobre el pueblo navajo)
- *Nuestra lengua nativa* (transmisión vía *pod* de música indígena de América del Norte auténtica)
- *La historia de Nuevo México* (documental sobre la historia del estado de Nuevo México)
- *Tribus y naciones de América del Norte* (CD-ROM que muestra las tribus de nativos americanos existentes en los Estados Unidos)
- El Sol y la Luna (sitio de Internet que muestra el arte, las joyas y la cerámica de los nativos americanos)

1. ¿Qué fuente sería de mayor utilidad para escribir un informe sobre los navajos?

____

2. ¿Cómo obtendrías información de *Tribus y naciones de América del Norte*?

____

3. Si estuvieras haciendo una búsqueda en Internet, ¿qué palabras clave escribirías en el buscador de Internet para encontrar el sitio El Sol y la Luna?

____

____

4. ¿Qué fuente sería de mayor utilidad si quisieras aprender sobre canciones y cánticos navajos?

____

____

5. ¿Con qué fuente comenzarías si quisieras aprender sobre los *indígenas de América del Norte* de Florida?

____

Nombre ___________________________

Instrucciones Usa los siguientes resultados de búsqueda en Internet encontrados en un buscador de Internet para responder las preguntas de abajo.

Resultados de búsqueda

La Nación Navaja

Sitio oficial de la Nación Navaja. Describe la historia, la cultura y las tradiciones de los navajos.

Mes del Patrimonio Cultural de los Indígenas de América del Norte

Departamento del Interior de los Estados Unidos, Oficina de Asuntos Indígenas. Comenta la importancia de preservar la cultura de los indígenas de América del Norte. Proporciona una lista de los eventos que se realizarán en todo el país que destacan las tradiciones de los indígenas de América del Norte. Describe costumbres de los indígenas de América del Norte.

Caja de recuerdos

Esfuerzo individual para registrar los relatos y las tradiciones de los indígenas de América del Norte navajos con la esperanza de preservar la cultura navaja.

Tradiciones navajas

Estudio de la Universidad de Arizona sobre tradiciones navajas y cómo se han desarrollado con el paso del tiempo.

6. ¿Qué te dice la información que aparece debajo de los vínculos subrayados?

____

____

7. ¿Qué palabras clave podrían haberse usado para obtener estos resultados de búsqueda?

____

____

8. ¿Qué sitio es una fuente del gobierno de los Estados Unidos?

____

____

9. ¿Qué sitio sería el menos confiable si tuvieras que hacer un informe para la escuela?

____

____

10. ¿De qué manera el sitio Tradiciones navajas podría ser valioso si tuvieras que hacer un informe?

____

____

Actividad para el hogar Su hijo o hija respondió preguntas sobre los medios electrónicos. Con su hijo o hija, busque en su casa para ver cuántos tipos de medios electrónicos tienen a mano. Hable con su hijo o hija sobre cómo cada una de las diversas fuentes de medios electrónicos podría ser valiosa para sus estudios.

Nombre ____________________

Palabras con *h*

Corrige un relato Lidia escribió este relato. En él hay siete errores de ortografía y un error de puntuación. Encierra en un círculo los errores y escribe las correcciones en las líneas.

> El búo está alerta. Pasea por el bosque su mirada penetrante, fría como el yelo. De pronto, sobre la hiérba, detrás de una ilera de árboles, ve un pequeño ratón de campo. El búho se lanza rápidamente hacia la presa, con las garras preparadas. Por el rabillo del ojo, el ratón ve a su cazador. Sin perder un segundo, emprende la uída a toda velocidad. Corre y corre, y se mete en un gueco. debajo de un tronco caído. Aora el búho tendrá que esperar por otra presa. ¡Con la panza vacía!

Palabras de ortografía

hiato
hielo
hueso
huida
huevo
ahijado
ahumado
hiena
hierba
ahora
huésped
almohada
bahía
rehuir
hemisferio
hueco
prohíbo
búho
humedad
hilera

1. ____________________
2. ____________________
3. ____________________
4. ____________________
5. ____________________
6. ____________________
7. ____________________
8. ____

____

Corrige palabras Encierra en un círculo la ortografía correcta de la palabra.

9.	prohíbo	prohibo	prohívo
10.	baía	bahía	bahia
11.	huesped	guésped	huésped
12.	hemisferio	hemisfério	hemisfereo
13.	aumado	ahumádo	ahumado
14.	rehuír	rehuir	reuir
15.	almuhada	almohada	almoada
16.	guevo	huévo	huevo

Palabras difíciles

exhibir
holgazán
hectómetro
rehusar
híbrido

Actividad para el hogar Su niño o niña identificó palabras con *h* mal escritas. Pregúntele qué palabras le resultan más difíciles de aprender.

Verbos principales y verbos auxiliares

Lee las oraciones. Luego lee cada pregunta. Encierra en un círculo la letra de la respuesta correcta.

La silla de montar

(1) Tony ha llegado a un acuerdo con el Sr. Hilson. (2) Iba ahorrando para la silla de montar. (3) Había decidido trabajar duro. (4) Tony está esforzándose mucho. (5) Un hombre estuvo preguntando por el precio de la silla.

1 ¿Qué es la parte subrayada de la oración 1?
- **A** verbo auxiliar
- **B** verbo principal
- **C** frase verbal
- **D** no es un verbo

2 ¿Qué es la parte subrayada de la oración 2?
- **A** verbo auxiliar
- **B** verbo principal
- **C** frase verbal
- **D** no es un verbo

3 ¿Qué es la parte subrayada de la oración 3?
- **A** verbo auxiliar
- **B** verbo principal
- **C** frase verbal
- **D** no es un verbo

4 ¿Qué es la parte subrayada de la oración 4?
- **A** verbo auxiliar
- **B** verbo principal
- **C** frase verbal
- **D** no es un verbo

5 ¿Qué es la parte subrayada de la oración 5?
- **A** verbo auxiliar
- **B** verbo principal
- **C** frase verbal
- **D** no es un verbo

Actividad para la casa Su niño o niña se preparó para tomar un examen de verbos principales y verbos auxiliares. Lean juntos un artículo de periódico. Pídale que encierre en un círculo los verbos principales y que subraye los auxiliares.

Nombre ______________________________

Propósito del autor

- El **propósito del autor** se refiere a los motivos que tiene el autor para escribir.
- Un autor puede escribir para persuadir, informar, entretener o expresarse.

Instrucciones Lee el siguiente pasaje y mira la línea cronológica para contestar las preguntas que aparecen a continuación.

El reverendo Martin Luther King Jr. fue un importante líder del movimiento por los derechos civiles. En 1948, a los 19 años, King se hizo ministro. Durante toda su vida, organizó muchas protestas por los derechos civiles, incluso el Boicot a los autobuses de Montgomery y la Marcha por la libertad en Washington, D.C. Debido a su frecuente participación en protestas por los derechos civiles, fue arrestado 30 veces. King recibió el Premio Nobel de la Paz por su trabajo. El Dr. King es un verdadero héroe de la libertad en los Estados Unidos.

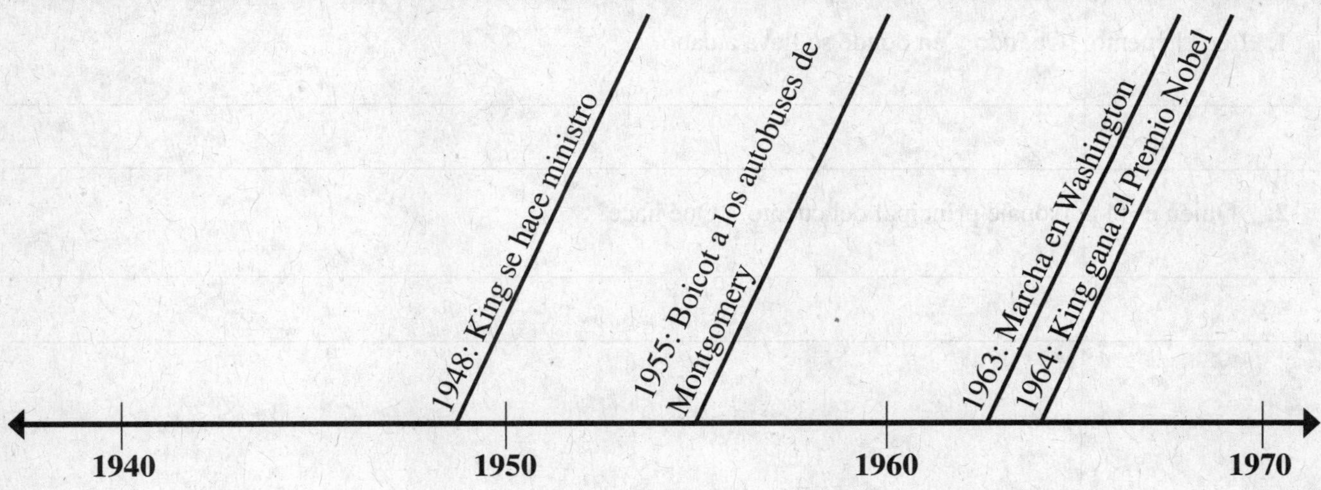

1. ¿Cuál fue el propósito del autor al escribir este pasaje?

____

2. ¿Cómo apoya la línea cronológica el propósito del autor?

____

____

3. ¿Cuántos años pasaron desde que el Dr. King se hizo ministro hasta la Marcha en Washington?

____

4. ¿Qué sucedió primero, el Boicot a los autobuses de Montgomery o la Marcha por la libertad en Washington?

____

Actividad para la casa Su niño o niña analizó el propósito del autor en un pasaje informativo. Busque un artículo de un periódico o de una revista. Léalo con su niño o niña y comente cuál piensa que es el propósito del autor.

Nombre ____

En el ejército ahora

Un frío día de octubre de mil setecientos setenta y ocho, la joven Deborah Sampson empaca su morral y camina hacia el puesto de reclutamiento en Billingham, Massachusetts. Se encuentra parada delante de un capitán, un hombre cansado, delgado con una sucia barba roja.

Se oye a sí misma decir: "¡Deseo unirme, deseo pelear!". Su voz suena alta y débil. Deborah se mantiene erguida y enfrenta con valentía la mirada del capitán. Usa pantalones, un chaleco rústico de algodón y una chaqueta; un sombrero de hombre le cubre el cabello.

"No eres más que un niño, pero igualmente pienso que vas a servir", suspira el capitán. "Los soldados están esperando. ¿Cómo te llamas?".

"Llámeme Robert", contesta Deborah.

"Bienvenido al ejército", dice el capitán.

Deborah acaba de enrolarse en el ejército estadounidense como soldado. Ahora, debe mantener su verdadera identidad en secreto.

1. Lee el cuento. ¿Cuándo y en dónde se lleva a cabo?

____

____

2. ¿Quién es el personaje principal del cuento? ¿Qué hace?

____

____

Nombre ____

Vocabulario

Instrucciones Escoge la palabra del recuadro que mejor complete cada oración. Escribe la palabra en la línea.

Verifica las palabras que conoces

- ___ veloz
- ___ tenue
- ___ sombrías
- ___ deambula
- ___ veleta
- ___ agrandaba
- ___ demora

______________________ **1.** retraso

______________________ **2.** pieza metálica que gira en la dirección del viento

______________________ **3.** débil, suave

______________________ **4.** oscuras, lúgubres

______________________ **5.** hacía que algo fuera más grande

Instrucciones Escoge la palabra del recuadro que mejor coincida con cada clave. Escribe la palabra en la línea.

Algunos de los que lucharon por la libertad jamás bajaron los brazos a pesar de las **6.** ______________________ adversidades. Gracias a los padres fundadores este sentimiento se grabó en todos los corazones de forma **7.** ______________________, es decir, este sentimiento se propagó por todo el país sin **8.** ______________________. La **9.** ______________________ luz de la esperanza finalmente se hizo realidad cuando derrotaron a las fuerzas del rey. Ese sentimiento de defensa de la libertad a cualquier precio se **10.** ______________________ cada vez más y ha permanecido en los corazones de los estadounidenses hasta nuestros días.

Escribir un diálogo

En una hoja aparte, escribe un diálogo corto entre dos miembros del ejército colonial de 1775. Usa tantas palabras del vocabulario como puedas.

Actividad para el hogar Su hijo o hija identificó y usó palabras de vocabulario del poema *La cabalgata de Paul Revere*. Con su hijo o hija, busque información sobre Paul Revere y sus actividades como colono en el siglo XVIII. Comenten la información y usen tantas palabras del vocabulario como puedan.

Nombre ______________________________

Concordancia entre el sujeto y el verbo

El sujeto y el verbo de una oración deben **concordar,** no sólo en el número sino también en la persona gramatical: primera persona del singular *(yo),* segunda del singular *(tú, usted),* tercera del singular *(él, ella),* primera del plural *(nosotros),* segunda del plural *(ustedes)* y tercera del plural *(ellos, ellas).*

Yo llam**o**

Tú llam**as**

Él/Ella/Usted llam**a***

Nosotros/Nosotras llam**amos**

Ellos/Ellas/Ustedes llam**an**

* *Usted y ustedes* se conjugan como la tercera persona gramatical.

Recuerda que hay sustantivos que designan a un grupo de personas, animales o cosas, como *equipo, gente, colección* o *manada*. Son **sustantivos colectivos.** Aunque se refieren a un grupo, en singular siempre concuerdan con el verbo en singular.

La familia viaja a Boston.

Las dos familias llegaron a la vez.

Instrucciones Empareja los sujetos y verbos que concuerden. Escribe la letra del verbo correcto en la raya.

______________	**1.** Los colonos	**A.** estudiamos historia.
______________	**2.** El ejército	**B.** eres un especialista.
______________	**3.** Yo	**C.** se rebelan.
______________	**4.** Nosotros	**D.** ocupa las colonias.
______________	**5.** Tú	**E.** conozco el poema.

Instrucciones Subraya el verbo entre ( ) que concuerda con el sujeto.

6. Las colonias americanas (comercia, comercian) con Inglaterra.

7. ¿Te (interesaría, intereso) la historia de Paul Revere?

8. El general británico (decidimos, decide) atravesar el río.

9. Ustedes (están, estás) escribiendo un poema sobre la Guerra de Independencia.

10. Paul Revere (miramos, mira) hacia el campanario.

Actividad para la casa Su niño o niña estudió la concordancia entre el sujeto y el verbo. Pídale que escriba un par de oraciones y se asegure de que el sujeto y el verbo están de acuerdo.

Nombre ____

Palabras con *ll, y*

Palabras de ortografía			
callo	halla	taller	yuca
cayo	haya	lluvia	playera
vaya	raya	ayudante	villa
valla	rallado	arroyo	anillo
baya	toalla	llanta	caballo

Definiciones Escribe la palabra de ortografía que tenga el mismo significado o casi el mismo significado que la palabra o frase.

1. aldea 1. ______________
2. riachuelo 2. ______________
3. obstáculo 3. ______________
4. llovizna 4. ______________
5. hago silencio 5. ______________
6. asistente 6. ______________
7. aro 7. ______________
8. neumático 8. ______________
9. corcel 9. ______________
10. línea 10. ______________

Palabras que faltan Escribe la palabra de ortografía que completa cada oración.

11. Sécate con esa ________. 11. ______________
12. El puente une este ________ con la costa. 12. ______________
13. El detective revisa la casa y ________ una pista. 13. ______________
14. Mi mamá va a un ________ de cerámica. 14. ______________
15. ¡Oh, me manché la ________ con el helado! 15. ______________
16. Cuando ________ al zoológico, le diré a mi mamá que te invite. 16. ______________
17. La ________ se parece a la mandioca. 17. ______________
18. El pastel lleva chocolate ________ encima. 18. ______________
19. La ________ es un fruto carnoso y jugoso. 19. ______________
20. Abre la ventana para que ________ más aire. 20. ______________

Actividad para el hogar Su niño o niña escribió palabras con *ll, y*. Seleccione tres palabras de la lista y pídale que explique su significado.

Guía para calificar: Ficción histórica

	4	3	2	1
Enfoque/Ideas	Excelente enfoque de ficción histórica; personajes y sucesos interesantes y realistas.	Ficción histórica algo enfocada; los personajes y sucesos son creíbles pero no han sido completamente descritos.	Algunos detalles poco claros o fuera de enfoque; los personajes y sucesos no están descritos.	La ficción histórica no tiene un enfoque claro; los personajes y sucesos no han sido descritos.
Organización	Los sucesos del argumento siguen un orden claro.	El orden de los sucesos del argumento es generalmente claro.	El orden de los sucesos del argumento no siempre es claro.	El orden de los sucesos es desorganizado y nada claro.
Voz	Capta ampliamente la atención del lector.	Capta un poco la atención del lector.	No capta totalmente la atención.	El escritor no capta la atención.
Lenguaje	Usa muchos detalles sensoriales para crear fuertes imágenes literarias.	Usa algunos detalles sensoriales para crear imágenes literarias.	Usa pocos o ningún detalle sensorial para crear imágenes literarias.	Ningún detalle sensorial o imagen literaria.
Oraciones	Usa oraciones simples y compuestas.	Estructuras de oración algo variadas.	Las oraciones no son variadas.	Fragmentos o varias oraciones juntas.
Normas	Excelente control, pocos o ningún error; correcta concordancia entre sujeto y verbo.	Buen control, pocos errores; concordancia entre sujeto y verbo muy generalmente correcta.	Errores que impiden la comprensión; los sujetos y verbos muy pocas veces concuerdan.	Muchos errores serios; no hay concordancia entre sujetos y verbos.

Vocabulario • Antónimos

- Un **antónimo** es una palabra que significa lo contrario de otra palabra.
- Las palabras y expresiones como *a diferencia de, pero* y *en lugar de* pueden indicar la presencia de antónimos.
- Un **diccionario de sinónimos** es un libro que incluye sinónimos y antónimos de las palabras.

Instrucciones Lee el siguiente pasaje sobre los colonos. Luego identifica y escribe tres pares de antónimos que aparezcan en él.

A veces tu vida puede parecer complicada, pero en realidad es simple comparada con la vida de un colono. Por ejemplo, en el siglo XVIII, el automóvil no se había inventado. En lugar de depender de los automóviles para viajar rápidamente, la gente cabalgaba para llegar a donde debía, ofreciendo un método de transporte muy lento. El ritmo era más pausado que conducir un automóvil, pero igualmente era más rápido que caminar.

Caminar afuera del asentamiento dejaba a una persona expuesta a peligros, como los animales salvajes. Como no había aceras o luces en las calles fuera de la ciudad, era mejor no quedarse caminando por ahí sino regresar rápido a casa. Los caballos les brindaban a los colonos una medida de seguridad adicional.

1. ______________________________

2. ______________________________

3. ______________________________

Instrucciones Escoge dos pares de antónimos y escribe una oración con cada uno.

4.

5.

Actividad para la casa Su niño o niña repasó el uso de antónimos. Juntos, hagan una lista de antónimos que aparezcan en un libro o un artículo de revista. Después, ayúdelo/a a escribir nuevas oraciones usando esas palabras.

Nombre ____________________

Ilustraciones y leyendas

- Las **ilustraciones y las fotografías** pueden transmitir información sobre los personajes y sucesos de una historia. Pueden contribuir a crear cierta atmósfera, a dramatizar la acción, a reforzar las imágenes y los símbolos del autor o a ayudar a comprender el texto.
- Las **leyendas** son textos que explican las ilustraciones y las fotografías y generalmente aparecen abajo o a la derecha de ellas.

Instrucciones Esta ilustración aparece en un texto sobre Ben Franklin. Observa la ilustración y lee la leyenda, luego responde las preguntas a continuación.

La ilustración muestra a Benjamin Franklin remontando un papalote en un experimento para determinar la relación de los rayos con la electricidad.

1. Basándote en la ilustración explica cómo estaba el tiempo el día que Franklin remontó el papalote.

2. Observa el dibujo y explica en qué consistía el experimento.

3. ¿Qué puedes concluir al observar la ropa que tenían puesta?

4. ¿Por qué Franklin y su acompañante parecían estar satisfechos?

5. A partir de la ilustración, ¿podrías descubrir dónde se realizó el experimento?

Nombre ____

Instrucciones Esta ilustración brinda información adicional sobre las monedas de los estados. Observa la ilustración y lee la leyenda, luego responde las preguntas a continuación.

La ilustración muestra una moneda de 25 centavos del estado de Illinois diseñada por Thom Cicchelli de Chicago.

6. Observa la ilustración de la moneda, ¿quién aparece en ella?

____

7. Basándote en la ilustración, ¿en qué año fue incorporado el Estado de Illinois a los Estados Unidos?

____

8. ¿Qué indican los edificios?

____

9. ¿Qué dice la leyenda que no se ve en la ilustración?

____

10. ¿Cuántas estrellas hay en la moneda y qué significan?

____

____

Actividad para la casa Su hijo o hija ha aprendido que las ilustraciones y las leyendas ayudan a transmitir información sobre una historia. Juntos miren uno de sus libros favoritos y observen si las ilustraciones permiten aprender más sobre la historia.

Nombre ______________________________

Palabras con *ll, y*

Corrige un folleto Hay seis errores de ortografía y dos errores en el uso de mayúsculas y minúsculas. Encierra en un círculo los errores y escribe las correcciones en las líneas.

¡Visite Villa Blanca!

- Una hermosa villa rodeada por Bosques y colinas.
- Un lugar ideal para caminatas y paseos a cabayo.
- A 300 metros del centro, un arrollo de agua clara. ¡perfecto para pescar!
- En la calle principal se haya el Salón Municipal, con espectáculos y feria de artesanías.
- Excelente gastronomía y hotelería.
- La viya cuenta también con servicios de atención médica, cajero automático y tayer mecánico.

¡Cuando halla venido una vez, volverá todos los años!

Palabras de ortografía

callo
cayo
vaya
valla
baya
halla
haya
raya
rallado
toalla
taller
lluvia
ayudante
arroyo
llanta
yuca
playera
villa
anillo
caballo

1. ______________________
2. ______________________
3. ______________________
4. ______________________
5. ______________________
6. ______________________
7. ______________________
8. ______________________

Corrige palabras Encierra en un círculo la palabra que está escrita correctamente.

9.	anillo	aniyo	aníllo
10.	alludante	aiudante	ayudante
11.	ralládo	rallado	rayádo
12.	playera	playéra	plaiera
13.	tualla	toaya	toalla
14.	yuvia	lluvia	llúvia
15.	llánta	llanta	llamta

Palabras difíciles

proyección
costilla
ahuyentar
yegua
bullicio

Actividad para el hogar Su niño o niña identificó palabras con *ll, y* mal escritas. Seleccione tres palabras de la lista y pídale que las deletree.

Nombre ______________________________________

Concordancia entre el sujeto y el verbo

Lee las oraciones. Luego lee cada pregunta. Encierra en un círculo la letra de la respuesta correcta.

Poema histórico

(1) Mi clase ______ la historia de Paul Revere. (2) Ustedes ______ Boston. (3) ¿Tú te ______ el poema de memoria? (4) Pablo y yo ______ el poema. (5) Yo ______ repetirlo otra vez.

1 ¿Qué forma verbal concuerda con el sujeto en la oración 1?

A conocemos
B conoces
C conoce
D conozco

2 ¿Qué forma verbal concuerda con el sujeto en la oración 2?

A visitamos
B visito
C visitan
D visitas

3 ¿Qué forma verbal concuerda con el sujeto en la oración 3?

A aprendería
B aprenderíamos
C aprenderías
D aprenderían

4 ¿Qué forma verbal concuerda con el sujeto en la oración 4?

A recitó
B recitamos
C recitaste
D recitaron

5 ¿Qué forma verbal concuerda con el sujeto en la oración 5?

A puedo
B puedes
C pueden
D podemos

Actividad para la casa Su niño o niña se preparó para tomar un examen de la concordancia entre el sujeto y el verbo. Pídale que copie algunos sujetos y sus correspondientes verbos de su libro favorito y que explique cómo concuerdan los sujetos con los verbos.

Nombre ____________________

Diptongos, triptongos y hiatos

Palabras de ortografía			
aire	limpia	violín	diciembre
causa	paisaje	poema	cualidad
aceite	rey	ley	mediana
deuda	buey	feo	cooperar
boina	miau	patalea	aguacero

Ordenar alfabéticamente Escribe en orden alfabético las diez palabras del recuadro siguiente.

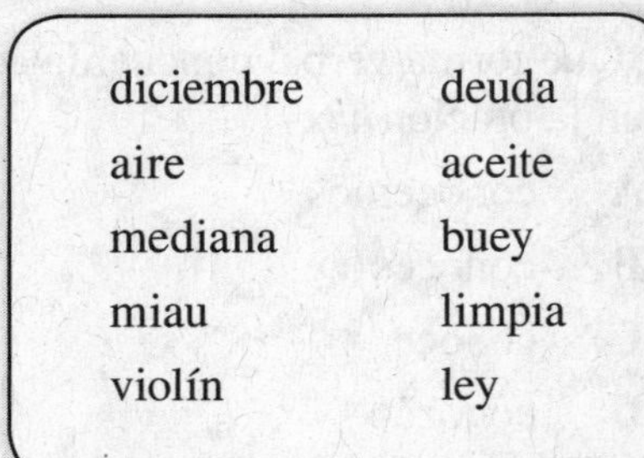
diciembre deuda
aire aceite
mediana buey
miau limpia
violín ley

1. ____________________
2. ____________________
3. ____________________
4. ____________________
5. ____________________
6. ____________________
7. ____________________
8. ____________________
9. ____________________
10. ____________________

Sinónimos Escribe la palabra de ortografía que tenga el mismo significado o casi el mismo significado.

11. poesía ____________________
12. patea ____________________
13. motivo ____________________
14. vista ____________________
15. colaborar ____________________
16. desagradable ____________________
17. característica ____________________
18. gorra ____________________
19. chaparrón ____________________
20. monarca ____________________

Actividad para el hogar Su niño o niña aprendió a escribir palabras con diptongo, triptongo y hiato. Pídale que dé un ejemplo de cada uno de esos grupos.

Nombre ______________________________

Verbos regulares y verbos reflexivos

Instrucciones Copia las oraciones escribiendo en presente el verbo subrayado.

1. Mis tías cocinar un guisado.

____

2. Papá y el tío recibir invitados.

____

3. El camión pasar junto a puestos de verduras.

____

4. Ese vendedor vender también fruta.

____

Instrucciones Copia las oraciones escribiendo en presente el verbo reflexivo subrayado.

5. Mi primo y yo no aburrirse de tanto jugar.

____

6. Yo emocionarse al ver la playa.

____

7. Nosotros tumbarse a la sombra.

____

8. Luisa y Mari peinarse después del baño.

____

Instrucciones Copia la forma verbal entre ( ) que completa correctamente la oración.

9. Mami y tía Olga (conversa, conversan) en la playa. ______________

10. Mami (escuchan, escucha) con atención. ______________

11. Tú y yo (escribo, escribimos) una postal. ______________

12. Los erizos (llevan, llevas) veneno en las púas. ______________

13. Tú, Luisa, (disimulas, disimulamos) un poco. ______________

14. Yo (arrancas, arranco) el erizo del pie de Javi. ______________

Diptongos y hiatos: Acentuación

Palabras de ortografía				
seria	**gradúan**	**continúa**	**cuero**	**tío**
sería	**gradualmente**	**sabia**	**caimán**	**parecía**
río	**espacio**	**sabía**	**había**	**sonríe**
rió	**país**	**continuación**	**días**	**mensual**

Palabras en contexto Encierra en un círculo la palabra que completa la oración. Escribe la palabra en la línea.

1. Inmigrantes de todo el mundo vinieron a nuestro ____________________.
   río espacio país
2. Elena es muy ____________________, pero tiene mucho sentido del humor.
   sería seria mensual
3. Un hermano de tu papá es tu ____________________.
   cuero tío espacio
4. Cuando le hicieron la broma, primero se enojó, pero enseguida se ____________________.
   continúa rió gradúan
5. En el circo ____________________ dos elefantes amaestrados.
   sabía continúa había
6. La pelota de fútbol es de ____________________.
   sabia cuero seria
7. Esta calle ____________________ hasta llegar a la plaza.
   sería sonríe continúa
8. Mi mamá escribe una columna para una revista ____________________.
   sabia mensual gradualmente
9. El ____________________ San Lorenzo nace en el Lago Ontario.
   río tío caimán
10. ¡Qué emocionante ____________________ recorrer el mundo!
    seria sería sabía
11. Faltan diez ____________________ para mi cumpleaños.
    días río país
12. Los montañistas ____________________ sus fuerzas para no agotarse.
    había gradúan continúa
13. ¡Juntamos tantas almejas que en el balde no había más ____________________!
    país espacio continuación
14. Mi abuela es muy ____________________. Siempre me da buenos consejos.
    sabía sería sabia
15. La primera parte me gustó más que la ____________________.
    mensual continuación continúa

Actividad para el hogar Su niño o niña aprendió a escribir palabras con diptongo y hiato. Pídale que identifique otras tres palabras de ese grupo en un libro, periódico o revista.

Nombre ______________________

Verbos irregulares en presente

Instrucciones Copia las oraciones escribiendo en presente el verbo irregular subrayado.

1. Los soldados estar nerviosos.

____

2. El coronel venir a caballo.

____

3. El sargento sentir que se cae.

____

4. (Yo) No caber en la tienda.

____

5. El regimiento se mover lentamente.

____

6. (Yo) Elegir la bandera.

____

Instrucciones Copia las oraciones escribiendo la forma verbal correcta.

7. ¿Tú (vienes, venes) a la inauguración del monumento?

____

8. Yo ya (teno, tengo) mi Medalla de Honor del Congreso.

____

9. Me llamo Ned y (soy, soi) el tamborilero del Regimiento 54.

____

10. Ustedes no (poden, pueden) olvidar ese desfile ante el coronel.

____

Nombre ______________________________

Palabras con *j, g, x*

Palabras de ortografía

coraje	relojero	crujido	vendaje
general	empujar	texano	eje
conserje	apretujar	México	gimnasia
cerrajería	bajar	Xavier	gigante
extranjero	tejer	Oaxaca	girasol

Búsqueda de palabras Encierra en un círculo diez palabras ocultas. Las palabras son verticales, horizontales y diagonales. Escribe la palabra en la línea.

C	Í	X	T	E	X	A	N	O	P	R
G	E	X	T	R	A	N	J	E	R	O
E	G	R	I	U	X	É	S	J	O	L
M	I	O	R	S	R	A	A	E	J	O
P	R	N	E	A	L	B	V	M	D	J
U	A	D	H	R	J	N	O	I	E	R
J	S	E	X	A	A	E	T	E	E	I
A	O	C	A	N	T	O	R	S	I	R
R	L	O	A	X	A	C	A	Í	Y	A
L	R	E	L	O	J	E	R	O	A	S
A	R	M	É	X	I	C	O	L	E	N

1. ______________________
2. ______________________
3. ______________________
4. ______________________
5. ______________________
6. ______________________
7. ______________________
8. ______________________
9. ______________________
10. ______________________

Sinónimos Escribe la palabra de ortografía que tiene el mismo significado o casi el mismo significado.

11. venda ______________________
12. apretar ______________________
13. portero ______________________
14. hilar ______________________
15. enorme ______________________
16. común ______________________
17. chirrido ______________________
18. ejercicio ______________________
19. descender ______________________
20. valentía ______________________

Actividad para el hogar Su niño o niña aprendió a escribir palabras con *j, g, x*. Seleccione tres palabras de la lista y hagan juntos una oración. Pídale que escriba la oración.

Nombre ______________________________

Verbos de acción y verbos copulativos

Instrucciones Subraya el verbo de cada oración. Luego, escribe *A* si es un verbo de acción y *C* si es un verbo copulativo.

1. Los mitos y los cuentos a menudo parecen historias reales. ________

2. Son parte importante de todas las culturas. ________

3. Los mitos tratan las grandes cuestiones humanas. ________

4. Los cuentos populares parecen relatos infantiles. ________

5. En muchos cuentos, los protagonistas son animales. ________

6. Pero esos animales actúan como personas. ________

7. También hablan como personas. ________

8. La sabiduría popular se transmitía a través de los mitos. ________

9. Las antiguas culturas comprendían el valor de los mitos. ________

Instrucciones Agrega un verbo del recuadro para completar cada oración. En la raya final, escribe *A* si es un verbo de acción y *C* si es un verbo copulativo.

era	usaban	resulta
ofrecían	adoraban	estaban

10. Los pueblos primitivos ____________ a los espíritus. ________

11. Los buenos y malos espíritus ____________ por todas partes. ________

12. Para ahuyentar a los malos, ____________ máscaras terroríficas. ________

13. Para ganarse su favor, les ____________ sacrificios. ________

14. La enfermedad ____________ un signo de la presencia de malos espíritus. ________

15. Hoy día, esa idea nos ____________ sorprendente. ________

Palabras con *h*

Palabras de ortografía			
hiato	ahijado	huésped	hueco
hielo	ahumado	almohada	prohíbo
hueso	hiena	bahía	búho
huida	hierba	rehuir	humedad
huevo	ahora	hemisferio	hilera

Palabras en contexto. Escribe en la línea la palabra de ortografía que completa cada oración.

1. El camino está bordeado por una ______________ de árboles.
2. El ______________ fue al restaurante del hotel.
3. Desde el acantilado se ve toda la ______________.
4. Al acentuar la i, produces un ______________.
5. La línea del ecuador separa un ______________ del otro.
6. Cada ______________ del cuerpo cumple una función.
7. ¡Me encanta el salmón ______________!
8. La policía impidió la ______________ de los ladrones.
9. La pared que da al jardín tiene un poco de ______________.
10. La yema de ______________ es de color amarillo.

Clasificar Encierra en un círculo la ortografía correcta de la palabra. Escribe la palabra en la línea.

11. Quiero aprender a patinar sobre hielo hiélo. 11. ______________
12. Si quieres, ven aora ahora mismo. 12. ______________
13. Hallamos un tronco hueco gueco. 13. ______________
14. Las vacas comen hierba ierba. 14. ______________
15. El búo búho caza sus presas de noche. 15. ______________
16. Cuando te hablan, no debes rehuir reuir la mirada. 16. ______________
17. La hiena hyena tiene colmillos poderosos. 17. ______________
18. Mi tío Luis es mi padrino. Yo soy su ahijado haijado. 18. ______________
19. Apoyé la cabeza en la almuada almohada y me dormí. 19. ______________
20. "¡Te proíbo prohíbo tocar los cables!", me dijo papá. 20. ______________

Actividad para el hogar Su niño o niña aprendió a escribir palabras con *h*. Con la ayuda de un libro, periódico o revista, díctele palabras con *h* y pídale que las escriba.

Verbos principales y verbos auxiliares

Instrucciones Busca la frase verbal de cada oración. Subraya una vez el verbo auxiliar y dos veces el verbo principal.

1. Las mujeres habían tejido tapetes.
2. La familia está viviendo en un *hogan*.
3. El cuero oscuro se ha suavizado con el uso.
4. Te he dicho que cobrarás veinte dólares por semana.
5. El viento había llenado el almacén de polvo.
6. La abuela va caminando lentamente.
7. Los clientes podían comprar lo necesario.
8. Tú estuviste atendiendo a los clientes.

Instrucciones Copia la frase verbal de cada oración en la raya.

9. Los navajos estuvieron cazando en esas tierras.

____

10. Hemos construido el *hogan* con adobe.

____

11. Tú has engarzado turquesas en el anillo.

____

12. La mamá estaba cocinando.

____

13. Tony se había levantado muy temprano.

____

14. La abuela ha tejido tapetes.

____

15. La enfermedad de la abuela era vista como un mal sueño.

____

16. Hoy está lloviendo a mares.

____

Nombre ______________________

Palabras con *ll, y*

Palabras de ortografía			
callo	halla	taller	yuca
cayo	haya	lluvia	playera
vaya	raya	ayudante	villa
valla	rallado	arroyo	anillo
baya	toalla	llanta	caballo

Claves de palabras Escribe la palabra de ortografía relacionada con cada grupo.

1. isla, Caribe, ______________ 1. ______________
2. fruto, pulpa, ______________ 2. ______________
3. tela, secarse, ______________ 3. ______________
4. asistente, auxiliar, ______________ 4. ______________
5. agua, paraguas, ______________ 5. ______________
6. línea, marca, ______________ 6. ______________
7. rueda, neumático, ______________ 7. ______________
8. dedo, aro, ______________ 8. ______________
9. montura, jinete, ______________ 9. ______________
10. río, corriente, ______________ 10. ______________

Palabras en contexto Escribe la palabra de ortografía que completa la oración.

11. Mamá me regaló una ______________ de varios colores.
12. ¡Cuando me ______________, mi perro empieza a ladrar!
13. No recuerdo que me lo ______________ dicho.
14. La ______________ es una planta tropical.
15. Mi hermana va a un ______________ de pintura.
16. Mis tíos viven en una ______________ muy bonita.
17. ¿Sabes dónde se ______________ el edificio del correo?
18. Pusieron una ______________ para que la gente no pase.
19. ¿No le pones queso ______________ a la pasta?
20. Cuando ______________ a tu casa, te llevaré las fotos del campamento.

Actividad para el hogar Su niño o niña aprendió a escribir palabras con *ll, y*. Escoja tres palabras de la lista y pídale que escriba una oración con cada una.

Concordancia entre el sujeto y el verbo

Instrucciones Subraya el verbo entre ( ) que concuerda con el sujeto.

1. Actualmente los caballos ya no (se usa, se usan) como medio de transporte.
2. La equitación me (gusta, gustas) mucho.
3. ¿Ustedes (es, son) aficionados a los caballos?
4. Paul Revere (debía, debían) ser un gran jinete.
5. Me lo (imaginamos, imagino) cabalgando en plena oscuridad.
6. Los caminos entonces (eras, eran) peligrosos.
7. Nosotros ahora (viajamos, viajo) cómodamente en carro.
8. Los británicos (cruzas, cruzan) el río en barcas.

Instrucciones Agrega uno de los verbos del recuadro para completar cada oración.

patea	recitamos	leo	prefieres
escuchan	brilla	cruzan	son

9. El caballo ______________________ el suelo con impaciencia.
10. Los casacas rojas ______________________ el río al abrigo de la noche.
11. Yo ______________________ muchos libros de historia.
12. Tú ______________________ las películas históricas.
13. La luna ______________________ en el cielo.
14. Esos hombres ______________________ patriotas.
15. Papá y yo ______________________ poemas.
16. Ustedes nos ______________________.

Nombre ____

Tabla para una revista de historietas/novela gráfica

Instrucciones Completa la tabla con los personajes, los problemas, los ambientes y los sucesos para tu revista de historietas o novela gráfica. Haz anotaciones sobre ilustraciones posibles para los sucesos.

Personajes

Problema

Ambientes

Sucesos	Ilustraciones

Nombre ______________________________

Crear un diálogo

Instrucciones Escribe una o dos oraciones de diálogo para cada parte de tu revista de historietas o novela gráfica. Asegúrate de indicar qué personaje habla en cada diálogo.

Principio ______________________________

____

____

____

____

Desarrollo ______________________________

____

____

____

____

Final ______________________________

____

____

____

____

Nombre ____________________

Agregar, eliminar o cambiar el orden de las oraciones

Instrucciones Revisa este párrafo y agrega, elimina o cambia el orden de las oraciones como se indica a continuación.

(1) Hacer lo correcto siempre trae una recompensa. (2) Un día, Mark iba camino a la escuela y encontró una lonchera. (3) Había desayunado un poco apurado esa mañana. (4) Miró a su alrededor en busca del dueño, pero no había nadie. (5) Entonces, tomó la lonchera y vio que tenía el nombre de una persona. (6) De repente, se le ocurrió que buscaría el nombre en la guía telefónica a la salida de la escuela. (7) Al regresar a casa, Mark buscó el nombre en la guía y llamó al dueño de la lonchera. (8) Cuando se encontraron, el hombre abrió la lonchera y Mark descubrió que llevaba mucho dinero allí dentro. (9) Para la sorpresa de Mark, el dueño era un hombre. (10) Como muestra de su agradecimiento, el hombre le dio dinero a Mark.

1. Escribe el número de la oración que se debe eliminar. Comenta por qué piensas que se debe borrar.

____

____

____

2. Subraya las dos oraciones que hay que cambiar de lugar. Escribe las oraciones en el orden correcto.

____

____

____

3. Comenta dónde agregarías cada uno de los siguientes hechos en el párrafo.
   A. Para Mark, eso es muy cierto.

   ____

   B. Quería devolvérsela pero no sabía dónde encontraría a esa persona.

   ____

Nombre ____

Corrección 2

Instrucciones Corrige estas oraciones. Busca errores de ortografía, gramática, puntuación, uso de mayúsculas y sintaxis. Usa marcas de corrección para mostrar las correcciones.

Marcas de corrección	
Borrar (eliminar)	⌐
Agregar	^
Ortografía	◯
Letra mayúscula	≡
Letra minúscula	/

1. Lauren busco por todos lados el libro de Beth pero no pudo hallarlo.

2. A ambas los gustaban los libros de esa autora, así que Beth jentilmente dio su copia a Lauren.

3. Lauren buscó debajo de su alfonbra en su armario y en su mochila.

4. Lauren estava nerviosa por contar a Beth lo del libro porque a nadie le gusta que las pierdan las cosas.

5. Finalmente, Lauren dijo, "beth, desafortunadamente no encuentro tu libro.

6. Beth se sentió mal por un instante luego tuvo una gran idea.

7. Lauren y Beth acordaron que Lauren comprara un nuevo libro de suya autora favorita.

8. Dándose ambas la oportunidad de ler un nuevo libro.

Ahora corrige el borrador de tu revista de historietas o novela gráfica. Luego, usa el borrador revisado y corregido para hacer una copia final de tu revista o novela. Finalmente, comparte tu trabajo escrito con el público.

Nombre ______________________________

Secuencia

- La **secuencia** es el orden en que ocurren los sucesos, desde el primero hasta el último.
- Las palabras clave como *primero, después* y *luego* pueden mostrar la secuencia en un cuento o artículo, pero no siempre.
- Pueden ocurrir varios sucesos al mismo tiempo. Las palabras como *mientras tanto* y *durante* dan pistas de que ocurren dos sucesos al mismo tiempo.

Instrucciones Lee el texto. Luego usa el diagrama y el texto para responder las preguntas.

La semana pasada fui a una conferencia de astronomía. Antes de ir a cualquiera de las conferencias, me inscribí y me dieron una copia gratuita de *La tierra: historia y futuro.* Mi conferencia favorita fue la primera del primer día de conferencias. El único orador que no me gustó fue la persona que habló sobre las teorías de Einstein. Fue fantástico participar en la ceremonia de entrega de premios el último día al cierre de las conferencias, pero debo admitir que en ese momento ya estaba muy cansado. Aparte de eso, aprendí mucho y recomendaría las conferencias a todo el mundo.

Programa de conferencias de astronomía

	Lunes	Martes	Miércoles	Jueves	Viernes
9:00 a.m.	Los agujeros negros en nuestra galaxia	Las teorías de Einstein	Los asteroides y la Tierra	Las lunas de Júpiter	Supernovas
12:00 mediodía	Almuerzo	Almuerzo	Almuerzo	Almuerzo	Almuerzo
1:00 p.m.	La vida en nuestro sistema solar	Viajes espaciales en el siglo XXI	Supernovas	La expansión del universo	El futuro de la NASA

1. ¿Qué es lo primero que hizo el autor? ______________________________

2. ¿Cuál fue el tema de la primera conferencia del miércoles? ______________________________

3. ¿Qué conferencia se dictó el lunes inmediatamente después del almuerzo?

____

4. ¿Qué día y a qué hora el orador habló sobre las teorías de Einstein? ______________________________

5. ¿Cuál fue la última parte de las conferencia? ______________________________

Actividad para la casa Su hijo o hija leyó un texto que incluía un programa de conferencias para determinar una secuencia. Trabaje con su hijo o hija para hacer un programa semanal de actividades o tareas extracurriculares. Luego hágale preguntas sobre la secuencia de las actividades.

Aspectos principales de una obra de teatro

- incluye una lista de los personajes
- describe el ambiente, el tiempo o el lugar
- los personajes a menudo piensan o actúan de manera clara

Sueños de verano

PERSONAJES
SARAH, una niña de 11 años
PATTY, una niña de 12 años

AMBIENTE Y TIEMPO: un parque durante un día soleado de verano

(*Dos niñas sentadas en el pasto mientras comen un barquillo de helado*).

PATTY: (*Como soñando*) ¿No sería fabuloso si pudiéramos inventar una máquina que hiciera helados las 24 horas? Todo lo que haría es fabricar helados todo el día, todos los días.

SARAH: ¡Sí! Podríamos hacer la máquina con el aluminio fundido de latas viejas o algo así. ¿Qué sabores fabricaría?

PATTY: Todos. Chocolate, vainilla, fresa, naranja, frambuesas, todos.

SARAH: (*Llena de entusiasmo*) ¡Y también podríamos tener la opción de chispas y cobertura y crema batida!

PATTY: Y la gente podría pedir cualquier tipo de barquillo que quisiera: de azúcar, de waffle…

SARAH: ¡Y, en verano, podríamos tener una máquina en cada esquina!

PATTY: ¡Y serían gratis para todos!

SARAH: (*Bajando la vista cuando el barquillo de helado cae sobre su falda*) Um… ¿cuándo vamos a inventar esta máquina?

1. Di dónde y cuándo se desarrolla la obra de teatro.

____

____

2. Nombra dos ejemplos de acotaciones incluidas en la obra de teatro.

____

____

Nombre ______________________

Vocabulario

Instrucciones Elige la palabra del recuadro que coincida con la definición. Escribe la palabra en la línea.

Verifica las palabras que conoces
___ aclamación
___ navegando
___ fabulosos
___ inspeccionando
___ proyecto

______________ **1.** Examinando al detalle.

______________ **2.** Aplauso en señal de aprobación.

______________ **3.** Especialmente buenos o únicos.

______________ **4.** Tareas planificadas y realizadas para lograr un objetivo específico.

______________ **5.** Desplazándose por el aire, por el agua o la internet.

Instrucciones Elige la mejor palabra del recuadro para completar cada oración. Escribe la palabra en la línea.

______________ **6.** Construir el escenario para la obra de la primavera fue un __________ que nos llevó gran parte de marzo.

______________ **7.** Estuvimos __________ cuidadosamente el edificio, y el jefe decidió que el incendio había sido un accidente.

______________ **8.** El fin de semana estuvimos __________ en el velero de mi tío.

______________ **9.** La __________ del público luego de una actuación es señal de que el espectáculo estuvo excelente.

______________ **10.** No recuerdo días de verano tan __________ como los de este año.

Escribe un artículo periodístico

En una hoja aparte, escribe un artículo periodístico sobre un nuevo invento que imagines. Describe uno o dos fracasos que experimente el inventor antes de lograr realizarlo. Utiliza todas las palabras del vocabulario que puedas.

Actividad para la casa Su niño o niña identificó y utilizó palabras del vocabulario de *La fabulosa máquina del movimiento perpetuo*. Elija elementos de la habitación donde usted y su niño o niña estén sentados. Vea si su niño o niña puede adivinar qué está describiendo usted según las pistas que le ofrece.

Nombre ____________________

Tiempos pasado, presente y futuro

El **tiempo** de un verbo indica cuándo sucede la acción. Las terminaciones que indican el tiempo verbal varían según el verbo sea de la primera conjugación (como *amar*), de la segunda (como *comer*) o de la tercera (como *vivir*).

El **tiempo presente** indica que la acción tiene lugar ahora mismo.

El estudiante entra en el salón.

El **tiempo pasado** indica que la acción ya ha tenido lugar. El pasado también se llama pretérito.

Todos asistieron a la fiesta.

En el pasado hay varios tiempos. Los más frecuentes son el **pretérito simple,** el **pretérito imperfecto** y el **pretérito perfecto.**

Ellas vivieron en Australia.

Ellas vivían en Australia.

Ellas han vivido en Australia.

El **tiempo futuro** indica que la acción sucederá en un tiempo por venir.

El avión llegará a las 3 de la tarde.

Mi abuela va a venir en Navidad.

Instrucciones Identifica el tiempo verbal. Escribe *presente, pasado* o *futuro.*

1. pensaba ____________________
2. comes ____________________
3. correrán ____________________
4. hemos cantado ____________________
5. lavé ____________________

Instrucciones Identifica en cada oración el tiempo verbal subrayado. Escribe *presente, pretérito simple, pretérito perfecto, pretérito imperfecto* o *futuro.*

6. El teléfono supuso un avance extraordinario. ____________________
7. A partir de entonces, podemos hablar con gente de todo el mundo. ____________________
8. En el futuro, parecerá que nuestro interlocutor está a nuestro lado. ____________________
9. Ha pasado mucho tiempo desde que los humanos pintaban en las cavernas. ____________________
10. Leía cada día la página de ciencia del periódico. ____________________

Actividad para el hogar Su niño o niña estudió los tiempos pasado, presente y futuro de los verbos. Pídale que lea una página de un cuento y cambie los verbos en pasado a verbos en presente y a la inversa.

Acentuación de verbos conjugados

Palabras de ortografía			
pasábamos	**comíamos**	**habría**	**correrá**
apreté	**tomé**	**saldría**	**imaginaré**
salí	**podría**	**comería**	**pagaré**
partí	**iniciaría**	**iré**	**viajábamos**
dejé	**sabría**	**tendré**	**esconderé**

Verbos en contexto Escoge la palabra de ortografía adecuada que complete la oración. Escríbela en el espacio en blanco.

1. Cuando ____________________ de la escuela, ____________________ el autobús para ir a casa.

2. ____________________ conversando delante de la biblioteca sin imaginarnos que ____________________ un accidente.

3. Mi hermana mayor ____________________ este verano en el maratón de Chicago.

4. Cuando termine mis estudios ____________________ un buen trabajo y ____________________ todas mis deudas.

5. Durante las vacaciones siempre ____________________ a visitar a la familia de San Antonio.

6. ____________________ el regalo que preparé para papá hasta el día de su cumpleaños.

7. Pensé que Pipo ____________________ ladrando, pero se había quedado encerrado en mi cuarto.

Actividad para la casa Su hijo o hija practicó la acentuación de verbos conjugados. Seleccione tres verbos de la lista y pídale a su hijo o hija que los escriba correctamente.

Nombre ____________________

Título

Personajes

Ambiente

Sucesos

____

____

____

____

____

____

____

____

____

____

Vocabulario • Palabras de varios significados

- Algunas palabras tienen más de un significado. Se llaman **palabras de varios significados.**
- Cuando veas una palabra de varios significados, puedes buscar las claves sobre el significado de la palabra en las palabras que están cerca. Se llaman claves del contexto.

Instrucciones Lee el siguiente párrafo. Luego responde las preguntas que aparecen a continuación. Usa las claves del contexto como ayuda.

El vehículo de dos ruedas conocido como bicicleta se inventó en Europa en el siglo XIX. La versión francesa, llamada "agitahuesos" se deslizaba sobre ruedas de madera cubiertas con hierro. La rueda delantera era ligeramente más alta que la trasera. Como lo indicaba su nombre, no era una bicicleta de cómodo andar.

En la década de 1880, el inventor inglés John Kemp Starley asumió el proyecto de mejorar la bicicleta. En 1885 fabricó la Bicicleta de seguridad Rover, una bicicleta más estable. Las cubiertas llenas de aire y la "bicicleta para dos", o tándem, contribuyeron a la popularidad de la bicicleta en la década de 1890.

En la actualidad, muchos ciclistas todavía elogian la bicicleta como la manera cómoda y flexible de trasladarse. Como las bicicletas no contaminan, mucha gente las considera una manera fabulosa de andar por la ciudad.

1. ¿Qué claves del contexto te ayudaron a averiguar el significado de estable?

____

____

2. ¿Qué otro significado tiene estable?

____

3. ¿Cuáles son los dos significados de la palabra *cubierta*?

____

____

4. . ¿Cómo sabes qué significado de *cubierta* se usa aquí?

____

____

Actividad para la casa Su niño o niña leyó el párrafo que contenía palabras de varios significados y determinó las definiciones usando las claves del contexto. Lea un artículo de un periódico o revista con su niño o niña y vea quién puede encontrar y definir más palabras de varios significados.

Anuncio

- Un anuncio está diseñado para vender un producto o servicio. Los anuncios escritos pueden aparecer en periódicos o en Internet. Los anuncios publicitarios utilizan muchas estrategias para persuadir al lector.
- Las palabras expresivas afectan al lector al crear emociones o realizar juicios de valor.
- Un eslogan es una frase corta que se puede recordar fácilmente.
- Una generalidad es imprecisa. No tiene detalles específicos ni hechos o evidencias que la respalden.
- "Seguir la corriente" es otra forma de decir "todos lo hacen".
- Una generalización no tiene la fundamentación adecuada y representa a un grupo grande.

Instrucciones Lee este anuncio publicitario para un concesionario de automóviles y responde las preguntas.

¡El mejor negocio para que usted tenga el auto de sus sueños!

Si siempre deseó un automóvil deportivo de lujo con todos los accesorios, ahora es el momento de comprarlo. Ventas de Autos para Usted está organizando una gran liquidación de muchos de sus mejores automóviles deportivos. ¡La mayoría de los automóviles vienen equipados con varias de las características de lujo más modernas! Elija uno de los nuevos y excitantes colores fluorescentes que todos están comprando: naranja, blanco, verde o rosado. ¿Tiene problemas de crédito? No se preocupe. Siempre encontramos el modo para que usted pueda comprar el auto de sus sueños con un anticipo mínimo. Ventas de Autos para Usted: ¡el mejor negocio sobre ruedas!

1. ¿Qué técnica se utiliza en el titular del anuncio publicitario? ¿Por qué piensas que el anunciante llama a los automóviles "auto de sus sueños" en vez de "usados"?

____

____

2. ¿Qué técnica se utiliza en la tercera oración?

____

3. ¿Cuál oración en el anuncio utiliza una técnica para lograr un efecto de contagio?

____

____

4. El anuncio afirma que en Ventas de Autos para Usted "Siempre encontramos el modo para que usted pueda comprar el auto de sus sueños con un anticipo mínimo". ¿Qué clase de técnica se utiliza? ¿Qué es lo que el anunciante no le dice al lector?

____

Nombre ______________________________

Instrucciones Lee este anuncio para una tarjeta de crédito y responde las preguntas.

¡HÁGALO YA!

Diamante Clásica Plus

Nueva tasa anual promocional al 5.9 % *

- Sin cargo anual
- Cuenta virtual y pago de cuentas

Límite de crédito: hasta $ 15,000

- **Tarjetas adicionales SIN COSTO**
- Privilegios especiales para los usuarios de las tarjetas

¿Puede creerlo? Las vacaciones están a la vuelta de la esquina. Impresione a sus amigos con la nueva tarjeta **Diamante Clásica Plus** sin cargo anual.

Ahorre cientos de dólares con los cupones libres para sus negocios y restaurantes favoritos, que forman parte de sus **privilegios como usuario.** Lo único que tiene que hacer es abrir una cuenta antes del 1º de diciembre. Pague sus cuentas en línea y ahorre con nuestro especial **Centro comercial virtual.** ¿Necesita efectivo? Puede utilizar la nueva tarjeta para recibir efectivo en segundos.*

¿Que cómo puede beneficiarse con esto? Es fácil. ¡Llene el Formulario de aplicación que figura debajo y envíelo hoy mismo!

*Vea detalles en el reverso.

5. Reconoce dos enunciados que el anunciante utiliza para convencer al lector de que actúe inmediatamente.

____

6. Identifica tres ejemplos de palabras expresivas utilizadas en el anuncio.

____

7. El anunciante utiliza un asterisco dos veces para referirse a la nota en la parte inferior de la página. ¿Por qué crees que el anunciante remite al lector hacia el otro lado de la página?

____

____

8. Enumera tres servicios o características que el anunciante ofrece además de poder comprar y pagar luego.

____

____

9. ¿Este anuncio es más probable que aparezca en una cartelera o en una carta enviada a la casa de una persona? ¿Por qué?

____

Actividades para el hogar Su niño o niña aprendió sobre anuncios publicitarios. Escriba con su hijo o hija un anuncio para un producto o servicio imaginario utilizando alguna de las técnicas que su hijo o hija aprendió. Analicen cómo el anuncio trata de persuadir al lector.

Acentuación de verbos conjugados

Palabras de ortografía				
pasábamos	**dejé**	**iniciaría**	**comería**	**imaginaré**
apreté	**comíamos**	**sabría**	**iré**	**pagaré**
salí	**tomé**	**habría**	**tendré**	**viajábamos**
partí	**podría**	**saldría**	**correrá**	**esconderé**

Palabras perdidas Escribe la palabra de la lista que mejor complete cada oración.

1. En las vacaciones nosotros ____________ todos los días en la playa.
2. ¿Usted ____________ esos chocolates?
3. Yo ____________ todas mis cuentas antes del fin del año.
4. Mi tío nunca ____________ a la calle sin pasear al perro.
5. Yo ____________ los regalos para que los niños no sepan dónde están.

Corrección de palabras Encierra en un círculo la palabra escrita correctamente. Escribe la palabra correcta.

6.	pasabamos	pasábamos	6. ____________
7.	podría	podriá	7. ____________
8.	sabría	sabria	8. ____________
9.	iré	íre	9. ____________
10.	tendre	tendré	10. ____________
11.	pagaré	págare	11. ____________
12.	sali	salí	12. ____________
13.	comería	coméria	13. ____________
14.	habria	habría	14. ____________
15.	párti	partí	15. ____________

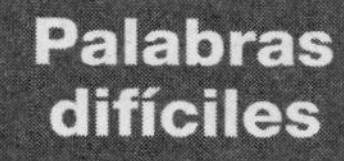

Palabras difíciles

construí
reíamos
enviaría
prohibió
pudiéramos

Actividad para la casa Su hijo o hija aprendió la acentuación de verbos conjugados. Diga una palabra de la lista y pida a su hijo o hija que la escriba.

Tiempos pasado, presente y futuro

Lee el párrafo. Luego lee cada pregunta. Encierra en un círculo la letra de la respuesta correcta.

Mi invento favorito

(1) La próxima semana, mis compañeros y yo _______ sobre los inventos. (2) Hace una hora, Juan y Rosa _______ un informe. (3) En el siglo pasado, _______ muchas cosas constantemente. (4) Ahora, mi invento favorito del siglo XX _______ la computadora. (5) En el futuro, _______ nuevos inventos.

1 ¿Qué forma verbal completa correctamente la oración 1?

A leeremos
B hemos leído
C leemos
D leíamos

2 ¿Qué forma verbal completa correctamente la oración 2?

A presentan
B han presentado
C presentarán
D van a presentar

3 ¿Qué forma verbal completa correctamente la oración 3?

A se inventaban
B se inventó
C se inventan
D se inventarán

4 ¿Qué forma verbal completa correctamente la oración 4?

A fue
B es
C será
D sido

5 ¿Qué forma verbal completa correctamente la oración 5?

A se lograban
B se han logrado
C se lograrán
D se lograron

Actividad para la casa Su niño o niña se preparó para tomar un examen de los tiempos pasado, presente y futuro de los verbos. Pídale que le explique para qué sirven los tiempos presente, pasado y futuro de un verbo.

Idea principal y detalles

- La idea principal es la idea más importante de un párrafo, texto o artículo.
- Los detalles son segmentos de información que hablan más sobre la idea principal.

Instrucciones Lee el siguiente párrafo y completa el diagrama. Enuncia la idea principal del párrafo y tres detalles.

El artista Wesley Dennis (1903-1966) era experto en pintar caballos. Tenía la capacidad de captar la personalidad de cada caballo en sus pinturas. En 1945, la escritora Marguerite Henry le pidió que ilustrara su primer libro, *Justin Morgan tenía un caballo.* Dennis ilustró quince de los libros de caballos de Henry, incluidos *El rey del viento* y *Misty de Chincoteague*. Estos tres libros eran muy populares entre los niños y obtuvieron premios de literatura infantil. Dennis también es conocido por sus ilustraciones en el estupendo cuento *Azabache* de Anna Sewell.

Idea principal

1. ____________________

Detalle

2. ____________________

Detalle

3. ____________________

Detalle

4. ____________________

5. Escribe un resumen de este párrafo en una oración.

____

____

Actividad para la casa Su niño o niña identificó la idea principal y los detalles de un texto breve. Trabaje con su niño o niña para identificar la idea principal y los detalles de párrafos individuales en el artículo de un periódico o revista. Anime a su hijo a escribir el resumen del artículo.

Cómo los teléfonos celulares cambiaron la vida

El teléfono celular es el invento moderno que más ha cambiado la vida de la gente. Antes de que se inventaran los teléfonos celulares, la gente no se podía comunicar sin estar en una casa donde había un teléfono fijo. ¡Ahora se puede usar el teléfono celular para llamar a la gente desde cualquier lugar! El teléfono celular también tiene otras funciones además de las llamadas telefónicas.

Los teléfonos celulares tienen todo tipo de formas y tamaños. Puedes guardarlos en la cartera, el bolsillo o llevarlos en la oreja. Los teléfonos celulares se usan para enviar correos electrónicos, navegar por Internet y jugar. ¡También puedes usarlos para tomar fotografías o hacer videos!

El teléfono celular puede ser un teléfono, una computadora, una cámara, una videograbadora, una estación de videojuegos y un reproductor de música: todo en uno. Imagina si tuvieras que llevar todas esas cosas en tu mochila de la escuela al mismo tiempo. ¡Eso sería demasiado! ¿No estás de acuerdo?

Por estas razones, creo que el teléfono celular es el invento más importante de nuestro tiempo.

1. Subraya la oración principal.
2. Escribe dos ejemplos de detalles o evidencia relevante que apoyen el punto de vista del escritor.

____

____

3. Encierra en un círculo la oración donde el escritor intenta obtener apoyo para la idea.

Nombre ____

Vocabulario

Instrucciones Elige la palabra de la casilla que mejor coincide con cada definición. Escribe la palabra sobre la línea.

Verifica las palabras que conoces
___agachó
___armoniosa
___desvanecía
___divisar
___extraordinario
___fonógrafo
___ópera
___soprano
___telegrama

______________ **1.** agradable al oído

______________ **2.** fuera de lo común

______________ **3.** la más aguda de las voces humanas

______________ **4.** ver a lo lejos

______________ **5.** instrumento que reproduce los sonidos grabados en un disco

Instrucciones Elige la palabra de la casilla que se adapte mejor a cada oración. Escribe la palabra sobre la línea a la izquierda.

______________ **6.** Se ____ para levantar las llaves, que se le habían caído.

______________ **7.** Fui con mi familia al teatro a ver una ____.

______________ **8.** El humo de la fogata se ____ en el aire.

______________ **9.** ¿Podemos enviarle un ____ al abuelo?

______________ **10.** Nos cautivó la voz dulce y llena de musicalidad de la ____.

Escribe una entrada de un diario

En una hoja de papel separada, escribe una entrada de un diario donde describas un animal que hayas dibujado. Usa todas las palabras del vocabulario que puedas. Si fuera posible, incluye un dibujo.

Actividad para la casa Su hijo o hija identificó y usó palabras del vocabulario de ¡*Bravo, Rosina*! Lea un cuento o un artículo informativo con su hijo o hija. Pídale que señale las palabras desconocidas. Trabajen juntos para descubrir el significado de cada palabra usando otras palabras que estén cerca de la palabra desconocida.

Nombre ______________________________

Verbos regulares y participios pasados

Recuerda que los verbos regulares son los que se conjugan como *amar, temer* y *partir,* modelos de conjugación para los verbos cuyo infinitivo termina en ***-ar, -er*** e ***-ir,*** respectivamente.

Además de los tiempos que cambian según la persona, los verbos tienen tres formas que no cambian, llamadas verboides: el **infinitivo,** que es como el nombre del verbo *(esperar);* el **gerundio,** que acaba siempre en *–iendo* o *–ando* y se usa, por ejemplo, con el verbo *estar* (está *esperando*); y **el participio pasado.**

El participio pasado acaba siempre en *-ido* o en *-ado.* Se usa con el verbo auxiliar *haber* en los tiempos compuestos. También hace de adjetivo.

Con el verbo *haber:* He esperado la llegada de la primavera. En marzo ya habían florecido los almendros.

Como adjetivo: Por fin llegó la esperada noticia.

Instrucciones Escribe *participio* si el verboide subrayado cumple la función de participio pasado y *adjetivo,* si cumple la función de adjetivo.

1. He acabado el ensayo. ______________
2. Pásame los ejercicios acabados. ______________
3. El jueves pasado fui al teatro. ______________
4. No había pasado por el teatro desde ayer. ______________
5. ¿Quién ha cantado hoy? ______________

Instrucciones Subraya el verbo en cada oración. Escribe *presente, pretérito simple, pretérito perfecto, pretérito imperfecto* o *futuro* para identificar los tiempos verbales.

6. Los músicos ensayaban en el foso. ______________
7. Estudié música durante varios años. ______________
8. Nunca he visitado Italia. ______________
9. Pero algún día la visitaré. ______________
10. Todos los días me acerco hasta el castaño. ______________

Actividad para la casa Su niño o niña estudió los verbos regulares y participios pasados. Lean juntos un fragmento de cuento y pídale que señale los participios pasados que encuentre.

Nombre ____________________

Palabras compuestas

Palabras de ortografía			
subibaja	**sacapuntas**	**abrelatas**	**sinfín**
telaraña	**bajamar**	**espantapájaros**	**pasodoble**
bocacalle	**pelirrojo**	**agridulce**	**mediodía**
ciempiés	**cascanueces**	**menospreciar**	**salvavidas**
balonmano	**vaivén**	**puntapié**	**guardacostas**

Completa la oración Escribe la palabra de la lista que mejor completa la oración.

1. El barco no puede zarpar porque hay ____________________.
2. A José no le gusta la comida ____________________.
3. Juana dio el ____________________ inicial del partido.
4. ¿Me prestas un ____________________? Se rompió la punta de mi lápiz.
5. Mi tía me enseñó a bailar ____________________.
6. Siempre llevo un ____________________ cuando nado en el río.
7. Un ____________________ camina entre las plantas del jardín.
8. Mi hermanito y yo jugamos en el ____________________ del parque.
9. El auto frenó en la ____________________.
10. El ____________________ está en el puerto.

Definiciones Responde cada pista con una palabra de la lista. Escríbela sobre la línea.

11. Tiene el cabello rojo. ____________________
12. un gran número de cosas ____________________
13. las 12 horas del día ____________________
14. tela que tejen las arañas ____________________
15. Se usa para romper la cáscara de las nueces. ____________________

Actividad para la casa Su niño o niña usó el significado de las palabras de la lista para escribir oraciones y hacerlas coincidir con su definición. Pida a su niño o niña que le diga qué es una palabra compuesta y que dé tres ejemplos.

Guía para calificar: Discurso persuasivo

	4	3	2	1
Enfoque/Ideas	Tiene una idea, una posición y un enfoque claros, usa la deducción.	Tiene generalmente una idea, una posición y un enfoque claros, usa algo de deducción.	Carece de una idea, una posición y un enfoque claros, carece de deducción.	No tiene una idea, una posición y un enfoque claros, no tiene deducción.
Organización	Tiene el argumento presente en la oración principal con detalles importantes.	Incluye un argumento y algunos detalles.	Carece de un argumento o de detalles.	No tiene argumento ni detalles.
Voz	Usa un lenguaje claramente persuasivo y una voz activa.	Usa generalmente lenguaje persuasivo y voz activa.	Usa muy poco lenguaje persuasivo y muy poca voz activa.	No usa lenguaje persuasivo ni voz activa.
Evidencia	Incluye mucha evidencia de apoyo relevante.	Incluye generalmente evidencia de apoyo relevante.	Carece de evidencia de apoyo relevante.	No tiene evidencia de apoyo relevante.
Captación del público	Intenta claramente persuadir al público para que acepte el argumento, es apropiado para el público.	Intenta generalmente persuadir al público para que acepte el argumento, de algún modo es apropiado para el público.	Casi no intenta persuadir al público para que acepte el argumento, no es muy apropiado para el público.	No intenta persuadir al público para que acepte el argumento, no es apropiado para el público.
Normas	Uso correcto de verbos regulares y participios pasados	Uso correcto general de los verbos regulares y participios pasados	Uso deficiente de verbos regulares y participios pasados	Uso incorrecto de verbos regulares y participios pasados

Nombre ____________________

Vocabulario • Raíces griegas y latinas

- Muchas palabras del español derivan de **raíces griegas o latinas,** que a menudo se incluyen en las definiciones del diccionario. Las raíces griegas y latinas pueden ayudarte a comprender el significado de las palabras poco comunes.
- La raíz *grafo* significa "que escribe", *armoni* significa "combinación" y *ordinari* significa "normal".

Instrucciones Lee el siguiente texto. Luego responde las preguntas de abajo.

Rafael fue un extraordinario artista del Renacimiento que adquirió su fama en vida. Fue un arquitecto respetado. Diseñó dos iglesias en Roma, pero es más conocido por sus armoniosas pinturas que por su arquitectura. Una de sus pinturas más famosas se llama *La escuela de Atenas*. Muestra al filósofo como héroe. Los filósofos griegos Platón y Aristóteles están en el centro de la pintura. Están de pie en medio de otros grandes filósofos de la Antigüedad.

Rafael tuvo muchos discípulos en su estudio. Lo ayudaron a completar sus obras más grandes. Rafael era un maestro amado y algunos de sus discípulos veían a otros discípulos como rivales. Sin embargo, después de la muerte de Rafael, sus discípulos trabajaron juntos para completar muchas obras importantes que el maestro había iniciado, así esta parte de su obra nunca se iba a desvanecer. El biógrafo Giorgio Vasari llamó "príncipe de los pintores" a Rafael.

1. La raíz latina *ordinari* significa "normal". El prefijo latino *extra-* significa "fuera de". ¿Qué te dice esto sobre el significado de *extraordinario*?

____

2. La raíz latina *armoni* significa "combinación". ¿Qué te dice esto sobre el significado de *armoniosas?*

____

3. La raíz griega *bio* significa "vida". La raíz griega *grafo* significa "que escribe". ¿Qué te dice esto sobre el significado de *biógrafo*?

____

4. La palabra latina *evanescere* significa "desaparecer lentamente". ¿Qué te dice esto sobre el significado de *desvanecer* en este texto?

____

5. Escribe tantas palabras como puedas que tengan las raíces *grafo, armoni* y *ordinari*. Si no se te ocurre ninguna, usa el diccionario como ayuda.

____

Actividad para el hogar Su hijo o hija identificó las raíces griegas y latinas para comprender las palabras poco comunes de un texto. Lea un texto con su hijo o hija y vea si pueden encontrar palabras con raíces griegas y latinas. Usen un diccionario para comprobar las palabras sobre las que tienen dudas. Luego piensen en otras palabras con la misma raíz para deducir su significado.

Ojear y buscar

- **Buscar** es leer rápidamente por la página buscando palabras y frases específicas. Se busca para descubrir si un recurso responderá las preguntas del lector. Una vez que el lector ha buscado en el documento, puede volver atrás y ojearlo.
- **Ojear** un documento es leer el primer y el último párrafo y usar los encabezados, resúmenes y otros organizadores mientras se lee la página. Se ojea para identificar rápidamente la idea principal. También puedes leer la primera oración de cada párrafo.

Instrucciones Busca en el texto para responder las preguntas de abajo.

Albrecht Dürer (1471–1528)

Juventud y carrera. La capacitación de Dürer comenzó como dibujante en el taller de su padre en Alemania. A los trece años había realizado su primer autorretrato. Un año más tarde, en 1485, pintó la *Madona con ángeles musicales.* Durante cuatro años estudió pintura y tallado de madera con un maestro.

Viajes y crecimiento artístico. En 1490, Dürer comenzó varios años de viajes y pintura. Sus viajes por Europa fueron muy importantes para su desarrollo artístico. Sus viajes a Italia, los Países Bajos (Holanda), Francia y Suiza tuvieron gran influencia en su arte.

Obras importantes. En 1505 Dürer ya era famoso. Finalmente fue reconocido como el mejor pintor y grabador renacentista alemán. Algunas de las obras importantes de Dürer incluyen el *Autorretrato* (1500), *Retrato de un joven* (1500), *La fiesta del Rosario* (1506), *Adán y Eva* (1507) y *Cuatro apóstoles* (1526).

1. Cuando buscas en este texto, ¿qué te ayuda a encontrar la información específica?

____

2. ¿En qué párrafo encuentras los títulos de las pinturas más famosas de Dürer?

____

3. ¿En qué párrafo descubres si Dürer pintó cuando era joven?

____

4. ¿En qué parte del texto encuentras cuándo vivió Dürer?

____

5. ¿Puedes averiguar sobre los métodos de grabado de Dürer buscando en este texto?

____

____

Instrucciones Ojea el siguiente texto para responder las preguntas de abajo.

La imprenta

El inventor de la imprenta fue un platero llamado Johannes Gutenberg. La invención de la imprenta ocurrió alrededor de 1450 en Alemania y marcó un avance importante para la cultura renacentista.

El uso de la imprenta se difundió rápidamente por toda Europa. Para el año 1500, se habían imprimido unos veinte millones de libros. El descubrimiento cambió la vida durante el Renacimiento. En primer lugar, aumentó el número de gente que aprendió a leer. En segundo lugar, la imprenta difundió el conocimiento y las ideas. Algunos expertos creen que la invención de la imprenta fue casi tan importante como la invención de la escritura.

6. ¿Cuál es una buena manera de ojear este texto?

____

____

7. ¿Cuál es el tema de este texto?

____

____

8. ¿Trata el texto sobre el tema de la platería? ¿Cómo te das cuenta?

____

____

9. ¿Transmite hechos u opiniones el escritor de este texto? ¿Cómo lo sabes?

____

____

10. ¿Cómo expresarías la idea principal de este texto?

____

____

____

Actividad para el hogar Su hijo o hija aprendió a ojear y buscar en un texto. Pida a su niño o niña que ojee rápidamente una entrada en una enciclopedia y le diga qué aprendió.

Nombre ____________________

Palabras compuestas

Corregir una carta Halie escribió una carta desde el campamento. Hay siete errores de ortografía. Rodea con un círculo los errores y escribe las correcciones sobre los renglones.

> Queridos mamá y papá:
>
> ¡Hicimos un sifín de cosas en el campamento! Ayer anduvimos en bote por el lago. Todos tuvimos que usar salvabidas. Después del mediodía, fuimos a caminar por el bosque. Vimos una telarana muy grande en una rama y a un cienpiés en una hoja. Hicimos un espantopájaros y después jugamos todos al balónmano. ¡Hice tantos goles que dejé boquibierto a mi maestro!

Palabras de ortografía

subibaja
telaraña
bocacalle
ciempiés
balonmano
sacapuntas
bajamar
pelirrojo
cascanueces
vaivén
abrelatas
espantapájaros
agridulce
menospreciar
puntapié
sinfín
pasodoble
mediodía
salvavidas
guardacostas

1. ____________________
2. ____________________
3. ____________________
4. ____________________
5. ____________________
6. ____________________
7. ____________________

Corregir las palabras Corrige la ortografía de las palabras de la lista. Escribe la palabra correctamente sobre la línea.

8. El nuevo compañero pellirrojo se llama Juan. ____________________
9. El baivén de la hamaca me mareó. ____________________
10. Ayer al medio día comí con Ana y María en la cafetería de la escuela. ____________________
11. No le contó su secreto a Inés porque dice que es una coreveidile. ____________________
12. Fui con mis primos al tío vivo. ____________________

Palabras difíciles

tiovivo
traspiés
portaequipaje
correveidile
boquiabierto

Actividad para la casa Su niño o niña identificó las palabras compuestas mal escritas. Pida a su niño o niña que deletree tres de las palabras compuestas.

Nombre ____

Verbos regulares y participios pasados

Lee el párrafo. Luego lee cada pregunta. Encierra en un círculo la letra de la respuesta correcta.

¡Música, maestro!

(1) Los cantantes de ópera _______ constantemente. (2) Nunca había _______ a una representación de ópera. (3) Los músicos estaban _______ sus instrumentos cuando llegamos. (4) Entonces se _______ el telón y apareció el escenario. (5) A partir de ahora _______ ópera a menudo.

1 ¿Qué forma verbal completa la oración 1?

A practican
B practicado
C practicando
D practicar

2 ¿Qué forma verbal completa la oración 2?

A asistir
B asistido
C asistió
D asistiendo

3 ¿Qué forma verbal completa la oración 3?

A afinando
B afinado
C afinan
D afinar

4 ¿Qué forma verbal completa la oración 4?

A alzado
B alzó
C alzando
D alzar

5 ¿Qué forma verbal completa la oración 5?

A escuchando
B escuchar
C escucharé
D escuchado

Actividad para la casa Su niño o niña se preparó para tomar un examen de los verbos regulares y participios pasados. Pídale que le diga el participio de los verbos *cantar* y *beber* y que escriba una oración con cada uno de ellos.

Nombre ______________________________

Hechos y opiniones

- Puedes comprobar si el **enunciado de un hecho** es verdadero o falso. Puedes hacerlo usando tus conocimientos, preguntándole a un experto o consultando una fuente de referencia, como una enciclopedia o un texto informativo.
- El **enunciado de una opinión** expresa ideas o sentimientos, no hechos. No se puede comprobar si es verdadero o falso.
- Una oración puede contener tanto el enunciado de un hecho como el enunciado de una opinión.

Instrucciones Lee el siguiente texto. Luego sigue las instrucciones para completar el diagrama de abajo y responde las preguntas.

En 1861, se descubrieron en Alemania los restos fósiles de un *Archaeopteryx*. Tienen alrededor de 150 millones de años. Muchos científicos creen que el *Archaeopteryx* es el primer pájaro conocido. Cuando lo vi en un museo, me pareció que era mitad dinosaurio y mitad pájaro. Tenía plumas y alas como los pájaros. También tenía dientes y tres garras en cada ala. Según muchos científicos, el *Archaeopteryx* podía volar, pero no estoy tan seguro. Creo que quizás podía agitar sus alas, pero no me lo imagino despegando del suelo.

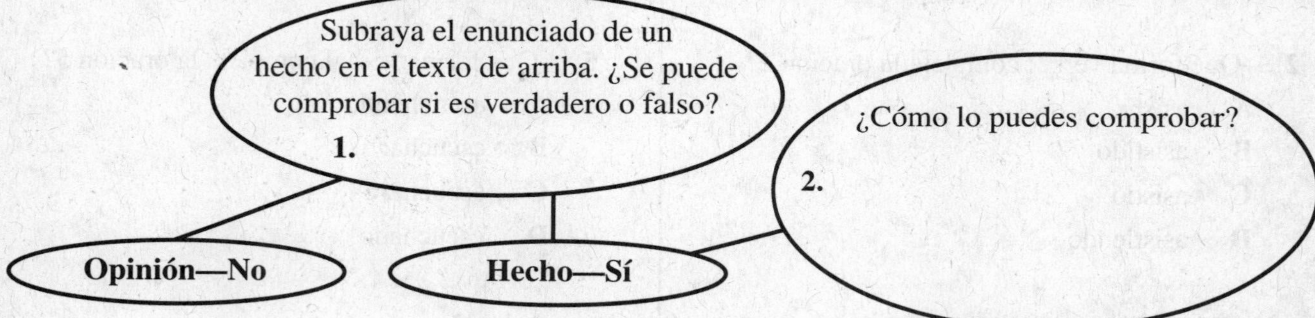
Subraya el enunciado de un hecho en el texto de arriba. ¿Se puede comprobar si es verdadero o falso?
1.
¿Cómo lo puedes comprobar?
2.
Opinión—No
Hecho—Sí

3. Escribe el enunciado de una opinión del texto. ¿Cómo sabes que es el enunciado de una opinión?

____

____

4. ¿Qué oración contiene tanto un hecho como una opinión?

____

____

5. En la última oración, el autor expresa la opinión de que el Archaeopteryx no podría haber volado. ¿Qué tipo de detalles apoyarían esta opinión?

____

Escuela
+ Hogar

Actividades para el hogar Su hijo o hija leyó un texto corto e identificó hechos y opiniones. Lean juntos un artículo. Pida a su hijo que identifique enunciados de hechos y pregúntele cómo se pueden comprobar.

Nombre ______________________________

Aspectos principales de un folleto publicitario

- convence a los lectores de hacer algo, como comprar un producto o asistir a un evento
- enumera las razones por las que el lector debe hacer algo
- puede atraer a un público específico, como adolescentes, mujeres, padres

¡Visite el Festival de Música de Oak Lake!

El Festival de Música de Oak Lake ofrece sonidos agradables para toda la familia. ¡Venga a escuchar algo nuevo!

Cuándo y dónde

El Festival se lleva a cabo en el pabellón principal del parque. Se realizará en Oak Lake todos los días, desde el jueves 6 de marzo hasta el domingo 9 de marzo.

¿Qué es el Festival?

El Festival de Música de Oak Lake comenzó en 1973. Atrajo a una gran variedad de intérpretes musicales a la región de Oak Lake. Entre las atracciones del Festival se incluyen:

- Artistas nacionales que interpretan una gran variedad de estilos musicales, incluidos Shanita, los Stockton Boys y Avery Taylor
- Talleres sobre interpretación de música tradicional y contemporánea
- Una tienda de refrescos que ofrece sabrosos platillos a buenos precios
- ¡Fuegos artificiales el sábado!

Mariana Ciwiec, que asistió al festival el año pasado, comenta: "Seguramente volveré a Oak Lake con mi esposo y mis hijos. ¡El año pasado fue fabuloso!".

¿Qué mejor manera de celebrar el comienzo de la primavera que escuchando música en el hermoso ambiente del lago? Haga su reservación hoy mismo: puede llamar al 123.555.6789 o enviarnos un correo electrónico a reservaciones@oaklakefest.org. ¡Lo esperamos con impaciencia!

1. ¿Por qué el autor incluye el comentario de Mariana Ciwiec?

____

____

2. Encierra en un recuadro la lista de motivos para asistir. ¿Cómo decidió el autor ordenar la lista?

____

____

Nombre ____

Vocabulario

Instrucciones Traza una línea para unir cada palabra de la izquierda con una definición de la derecha con la que coincida.

1. proporciones	un evento especial
2. base	levantó; construyó
3. erigió	espacio o edificio donde se trabaja
4. taller	relaciones apropiadas entre las partes
5. ocasión	parte en la que se apoyan otras partes

Verifica las palabras que conoces

___ **erigió**
___ **base**
___ **moldes**
___ **ocasión**
___ **proporciones**
___ **arregló**
___ **taller**

Instrucciones Escoge la palabra del recuadro que mejor complete cada oración. Escribe la palabra en la línea de la izquierda.

______________________ **6.** Julia vertió yeso en dos __________ con forma de pájaro.

______________________ **7.** Estaba haciendo estatuas para un evento u __________ especial.

______________________ **8.** Julia __________ las estatuas frente a la nueva biblioteca.

______________________ **9.** Cuando terminó de hacer los pájaros, su __________ estaba desordenado.

______________________ **10.** Muy contenta, limpió el polvo que salió del yeso y __________ su taller antes de irse a casa.

Escribir un informe periodístico

En una hoja aparte, escribe un informe periodístico sobre un descubrimiento importante, tal como el descubrimiento de los restos fósiles del *Archaeopteryx*. Usa tantas palabras del vocabulario como puedas.

Actividades para el hogar Su hijo o hija identificó y usó palabras de *Los dinosaurios de Waterhouse Hawkins*. Lea con su hijo o hija un cuento o un artículo informativo sobre dinosaurios o animales. Pídale que describa el dinosaurio o el animal y luego que explique si la descripción es el enunciado de un hecho o una opinión.

Verbos irregulares y sus participios

Recuerda que hay verbos que no siguen los modelos de conjugación. A estos verbos los llamamos **verbos irregulares.** Además del presente, el pasado y futuro, los verbos irregulares a veces también forman el participio de manera particular.

Infinitivo	Presente	Pasado	Futuro	Participio
ser	soy	fui	seré	sido
estar	estoy	estuve	estaré	estado
ir	voy	fui	iré	ido
tener	tengo	tuve	tendré	tenido
saber	sé	supe	sabré	sabido
decir	digo	dije	diré	dicho

Instrucciones Subraya el verbo en cada oración. Escribe *presente, pretérito simple, pretérito perfecto, pretérito imperfecto* o *futuro* para identificar los tiempos verbales.

1. Waterhouse estuvo en Manhattan. ______________
2. Sabía mucho de paleontología. ______________
3. Estaba muy interesado en los dinosaurios. ______________
4. Hawkins tenía numerosos admiradores. ______________
5. A las exposiciones de dinosaurios iba mucha gente. ______________
6. ¿Tendrán ahora tanto público? ______________
7. Yo tengo una invitación. ______________
8. Los dinosaurios eran del Jurásico. ______________
9. Los científicos así lo han dicho. ______________
10. Se han sabido muchas cosas nuevas. ______________

Actividad para la casa Su niño o niña estudió los verbos irregulares y sus participios. Pídale que escriba el pretérito simple de los verbos *tener* y *decir.*

Nombre ____________________

Palabras con *cc* y *x*

Palabras de ortografía				
exactamente	examen	próxima	accidente	oxidado
acción	lección	explicarlo	diccionario	extraordinarias
éxito	exclamaciones	oxígeno	corrección	exprimir
selección	atracción	construcción	ficción	flexible

Pistas de las palabras Escribe la palabra de ortografía que coincide con cada pista.

1. Logro; resultado feliz de algo. 1. ____________
2. Que puede doblarse fácilmente. 2. ____________
3. Suceso o acción involuntaria que resulta en un daño para las personas o las cosas. 3. ____________
4. Elemento químico que forma parte de la atmósfera. 4. ____________
5. Género literario que trata de sucesos y personajes imaginarios. 5. ____________

Palabras en contexto Escribe la palabra de la lista que completa mejor cada oración.

6. Los tigres de Bengala son la ____________ del zoológico.
7. Pueden usar su ____________ para buscar el significado de las palabras desconocidas.
8. Las actuaciones de nuestro equipo de matemáticas han sido ____________.
9. Tienes que ____________ la fruta para sacarle el jugo.
10. La ____________ semana comienza la ____________ de la nueva escuela.

Actividad para la casa Su hijo o hija escribió palabras con *cc* y *x*. Pídale que elija las cinco palabras que le resultaron más difíciles. Deletree esas palabras con él o ella.

Nombre ____

Nombre ______________________________

Vocabulario • Homógrafos

- Los **homógrafos** son las palabras que se escriben igual pero tienen significados diferentes.
- A veces una palabra poco común es un homógrafo. Las palabras alrededor del homógrafo pueden ofrecer claves sobre su significado.

Instrucciones Lee el siguiente texto. Luego responde las preguntas de abajo.

Los coleccionistas de fósiles saben que no pueden retirarlos de la mayoría de los lugares. Es ilegal retirar fósiles de la propiedad de otra persona y de tierras públicas. Para obtener fósiles, los coleccionistas se reúnen en una "feria de fósiles" para comprar fósiles de otros coleccionistas. También pueden agrandar su colección si mantienen un archivo con fotografías y dibujos de fósiles. A veces los coleccionistas hacen copias de los fósiles vertiendo yeso en un molde. Pueden verse muy reales.

1. *Feria* puede significar "mercado" o "lugar con instalaciones recreativas". ¿Cómo se usa en el texto? ¿Cómo te das cuenta?

____

2. *Propiedad* puede significar "casa" o "característica". ¿Cómo se usa en el texto? ¿Cómo te das cuenta?

____

3. *Archivo* puede referirse a una conjugación del verbo "archivar" o a un "mueble, cajón o carpeta para guardar papeles en orden". ¿Cómo se usa en el texto? ¿Cómo te das cuenta?

____

____

4. *Molde* significa "pieza para dar forma" o "conjunto de letras para imprimir". ¿Cómo se usa en el texto? ¿Cómo te das cuenta?

____

____

5. Escribe una oración con el significado de *molde* que no se usó en el texto.

____

____

Actividad para el hogar Su hijo o hija leyó un texto corto y usó claves del contexto para comprender homógrafos nuevos. Lea un artículo con su hijo o hija. Identifiquen los homógrafos de ese artículo. Escriban oraciones usando cada significado de los homógrafos.

Nombre ____________________

Cronogramas

Un **cronograma** es un tipo de tabla que tiene filas y columnas. Las filas y columnas se cruzan en casillas llamadas **celdas.** Los cronogramas muestran horas, fechas y destinos de aviones, trenes y autobuses, y también referencias sobre actividades y eventos deportivos.

Instrucciones Usa este cronograma de salidas de trenes para responder las preguntas.

Cronograma de salidas de los trenes a Chicago

		a.m.	a.m.	a.m./p.m.	p.m.	p.m.	p.m.
Waukekee		5:01	7:30	11:30	1:00	3:30	5:00
Hampton		5:45	8:15	12:15	1:45	4:15	5:45
Rainville	*	6:15	8:45	12:45	2:15	4:45	6:15
Parque Harbor	*	7:00	9:30	1:30	3:00	5:00	7:00
Llegada a Chicago		**8:00**	**10:30**	**2:30**	**4:00**	**6:00**	**8:00**

*** Indica servicio de comida.**

1. ¿Cuántos trenes van a Chicago todos los días? ¿Qué tren sale de Waukekee en la mañana y llega a Chicago en la tarde?

___

2. Contando Waukekee, ¿cuántas paradas hace el tren? ¿Cuál es la cuarta parada?

___

3. Vives en Rainville. Quieres reunirte con tus amigos en Chicago a las 10:30 a.m. ¿A qué hora debes tomar el tren en Rainville para llegar a tiempo? ¿Con cuánto tiempo de anticipación llegarás a Chicago?

___

___

4. Vives en Parque Harbor y tienes que tomar el tren que sale a las 7:00 a.m. hacia Chicago. No tienes tiempo de desayunar. ¿Podrás comer algo en el tren? ¿Cómo lo sabes?

___

5. Vives en Hampton. Todos los lunes a las 5:00 p.m. tienes lecciones de violín en Rainville. Para llegar a tiempo, ¿qué tren debes tomar? ¿Te sobrará tiempo?

___

___

Nombre ____

Instrucciones Usa el cronograma de este campamento para responder las preguntas.

Cronograma del campamento "Quiero escaparme"

	Lunes	Martes	Miércoles	Jueves	Viernes	Sábado	Domingo
8 a.m.	Desayuno en la Sala Olson	Desayuno en la Sala Olson	Desayuno en la Sala Olson	Desayuno en la Sala Olson	Desayuno en la Sala Olson	Desayuno en la Sala Olson	Desayuno en la Sala Olson
10 a.m.	Natación en el lago Beluga	Ensayo de la obra de teatro	Tiro con arco	Natación en el lago Beluga	Práctica con la banda	A elección	Ensayo de la obra de teatro
1 p.m.	Artesanías	Artesanías	Cabalgata	Cartas a casa	Cabalgata	A elección	Visita de los padres
4 p.m.	Juegos grupales	Tiro al arco	Deportes acuáticos	Juegos grupales	Excursiones	Juegos grupales	Natación en el lago Beluga
8 p.m.	Se apagan las luces	Se apagan las luces	Se apagan las luces	Se apagan las luces	PELÍCULA	Cuentos en la fogata	Se apagan las luces

6. ¿Cuántas celdas tiene cada día en este cronograma? ¿Cuántos días se enumeran?

____

7. Quieres mejorar tus destrezas de natación. ¿Qué días y en qué horarios puedes ir a nadar?

____

____

8. Deseas que tus padres vayan a visitarte. ¿Cuál es el mejor día y horario para que lo hagan?

____

____

9. ¿A qué hora puedes tomar el desayuno todos los días? ¿Dónde se realiza?

____

10. Te encanta actuar. ¿Cuál es una buena actividad para hacer? ¿Cuándo se puede realizar?

____

____

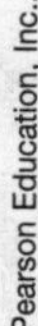

Actividades para el hogar Su hijo o hija aprendió a leer cronogramas. Observen juntos el cronograma de un equipo deportivo que a su hijo o hija le guste. Averigüen cuándo es el próximo partido y si será durante el horario escolar.

Nombre ____

Corregir un cartel de viaje Hay siete errores de ortografía y uno de puntuación. Rodea con un círculo los errores y escribe las correcciones sobre los renglones.

> La atración de viajar a Japón
> Pase su próccima vacación en este fascinante país que sorprende a cualquier oxidental. Se ofrecen excelentes hoteles de primera clase. Experimente estraordinarias comidas con sabores inesperados. Participe de una lexión de artes marciales. Visite una exibición de antiguo arte japonés. Disfrute de la escena tranquila de un jardín y casa de té japonesa. El programa se organiza para satisfacer sus necesidades sin exepción

Palabras de ortografía

exactamente
acción
éxito
selección
examen
lección
exclamaciones
atracción
próxima
explicarlo
oxígeno
construcción
accidente
diccionario
corrección
ficción
oxidado
extraordinarias
exprimir
flexible

1. ______________________

2. ______________________

3. ______________________

4. ______________________

5. ______________________

6. ______________________

7. ______________________

8. ______________________

Corregir palabras Rodea con un círculo la ortografía correcta de las palabras de la lista.

9.	exito	éxito	eccito
10.	oxidado	hoxidado	occidado
11.	eceso	exceso	exeso
12.	diccionario	dicionario	dixionario
13.	exatamente	exactamente	hexactamente

Palabras difíciles

exhibió
exceso
excepción
occidental
explosión

Actividad para la casa Su niño o niña identificó las palabras mal escritas de la lista. Repase las palabras con sonidos /sk/ y /sc/ y su pronunciación con su niño o niña.

Nombre ______________________________

Verbos irregulares y sus participios

Lee el párrafo. Luego lee cada pregunta. Encierra en un círculo la letra de la respuesta correcta.

¡Qué grandes!

(1) Los dinosaurios ______ unos animales enormes. (2) Los paleontólogos ______ que reconstruir los dinosaurios a partir de los huesos. (3) Tú ______ un libro sobre los modelos de Waterhouse. (4) Algunos paleontólogos han ______ que los dinosaurios desaparecieron a causa de un meteorito. (5) María, ¿mañana ______ conmigo al museo?

1 ¿Qué forma verbal completa la oración 1?

A eran
B eron
C era
D serón

2 ¿Qué forma verbal completa la oración 2?

A tenieron
B tuvieron
C tuveron
D tenido

3 ¿Qué forma verbal completa la oración 3?

A tienes
B tenes
C tines
D tenido

4 ¿Qué forma verbal completa la oración 4?

A decido
B decir
C dicho
D dicen

5 ¿Qué forma verbal completa la oración 5?

A venerás
B venirás
C has venido
D vendrás

Escuela + Hogar

Actividad para la casa Su niño o niña se preparó para examinarse sobre verbos irregulares y sus participios. Pídale que diga el presente del verbo *ser*.

Idea principal y detalles

- La **idea principal** es la idea más importante sobre un tema.
- Los **detalles** son datos que nos cuentan más sobre la idea principal.

Instrucciones Lee el siguiente texto. Luego completa el diagrama que figura debajo.

¿Quién se ganó el título de *Madre del Blues*? Fue Ma Rainey (1886–1939), la primera gran cantante de *blues* afroamericana. Su carrera comenzó cuando tenía catorce años en un concurso local de talentos en Georgia. Sólo cuatro años después, se casó con "Pa" Rainey y crearon un espectáculo de canto y baile que incluía canciones de *blues*. Viajaron y presentaron su espectáculo por todo el Sur. En 1923, hizo su primera grabación. Grabó alrededor de 100 canciones. Actuó con muchos músicos notables de *jazz* durante su carrera, que duró hasta la década de 1930. Su canto influyó en muchos cantantes de *blues* más jóvenes.

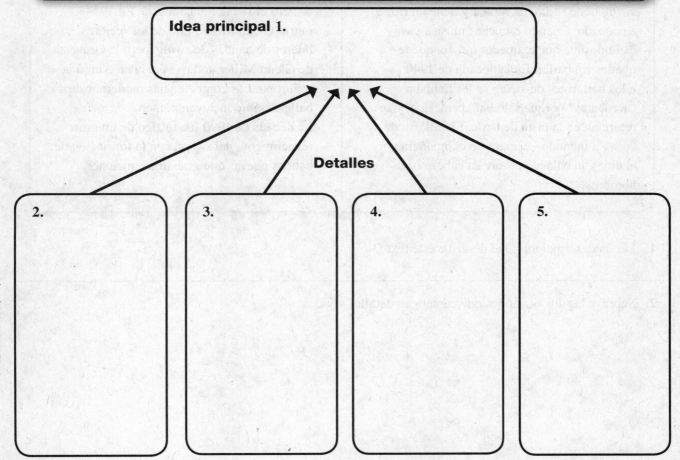

Idea principal 1.

Detalles

2.

3.

4.

5.

Actividades para el hogar Su hijo o hija leyó un texto corto y usó un organizador gráfico para identificar la idea principal y los detalles. Trabaje con su hijo o hija para identificar la idea principal y los detalles en cada párrafo de un artículo de revista sobre música.

Nombre ____________________

Aspectos principales de una descripción

- crea una imagen mental vívida
- las imágenes atraen a los cinco sentidos
- usa palabras precisas y adjetivos vívidos

Música *swing*

El *swing* nació del *jazz* y en las décadas de 1930 y 1940 se convirtió en la música más popular. Una banda de *swing* de primer nivel puede tener veinte o veinticinco músicos que tocan las trompetas, los trombones, los clarinetes, los saxofones, el piano y la batería. ¡Imagina los sonidos!

El nombre *swing*, que en inglés significa "balancearse; girar", lo dice todo. La música *swing* tiene ritmo. Es rápida y tiene un ritmo sincopado. Cuando escuchas música *swing* es imposible que te quedes quieto, que te quedes sin bailar. En la década de 1940, a los bailarines de *swing* se les llamaba "acróbatas" porque saltaban, brincaban y se retorcían en la pista de baile. El bailarín de *swing* a menudo levanta a su compañera por el aire y la balancea sobre su cabeza o sus hombros.

La música *swing* todavía perdura. Su popularidad decayó durante la Segunda Guerra Mundial porque la mayoría de los músicos eran hombres y la mayoría de los hombres se alistaron en las fuerzas armadas. Los tipos de música popular, como el *bebop* y el *rock and roll*, eran interpretados por bandas más pequeñas, a menudo de sólo tres o cuatro músicos.

Pero el *swing* nunca murió. En 1944 murió Glenn Miller, uno de los mejores líderes de bandas de *swing*, pero la Orquesta de Glenn Miller, todavía actúa en América y Europa. Las competencias modernas de baile siempre incluyen números de *swing*. La década de 1990 fue testigo de un gran renacimiento del *swing*, con la formación de bandas nuevas que grabaron canciones.

1. Lee la descripción. ¿Qué describe este texto?

____

2. Subraya las dos oraciones que contengan detalles vívidos.

Vocabulario

Instrucciones Escoge la palabra del recuadro que mejor coincida con cada definición de abajo.

Verifica las palabras que conoces
___ valorado
___ barbero
___ coro
___ facilidad
___ religiosa
___ esclavitud
___ adolescente

________________ **1.** Apreciado.

________________ **2.** Situación en la que una persona es propiedad de otra y trabaja sin cobrar salario.

________________ **3.** Dedicada a la religión.

________________ **4.** Grupo de cantantes que cantan juntos.

________________ **5.** Persona que tiene entre 13 y 19 años.

Instrucciones Une cada palabra de la izquierda con la palabra de la derecha con la que se relaciona. Escribe la letra correcta en la línea.

________________ **6.** facilidad **a.** espiritual

________________ **7.** barbero **b.** cantantes

________________ **8.** valorado **c.** peluquero

________________ **9.** coro **d.** simplicidad

________________ **10.** religiosa **e.** apreciado

Escribe una entrada de diario

En una hoja aparte, escribe una entrada de diario en la que describas tu tipo de música favorita y por qué te gusta. Usa tantas palabras del vocabulario como puedas.

Actividades para el hogar Su hijo o hija identificó y usó palabras del vocabulario de *Mahalia Jackson*. Inventen una canción con las palabras del vocabulario del cuento para que su hijo o hija pueda recordar sus significados.

Verbos de conjugación difícil y participios pasados difíciles

Hay algunos verbos irregulares que tienen una conjugación especialmente difícil en el presente, el pasado, el futuro o en el participio. Algunos de esos verbos son: *caber, poner, resolver, traducir, ver* y *volver.*

Infinitivo	Presente	Pasado	Futuro	Participio
caber	quepo	cupe	cabré	cabido
poner	pongo	puse	pondré	puesto
resolver	resuelvo	resolví	resolveré	resuelto
traducir	traduzco	traduje	traduciré	traducido
ver	veo	vi	veré	visto
volver	vuelvo	volví	volveré	vuelto

Instrucciones Subraya el verbo de conjugación difícil en cada oración. Escribe *presente, pretérito simple, pretérito perfecto, pretérito imperfecto* o *futuro* para identificar los tiempos verbales.

1. La gente no cupo en la iglesia. ____________
2. Mi abuelo ha puesto un disco de Mahalia Jackson. ____________
3. Mahalia se puso a cantar con todo el sentimiento. ____________
4. Tú la has visto otras veces en Chicago. ____________
5. La cantante envolvía a la multitud con su voz. ____________
6. Yo vuelvo a quedarme maravillado. ____________
7. Hemos devuelto los boletos que nos sobraban. ____________
8. Mahalia Jackson tradujo el sentimiento del *blues*. ____________
9. Por favor, ¿quepo en el banco? ____________
10. He resuelto empezar a estudiar canto. ____________

Actividad para la casa Su niño o niña estudió los verbos de conjugación difícil y participios pasados difíciles. Pídale que escriba el presente de *caber* y *ver.*

Nombre ____________________

Palabras con *b, v*

Palabras de ortografía				
bota	**rebelde**	**bienvenido**	**Bolivia**	**víbora**
vota	**revelar**	**beneficio**	**revuelto**	**activo**
bebida	**abundante**	**aventura**	**basura**	**cabeza**
vívido	**vinagre**	**vaya**	**vela**	**cueva**

Palabras en contexto Escribe la palabra de la lista que mejor complete cada oración.

1 Juan, por favor saca la ________. **1.** ____________

2 Lalo ________ por su mejor amigo para presidente de la clase. **2.** ____________

3. Quita esa ________ sucia que está sobre el periódico. **3.** ____________

4. No te olvides de echarle un poco de ________ al aderezo para la ensalada. **4.** ____________

5. ________ es un país sudamericano. **5.** ____________

6. El alcalde y el artista van a ________ los planes para la nueva escultura el próximo viernes. **6.** ____________

7. La osa y sus oseznos pasan el invierno en aquella ________. **7.** ____________

8. El jardín de Maya dio una cosecha ________ al final del verano pasado. **8.** ____________

9. Mi próximo viaje será una ________ por las llanuras de EE. UU. **9.** ____________

10. Mi hermanito se pone muy ________ a la hora de ir a la cama. **10.** ____________

Antónimos Escribe la palabra de la lista que tiene el significado opuesto o casi opuesto.

11. escaso **11.** ____________

12. apagado **12.** ____________

13. rutina **13.** ____________

14. ordenado **14.** ____________

15. perezoso **15.** ____________

Sinónimos Escribe la palabra de la lista que tiene el mismo o casi el mismo significado.

16. saludo, bienllegada **16.** ____________

17. guarida, madriguera **17.** ____________

18. fruto, rendimiento **18.** ____________

19. enredar, confuso **19.** ____________

20. hazaña, suceso **20.** ____________

Actividad para la casa Su hijo o hija escribió palabras con *b* y *v*. Túrnense para leer y deletrear las palabras de la lista en voz alta.

Nombre ______________________________

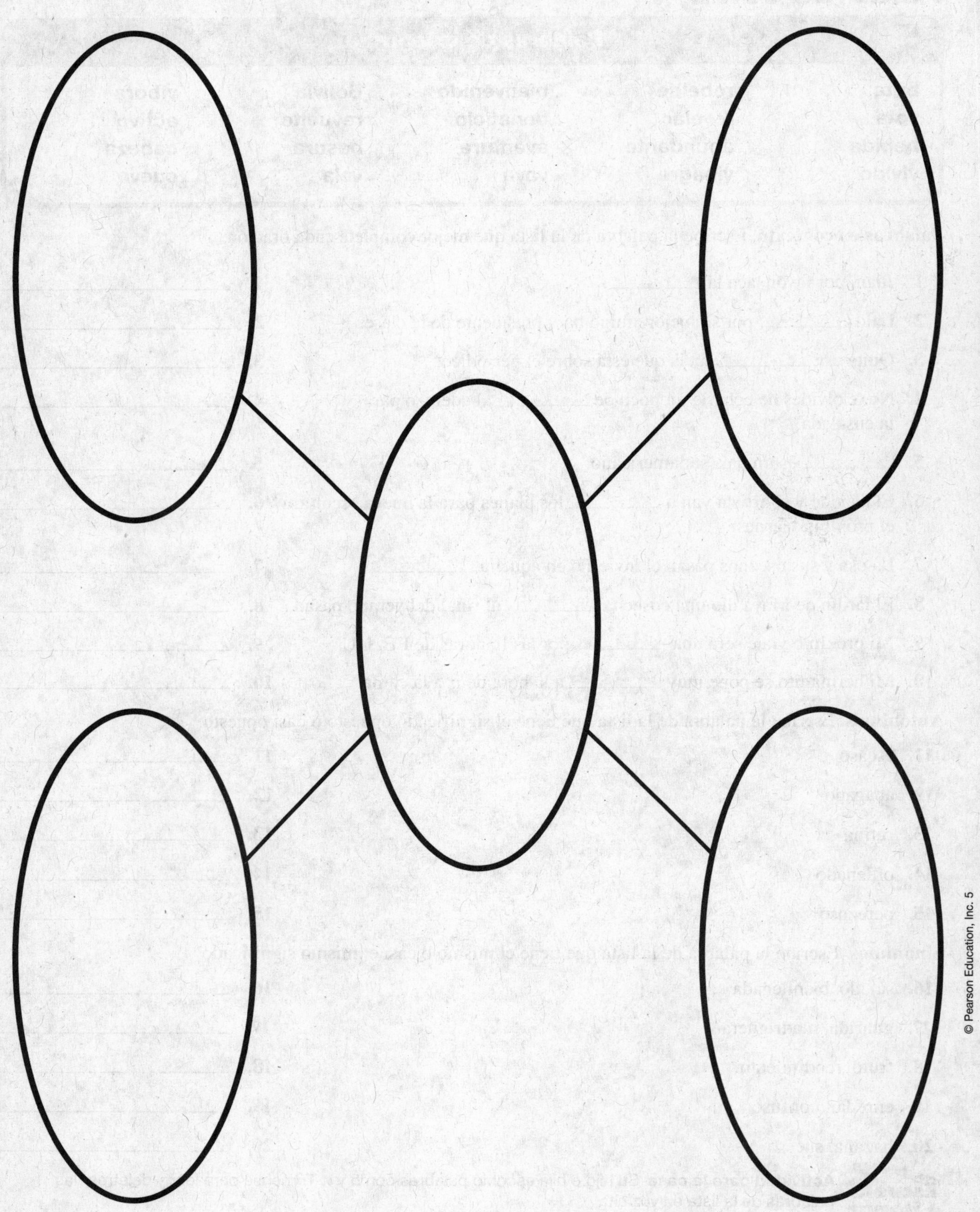

Nombre ______________________________

Vocabulario • Antónimos

- Un **antónimo** es una palabra que significa lo contrario de otra palabra.
- Las palabras y las expresiones como *a diferencia de, pero* y *en vez de* pueden indicar la presencia de antónimos.
- Un **diccionario de sinónimos** es un libro que incluye palabras y sus antónimos y sinónimos.

Instrucciones Lee el siguiente texto. Luego responde las preguntas de abajo. Puedes usar un diccionario de sinónimos.

Las canciones llamadas *espirituales* se inspiraron en la vida de las personas que las escribieron: los esclavos que vivían en el sur de los Estados Unidos. Al cantar *espirituales,* los esclavos expresaban su esperanza de ser liberados y no esclavizados, ya sea en esta vida o en la próxima. Cuando la esclavitud terminó, se dejaron de lado los *espirituales* porque le hacían recordar a la gente sobre cosas que querían olvidar. Pero el tiempo pasó y los *espirituales* comenzaron a valorarse por su mensaje y su música. Los *espirituales* están muy relacionados con la música *gospel,* el *blues* y el *jazz* que escuchamos en la actualidad.

1. Busca en el texto un antónimo de *liberados*. ¿Cómo nos ayuda este antónimo a definir *liberados*?

____

2. Encuentra en el pasaje un antónimo de *olvidar.* ¿Cómo nos ayuda este antónimo a definir *olvidar*?

____

3. La palabra *actualidad* significa "momento o tiempo presente". ¿Cuál es el antónimo?

____

4. En este pasaje, la palabra *esclavitud* significa "estar una persona bajo la propiedad de otra y hacerla trabajar sin cobrar salario". ¿Cuál es el antónimo para *esclavitud*?

____

5. Escribe una palabra del pasaje y su antónimo. Escribe una o varias oraciones usando la palabra original y su antónimo.

____

____

____

Actividades para el hogar Su niño o niña leyó un pasaje corto e identificó palabras y sus antónimos. Elija un artículo con su hijo o hija e identifiquen palabras desconocidas. Pídale que trate de descubrir su significado identificando el antónimo en el artículo.

Nombre ______________________________

Catálogo de fichas/Base de datos de la biblioteca

- Puedes utilizar un **catálogo de fichas** o una **base de datos de una biblioteca** para encontrar libros, revistas, cintas de audio, cintas de video, CD-ROM u otros materiales en la biblioteca. Puedes buscar los materiales por autor, título o tema. Un catálogo de fichas es un mueble con gavetas llenas de tarjetas que contienen información detallada sobre los libros y otros materiales de la biblioteca. La base de datos de la biblioteca es una versión electrónica del catálogo de fichas.
- Si no sabes exactamente lo que estás buscando en la base de datos de la biblioteca, puedes utilizar "palabras clave". Asegúrate de escribir las palabras con cuidado, para no cometer errores. Si utilizas más de una palabra clave en tu búsqueda, coloca la palabra "y" entre las palabras clave.
- Tanto el catálogo de fichas como la base de datos de la biblioteca contienen información básica. Por ejemplo, los bibliotecarios utilizan las signaturas topográficas para identificar y organizar los elementos en sus colecciones. Los libros de no ficción, los videos y las grabaciones se disponen en los estantes de la biblioteca por signatura topográfica. Los libros de ficción se disponen por orden alfabético según el apellido del autor.

Instrucciones Observa la siguiente pantalla de inicio de búsqueda para una base de datos de una biblioteca. Para cada uno de los elementos numerados, di cuál de las seis categorías elegirías para cada búsqueda. Luego escribe la información que ingresarías en la base de datos de la biblioteca.

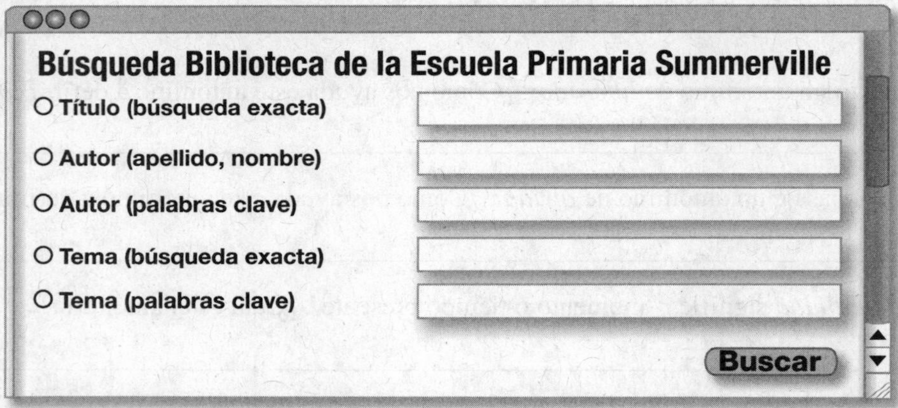

1. Autobiografía de Ray Charles

____

2. Una grabación de Louis Armstrong en CD, cinta de audio, o vinilo

____

3. Una biografía de Louis Armstrong

____

4. *Mahalia: A Life in Gospel Music*

____

5. Una historia crítica de Motown Records

____

Nombre ____________________

Instrucciones Utiliza la siguiente tarjeta de ejemplo de un catálogo de tarjetas de una biblioteca para responder las preguntas que figuran debajo.

L424.7 RE

Raíces de la música blues

Parker, Mark, 1959-

El blues ejerce su influencia en muchos tipos de música actuales. Cambió el modo en que la gente sentía la música, también. El blues surgió luego de que se aboliera la esclavitud y cambió el modo en que los músicos se aproximaban a la música. El blues es aún una forma popular de música que se produce hoy en día.

Editor: Wilson Musical Reference

Fecha de pub.: 2001.

Páginas: 313.

ISBN: 0534212311

6. ¿Quién es el autor de este libro de referencia?

____

7. ¿Cuál es la signatura topográfica?

____

8. ¿Cuál es el título del libro?

____

9. ¿Cuántas páginas tiene este libro? ¿Cuándo fue publicado y por quién?

____

10. ¿Qué aprendiste acerca del libro al leer el resumen de la tarjeta?

____

____

____

Actividades para el hogar Su niño o niña aprendió a usar una base de datos y un catálogo de tarjetas de una biblioteca. Visite la biblioteca con su hijo o hija. Hagan búsquedas por turno sobre temas que les interesen a los dos.

Nombre ______________________________

Palabras con *b, v*

Corregir el artículo de un periódico Encierra en un círculo seis palabras mal escritas. Escribe las palabras correctamente. Busca un error en el uso de la mayúscula. Escribe la palabra correctamente.

> Todos los estudiantes de la clase de la Sra. Ramírez estaban muy emocionados porque los iba a visitar un explorador que acababa de regresar de una abentura en la Amazonía. Cuando llegó el biólogo aventurero, los estudiantes lo hicieron sentir muy bienbenido. El Dr. Salgado les contó sobre su niñez en bolivia, y que fue muy actibo en su comunidad cuando era joven. Les enseñó la vota donde puso un colibrí para protegerlo. También les mostró el equipo que llevó consigo: una bela, una tienda de campaña, una lámpara, un botiquín de primeros auxilios, etc. Les contó sobre la vida avundante que existe en la selva.

Palabras de ortografía

bota
vota
bebida
vívido
rebelde
revelar
abundante
vinagre
bienvenido
beneficio
aventura
vaya
Bolivia
revuelto
basura
vela
víbora
activo
cabeza
cueva

1. ______________________
2. ______________________
3. ______________________
4. ______________________
5. ______________________
6. ______________________
7. ______________________

Corregir las palabras Encierra en un círculo la ortografía correcta de las palabras de la lista.

8. Todos son ____________________ en esta casa.
   bienvenidos   vienbenidos   bienbenidos

9. La ____________________ de algunos pájaros es muy colorida.
   cabesa   cabeza   caveza

10. Esa ____________________ está en peligro de extinción.
    víbora   bibora   vibora

11. No tires ____________________ en el suelo.
    vasura   basurra   basura

Palabras difíciles

obvio
absolver
vienes
bienes
vacante

Actividad para la casa Su niño o niña identificó las palabras mal escritas de la lista. Pida al niño o niña que le diga las tres palabras más difíciles de la lista y que las deletree.

Nombre ____________________

Verbos de conjugación difícil y participios pasados difíciles

Lee el párrafo. Luego lee cada pregunta. Encierra en un círculo la letra de la respuesta correcta.

Una gran cantante

(1) A Mahalia le habían ______ ese nombre por su tía. (2) Aunque cantaba muy bien, no había ______ si dedicarse a cantar profesionalmente o no. (3) Pero al director del coro no le ______ la menor duda del valor de aquella voz. (4) Yo te ______ un disco compacto de Mahalia Jackson. (5) Este disco compacto ______ a despertar tu admiración por su voz.

1 ¿Qué forma verbal completa la oración 1?

A puesto
B ponido
C posto
D poner

2 ¿Qué forma verbal completa la oración 2?

A resolido
B resuelto
C resolvido
D resolver

3 ¿Qué forma verbal completa la oración 3?

A cupo
B cabió
C cupió
D caber

4 ¿Qué forma verbal completa la oración 4?

A poneré
B puesto
C pondré
D ponido

5 ¿Qué forma verbal completa la oración 5?

A vuelto
B volver
C volve
D vuelve

Actividad para la casa Su niño o niña se preparó para tomar un examen sobre verbos de conjugación difícil y participios pasados difíciles. Pídale que diga el pretérito simple de los verbos *poner* y *traducir*.

Nombre ___________________________

Fuentes gráficas

- Algunas fuentes gráficas son los mapas, las líneas cronológicas, los cuadros, los diagramas y las imágenes con leyendas.
- Una fuente gráfica hace que la información sea más fácil de ver y entender.

Instrucciones Estudia la siguiente gráfica circular. Luego responde las preguntas a continuación.

Presupuesto anual de pequeñas compañías cinematográficas para efectos especiales

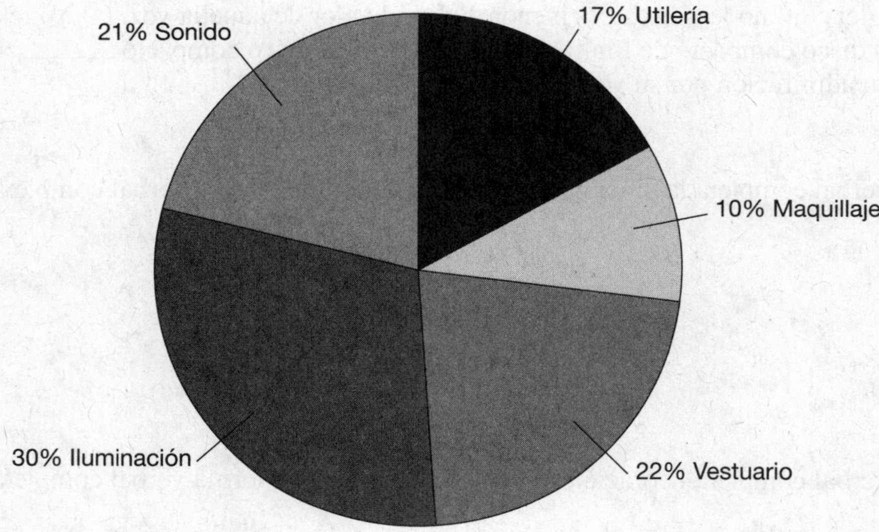

1. ¿Qué muestran los porcentajes?

____

2. ¿En cuál efecto especial la compañía gastó más dinero?

____

3. ¿Cuál es la diferencia de porcentaje entre el presupuesto de vestuario y el de maquillaje?

____

4. ¿En qué clase de artículos puedes ver una gráfica circular?

____

____

5. ¿Cuáles conocimientos previos utilizaste para entender la fuente gráfica?

____

____

Actividades para el hogar Su niño o niña aprendió a interpretar una fuente gráfica. Juntos, imaginen que están escribiendo un artículo sobre un tema que prefieran. Dibujen una fuente gráfica que se pueda incluir en el artículo.

Aspectos principales de un texto expositivo

- da información sobre un tema
- a menudo está escrito en tiempo presente
- incluye ideas principales y detalles de apoyo
- tiene introducción, desarrollo y conclusión

Las películas vs. la televisión: el enfrentamiento

Me gusta ver películas y mirar televisión. Me encantan las historias emocionantes, los personajes interesantes y los giros inesperados de los argumentos. Pero prefiero las películas a la televisión. Y les diré por qué.

En primer lugar, las películas se proyectan en pantallas más grandes (si las vemos en el cine, por supuesto). Las pantallas grandes hacen que todo sea más emocionante. Las pantallas de los televisores, aun las más grandes, son mucho más pequeñas que las pantallas de los cines. Nada es tan grande o elegante en las pantallas de los televisores.

En segundo lugar, los efectos especiales de las películas son mejores. Los programas de televisión tienen mejores efectos que antes, pero no son nada en comparación con lo que se ve en películas como *Transformers* y *El hombre araña*.

Finalmente, las películas tienen mejores actores que los programas de televisión. Me gustan las películas en las que trabajan artistas como Brad Pitt, Shia LaBeouf y Harrison Ford. Los actores como ellos hacen que la historia tenga vida. Los actores de televisión son buenos, pero no parecen tan realistas como los de las películas.

En conclusión, definitivamente prefiero ver películas más que ver la televisión. Pero igualmente disfruto ver la televisión. Después de todo, ¿a quién no le gusta *Hannah Montana*?

1. ¿Cuál es la idea principal de los párrafos 2, 3 y 4?

____

____

____

2. Las palabras de transición son palabras que enlazan ideas, detalles o párrafos. ¿Qué palabras de transición usa el autor en el texto?

____

Nombre ______________________________

Vocabulario

Instrucciones Elige una palabra del recuadro que coincida con la definición. Escribe la palabra sobre la línea.

Verifica las palabras que conoces

___fondo
___panorama
___miniatura
___prehistórico
___reconstruir

________________ **1.** Perteneciente a períodos anteriores a la historia registrada.

________________ **2.** Volver a reunir las partes.

________________ **3.** Vista de una porción de territorio.

________________ **4.** Hecho o fabricado a una escala muy pequeña.

________________ **5.** La parte posterior de una imagen o escena.

Instrucciones Elige la mejor palabra del recuadro para completar cada oración. Escribe la palabra en la línea.

________________ **6.** Tres horas después de la tormenta, lograron ______ el decorado para la película.

________________ **7.** Para la película, el equipo creó una aldea en ______.

________________ **8.** En la escena de la cima de la montaña, se podía apreciar el ______ de las ruinas.

________________ **9.** La película de dinosaurios estaba ambientada en un paisaje ______ para el cual se construyó una maqueta a escala.

________________ **10.** El parque ofrecía un ______ perfecto para la película.

Escribe la reseña de una película

En una hoja aparte, escribe la reseña de una película que tenga muchos efectos especiales. Describe los efectos especiales y cómo funcionaban. Utiliza todas las palabras del vocabulario que puedas. Usa una reseña como ejemplo antes de comenzar. Si encuentras palabras poco comunes, usa el contexto para determinar su significado.

Actividades para el hogar Su niño o niña identificó y utilizó palabras del vocabulario de *Efectos especiales en cine y televisión*. Lea la reseña de una película con su hijo o hija. Pídale que señale palabras poco comunes y determinen juntos su significado usando las claves del contexto.

Nombre ____________________

Preposiciones y frases preposicionales

Una **preposición** comienza un grupo de palabras que forman una **frase preposicional.** La palabra principal de la frase preposicional es un sustantivo y se conoce como **término de la preposición.** La preposición indica cómo se relaciona ese sustantivo con otras palabras de la oración. Un frase preposicional dice *dónde, cuándo, cómo* o *cuál.*

Preposición	Los niños caminaron por el suelo pedregoso.
Frase preposicional	por el suelo pedregoso
Término de la preposición	suelo

Éstas son las preposiciones más comunes: *a, ante, bajo, con, contra, de, desde, en, entre, hacia, hasta, para, por, según, sin, sobre, tras.*

A veces dos o más palabras introducen una frase preposicional: *debajo de, encima de, junto a, dentro de, detrás de, delante de, por debajo de.*

Instrucciones Subraya la frase preposicional de cada oración. Luego escribe la preposición y el término de la preposición donde corresponda.

1. Los personajes de los dibujos animados parecen reales.

   Preposición ____________ **Término** ____________

2. Los espectadores se suelen identificar con los superhéroes.

   Preposición ____________ **Término** ____________

3. Ariel es una sirena que vive bajo el mar.

   Preposición ____________ **Término** ____________

4. Pero quiere vivir en tierra firme.

   Preposición ____________ **Término** ____________

5. Su padre, Neptuno, no quiere vivir sin su hija.

   Preposición ____________ **Término** ____________

Instrucciones Escribe las palabras que introducen las frases preposicionales subrayadas.

6. Dame la película que está encima de la mesa. ____________

7. La veremos después de la cena. ____________

Actividad para la casa Su niño o niña estudió las preposiciones y frases preposicionales. Lean juntos uno de sus cuentos favoritos y pídale que señale las frases preposicionales.

Nombre ______________________________

Prefijos *in-*, *im-*, *des-*

Palabras de ortografía

inconveniente	inodoro	irreal	imparcial
imposible	descuento	ileso	impuro
ilógico	inútilmente	incapaz	destapado
ilegal	desarreglar	imparable	descubre
insípido	irregular	inmóvil	desinterés

Definición en el contexto Escribe la palabra de la lista que tenga el mismo o casi el mismo significado que la palabra o palabras subrayadas.

1. El automóvil está <u>quieto</u>. ______________
2. El agua es un líquido <u>sin olor</u>. ______________
3. El detective <u>descifra</u> el misterio. ______________
4. El frasco está <u>sin tapa</u>. ______________
5. Encuentro este fruto <u>sin gusto</u>. ______________
6. Le hizo una <u>rebaja</u> al precio del libro. ______________
7. Buscó <u>sin resultados</u> una solución al problema. ______________

Antónimos Escribe la palabra de la lista que tiene el significado opuesto o casi opuesto.

8. capaz ______________
9. legal ______________
10. regular ______________
11. interés ______________
12. arreglar ______________
13. puro ______________
14. real ______________
15. lógico ______________
16. conveniente ______________
17. posible ______________

Actividad para la casa Su niño o niña escribió palabras con los prefijos *in-*, *im-*, *des-*. Diga un prefijo y pida al niño o a la niña que responda con una palabra de la lista que use ese prefijo.

Nombre ______________________

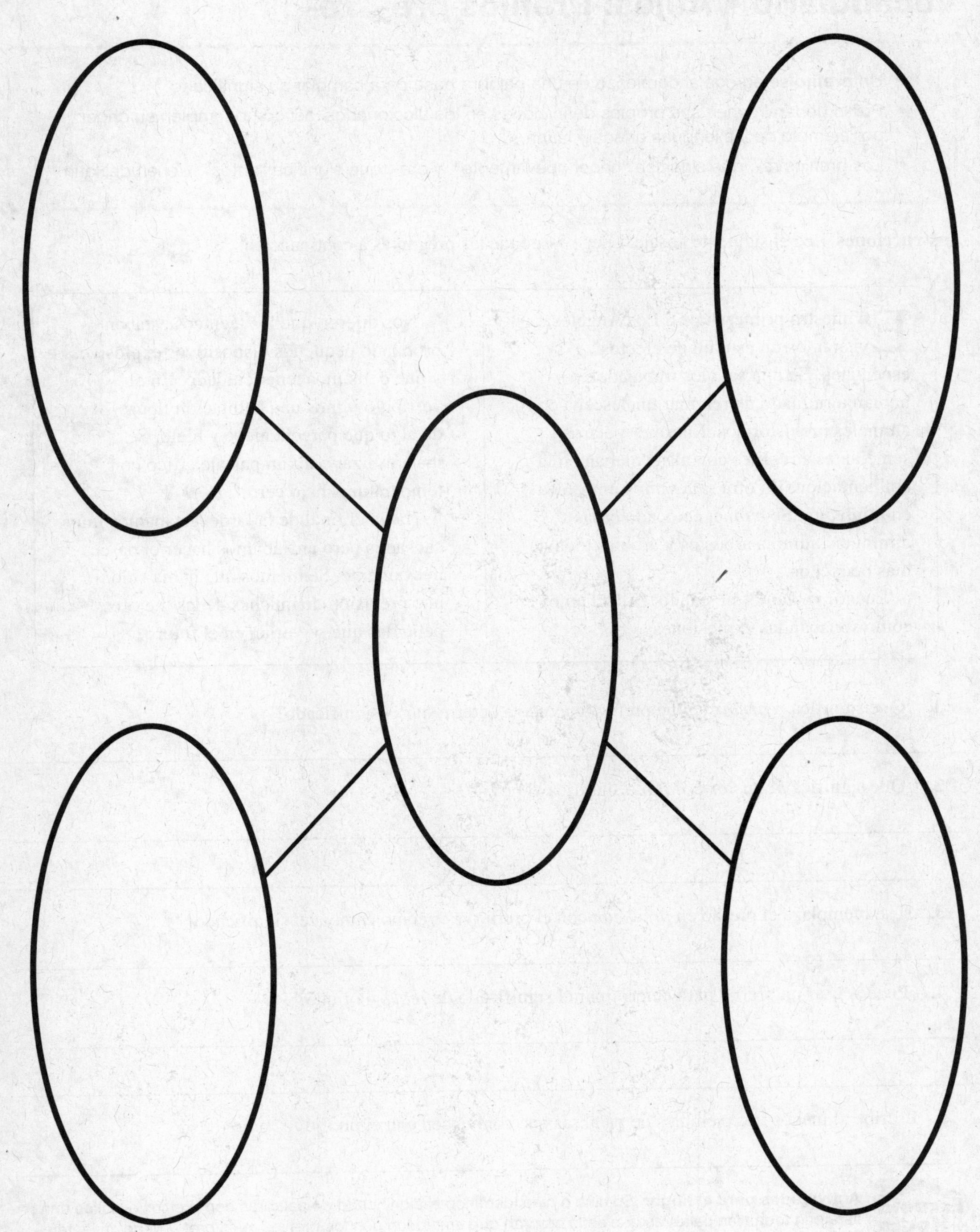

Nombre ______________________________

Vocabulario • Afijos: Prefijos *pre-*, *re-*

- Un **prefijo** se agrega al comienzo de una palabra base para cambiar su significado.
- Por lo general tienen sus propias definiciones en los diccionarios, así como también su origen, por ejemplo de las lenguas griega y latina.
- Los prefijos *re-*, que significa "hacer nuevamente", y *pre-*, que significa "antes", vienen del latín.

Instrucciones Lee el siguiente pasaje. Luego responde las preguntas a continuación.

En nuestro primer viaje a Los Ángeles, visitamos un estudio de efectos especiales. En una sala los trabajadores habían terminado de rearmar una escena con animales prehistóricos. Enormes pájaros semejantes a reptiles con alas volaban en la ambientación. En otra sala vimos una aldea en miniatura. Se habían colocado casas diminutas, junto a arbustos y árboles todavía más pequeños.

Luego, visitamos el sótano. Escuchamos cómo sonaban las explosiones.

Nos dijeron que los técnicos estaban probando pequeños dispositivos explosivos y que debíamos tener cuidado. En el vestíbulo vimos una habitación llena de algo que parecía nieve y hielo. Se iba a utilizar para un paisaje ártico con temperaturas bajo cero.

Hacia el final de la tarde, estábamos muy cansados pero ansiábamos hacer el paseo nuevamente. Sentíamos que había sido una previsión de muchas de las mejores películas que se verían en el futuro.

1. ¿Qué significa *rearmar*? ¿Qué prefijo te ayudó a determinar el significado?

____

2. ¿Qué significa *prehistórico*? ¿Qué significa el prefijo?

____

____

3. Si se reemplaza el prefijo en *previsión* con el prefijo *re-*, ¿cómo cambia el significado?

____

4. ¿Puedes usar un prefijo para determinar el significado de *real*? ¿Por qué?

____

____

5. Escribe al menos tres ejemplos de palabras que comiencen con el prefijo *re-* o *pre-*.

____

Actividades para el hogar Su niño o niña identificó el significado de palabras con prefijos. Realice una lista con todas las palabras que se le ocurran que empiecen con los prefijos *re-* o *pre-*. Luego, inventen una conversación absurda en la que traten de usar todas las palabras de la lista.

Nombre ____________________

Fuentes gráficas/Símbolos

- Las fuentes gráficas facilitan el uso de las instrucciones y la comunicación. Identifican y resumen la información.
- Las fuentes gráficas tienen un efecto en la comprensión que el usuario tiene acerca del material y proporcionan un significado adicional al texto que acompañan.
- Los símbolos y los íconos se pueden usar para representar ideas, conceptos e información.

Instrucciones Estudia la página Web que está a continuación.

Clima Mundial

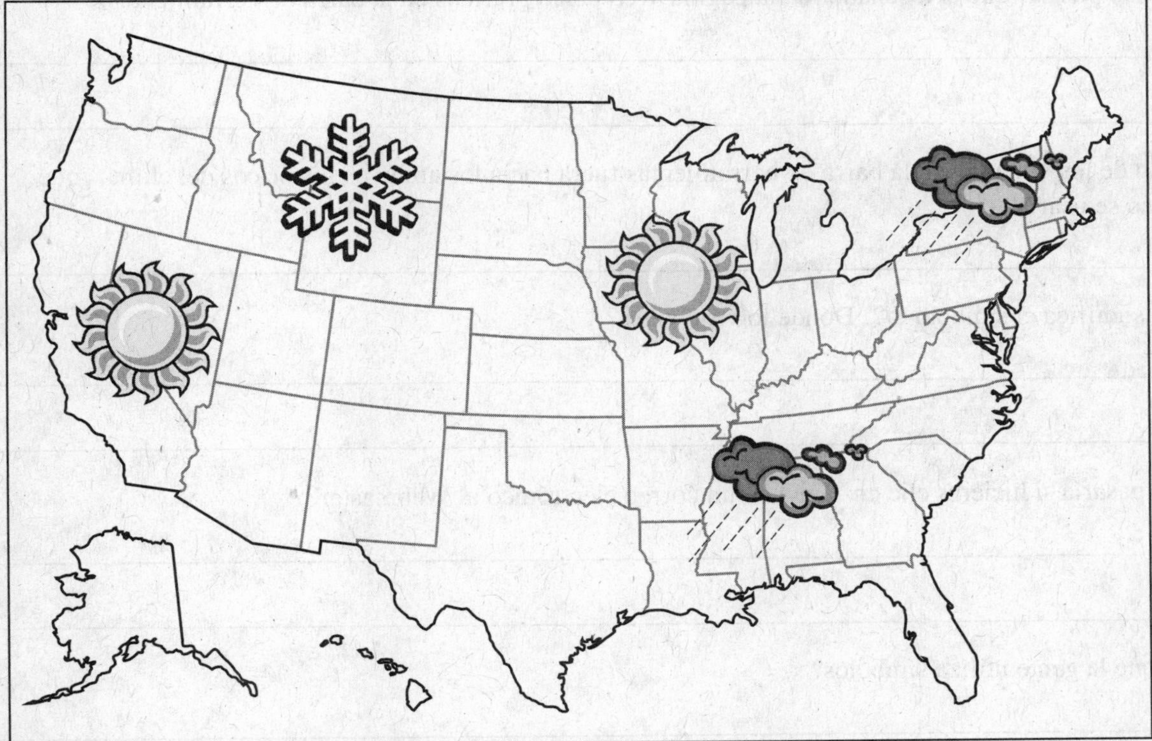

Buscar

Preguntar a un experto

El clima en todo el mundo

¿Tienes preguntas acerca de este sitio?
Envíale un correo electrónico al Webmaster.

Copyright © 2004 Weather World, Inc.

Nombre ______________________________

1. ¿Cuál es el nombre de este sitio de Internet? ¿Cómo lo sabes?

2. ¿Qué te indican los gráficos en el mapa de climas?

3. ¿Qué significa el símbolo de la nube con lluvia?

4. ¿Qué tipo de clima tendrá el Medio Oeste?

5. ¿Por qué piensas que el diseñador de la página Web ubicó gráficos en la barra de herramientas?

6. Si uno de los vínculos en la barra de herramientas fuera hacia los archivos históricos del clima, ¿qué gráfico se usaría?

7. ¿Qué significa el símbolo ©? ¿Dónde lo viste antes?

8. ¿Qué pasaría si hicieras clic en "Envíale un correo electrónico al Webmaster"?

9. ¿Por qué la gente utiliza símbolos?

10. ¿De qué modo los gráficos en el mapa del clima limitan la cantidad de información que conoces?

Actividades para el hogar Su niño o niña aprendió acerca del uso de fuentes gráficas y símbolos como representaciones visuales de la información. Observe una página Web o un libro que utilice gráficos y símbolos. Haga que su hijo o hija explique lo que significan los gráficos y los símbolos.

Nombre ____________________

Prefijos *in-*, *im-*, *des-*

Corregir un artículo Hay siete errores de ortografía y un error en el uso de las mayúsculas. Rodea con un círculo los errores y escribe las correcciones sobre las líneas.

Una carrera desconcertante

La carrera que parecía inposible de realizarse, comenzó a la hora esperada. La tormenta fue imcapaz de detener a los ciclistas. Desutilmente cayeron los rayos; el ciclista delantero continuó pedaleando de manera inparable. El público permaneció immóvil en sus puestos esperando verlos pasar para aplaudirlos y animarlos. Al final, el juez inparcial le dio el premio al ganador. La lluvia no logró desareglar el Evento.

Palabras de ortografía

inconveniente
imposible
ilógico
ilegal
insípido
inodoro
descuento
inútilmente
desarreglar
irregular
irreal
ileso
incapaz
imparable
inmóvil
imparcial
impuro
destapado
descubre
desinterés

1. ____________ **2.** ____________

3. ____________ **4.** ____________

5. ____________ **6.** ____________

7. ____________

8. ____________

Corregir errores Encierra en un círculo la forma correcta de escribir la palabra.

Palabras difíciles

desorientado
inmoral
imprescindible
intocable
insalubre

9.	inmsalubre	insalubre	in-salubre
10.	desorientado	deshorientado	disorientado
11.	inpuro	in puro	impuro
12	inmoral	immoral	dismoral
13.	imodoro	inodoro	in odoro
14.	des tapado	des-tapado	destapado
15.	intocable	in tocable	imtocable
16	impresindible	imprescindible	imprecindible

Actividad para el hogar Su hijo o hija identificó las palabras mal escritas de la lista. Pida a su hijo o hija que diga una palabra por cada prefijo estudiado y que deletree la palabra.

Nombre ____________________

Preposiciones y frases preposicionales

Lee el párrafo. Luego lee cada pregunta. Encierra en un círculo la letra de la respuesta correcta.

Pinocho

(1) *Pinocho* trata ______ una marioneta que quería ser un niño de verdad. (2) Un carpintero llamado Gepeto hace la marioneta ______ su taller. (3) La marioneta es transformada en un niño de madera ______ un hada. (4) De camino ______ la escuela, vive una serie de aventuras. (5) Al final ______ la historia, se encuentra con su padre y se vuelve un niño real.

1 ¿Qué preposición completa la oración 1?
- **A** bajo
- **B** por
- **C** sobre
- **D** con

2 ¿Qué preposición completa la oración 2?
- **A** contra
- **B** desde
- **C** sin
- **D** en

3 ¿Qué preposición completa la oración 3?
- **A** con
- **B** por
- **C** de
- **D** según

4 ¿Qué preposición completa la oración 4?
- **A** hacia
- **B** bajo
- **C** entre
- **D** contra

5 ¿Qué preposición completa la oración 5?
- **A** de
- **B** sin
- **C** de
- **D** contra

Actividad para la casa Su niño o niña se preparó para tomar un examen de preposiciones y frases preposicionales. Pídale que escriba las preposiciones en tarjetas relámpago. Luego, vaya mostrándoselas y pídale que use la preposición en una oración.

Nombre ______________________________

Acentuación de verbos conjugados

Palabras de ortografía				
pasábamos	**dejé**	**iniciaría**	**comería**	**imaginaré**
apreté	**comíamos**	**sabría**	**iré**	**pagaré**
salí	**tomé**	**habría**	**tendré**	**viajábamos**
partí	**podría**	**saldría**	**correrá**	**esconderé**

Sinónimos Escribe la palabra de la lista que tiene el mismo o casi el mismo significado.

1. abandoné ______________________
2. bebí ______________________
3. comenzaría ______________________
4. abonaré ______________________
5. conocería ______________________
6. transitábamos ______________________
7. cenábamos ______________________
8. poseeré ______________________
9. presioné ______________________
10. ocultaré ______________________

Revoltijo Ordena las palabras de la lista y escríbelas sobre las líneas.

11. amigérina ______________________
12. absasopám ______________________
13. ísla ______________________
14. réi ______________________
15. odrípa ______________________
16. ahríba ______________________
17. ratpí ______________________
18. recamío ______________________
19. recorrá ______________________
20. díarlas ______________________

Actividad para la casa Su niño o niña aprendió a acentuar los verbos conjugados. Pídale que nombre tres verbos conjugados que tengan significados diferentes si llevan acento o no, y que los use en oraciones.

Nombre ____________________

Tiempos pasado, presente y futuro

Instrucciones Identifica el tiempo verbal subrayado. Escribe *presente, pretérito simple, pretérito perfecto, pretérito imperfecto* o *futuro.*

1. Mucha gente ha soñado con la máquina del movimiento perpetuo. ____________
2. Es una idea muy antigua. ____________
3. La idea del movimiento perpetuo apareció en la India. ____________
4. Se trata de una máquina que no se detiene nunca. ____________
5. Los gemelos Pérez diseñaron una versión de la máquina. ____________
6. Pero esa máquina necesitaba la energía de otras máquinas. ____________
7. Ninguna máquina puede funcionar sin energía. ____________
8. Ese principio nunca cambiará. ____________

Instrucciones Escribe las oraciones poniendo el verbo subrayado en el tiempo que aparece entre ( ).

9. Antes, la idea de una máquina como la computadora parecer imposible. (pretérito imperfecto)

____

10. Hoy, la gente usar la computadora constantemente. (presente)

____

11. Desde sus orígenes, los seres humanos no dejar de inventar cosas. (pretérito perfecto)

____

12. Todavía no conocer los inventos del futuro. (presente)

____

13. Los seres humanos seguir inventando cosas. (futuro)

____

14. Los hermanos Wright inventar el avión. (pretérito simple)

____

Nombre ____________________

Palabras compuestas

Palabras de ortografía				
subibaja	balonmano	cascanueces	agridulce	pasodoble
telaraña	sacapuntas	vaivén	menospreciar	mediodía
bocacalle	bajamar	abrelatas	puntapié	salvavidas
ciempiés	pelirrojo	espantapájaros	sinfín	guardacostas

Palabras en contexto Escribe la palabra de la lista que completa cada oración.

1. Nunca almorzamos exactamente al ____________________.
2. Aprendí a bailar el ____________________ con mi abuela española.
3. Cuando vamos al parque jugamos en el ____________________.
4. No está bien ____________________ a los demás.
5. Limpiaré la ____________________ con un plumero.
6. Gracias a los ____________________, los marineros no se ahogaron.
7. Al llegar a la ____________________, mira a ambos lados antes de cruzar.
8. Anoche cenamos comida china y probé una salsa ____________________.
9. Mi mejor amigo es ____________________ y su hermano es rubio.
10. ¿Jugamos al ____________________ esta tarde?

Pistas de las palabras Escribe la palabra de la lista que se adapta a cada pista.

11. Pese a su nombre, no tiene cien patas. ____________________
12. Encargados de la seguridad en el mar. ____________________
13. Pinza que se usa para quitar la cáscara a los frutos secos. ____________________
14. Golpe que se da con el pie. ____________________
15. Una infinidad de algo. ____________________
16. Suele estar en el campo, y protege las plantas. ____________________
17. Movimiento que va de un lado al otro. ____________________
18. Se usa para afilar la punta de algo con lo que escribes. ____________________
19. Lo contrario de "altamar". ____________________
20. Instrumento que se usa para abrir envases de comida. ____________________

Actividad para la casa Su niño o niña aprendió a deletrear las palabras compuestas. Busque cuatro palabras compuestas en una revista. Escriba los elementos de cada una de las palabras compuestas en orden aleatorio. Pida al niño o a la niña que ordene correctamente las palabras para formar las palabras compuestas.

Verbos regulares y participios pasados

Instrucciones Busca y subraya en cada oración los verbos regulares y los participios pasados.

1. Me he acostumbrado a escuchar música cada día.
2. Mañana escucharé un disco que me ha regalado mi abuelo.
3. Yo no había admirado la música clásica hasta que mi abuelo me enseñó a disfrutar de ella.
4. Italia es un país donde han triunfado grandes músicos.
5. Quien ha cantado alguna vez sabe lo difícil que es.

Instrucciones Subraya el verbo en cada oración. Escribe *regular* o *irregular* para identificar los verbos.

6. Hoy tocaré en el teatro. ____________
7. Ayer ensayé todo el día. ____________
8. Esta mañana he leído las partituras. ____________
9. Todos los días practicaba en casa. ____________
10. Ahora afino mi instrumento. ____________

Instrucciones Escribe *participio* si el verbo subrayado es un participio pasado, o *adjetivo,* si tiene la función de un adjetivo.

11. La soprano ha <u>cantado</u> un aria.

____

12. La orquesta no había <u>tardado</u> en llegar.

____

13. El público estaba <u>emocionado</u>.

____

14. La semana pasada han <u>estrenado</u> una ópera.

____

15. Ahora, ya llegó el <u>ansiado</u> estreno.

____

Nombre ______________________________

Palabras con *cc* y *x*

Palabras de ortografía

exactamente	examen	próxima	accidente	oxidado
acción	lección	explicarlo	diccionario	extraordinaria
éxito	exclamaciones	oxígeno	corrección	exprimir
selección	atracción	construcción	ficción	flexible

Buscar palabras Rodea con un círculo doce palabras ocultas de la lista. Las palabras pueden estar en posición vertical, horizontal y diagonal. Escribe la palabra sobre la línea. No olvides incluir el acento.

H	E	U	A	B	S	R	S	P	Q	B
E	X	A	C	T	A	M	E	N	T	E
X	A	T	C	G	F	C	L	X	I	X
T	M	V	I	K	L	L	E	J	O	C
R	E	N	D	I	E	A	C	F	N	L
A	N	L	E	C	X	I	C	I	N	A
O	T	E	N	D	I	F	I	C	L	M
R	R	I	T	F	B	N	O	C	E	A
D	A	G	E	X	L	O	N	I	E	C
I	H	L	Z	U	E	A	Y	O	X	I
N	M	L	E	C	C	I	O	N	I	O
A	R	I	N	E	C	P	B	O	T	N
R	P	R	O	X	I	M	A	N	O	E
I	S	L	N	I	O	C	H	A	L	S
A	C	C	I	O	N	U	F	N	A	K

1. ______________________ 5. ______________________ 9. ______________________

2. ______________________ 6. ______________________ 10. ______________________

3. ______________________ 7. ______________________ 11. ______________________

4. ______________________ 8. ______________________ 12. ______________________

Palabras ocultas Cada una de estas palabras puede encontrarse dentro de una de las palabras de la lista. Escribe la palabra de la lista que contiene las palabras.

13. gen ______________________ 17. dado ______________________

14. dicción ______________________ 18. acción ______________________

15. con ______________________ 19. lo ______________________

16. mi ______________________ 20. corre ______________________

Actividad para la casa Su niño o niña aprendió a deletrear palabras con *cc* y *x*. Pida al niño o a la niña que escriba dos palabras en las que *x* y *cc* se pronuncien igual.

Verbos irregulares y sus participios

Instrucciones Elige la forma del verbo entre ( ) que completa correctamente la oración.

1. Ayer, nuestra clase (irá, fue) al museo de historia natural. ______________

2. Mañana (estará, estuvo) acabado el informe sobre la visita. ______________

3. Los dinosaurios (han sido, es) desde siempre una de mis aficiones. ______________

4. Los de la última fila no (hemos estado, has estado) cerca del megalosaurio. ______________

5. Los conservadores del museo (tienen, tengo) mucha experiencia. ______________

6. Juan (decir, dijo) que ya conocía el museo. ______________

7. Cuando llegó la hora del almuerzo, yo (tendré, tenía) mucha hambre. ______________

8. Ya (estás, está) listo mi informe sobre el diplodocus. ______________

9. Mañana yo (he sabido, sabré) si lo hice bien. ______________

10. Juan, ¿tú (supiste, supo) escribir ese nombre tan difícil? ______________

Instrucciones Escribe las oraciones poniendo el infinitivo subrayado en el tiempo indicado entre ( ).

11. ¿Tú <u>saber</u> hacer el modelo de dinosaurio? (pretérito perfecto)

____

12. Waterhouse siempre <u>tener</u> cerca sus herramientas. (pretérito simple)

____

13. Ayer, yo <u>estar</u> visitando el museo. (pretérito simple)

____

14. Tú y yo se lo <u>decir</u> a mi prima Fernanda. (pretérito perfecto)

____

15. Ella <u>saber</u> cuándo abren la nueva sala. (futuro)

____

Nombre ____________________

Palabras con *b, v*

Palabras de ortografía				
bota	rebelde	bienvenido	Bolivia	víbora
vota	revelar	beneficio	revuelto	activo
bebida	abundante	aventura	basura	cabeza
vívido	vinagre	vaya	vela	cueva

Completa las oraciones con la palabra correcta.

1. No dejes que se __________ tan lejos solo. 1. __________
2. El relato era tan __________ que nos fue fácil imaginar al héroe. 2. __________
3. No puedes __________ los planes para la fiesta, es una sorpresa. 3. __________
4. No se te olvide poner __________ y aceite a la ensalada. 4. __________
5. El próximo mes iré a visitar a mis abuelos que viven en __________. 5. __________
6. La __________ que vive en el desierto caza ratones. 6. __________
7. A veces mi perrito se pone muy __________ y no para de ladrar. 7. __________
8. El pastel de mi cumpleaños tenía sólo una __________. 8. __________

Pistas de las palabras Escribe la palabra de la lista de arriba que se adapte mejor a cada pista.

9. expresa su opinión en una elección 9. __________
10. parte superior del cuerpo 10. __________
11. rendimiento o provecho que sale de algo 11. __________
12. rico, en gran cantidad 12. __________
13. empresa o suceso extraordinario 13. __________
14. calzado que cubre el pie y la pierna 14. __________
15. tiene mucha energía 15. __________
16. sustancia líquida 16. __________
17. desperdicios, desechos 17. __________
18. cavidad subterránea 18. __________
19. lleno de cosas mezcladas sin coherencia 19. __________
20. expresión con la que se recibe a una persona 20. __________

Actividad para la casa Su niño o niña aprendió a deletrear palabras con *b* y *v*. Busque cuatro palabras con *b* o *v* en una revista. Escriba las letras de cada palabra en orden aleatorio. Pida al niño o niña que ordene correctamente las letras para formar las palabras.

Verbos de conjugación difícil y participios pasados difíciles

Instrucciones Escribe la forma del verbo en el tiempo que se indica.

1. Yo no (caber/presente) en el carro. ______________
2. Mahalia (volver/pretérito simple) ayer a Nueva Orleans. ______________
3. Mahalia (poder/pretérito simple) oír a Bessie Smith. ______________
4. Papá (decir/pretérito perfecto) que iríamos al concierto. ______________
5. Yo (volver/pretérito perfecto) a preguntárselo. ______________
6. Nosotros no (caber/futuro) en la mesa, es pequeña. ______________
7. Nadie (moverse/presente) en la sala, no se oye ni una mosca. ______________
8. Ayer ustedes (ver/pretérito simple) a la cantante. ______________
9. Tú aún no (reponerse/pretérito perfecto) de la impresión. ______________

Instrucciones Elige la forma verbal correcta. Escribe la oración.

10. Mahalia (se puso, se ponió) el pesado abrigo.

____

11. Mañana no (cabrá, caberá) la gente en la iglesia.

____

12. Mahalia Jackson ha (volvido, vuelto) a Chicago.

____

13. Yo (traduzco, traduco) sus canciones al español.

____

14. En la iglesia han (ponido, puesto) un cartel del concierto.

____

Nombre ____________________

Prefijos *in-*, *im-*, *des-*

Palabras de ortografía				
inconveniente	**insípido**	**desarreglar**	**incapaz**	**impuro**
imposible	**inodoro**	**irregular**	**imparable**	**destapado**
ilógico	**descuento**	**irreal**	**inmóvil**	**descubre**
ilegal	**inútilmente**	**ileso**	**imparcial**	**desinterés**

Sinónimos Escribe la palabra de la lista que tenga el mismo o casi el mismo significado.

1. que no tiene sabor ____________________
2. que carece de una aptitud ____________________
3. trastornar, desordenar ____________________
4. indiferencia, falta de ganas ____________________
5. prohibido o penado por ley ____________________
6. que no responde al sentido común ____________________
7. que no se puede detener ____________________
8. rebaja de dinero ____________________
9. que no existe ____________________
10. dificultad, obstáculo ____________________

Antónimos Escribe la palabra de la lista que tenga el significado opuesto o casi opuesto.

11. que puede ser o suceder ____________________
12. dañado, con lesiones ____________________
13. oculta ____________________
14. oloroso, fragante ____________________
15. inquieto, movedizo ____________________
16. constante, invariable ____________________
17. libre de suciedad o mezcla ____________________
18. encubierto ____________________
19. necesariamente, indispensablemente ____________________
20. partidario, tendencioso ____________________

Actividad para la casa Su niño o niña aprendió a escribir palabras con los prefijos *in-*, *im-*, *des-*. Busque tres palabras con estos prefijos en el periódico. Pida a su niño o niña que deletree cada palabra y nombre una palabra que signifique lo opuesto.

Preposiciones y frases preposicionales

Instrucciones Subraya la frase preposicional de cada oración. Encierra en un círculo la preposición.

1. Este fin de semana hicimos un maratón de cine.
2. Empezamos por unos dibujos animados.
3. Teníamos unas cuantas películas en la casa.
4. He visto *Dumbo* entre diez y doce veces.
5. Dumbo es un elefantito con unas enormes orejas.
6. Dumbo vive con su mamá.
7. Ella siente un gran cariño hacia su hijo.
8. Dumbo descubre un gran uso para sus orejas.
9. Puede volar bajo la carpa.
10. Se convierte en la principal atracción.

Instrucciones Escribe *P* si la palabra subrayada es una preposición y *T* si la palabra subrayada es el término de la preposición.

11. Preacher y Glasses son dos cuervos de la película *Dumbo*. ____________
12. Se burlan del pequeño elefante orejudo. ____________
13. Se quedan boquiabiertos cuando ven a Dumbo por el aire. ____________
14. Un ratoncito anima a Dumbo. ____________

Instrucciones Subraya las frases preposicionales de cada oración. El número entre ( ) te indica cuántas hay.

15. El cine está yendo hacia la derecha y luego pasando por debajo del arco. (2)
16. Compra dos boletos para la próxima función y dos bolsas de palomitas en la caseta. (3)
17. Mi abuela está en el cine de la esquina. (2)
18. Siempre nos sentamos detrás de todo el mundo junto al pasillo. (2)

Nombre ____________________

Diagrama de Venn

Instrucciones Completa el diagrama de Venn con las semejanzas y las diferencias de las dos cosas que compares.

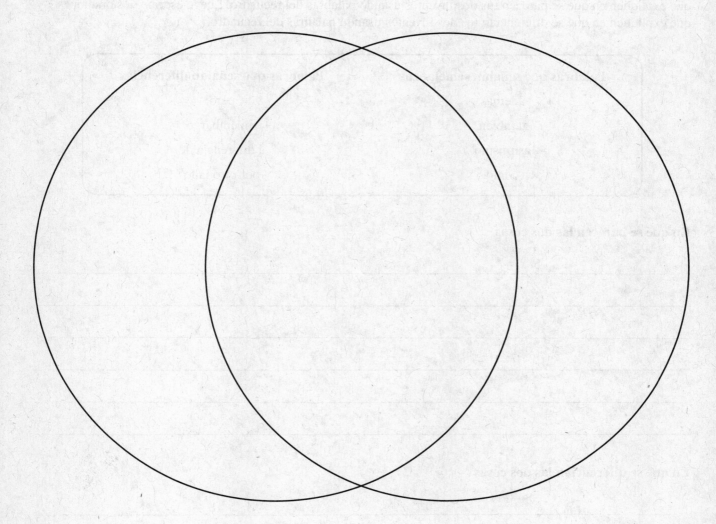

Nombre ____

Palabras que comparan y contrastan

Instrucciones Las palabras del recuadro señalan que dos cosas son iguales o diferentes. Escribe dos oraciones que expliquen en qué se parecen tus dos inventos usando palabras del recuadro. Luego escribe dos oraciones que expliquen en qué se diferencian tus dos inventos usando palabras del recuadro.

Palabras que señalan semejanzas	Palabras que señalan diferencias
además	pero
también	sin embargo
asimismo	a diferencia de
como	por otro lado

En qué se parecen las dos cosas

1. ____

2. ____

En qué se diferencian las dos cosas

1. ____

2. ____

Nombre ______________________________

Agregar y eliminar oraciones

Una parte de revisar lo que escribes es decidir si tienes que agregar o eliminar oraciones.

Agrega una oración	si necesitas otro detalle de apoyo en un párrafo o una transición más fluida entre párrafos.
Elimina una oración	si no apoya la idea principal del párrafo o el tema de tu escrito.

Instrucciones Lee los párrafos. Responde cada pregunta encerrando en un círculo la letra o escribiendo sobre las líneas.

La noche estrellada y Autorretrato (1889) son pinturas de Vincent van Gogh. Ambas pinturas muestran fondos arremolinados y las pinceladas visibles y espesas que van Gogh usó en muchas de sus pinturas de esa época.

Sin embargo, *La noche estrellada* muestra un cielo nocturno cubierto de nubes, estrellas brillantes y una luna amarilla sobre casas con ventanas iluminadas y una iglesia con un campanario. Los observadores encuentran muchos detalles para mirar en la pintura. La atmósfera de *La noche estrellada* es serena y esperanzada.

Por otro lado, *Autorretrato* (1889) muestra a una persona, al artista mismo. Van Gogh pintó muchos autorretratos durante su carrera. La atmósfera del *Autorretrato* (1889) es más sombría porque van Gogh se ve muy triste y abatido. Sus ojos hundidos miran fijamente a los observadores y atraen su atención hacia un lugar.

1. ¿Qué oración debe eliminarse?

A Los observadores encuentran muchos detalles para mirar en la pintura.
B La atmósfera de *La noche estrellada* es serena y esperanzada.
C Van Gogh pintó muchos autorretratos durante su carrera.
D Sus ojos hundidos miran fijamente a los observadores y atraen su atención hacia un lugar.

2. ¿Por qué debe eliminarse?

____

____

3. ¿Qué oración es la mejor para agregar?

A Una forma oscura y desconocida aparece a la izquierda de *La noche estrellada*.
B Van Gogh vendió sólo una pintura en vida.
C *La noche estrellada* probablemente sea la pintura más conocida de van Gogh.
D Van Gogh pintó ambas pinturas en Saint-Rémy en 1889.

Nombre ______________________________________

Comentar entre compañeros
Ensayo de comparación y contraste

Instrucciones Después de intercambiar borradores, lee el ensayo de tu compañero. Consulta la Lista para revisar mientras tomas notas sobre el ensayo de tu compañero. Escribe tus comentarios o preguntas sobre las líneas. Ofrece elogios y sugerencias para las revisiones. Tú y tu compañero deben turnarse para hablar sobre los respectivos borradores usando las notas que escribieron. Entrega tus notas a tu compañero.

Lista para revisar

Enfoque/Ideas

- ¿Tiene enfoque y es informativo el ensayo de comparación y contraste?
- ¿Todas las oraciones hablan sobre las semejanzas y diferencias? ¿Qué oraciones deben eliminarse? ¿Deben agregarse más oraciones de detalles?

Organización

- ¿Se usan las palabras que comparan y contrastan para señalar las semejanzas y diferencias?
- ¿Son fluidas las transiciones entre los párrafos?

Voz

- ¿Está el escritor involucrado con el tema?

Lenguaje

- ¿Se usan palabras específicas para hablar sobre las semejanzas y diferencias?

Oraciones

- ¿Están las oraciones escritas en variedad de tipos y extensiones?

Cosas que pensé que eran buenas ______________________________

____

____

____

Cosas que pensé que podían mejorarse ___________________________

____

____

____

Nombre ____________________

Sacar conclusiones

- Una **conclusión** es una decisión que tomas después de pensar en los detalles de lo que leíste.
- A menudo tus conocimientos previos pueden ayudarte a sacar una conclusión.
- Cuando saques una conclusión, asegúrate de que tenga sentido y esté apoyada por lo que has leído.

Instrucciones Lee el siguiente texto. Luego, completa el diagrama.

Varios factores llevaron a la formación de las ciudades. Primero, crecieron los grupos agrícolas pequeños cuando los agricultores y los cazadores pudieron proporcionar alimentos de manera constante a más gente. Además, las personas comenzaron a criar manadas de animales para comer y con otros propósitos. Debido a estos avances, hubo suficientes alimentos para todos, por lo que los pobladores tuvieron tiempo para aprender nuevas destrezas. Comenzaron a construir mejores herramientas y a encontrarles nuevos usos. Tener mejores herramientas llevó a mejoras en las condiciones de vida. Los trabajadores construyeron estructuras para proteger a la comunidad y para almacenar alimentos. Con otros grupos, hicieron intercambios de los objetos que necesitaban. A medida que más gente vivía junta, los miembros de la comunidad comenzaron a tener diferentes responsabilidades y cambiaron las relaciones sociales. Finalmente, estas comunidades desarrollaron un sistema para gobernarse. También crearon un lenguaje escrito.

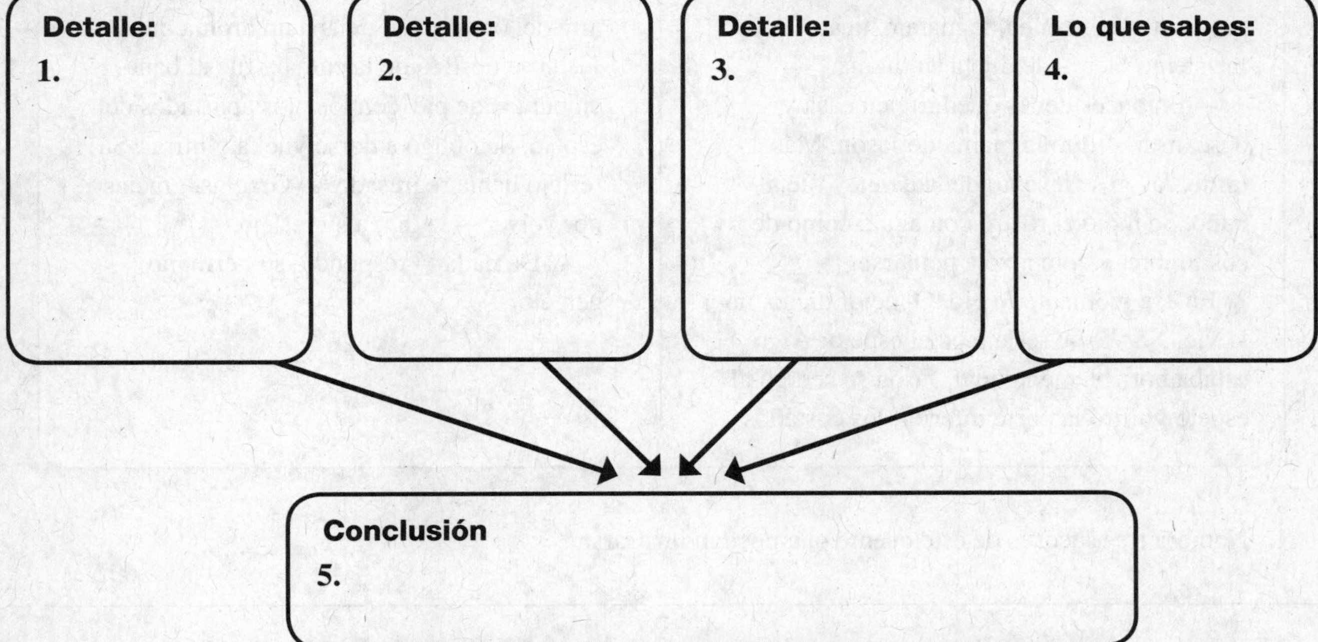

Actividad para la casa Su hijo o hija sacó una conclusión de los hechos o detalles de un texto que leyó. Cuéntele un cuento corto sobre un suceso que ocurrió en su vida. Pida a su hijo o hija que identifique dos o tres detalles del cuento y saque una conclusión.

Aspectos principales de un libro ilustrado

- puede contar un cuento o describir un suceso real
- a menudo contiene diálogos
- incluye ilustraciones o arte

El niño en el espejo

La última cara que Jason veía en la noche y la primera que veía en la mañana era la suya. Se miraba en el espejo de noche cuando se cepillaba los dientes antes de acostarse. Se volvía a mirar en la mañana cuando se lavaba la cara y se peinaba antes de desayunar.

A Jason le gustaba simular que el niño que veía en el espejo no era su reflejo, sino un hermano gemelo que vivía en un universo paralelo. Como no tenía muchos amigos, de esta manera siempre tenía a alguien con quien hablar. Jason le deseaba las buenas noches y los buenos días a su gemelo.

Un día, Jason no quiso ir a la escuela porque tenía examen de matemáticas. —No me siento bien —le dijo a su mamá.

—Entonces debes quedarte en casa y descansar —dijo la mamá de Jason. Más tarde, Jason se levantó de la cama y fue al baño. Se mojó el rostro con agua, como de costumbre, y comenzó a peinarse.

En ese momento lo vio. O mejor dicho, no lo vio. No vio su reflejo en el espejo. Algo estaba horriblemente mal. Jason se acercó al espejo y miró la parte inferior, los costados y hasta los ángulos. Su reflejo no estaba ahí. —¿Dónde estás? —preguntó.

Jason se miró las manos, el cuerpo y los pies. Se palpó los brazos, el pecho, la cara y el cabello. Era indudable que podía sentirse. Miró fijamente el espejo. Pero no podía verse. —¡Oh, no! —gritó—. ¿Qué hice?

Corrió a la cama y se tapó hasta la cabeza con el cobertor.

¿Era esto obra suya? ¿Al simular que estaba enfermo había roto el tejido del universo? Tembló y se agitó, preocupado y nervioso, hasta que cayó en un sueño con interrupciones.

Cuando despertó, el sol se ponía. El aire del crepúsculo dejaba un aroma dulce. Jason se deslizó de la cama y fue al baño en puntas de pie, con los ojos apartados del espejo. Se obligó a darse vuelta y mirar. Su reflejo había regresado. —Gracias, gracias por volver —le dijo a su reflejo.

—De nada —respondió su hermano gemelo.

1. Nombra tres sucesos de este cuento que puedan ilustrarse.

____

2. Encierra en un círculo la primera oración clave que demuestra que esta narrativa es ficción.

Nombre ______________________________

Vocabulario

Instrucciones Escoge la palabra del recuadro que mejor coincida con cada definición de abajo. Escribe la palabra en la línea.

Verifica las palabras que conoces

___ migración
___ eje
___ monarca
___ ráfaga
___ santuario
___ migratorio

______________ **1.** Viaje que realizan periódicamente algunos animales.

______________ **2.** Oleada de viento fuerte.

______________ **3.** Lugar donde se protege a una especie.

______________ **4.** Soberano, rey.

Instrucciones Escoge la palabra del recuadro que mejor complete cada oración. Escribe la palabra en la línea de la izquierda.

______________ **5.** Vi un documental sobre la mariposa ______.

______________ **6.** El pato es un animal ______.

______________ **7.** Había mucha gente en el ______.

______________ **8.** La Tierra gira sobre su ______.

______________ **9.** Estudiar la ______ de los animales es muy interesante.

______________ **10.** Una fuerte ______ de aire tiró la maceta.

Escribir una descripción

En una hoja aparte, describe algún animal que migre en determinadas épocas del año. ¿Cuándo se realiza la migración? ¿Hacia dónde va? ¿Por qué? Trata de incluir palabras de la lista del vocabulario.

Actividad para la casa Su hijo o hija identificó y usó las palabras del vocabulario de *Un bosque para la mariposa monarca*. Lea un cuento corto con su hijo o hija. Pídale que señale las palabras poco comunes. Trabajen juntos para descubrir el significado de cada palabra usando las palabras que están cerca.

Nombre ______________________________

Pronombres sujeto y complemento

Los **pronombres personales** son palabras que se usan en lugar de los sustantivos.

Los **pronombres sujeto** son los que se usan como sujeto de una oración. Son: *yo, tú, él, ella, usted, nosotros(as), ustedes* y *ellos(as)*. En los sujetos compuestos, un pronombre sustituye a más de un sustantivo.

Pepa y Victoria no pueden venir.

Ellas no pueden venir.

Los **pronombres complemento** completan el significado del verbo. Son parte del predicado. Pueden reemplazar al objeto directo o al indirecto. Los pronombres que hacen de objeto directo son *me, te, se, lo, la, nos, los, las*.

Esta mañana contesté yo el teléfono.

Esta mañana lo contesté yo.

Los pronombres que hacen de objeto indirecto son *me, te, le, se* (delante de *la(s)* o *lo(s)*), *nos* y *les*.

Era el cumpleaños de Elena, así que le compré una blusa.

Instrucciones Escribe *S* si el pronombre subrayado es sujeto y *C* si es complemento.

1. Ellas están en el bosque y allí iremos. ______________
2. ¿Me dejas mirar la mariposa? ______________
3. Mi hermano y yo fuimos al bosque. ______________
4. Las mariposas lo tienen como santuario. ______________
5. Déjame los prismáticos para observar las mariposas. ______________
6. Nosotros caminaremos en silencio. ______________

Instrucciones Subraya el pronombre entre paréntesis que completa cada oración.

7. (Mi, Yo) quisiera visitar el Cerro Pelón.
8. Pablo y tú ya (lo, él) visitaron.
9. Y (ellas, las) vieron posadas en los oyameles.
10. Pablo (las, les) hizo una fotos.

Actividad para el hogar Su niño o niña estudió los pronombres sujeto y complemento. Lean juntos un artículo de una revista y pídale que identifique algunos pronombres sujeto y otros pronombres complemento en el artículo.

Palabras con *–ción, –sión*

Palabras de ortografía

migración	confusión	tensión	discusión	situación
animación	educación	exposición	profesión	loción
posición	porción	presión	organización	contorsión
ilusión	comunicación	colección	dicción	estación

Completar marcos de oración. Escribe la palabra de la lista que completa cada oración.

1. Es impresionante aprender sobre la _______ de las ballenas. 1. ______________
2. El informe que preparó Raúl sobre los avances en el área de la _______ era muy interesante. 2. ______________
3. Martha va a estudiar medicina y yo voy a estudiar _______ porque me gusta dibujar. 3. ______________
4. Mañana mi papá me va a llevar a ver la _______ de escultura moderna que está en el museo de arte. 4. ______________
5. Manu me mostró su _______ de sellos, que incluye algunos que son muy valiosos. 5. ______________
6. El próximo sábado empiezo mi trabajo como voluntaria para una _______ que ayuda a proteger el medio ambiente. 6. ______________
7. Para competir en la declamación de poesía hay que practicar la _______. 7. ______________
8. Jaime hizo una _______ con el brazo que lo dejó dolorido. 8. ______________
9. Mañana habrá una _______ en la clase de literatura sobre los cuentos que nos dejó de tarea la maestra. 9. ______________
10. No estiren mucho esta cuerda porque se puede romper si le aplican mucha _______. 10. ______________

Corregir la palabra Encierra en un círculo la opción correcta de la lista. Escribe la palabra.

11. Voy a ver un documental sobre la ______________ de la mariposa monarca.
    migración migrazión migrasión
12. ¿Qué fue lo que causó la ______________ el día que fuimos de excursión?
    confuzión confusión confución
13. ¿De qué ______________ sale el tren que va a Nueva York?
    estazión estasión estación
14. Mañana le mostraré a la clase mi ______________ de tarjetas postales.
    colexión colección colecsión
15. ¿Irás a ver la ______________ que está en el museo?
    expocisión exposisión exposición

Actividad para el hogar Su niño o niña escribió palabras con *–ción* y *–sión*. Repase la ortografía de las palabras de la lista.

Título ______________________

Personajes

Ambiente

Problema

Sucesos

____

____

____

____

____

____

____

____

____

Solución

Vocabulario • Terminaciones *-ario* y *-torio/a*

- Las **terminaciones** son una letra o varias letras que se agregan al final de una palabra base.
- Reconocer la terminación ayuda a descubrir el significado de la palabra.
- Las terminaciones *-ario, -torio* y *-toria* sirven para formar adjetivos y sustantivos. La terminación *-ario* se usa para formar adjetivos que indican una relación con la palabra base, como *bancario*. También forma sustantivos que pueden indicar una profesión, como *secretario*; o un lugar, como *santuario*. Las terminaciones *-torio* y *-toria* se usan para formar adjetivos y sustantivos que derivan de un verbo, como *migratorio* y *satisfactorio*.
- La definición de las palabras con cada terminación puede encontrarse en los diccionarios.

Instrucciones Lee el siguiente texto. Luego responde las preguntas de abajo.

A Lisa le gustaba mucho ir de campamento con su hermano y sus padres cada otoño. De alguna manera, sentía que escapaban de la civilización y de su compleja vida urbana. Ella había notado que la vida de la ciudad a menudo hacía que la gente sintiera ansiedad. Siempre se sentía más feliz cuando caminaba por los bosques, exploraba algún territorio desconocido y dormía bajo las estrellas. Estaba tranquila porque no tenía que cumplir con un horario. Además, no había nadie a quien envidiar porque la belleza de la naturaleza los rodeaba. Inclusive los errores que cometían se transformaban en juegos. Un día caminaron por el sendero equivocado y se perdieron. No se preocuparon, sino que, por el contrario, pensaron juntos en la manera más rápida de regresar. Cuando regresó a la ciudad, Lisa se sentía tan inspirada por la belleza que había disfrutado que tomó un cuaderno de su escritorio y escribió un poema con una hermosa dedicatoria a la naturaleza.

1. ¿Cuántas palabras con la terminación *-ario* encontraste en el texto? ¿Cuáles son?

____

2. ¿De qué palabras base derivan esas palabras?

____

3. ¿Cuántas palabras con las terminaciones *-torio* y *-toria* encontraste en el texto? ¿Cuáles son?

____

4. ¿De qué palabras base derivan esas palabras?

____

5. ¿Qué palabras del texto podrías modificar con alguna de estas terminaciones para formar palabras nuevas? ¿Qué palabras formarías?

____

Actividad para la casa Su hijo o hija identificó y usó las terminaciones *-ario, -torio y -toria* que se agregan a las palabras base. Lea un artículo de un periódico o una revista con su hijo o hija. Cambien las terminaciones de algunas palabras y comenten cómo cambian los significados de las oraciones.

Nombre ____________________

Manual de instrucciones

- Seguir instrucciones implica hacer o realizar algo.
- Las instrucciones, por lo general, están numeradas.
- Lee todas las instrucciones antes de comenzar a trabajar con la primera.
- Lee la primera instrucción, haz lo que diga y luego sigue con el siguiente paso.
- Intenta visualizar el propósito o resultado del proceso.

Instrucciones Lee estas instrucciones. Luego responde las preguntas.

Cómo hacer cristales

1. Reunir los materiales que necesitarás. Los materiales son: una pequeña cantidad de sales de Epsom, agua, una esponja y un plato llano.
2. Hervir el agua. Retirarla del fuego. Agregar aproximadamente 1/4 de taza de sales de Epsom a 1/2 taza de agua hirviendo. Revolver hasta que las sales se disuelvan.
3. Colocar una esponja en el plato llano. Verter el líquido sobre la esponja (serán más fáciles de ver los cristales en la esponja). Sólo vierte suficiente mezcla para cubrir el fondo del plato.
4. Colocar el plato de vidrio al sol en un lugar seguro. Pronto el agua se evaporará y los cristales aparecerán.

1. Tú y un amigo decidieron hacer cristales. ¿Qué harían primero? Explica por qué.

____

____

2. ¿Qué harían después?

____

3. ¿Cómo están organizadas las instrucciones para que sean más fáciles de seguir?

____

4. ¿Qué palabra te indica cuándo buscar los cristales?

____

5. ¿Qué ocurriría si no calentaras el agua antes de agregar las sales de Epsom?

____

____

____

Nombre ____________________

Instrucciones Lee esta receta. Luego responde las preguntas de abajo.

Cómo hacer masa de pizza

1. Ingredientes: 3 tazas de harina, 1 sobre de levadura activada, 2 cucharadas de mantequilla, 1 cucharadita de sal y agua.
2. En un tazón pequeño, mezcla 1 taza de harina y la levadura.
3. En una sartén, calienta el agua junto con la mantequilla y la sal, y revuelve constantemente para derretir la mantequilla. (Siempre trabaja con un adulto cuando uses las hornillas).
4. Agrega los ingredientes líquidos a la mezcla de ingredientes secos en el tazón de una batidora. Bate a baja velocidad durante 1 minuto con la batidora eléctrica.
5. Bate durante 3 minutos a alta velocidad. Luego saca la masa del tazón, colócala sobre una superficie plana y agrega un poco del resto de la harina para formar una masa blanda.
6. Cubre la masa con un paño y déjala elevar de 45 a 60 minutos hasta que la masa duplique su tamaño.
7. Extiende la masa de manera uniforme sobre una bandeja aceitada para hornear pizza. Agrega los aderezos y hornea de 30 minutos a una hora.

6. ¿Cuánto tiempo crees que te llevará preparar la masa? Explica.

7. ¿Cuánto tiempo crees que necesitarás desde el paso 2 hasta que la pizza esté lista para comer? Explica.

8. Describe qué habrás creado al finalizar el paso 3.

9. Repasa la secuencia de pasos para hacer la pizza. ¿Crees que alguno de los pasos se podría reordenar? ¿Por qué?

10. ¿Cómo puedes saber los utensilios que necesitarás antes de empezar?

Actividades para la casa Su hijo o hija aprendió a seguir instrucciones y el concepto de los pasos de un proceso. Repasen un manual de instrucciones juntos. Haga preguntas a su hijo o hija sobre la secuencia de las tareas y cuánto le llevará el proyecto.

Nombre ______________________________

Palabras con *-ción, -sión*

Corregir un anuncio Encierra en un círculo los cinco errores de ortografía que hay en este anuncio del periódico. Escribe las palabras correctamente.

Anuncios

Se solicita experto en comunicazión

El postulante deberá acreditar una experiencia mayor a 3 años en el ejercicio de la profeción y cumplir con los siguientes requisitos:

- tener buena dicsión
- tener buena organizasión
- saber trabajar bajo precion
- trabajar bien en equipo

Por favor mande su solicitud a la siguiente dirección…

1. ____________ 4. ____________

2. ____________ 5. ____________

3. ____________

Corregir las palabras Rodea con un círculo la opción correcta. Escribe la palabra en el espacio indicado para completar la oración.

6. No te olvides de pedirles a tus padres que firmen la autorización para que puedas ir de ____________.

excurción excursión escursión

7. Sólo toma la ____________ del pastel que te toca.

porción proción porsion

Palabras de ortografía

migración
animación
posición
ilusión
confusión
educación
porción
comunicación
tensión
exposición
presión
colección
discusión
profesión
organización
dicción
situación
loción
contorsión
estación

Palabras difíciles

hibernación
convulsión
percusión
excursión
locomoción

Actividad para el hogar Su niño o niña identificó palabras con *-ción* y *-sión*. Diga una palabra de la lista y deletréela incorrectamente. Pida al niño o a la niña que la deletree correctamente.

Pronombres sujeto y complemento

Lee el párrafo. Luego lee cada pregunta. Encierra en un círculo la letra de la respuesta correcta.

Mariposas por todas partes

(1) ¿A ti _______ gustan las mariposas? (2) Por si acaso, papá y _______ siempre vamos con la cámara. (3) Así, _______ podemos fotografiar si nos salen al paso. (4) A los dos, lo que más _______ interesa es observarlas. (5) La próxima vez, _______ traeré alguna de las fotos y verás qué lindas son.

1 ¿Qué pronombre personal completa la oración 1?

A mí
B tú
C él
D te

2 ¿Qué pronombre personal completa la oración 2?

A tú
B yo
C nos
D nosotros

3 ¿Qué pronombre personal completa la oración 3?

A mí
B las
C él
D nosotros

4 ¿Qué pronombre personal completa la oración 4?

A mí
B nosotros
C nos
D se

5 ¿Qué pronombre personal completa la oración 5?

A se
B mí
C ustedes
D te

Actividad para el hogar Su niño o niña se preparó para tomar un examen sobre pronombres sujeto y complemento. Pídale que escriba en tarjetas de fichero algunos pronombres sujeto y algunos pronombres complemento. Luego mezcle las tarjetas y vaya sacándolas y preguntándole qué tipo de pronombre es el de cada tarjeta.

Nombre ____

Generalizar

- Un autor puede escribir detalles similares sobre cosas o personas diferentes. Puedes usar estos detalles similares para hacer un enunciado general que abarque a todas las cosas o personas. Este enunciado se llama **generalización**.
- Una generalización **válida** puede apoyarse con hechos o detalles, pero una generalización **errónea**, no.
- A menudo un autor hace una generalización y usa una palabra clave como *todos/todas, muchos/muchas* o *generalmente* para indicarla.

Instrucciones Lee el siguiente párrafo. Luego completa el diagrama que aparece a continuación.

John escuchó por radio un programa sobre la diabetes. Una mujer describía cómo había descubierto que tenía la enfermedad. Siempre tenía sed, aunque bebía mucha agua. También tenía apetito todo el tiempo, aunque comía mucho. Fue a ver a su médico, quien le dijo que debía someterse a una prueba de diabetes porque la sed y el apetito inusuales generalmente eran los síntomas de esta enfermedad. La prueba confirmó que padecía diabetes.

A continuación, habló un joven. Él también siempre tenía sed y apetito. Pensó que estaba creciendo, pero un día se desmayó en la escuela. Cuando el joven terminó de hablar, John se dio cuenta de que tenía mucha sed y apetito. Se sirvió jugo y recordó que había comido media hora antes. Pensó en el programa y le pidió a su mamá que le hiciera una cita con el médico.

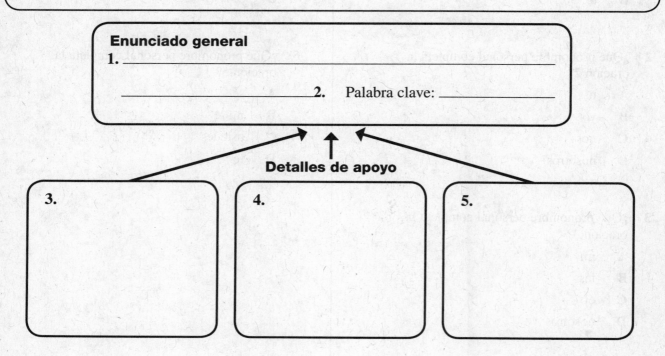

Enunciado general

1. ____

____________________________ **2.** Palabra clave: ________________

Detalles de apoyo

3.

4.

5.

Actividad en el hogar Su niño o niña leyó un texto breve y reconoció una generalización. Lea un artículo de un periódico o una revista y pídale que busque una generalización y los detalles que la apoyan.

Aspectos principales de una carta amistosa

- está destinada a un amigo o a alguien a quien se conoce mucho
- usa lenguaje informal para comunicar las ideas
- tiene un tono informal
- contiene la fecha, el saludo y el cierre

12 de mayo de 20__

Querida Salada:

¿Cómo estás? Espero que estés sana e ilesa. Escribo para decirte que te extraño y que he decidido escribir otro cuento sobre ti, si estás de acuerdo. Te ofreceré un nuevo deporte para que pruebes. Te lo cuento y tú lo piensas.

¿Qué te parece el bádminton? Muchas familias juegan al bádminton en sus patios. Todo lo que necesitas es una red, unas raquetas y un tipo de pelota llamada volante. Supongo que el Sr. Deimeister tiene los elementos para jugar al bádminton guardados en algún lugar de la escuela.

He tratado de pensar en las maneras en las que te podrías lastimar jugando al bádminton. Es un deporte rápido. Supongo que podrías chocar con otro jugador o recibir un golpe de raqueta. Aunque me pregunto, ¿no resultarías ser una buena jugadora de bádminton?

Creo que comenzaré a escribir el cuento. Veremos cómo resulta. Después de todo, eres quien eres. ¿Por qué arruinar algo bueno?

Con cariño,
Angela Johnson

1. ¿De qué manera el uso de preguntas de Angela Johnson afecta el tono de la carta?

____

____

2. Haz una lista de otros saludos y cierres que Angela Johnson podría haber usado.

Saludos ____

Cierres ____

Vocabulario

Instrucciones Elige la palabra de la casilla que mejor coincida con cada definición. Escribe la palabra sobre la línea.

Verifica las palabras que conoces
___ aptitud
___ esguince
___ parlante
___ trampolín
___ volantes

________________ **1.** Tejido lesionado en la articulación por un giro brusco o torcedura.

________________ **2.** Frunces de una tela.

________________ **3.** Capacidad para hacer algo.

________________ **4.** Plataforma que se usa para saltar.

________________ **5.** Que habla; altavoz.

Instrucciones Elige la palabra de la casilla que mejor complete cada oración. Escribe la palabra sobre la línea de la izquierda.

________________ **6.** ¡Qué divertido fue saltar en ________________!

________________ **7.** Todos se asombraron al escuchar al perico ________________.

________________ **8.** Becky sufrió un ________________ de tobillo durante la práctica de baloncesto.

________________ **9.** Mamá tenía un vestido con ________________ para la fiesta.

________________ **10.** Mi amiga Ana tiene gran ________________ para la música.

Escribe un artículo para un periódico

En una hoja aparte escribe un artículo para un periódico imaginario sobre un grupo de bailarines que trata de obtener el primer premio en el Campeonato nacional de baile de figuras. Usa todas las palabras del vocabulario que puedas.

Actividad en el hogar Su niño o niña identificó y usó las palabras del vocabulario de *El tropezón con la cocinera.* Juntos, busquen en periódicos o revistas artículos sobre personas que deben enfrentar desafíos físicos, emocionales o mentales. Comente cuál es la motivación que hace que la gente tenga éxito.

Nombre ______________________

Pronombres y antecedentes

Un **pronombre** se escribe en lugar de uno o más sustantivos. El **antecedente** es el sustantivo al que se refiere el pronombre. Los pronombres y los antecedentes deben concordar en género y número.

Antes de usar un pronombre, hay que ver si el antecedente es singular o plural y si es masculino o femenino. Luego, se elige el pronombre que concuerde con el antecedente. En estas oraciones, los antecedentes están subrayados una vez; los pronombres están subrayados dos veces.

La barca estaba amarrada cuando la fui a buscar.

Pedro, Miguel y yo salimos a navegar; luego nos vino a buscar papá.

Instrucciones Empareja cada pronombre con su antecedente. Escribe la letra del antecedente.

______	**1.** ellas	**A.** Juan
______	**2.** él	**B.** Victoria
______	**3.** ellos	**C.** amigas
______	**4.** la	**D.** mis padres

Instrucciones Escribe el pronombre entre ( ) que completa correctamente cada oración.

5. Salada se quedó encerrada en un casillero y (la, lo) rescataron horas más tarde. ______

6. Salada quiere hablar con el Sr. Deimeister, pues (lo, los) quiere convencer de practicar el baile de cuadrillas. ______

7. El profesor de gimnasia llamó a Victoria cuando (lo, la) vio pasar. ______

8. Los bailes de cuadrilla son muy divertidos; mucha gente (las, los) baila. ______

9. Victoria y yo fuimos a patinar y luego (nos, la) llevaron a casa. ______

10. Visité al profesor en el hospital y (lo, les) encontré bastante bien. ______

Actividad para el hogar Su niño o niña estudió los pronombres y sus antecedentes. Lean juntos un artículo de una revista. Pídale que identifique algunos pronombres y busque sus antecedentes.

Nombre ____

Prefijos *sobre-*, *sub-*, *super-* y *vice-*

Palabras de ortografía				
subterráneo	**sobretodo**	**sobrestimar**	**superdotado**	**superproducción**
submarino	**sobrentendido**	**subconsciente**	**sobresalir**	**superfino**
sobrenatural	**sobrepuesto**	**subdirector**	**superviviente**	**vicepresidente**
supermercado	**sobrecama**	**subalterno**	**sobreponer**	**vicesecretario**

Clasificar Escribe la palabra de la lista que pertenece a cada grupo.

1. ciudades, trenes, ____________________
2. almacén, panadería, carnicería, ____________________
3. capaz, habilidoso, dotado, ____________________
4. colcha, frazada, ____________________
5. tácito, obvio, no dicho, ____________________
6. director, gerente, ____________________

Definiciones Escribe la palabra de la lista que se adapta a cada definición.

7. Es algo extremadamente fino. ____________________
8. Es el resultado de un exceso de producción. ____________________
9. Significa raro y fantasmal. ____________________
10. Es alguien que no murió en una catástrofe. ____________________
11. Es una embarcación que se mueve debajo del agua. ____________________
12. Es un cargo por debajo del de presidente. ____________________
13. Es una prenda de vestir que cubre las demás. ____________________
14. Es un cargo por debajo del de secretario. ____________________

Actividad para el hogar Su niño o niña escribió palabras con prefijos. Pídale que nombre cuatro palabras con prefijos y diga de qué manera los prefijos de cada palabra afectan el significado.

Nombre ____________________

Tabla de T

Nombre ____

Vocabulario • Claves del contexto

- Cuando encuentres una palabra poco común en un texto, busca las claves del contexto para averiguar el significado.
- Puedes encontrar estas claves del contexto entre las palabras que rodean a la palabra poco común.

Instrucciones Lee el siguiente párrafo sobre cómo se pueden superar los obstáculos. Luego usa las claves del contexto para responder las preguntas que aparecen a continuación.

Jésica, la amiga de Anita, le hizo una pregunta difícil.

—Anita, ¿cómo es vivir con tu discapacidad? ¿Es difícil usar una silla de ruedas?

Anita pensó su respuesta detenidamente. —No me molesta usar una silla de ruedas. Me manejo bastante bien, pero, como sufro de parálisis cerebral, a la gente le cuesta entender lo que digo. A veces, mis palabras pueden sonar un tanto confusas. Por momentos, mi habla es embrollosa, como si tuviera algo en la boca.

—Pero yo te entiendo perfectamente —dijo Jésica.

—Tú estás acostumbrada a mí —dijo Anita—. Voy a un logopeda todas las semanas para aprender a hablar de forma más clara. Quiero que la gente comprenda mejor lo que digo.

1. ¿Qué significa *silla de ruedas*? ¿Qué claves del contexto te ayudan a determinar el significado?

____

____

2. ¿Qué significa *discapacidad*? ¿Qué claves del contexto te ayudan a determinar el significado?

____

____

3. ¿Qué significa *embrollosa*? ¿Qué claves del contexto te ayudan a determinar el significado?

____

4. ¿Cómo ayudan las claves del contexto a determinar el significado de *logopeda*?

____

____

5. ¿Qué claves del contexto te ayudaron a entender el significado de *parálisis cerebral*?

____

____

Actividad para la casa Su hijo o hija identificó y utilizó claves del contexto para comprender palabras nuevas de un pasaje. Tenga una conversación con su hijo o hija y utilice claves del contexto para dar indicios de los significados de las palabras.

Nombre ____________________

Directorio telefónico

Un directorio telefónico, o guía telefónica, es un índice alfabético de nombres y números de teléfono de un área geográfica determinada. Las páginas blancas registran a individuos y comercios, en tanto que las páginas amarillas ofrecen avisos y listados de comercios. Las entradas se encuentran agrupadas por categoría o tipo de negocio, por ejemplo, restaurantes. Esta información está disponible en guías de referencia o en Internet. Puedes hacer una búsqueda en línea si deseas buscar los números telefónicos de personas o comercios de otras ciudades, estados y hasta de otros países.

Instrucciones La pantalla de la computadora te muestra cómo realizar una búsqueda en las páginas blancas. Utiliza la pantalla de la computadora para responder las siguientes preguntas.

Ingresa el nombre y el apellido de la persona y haz clic en *¡Buscar!*

Si deseas obtener mejores resultados, ingresa también la ciudad y el estado.

Apellido (obligatorio)

Nombre

Ciudad **Estado**

País

¡Buscar! Si necesitas ayuda, haz clic aquí.

1. ¿Qué entradas encontrarás si escribes "Reyes" en el campo del apellido, "Filadelfia" en el campo de la ciudad y "PA" (por Pensilvania) en el campo del estado?

2. Tú sabes que Sue Costello vive en la Florida. Indica qué hay que hacer para averiguar su número de teléfono y su dirección.

3. Si escribes "Julia" en el campo del nombre y "Texas" en el campo del estado, ¿obtendrías buenos resultados?

4. ¿Por qué un directorio telefónico en línea te puede brindar más información que un directorio impreso?

Nombre ______________________________

Instrucciones La pantalla de la computadora te muestra cómo realizar una búsqueda en una guía telefónica de páginas amarillas. Utiliza la pantalla de la computadora para responder las preguntas a continuación.

Ingresa una categoría de comercio o un nombre. Luego haz clic en *¡Buscar!*

[ ]

Ciudad [ ] **Estado** [ ]

[*¡Buscar!*] Si necesitas ayuda, haz clic aquí.

5. ¿Qué resultado obtendrías si ingresaras la categoría "parques estatales" y "FL" en el campo del estado?

____

____

6. Si quisieras obtener información sobre Nancy & Beth Catering Services en St. Louis, Misuri, ¿qué tendrías que escribir?

____

____

7. Si escribieras "juguetería" en el campo de categoría, ¿esto daría buenos resultados? Explica.

____

____

8. ¿Cuál de los tres campos podrías dejar en blanco? Explica por qué, si completaras este campo, acotarías la búsqueda.

____

____

____

9. ¿Puedes utilizar un directorio telefónico en línea si no sabes cómo se escribe el nombre de un comercio? Explica.

____

____

____

Actividad para la casa Su hijo o hija ha aprendido a utilizar directorios telefónicos. Miren juntos un directorio telefónico en línea y pida a su hijo o hija que busque números de teléfono de emergencia, mapas y números de casas de familia y de comercios.

Nombre ____________________

Prefijos *sobre-*, *sub-*, *super-* y *vice-*

Corregir un párrafo Encierra en un círculo seis errores de ortografía. Escribe las palabras correctamente. Busca un error de puntuación y escribe la oración usando la puntuación correcta.

> Si tuvieras la opción, ¿te gustaría comprar todo lo que hay dentro de un supramercado? ¿O prefieres navegar debajo de la superficie del mar en un sub marino? ¿O tal vez viajar bajo la tierra en un sub terráneo? ¿Prefieres permanecer despierto toda la noche en una casa desierta esperando que ocurra algo sobre natural? Te gustan los deportes? Tal vez tu sueño es sobesalir jugando a la pelota. Por suerte, no se necesita ser super dotado para hacer estas cosas.

1. ____________________
2. ____________________
3. ____________________
4. ____________________
5. ____________________
6. ____________________
7. ____________________

Palabras de ortografía

sobretodo
sobrentendido
sobrepuesto
sobrenatural
sobrecama
sobrestimar
submarino
subconsciente
subterráneo
subdirector
subalterno
supermercado
superdotado
sobresalir
superviviente
sobreponer
superproducción
superfino
vicepresidente
vicesecretario

Palabras difíciles

subyacente
vicecónsul
subsecuente
superpoblado

Corregir las palabras Rodea con un círculo la ortografía correcta de las palabras de la lista.

8.	submarino	suvmarino	submmarino
9.	subteraneo	subterráneo	suberráneo
10.	superrdotado	superdotado	supperdotado
11.	subdirector	sobredirector	supdirector
12.	supramercado	supermercado	submercado

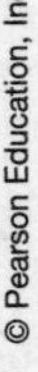

Actividad para el hogar Su niño o niña identificó las palabras mal escritas de la lista. Pida al niño o la niña que diga cuáles son las tres palabras más difíciles y luego pídale que las deletree.

Pronombres y antecedentes

Lee las oraciones. Luego lee cada pregunta. Encierra en un círculo la letra de la respuesta correcta.

¡Cuidado que voy!

(1) ¿A los niños les gusta el deporte? (2) El trampolín es grande y me lo regaló mi mamá. (3) Mi profesor de gimnasia está en su despacho y le voy a pedir consejo. (4) María y yo hemos estado practicando el baile de cuadrilla y nos ha salido muy bien. (5) Me gusta mirar bailes populares; los veo en televisión por el canal folclórico.

1 ¿Cuál es el antecedente del pronombre subrayado en la oración 1?

A deporte
B gusta
C el
D niños

2 ¿Cuál es el antecedente del pronombre subrayado en la oración 2?

A me
B trampolín
C mamá
D grande

3 ¿Cuál es el antecedente del pronombre subrayado en la oración 3?

A profesor
B gimnasia
C despacho
D consejo

4 ¿Cuál es el antecedente del pronombre subrayado en la oración 4?

A baile
B cuadrilla
C María y yo
D bien

5 ¿Cuál es el antecedente del pronombre subrayado en la oración 5?

A populares
B canal
C televisión
D bailes

Actividad para el hogar Su niño o niña se preparó para tomar un examen de pronombres y antecedentes. Pídale que escriba en tarjetas de fichero algunos pronombres y sus antecedentes. Luego, mezcle las tarjetas y vaya mostrándoselas a su niño o niña para que le diga con qué pronombre se corresponde cada antecedente.

Nombre ________________

Fuentes gráficas

- Una **fuente gráfica**, tal como una imagen, un diagrama o un cuadro, organiza la información visualmente.
- Observa las fuentes gráficas para que te ayuden a predecir sobre lo que vas a leer.

Instrucciones Analiza el siguiente diagrama. Luego responde las preguntas a continuación.

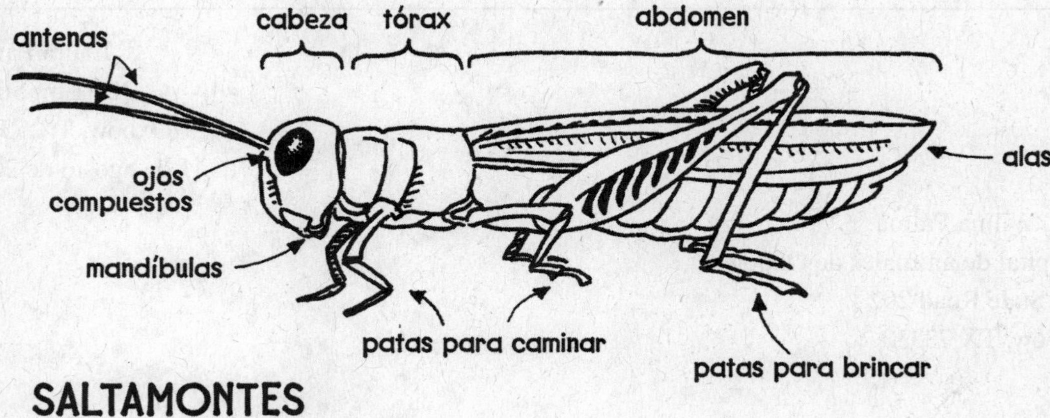

1. ¿Cuál es el propósito de este diagrama?

2. ¿Cuáles son las tres partes principales del cuerpo del saltamontes?

3. ¿Qué usan los saltamontes para brincar, caminar y volar?

4. ¿Cuántas patas tiene el saltamontes? ¿Cómo te muestra esto el diagrama?

5. ¿Dónde se ubican las dos patas delanteras del saltamontes? ¿Para qué otra actividad crees que usan las patas delanteras además de caminar?

Actividades para el hogar Su hijo o hija utilizó una fuente gráfica para responder preguntas. Juntos, lean un artículo de periódico o revista que incluya una fuente gráfica. Pida a su hijo o hija que responda preguntas sobre el artículo basándose en la información que se muestra en la fuente gráfica.

Nombre ____________________

Aspectos principales de la carta formal

- tiene un propósito, como solicitar información
- incluye un *encabezado* con la dirección del remitente, la dirección del destinatario y la fecha en que se escribe la carta
- tiene un *saludo* al comienzo y un *cierre* al final seguido por el nombre y firma del remitente
- usa lenguaje cortés y respetuoso en el *cuerpo* de la carta

Laura Parker
109 Elm Street
Oxbow, TX 73333
11 de agosto de 20__

Dra. Wilma Palma
Hospital de animales de Oxbow
222 State Road 202
Oxbow, TX 73330

Estimada Dra. Palma:

Le pedí a mi madre un perro o un gato, pero ella es alérgica a ambos. Pensó que tal vez me gustaría un Dragón barbado y quiere que yo investigue a este tipo de lagarto. ¿Podría ayudarme a decidir si el Dragón barbado sería una mascota adecuada para mi casa respondiendo algunas preguntas o enviándome información sobre dónde puedo averiguar más sobre los Dragones barbados?

Deseo saber si al lagarto Dragón barbado le gusta que lo acaricien. ¿Qué tipo de casa necesita? ¿Qué tengo que hacer para cuidar al Dragón barbado adecuadamente? ¿Crecerá mucho? ¿Cuánto tiempo vivirá? ¿Es amistoso? ¿Es juguetón? ¿Qué juguetes debo conseguirle?

Gracias por tomarse el tiempo de responder mis preguntas sobre los Dragones barbados. Si tiene información sobre estos animales, ¿me la puede mandar?

Atentamente,
Laura Parker

1. ¿Cuál es el saludo y el cierre en esta carta?

____

____

2. ¿Qué oración indica el propósito de esta carta? Subraya esa oración.

Vocabulario

Instrucciones Elige la palabra del recuadro que más se ajuste a la definición. Escribe la palabra sobre la línea.

Verifica las palabras que conoces

- ___ **críticos**
- ___ **escasean**
- ___ **mucosidades**
- ___ **especializan**
- ___ **estallar**
- ___ **esterilizado**

______________ **1.** Sustancias viscosas que se producen en la nariz y en la garganta para brindar humedad y protección.

______________ **2.** Libre de gérmenes.

______________ **3.** Capacita, brinda los medios o el poder, habilita.

______________ **4.** Faltan o son difíciles de obtener.

______________ **5.** Importantes para el resultado de una situación.

Instrucciones Haga un círculo en la palabra o grupo de palabras que tiene el mismo significado o un significado similar al de la primera palabra.

Ejemplo: **melodía**	palabras	(canción)	sonando
6. escasean	abundan	muchos	faltan
7. críticos	importantes	útil	relajados
8. esterilizado	sucio	libre de gérmenes	bacteria
9. estallar	apagar	vaciar	explotar
10. especializan	prolongan	dedican	organizan

Escribir una descripción

En una hoja aparte, escribe una descripción de un saltamontes o de algún otro insecto conocido. La descripción debe ser lo más detallada posible y debes emplear la mayor cantidad de palabras del vocabulario posibles.

Actividad para la casa Su hijo o hija ha identificado y empleado palabras del vocabulario de *Hormigas que explotan*. Haga de cuenta que usted y su hijo o hija son investigadores y comenten sobre las nuevas especies que han descubierto utilizando el vocabulario.

Pronombres posesivos

Los **pronombres posesivos** indican a quién o a qué pertenece algo.

Los pronombres posesivos son: *mío, míos, mía, mías, tuyo, tuyos, tuya, tuyas, suyo, suyos, suya, suyas, nuestro, nuestros, nuestra* y *nuestras.*

Los pronombres posesivos concuerdan en género y número con los sustantivos a los que sustituyen.

La comida de los insectos es muy distinta a la nuestra.

Instrucciones Subraya el pronombre posesivo de cada oración.

1. Si todas las colonias de hormigas tienen una reina, ésta debe ser la suya.
2. Ésas son mis fotos y aquellas son las tuyas.
3. Préstame tu libro de insectos, no veo el mío.
4. Cada animal tiene una estrategia para sobrevivir; la nuestra es el ingenio.
5. Ella corregirá mi ejercicio y yo, el suyo.
6. María, ¿este lápiz es el tuyo?

Instrucciones Subraya las palabras entre ( ) que completan correctamente la oración.

7. Veo muchas cabañas, Juan; ¿cuál es (el tuyo, la tuya)?
8. (La nuestra, Las nuestras) es la cabaña de la derecha.
9. El saco de mi prima es igual que (la suya, el suyo).
10. Juan y Ben ya tienen sus mantas, ¿cuándo nos darán (las nuestras, los nuestros)?
11. ¿Buscan ustedes sus hormigas? Pues (la mía, las suyas) son las de ese bote.
12. Éste es nuestro campamento y (la tuya, el tuyo) está detrás del árbol.

Actividad para el hogar Su niño o niña estudió los pronombres posesivos. Lean juntos un cuento y pídale que identifique los pronombres posesivos en el texto.

Nombre ______________________

Acento diacrítico

Palabras de ortografía				
sí	**dé**	**té**	**tú**	**aún**
si	**de**	**te**	**tu**	**aun**
sé	**más**	**él**	**mí**	**sólo**
se	**mas**	**el**	**mi**	**solo**

Palabras en contexto Escoge la palabra correcta para completar cada oración. Escribe la palabra.

1. ¿Cuál es ______________________ salón de clase?
tú tu

2. ______________________ Carlos pasa su examen el viernes, lo llevaré al cine.
Sí Si

3. Yo ______________________ que dos por dos es igual a cuatro.
se sé

4. ______________________ eres muy especial.
Tu Tú

5. Juan se sorprendió al saber que el regalo era ______________________ su hermanita.
de dé

6. Julia ______________________ ganó un viaje a Portugal por haber escrito el mejor ensayo.
sé se

7. ¡______________________!
Sí Si

8. José quiere que su papá le ______________________ permiso para ir a la fiesta de Sandy.
dé de

9. ¿Qué mascota te gusta ______________________: el perro o el gato?
más mas

10. A veces Javier va ______________________ al cine.
sólo solo

11. ______________________ quiero recordarte que mañana tienes que despertarte temprano.
Sólo Solo

12. Éste es Guillermo, ______________________ hermano.
mí mi

Actividad para el hogar Su niño o niña aprendió la ortografía de palabras con acento diacrítico. Pida al niño o niña que forme otras oraciones usando las palabras de la lista.

Nombre ______________________________

Nombre del remitente ____________________

Dirección ____________________

Ciudad, código postal del estado ____________

Fecha ____________________

Título, nombre del destinatario ________________

Dirección ______________________________

Ciudad, código postal del estado ____________

Saludo ______________________________

Apertura: Enunciado del propósito:

____

____

Detalles de apoyo:

____

____

____

____

Acción deseada:

____

____

____

Agradecimiento adelantado por:

____

Cierre______________________________

Firma______________________________

Vocabulario • Sinónimos

- Un **diccionario de sinónimos** es un libro que incluye palabras y sus sinónimos.
- Los **sinónimos** son palabras diferentes que significan lo mismo o casi lo mismo.
- A veces los autores escriben sinónimos al lado de palabras difíciles para ayudar al lector a que entienda la palabra. Para encontrar sinónimos, busca palabras como *o, tal como, o como,* o una frase encerrada entre comas.

Instrucciones Lee el siguiente pasaje. Luego responde las preguntas que figuran debajo. Puedes usar un diccionario de sinónimos.

Para algunas personas, los insectos tales como los mosquitos constituyen una plaga simplemente. Pero muchos insectos son útiles. Las abejas, por ejemplo, producen miel. También polinizan las plantas llevando el polen de una planta a otra. Esto favorece, o permite, que la planta crezca y se desarrolle. La polinización es esencial, o crucial, para muchas cosas que comemos.

Los agricultores utilizan abejas en las plantaciones de manzanos, por ejemplo. Los apicultores construyen colonias, o comunidades, de abejas.

Algunos insectos comen basura. Otros se especializan, o se concentran, en comer insectos dañinos. Los gusanos comen muchas plantas pero, por lo general, no provocan daños permanentes. Las mariposas comen muy poco.

1. ¿Cuál palabra del pasaje es un sinónimo de *favorece*? ¿Cómo sabes que es un sinónimo?

____

2. ¿Qué sugiere que *esencial* y *crucial* son sinónimos?

____

____

3. La palabra *mosquitos* aparece después de las palabras *tales como*. ¿Cómo sabes que no es un sinónimo de *insectos*?

____

____

4. ¿Cuál sería otra palabra para expresar *colonias*? ¿Qué clave del contexto te ayuda a identificar el sinónimo?

____

5. Vuelve a escribir la primera oración del último párrafo para encontrar un sinónimo de la palabra *basura*.

____

____

Actividades para el hogar Su niño o niña identificó y utilizó sinónimos para ayudarlo a entender otras palabras. Juntos, lean un artículo sobre un tema científico en un periódico o revista, destacando las palabras que no sepan. Traten de usar sinónimos y otras claves del contexto para clarificar el significado de estas palabras.

Revista/Publicaciones periódicas

- Las **revistas** y las **publicaciones periódicas** son excelentes fuentes de información actualizada. Contienen artículos periodísticos, cólumnas de opinión, informes, reseñas, cartas, historietas, avisos publicitarios y otros textos.
- La tabla de contenido ayuda a los lectores a encontrar ciertos artículos y otra información determinada.
- Muchas revistas y artículos de publicación periódica indican *¿Quién? ¿Qué? ¿Cuándo? ¿Dónde? ¿Por qué?* y *¿Cómo?* en los primeros párrafos.

Instrucciones Lee esta tabla de contenido del ejemplar de una revista. Luego responde las siguientes preguntas.

Ejemplar del mes de diciembre Volumen 237
Número 4

Contenido

1. ¿Cómo describirías el tema de esta revista?

____

____

2. ¿En qué página podrías encontrar información sobre el pez pulmonado?

____

3. ¿Dónde podrías leer los comentarios de la gente sobre libros nuevos?

____

4. ¿Ésta es una revista nueva o se publica desde hace un tiempo? ¿Cómo lo sabes?

____

____

5. Si escribieras a la revista, ¿dónde encontrarías publicados tus comentarios?

____

Nombre ______________________________

Instrucciones Lee este texto de una revista y responde las preguntas de abajo.

¿Quién tiene el pez pulmonado vivo más viejo?

Dos ciudades compiten por el honor de tener el pez pulmonado vivo más viejo del país. El lunes, la ciudad de Will anunció que el 9 de abril el acuario celebrará el cumpleaños número 67 de su pez pulmonado australiano. El martes, un día después, la ciudad de Franklyn, que se encuentra 50 millas al este, declaró que el 9 de abril celebraría el cumpleaños número 70 de su pez pulmonado. Sin embargo, ninguno de los dos acuarios puede probar la edad exacta de su pez pulmonado.

¿Por qué existe tanto interés en estos viejos peces pulmonados? Tal vez porque se trata de criaturas muy poco comunes. Tienen tanto branquias como pulmones, lo que hace pensar a los científicos que se trata del eslabón perdido entre los peces y los anfibios. El pez pulmonado tiene la capacidad de ser "un pez fuera del agua". En otras palabras, puede sobrevivir tanto en la tierra como en el agua. Es por esta adaptación que este pez ha sobrevivido durante millones de años. Los fósiles muestran que existía hace 400 millones de años. En la actualidad, el pez pulmonado es una especie en peligro de extinción.

6. ¿Qué parte del texto te da una idea preliminar sobre el tema del artículo?

____

7. ¿Qué identificarías como el *Quién* de este artículo?

____

____

8. ¿Cuál dirías que es el *Qué* del artículo?

____

9. ¿Cuál es el *Cuándo* del artículo?

____

____

____

10. ¿Cuándo podrías usar la información de este artículo?

____

____

Actividad para la casa Su hijo o hija aprendió a leer tablas de contenido y artículos de revista. Juntos, miren el ejemplar de alguna revista de la actualidad y comenten el *Quién, Qué, Cuándo, Dónde, Por qué* y *Cómo* de uno de los artículos.

Nombre ______________________________

Acento diacrítico

Palabras de ortografía				Palabras difíciles
sí	de	él	mí	esta
si	más	el	aún	ésta
sé	mas	tú	aun	que
se	te	tu	sólo	qué
dé	té	mi	solo	cómo
				como

Acentuar En las siguientes oraciones, agrega el acento diacrítico a la palabra subrayada si corresponde. Escribe cada palabra.

1. Cuando estudio, prefiero hacerlo solo. __________
2. En Inglaterra, la hora del te es una costumbre importante. __________
3. Solo nos faltó un poco de suerte para ganar el partido. __________
4. Si te confunde la lección, pídele a la maestra que vuelva a explicar. __________
5. ¿Para quién es el regalo grande? __________
6. A mas práctica, mejores resultados. __________
7. ¿Quién es el? __________
8. ¿Es un regalo para mi? __________
9. Envió la carta, mas no sabe si la recibieron. __________
10. Prefiero leer en mi cuarto. __________

Completar En las siguientes oraciones, escribe la palabra que corresponda.

11. __________ a pesar de todo lo que estudió, el examen le pareció muy difícil.
12. La clase __________ no termina.
13. No se me ocurre __________ comida pedir en este restaurante.
14. ¡Ya sé __________ Federico es un buen amigo!
15. Iremos a la playa __________ no llueve.
16. Me dijeron que __________ hay entradas.
17. Tienes que aceptar lo que te __________.
18. Lávate las manos antes __________ comer.
19. ¿__________ eres el que vende tacos?
20. __________ perro es muy tranquilo.

Actividad para el hogar Su niño o niña identificó palabras con acento diacrítico. Diga una oración con una palabra de la lista y pida al niño o niña que identifique la palabra y si lleva o no acento.

Nombre ____

Pronombres posesivos

Lee las oraciones. Luego lee cada pregunta. Encierra en un círculo la letra de la respuesta correcta.

Actividad de campo

(1) Aquellos prismáticos que están sobre el tronco son _______. (2) Si no encuentro mi guía, Ben me prestará _______. (3) Tomen sus sacos de dormir, ¿nos pasan _______? (4) Como llevamos tantos tarros parecidos, Alicia no sabe cuál es _______. (5) ¿Felipe, el tarro de la tapa roja es _______?

1 ¿Qué par de palabras completa correctamente la oración 1?

- **A** el mío
- **B** la mía
- **C** las mías
- **D** los míos

2 ¿Qué par de palabras completa correctamente la oración 2?

- **A** el suyo
- **B** la suya
- **C** los suyos
- **D** la mía

3 ¿Qué par de palabras completa correctamente la oración 3?

- **A** las nuestras
- **B** los nuestros
- **C** la nuestra
- **D** los nuestro

4 ¿Qué par de palabras completa correctamente la oración 4?

- **A** la suya
- **B** los suyos
- **C** las suyas
- **D** el suyo

5 ¿Qué par de palabras completa correctamente la oración 5?

- **A** el tuyo
- **B** la tuya
- **C** las tuyas
- **D** los tuyos

Actividad para el hogar Su niño o niña se preparó para tomar un examen sobre los pronombres posesivos. Dígale que escriba oraciones sobre cosas de la casa que pertenezcan a diferentes personas de la familia usando pronombres posesivos.

Nombre ____

Generalizar

- **Generalizar** es formular un enunciado o una regla amplia que se aplique a varios ejemplos.
- Los lectores activos prestan mucha atención a lo que los autores dicen sobre los personajes de un cuento y formulan generalizaciones sobre esos personajes cuando leen.

Instrucciones Lee el siguiente pasaje.

Matt y su familia se mudaron a una ciudad nueva donde él comenzó a asistir a una escuela nueva. No le gustaba para nada la escuela. Cuando Matt no se quejaba, se quedaba quieto y ensimismado. Jugaba al fútbol y se hizo amigo de algunos compañeros para que se sentaran con él durante el almuerzo, pero extrañaba a sus antiguos amigos. Vivía rogando que volvieran a su viejo hogar para visitar la escuela, y finalmente sus padres accedieron. Mientras se acercaban a su vieja escuela, Matt estaba muy emocionado. Entró corriendo a la escuela y comenzó a recorrerla. Todo parecía extraño. Incluso sus viejos amigos parecían desconocidos. Cuando volvían a su casa, descubrió que lo que deseaba era volver a la práctica de fútbol.

Instrucciones Completa el diagrama con una generalización sobre Matt.

Generalización

1.

Respaldo del texto

2.

Respaldo del texto

3.

Respaldo del texto

4.

5. Explica la estructura del cuento diciendo cuál es el conflicto, la complicación, el clímax y la solución.

____

____

____

Escuela + Hogar

Actividades para el hogar Su hijo o hija hizo una generalización sobre el personaje de un cuento. Lean juntos un cuento corto sobre la amistad. Pida a su hijo o hija que haga una generalización sobre uno de los personajes. Pídale que también analice la estructura del cuento: el conflicto, la complicación, el clímax y la solución.

Aspectos principales de la poesía narrativa
- cuenta un relato
- usa detalles sensoriales
- puede incluir elementos gráficos

El primer día

El peor día es siempre el primer día.
No me acerco a nadie aunque parezca antipatía.
Sólo hablo conmigo misma en el pasillo ruidoso,
quizás podría ocultarme en un lugar silencioso.

Todo el mundo mira pero a nadie le importa.
Entonces veo una niña en el espejo del baño.
Un momento,
¿es una SONRISA lo que veo?

Estaba segura de que este día me pondría triste,
pero imagino que un día como éste existe.
Hoy hice una AMIGA que creo será la mejor,
así que el primer día no siempre es el peor.

1. Resume el relato que cuenta el poema.

____

____

2. Subraya dos ejemplos de detalles sensoriales del poema.

3. Encierra en un círculo dos ejemplos de elementos gráficos, como mayúsculas y la extensión variable de los versos del poema.

Nombre ______________________________

Vocabulario

Instrucciones Elige la palabra del cuadro que corresponda a las definiciones que siguen. Escribe las palabras sobre la línea.

Verifica las palabras que conoces

- ___ caries
- ___ combinación
- ___ demostración
- ___ episodio
- ___ perfil
- ___ estricto

______________ **1.** Agujeros en los dientes, producidos por deterioro.

______________ **2.** Ejemplo de cómo se hace algo.

______________ **3.** Muy cuidadoso en seguir una regla o en hacer que otros la sigan.

______________ **4.** Una parte de una historia que se publica o emite en partes.

______________ **5.** Actitud o postura.

Instrucciones Elige la palabra del recuadro que coincida con las claves que siguen. Escribe la palabra sobre la línea.

______________ **6.** Parte de una serie de televisión.

______________ **7.** Abre algunas cerraduras.

______________ **8.** Ese maestro exige mucho.

______________ **9.** Una estrella de cine suele tener alto...

______________ **10.** Si no te lavas los dientes, puedes tenerlas.

Escribir una carta amistosa

En una hoja aparte, escribe una carta amistosa que le enviarías a un pariente, contándole el comienzo de un nuevo año escolar. Usa la mayor cantidad posible de palabras del vocabulario.

Escuela + Hogar

Actividad para la casa Su hijo o hija identificó y usó palabras del vocabulario de *El club de Stormi Giovanni.* Lea un cuento o un artículo informativo con su hijo o hija. Pídale que señale las palabras poco comunes. Juntos, intenten descubrir el significado de cada palabra usando las palabras que están cerca.

Nombre ______________________

Pronombres indefinidos y reflexivos

Los **pronombres indefinidos** no se refieren a personas o cosas específicas.

¿Me llamó alguien?

Los pronombres indefinidos más comunes son los siguientes: *alguien, algo, alguno, alguna, algunos, algunas, cualquiera, nada, nadie, ninguno, ninguna, ningunos, ningunas, uno, una, unos, unas, otro, otra, otros, otras, todos, todas, muchos, muchas, pocos, pocas, bastantes, varios, varias.*

Los pronombres indefinidos en singular concuerdan con el verbo en singular, y los pronombres en plural, con el verbo en plural.

Cualquiera sabe que cuesta despedirse de los amigos.

Algunos pensamos que es mejor no hacer nuevos amigos.

Los **pronombres reflexivos** se usan cuando la acción del sujeto recae sobre el mismo sujeto. Los pronombres reflexivos son: *me, te, se, nos.*

Yo me peino.

Nosotros nos vestimos.

Instrucciones Subraya el pronombre entre ( ) que completa correctamente cada oración.

1. ¿(Todos, Alguno) de ustedes se ha mudado de ciudad?
2. No tengo (nada, nadie) que hacer.
3. ¿(Otros, Alguien) me puede prestar un bolígrafo?
4. (Nadie, Algunos) me contestó.
5. Stormi (ella, se) levantó de mal humor.
6. En la clase, (alguno, varios) se volvieron para mirarla.
7. No (te, ti) propongas estar sola.
8. (Unos, Alguien) había puesto flores en mi mesilla.
9. Stormi (se, alguien) vistió deprisa.
10. Sabía que no vería a (algo, ninguno) de sus amigos de Chicago.
11. Stormi no esperaba (se, nada) de la nueva escuela.
12. Stormi (se, cualquiera) miró en el espejo.

Actividad para el hogar Su niño o niña estudió los pronombres indefinidos y reflexivos. Pídale que escriba un par de oraciones sobre cómo hacer amigos usando pronombres indefinidos como *alguno, cualquiera, nadie* o *ninguno.*

Nombre ______________________ **Stormi Giovanni**

Sufijos derivados del latín: *-ible, -able , -ancia, -oso, -osa*

Palabras de ortografía

amable	**estable**	**famosa**	**hermoso**	**amistoso**
tolerancia	**posible**	**detectable**	**ostentosa**	**calurosa**
orgulloso	**abundancia**	**incomible**	**razonable**	**venenoso**
pretenciosa	**gracioso**	**fragancia**	**accesible**	**sensible**

Sinónimos Escribe la palabra de la lista que tenga el mismo o casi el mismo significado.

1. duradero ______________
2. conocida ______________
3. arrogante ______________
4. aroma ______________
5. sensato ______________
6. probable ______________
7. profusión ______________
8. sentimental ______________
9. amigable ______________
10. fácil ______________

Antónimos Escribe la palabra de la lista que tenga el significado opuesto o casi opuesto.

11. modesta ______________
12. intolerancia ______________
13. aburrido ______________
14. apetecible ______________
15. humilde ______________
16. fría ______________
17. desagradable ______________
18. indetectable ______________
19. horrible ______________
20. inocuo ______________

Actividad para el hogar Su niño o niña trabajó con sinónimos y antónimos. Pídale que le diga el significado de tres palabras de la lista, que diga un sinónimo o un antónimo de cada una y que las use en una oración.

Nombre ______________________________

Título

Personajes

Ambiente

Sucesos

Vocabulario • Palabras poco comunes

- A veces cuando estás leyendo, ves una palabra poco común. Usa el **contexto**, es decir, las palabras que rodean a la palabra, para encontrar claves de su significado.
- Entre las claves del contexto se incluyen los sinónimos, los ejemplos y las explicaciones.

Instrucciones Lee el siguiente pasaje. Luego responde las preguntas a continuación.

En clase, el maestro de Meg hizo una demostración, es decir, una representación, de cómo abrir los nuevos gabinetes. "Marquen la combinación y empujen la manija", dijo. En vez de prestar atención, Meg hablaba con su amiga acerca de un episodio de su programa de televisión favorito, el último de la serie. "Meg, no debes hablar cuando yo estoy hablando. Soy muy estricto al seguir esta regla. Por favor quédate en el aula durante el recreo", le dijo el maestro con severidad. Meg estaba muy avergonzada, pero se sintió feliz de no tener que quedarse después de clases. Tenía que ir al dentista después de la escuela para que le rellenaran las caries.

1. ¿Qué significa *demostración*? ¿Qué clave del contexto te ayuda a determinar el significado?

____

____

2. ¿Qué significa *combinación*? ¿Cómo te ayuda el contexto a determinar el significado?

____

____

3. ¿Qué es un *episodio*? ¿Qué clave te ayuda a determinar esto?

____

____

4. ¿Cómo te ayudan las claves del contexto a determinar el significado de *estricto*?

____

____

5. ¿Qué significa *caries*? ¿Cómo puedes utilizar las claves del contexto para determinar el significado?

____

____

Actividad para la casa Su hijo o hija leyó un texto corto y usó claves del contexto para comprender palabras poco comunes. Trabaje con su hijo o hija para identificar palabras poco comunes en un artículo. Pídale que busque claves del contexto que lo ayuden a comprender el significado de las palabras. Confirme el significado con un diccionario.

Nombre ______________________ Stormi Giovanni

Diccionario de sinónimos

Un diccionario de sinónimos es un tipo de diccionario en el cual debajo de cada entrada aparecen sinónimos (palabras con el mismo significado o significado similar) y antónimos (palabras con el significado opuesto) de esa palabra. Algunos diccionarios de sinónimos incluyen palabras relacionadas. Puedes utilizar un diccionario de sinónimos para buscar nuevas palabras que sean interesantes cuando tengas que escribir.

Instrucciones Utiliza esta entrada del diccionario de sinónimos para responder las preguntas que se formulan a continuación.

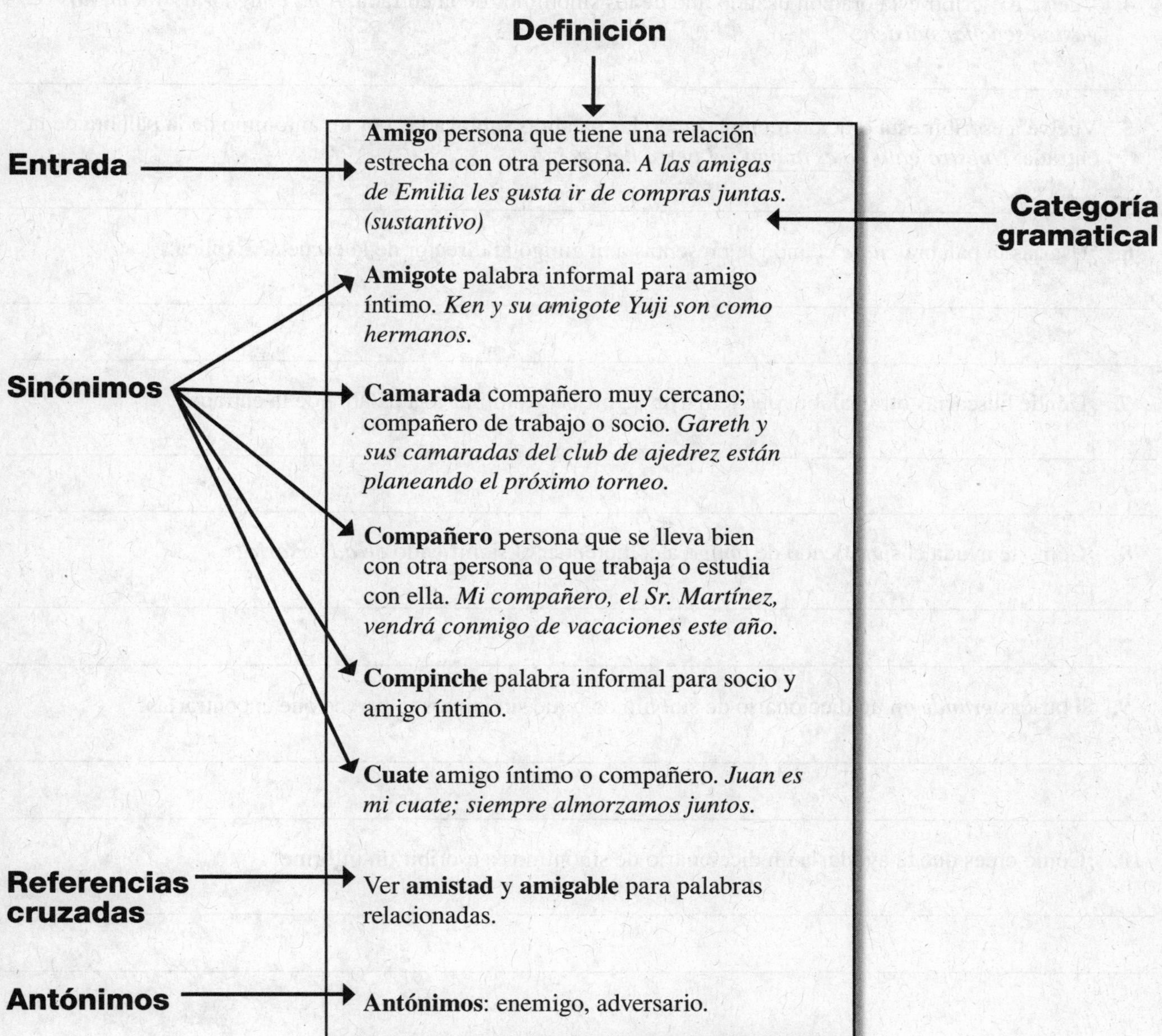

Definición
Entrada
Categoría gramatical
Sinónimos
Referencias cruzadas
Antónimos
Amigo persona que tiene una relación estrecha con otra persona. *A las amigas de Emilia les gusta ir de compras juntas. (sustantivo)*
Amigote palabra informal para amigo íntimo. *Ken y su amigote Yuji son como hermanos.*
Camarada compañero muy cercano; compañero de trabajo o socio. *Gareth y sus camaradas del club de ajedrez están planeando el próximo torneo.*
Compañero persona que se lleva bien con otra persona o que trabaja o estudia con ella. *Mi compañero, el Sr. Martínez, vendrá conmigo de vacaciones este año.*
Compinche palabra informal para socio y amigo íntimo.
Cuate amigo íntimo o compañero. *Juan es mi cuate; siempre almorzamos juntos.*
Ver **amistad** y **amigable** para palabras relacionadas.
Antónimos: enemigo, adversario.

Nombre ________________________ **Stormi Giovanni**

1. ¿Qué entrada del diccionario se muestra?

2. Nombra la categoría gramatical de la palabra.

3. ¿Qué sinónimos se brindan para la entrada?

4. Vuelve a escribir esta oración usando uno de los sinónimos de la entrada: *A mi amiga May y a mí nos gusta escuchar música.*

5. Vuelve a escribir esta oración reemplazando las palabras subrayadas por un antónimo de la palabra de la entrada: *Nuestro gato no es amigo del perro del vecino.*

6. ¿Usarías la palabra *cuate* cuando le presentas a tu amigo al director de la escuela? Explica.

7. ¿Dónde buscarías otra palabra que tenga un significado similar a la palabra de la entrada?

8. ¿Cómo te ayuda el significado de *amigo* a comprender el significado de *adversario*?

9. Si buscas *grande* en un diccionario de sinónimos, ¿qué sinónimos te parece que encontrarías?

10. ¿Cómo crees que te ayudaría un diccionario de sinónimos a escribir un informe?

Actividad para la casa Su hijo o hija respondió preguntas sobre una entrada de un diccionario de sinónimos. Observen juntos un diccionario de sinónimos. Pida a su hijo o hija que busque varias entradas usando las palabras que usted le diga. Hablen sobre los diferentes significados de cada sinónimo.

Sufijos derivados del latín: *-able, -ible, -ancia, -oso, -osa*

Corregir un artículo Busca cinco errores de ortografía y un error de uso de mayúscula en el artículo. Rodea con un círculo los errores y escribe las correcciones sobre las líneas.

Palabras de ortografía

sensible	orgulloso	abundancia	incomible	accesible
razonable	pretenciosa	gracioso	fragancia	amistoso
amable	estable	famosa	hermoso	calurosa
tolerancia	posible	detectable	ostentosa	venenoso

Sentido de la moda

Los compradores de las tiendas son los encargados de ordenar la ropa de moda que complacerá a los clientes. El año pasado, el sr. Clark, el comprador de la tienda, ordenó blusas en avundancia. Las blusas tenían un color amiztoso, una deliciosa fragansia y estaban a un precio muy acsesible. Como las blusas se vendieron rápidamente, el comprador se sintió orguyoso por la decisión que había tomado.

1. ____________ 2. ____________

3. ____________ 4. ____________

5. ____________ 6. ____________

Corregir las palabras Rodea con un círculo la ortografía correcta de la palabra de la lista.

7. Ese líquido es ________. ¡Ten cuidado!
venonoso benenoso venenoso

8. Hoy ha sido un día muy ________.
caluroso caloroso caluribie

9. Sé ________ con tus huéspedes cuando te visitan.
amiztoso amistoso amistozo

10. La cáscara de naranja es ________.
porosa poribie porable

11. Esa flor tiene una ________ deliciosa.
farlgancia fragancia fagrancia

12. Tu bicicleta no me gusta, me parece muy ________.
ostentosa ostontosa oztentosa

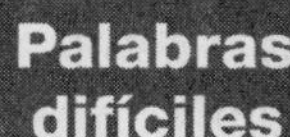

Palabras difíciles

porosa
vagancia
preferible
detestable
ojeroso

Actividad para la casa Su hijo o hija identificó las palabras mal escritas de la lista. Pídale que use en una oración tres palabras de la lista que terminen con *-ible* y tres que terminen en *-able*.

Pronombres indefinidos y reflexivos

Lee las oraciones. Luego lee cada pregunta. Encierra en un círculo la letra de la respuesta correcta.

Nueva en la escuela

(1) Esta mañana ______ me mandó un correo electrónico. (2) Yo ______ he propuesto ser la única miembro de mi club. (3) Mi mamá dice que ______ bueno me pasará en la escuela. (4) En la cafetería, ______ se sientan con sus amigos. (5) ______ me llamaron para que me sentara con ellos.

1 ¿Qué pronombre completa la oración 1?

A nada
B muchos
C alguien
D algunos

2 ¿Qué pronombre completa la oración 2?

A me
B alguien
C se
D mí

3 ¿Qué pronombre completa la oración 3?

A algunos
B algo
C muchos
D me

4 ¿Qué pronombre completa la oración 4?

A todos
B alguno
C nos
D nadie

5 ¿Qué pronombre completa la oración 5?

A Nadie
B Ninguno
C Algunos
D Alguien

Actividad para el hogar Su niño o niña se preparó para tomar un examen de pronombres indefinidos y reflexivos. Pídale que escriba dos oraciones con pronombres indefinidos.

Sacar conclusiones

- Una conclusión es una decisión razonable, tomada después de que piensas sobre lo que has leído.
- Sacar conclusiones también se puede denominar hacer inferencias.
- Utiliza tus conocimientos previos para que te ayuden a sacar conclusiones.

Instrucciones Lee el siguiente pasaje. Luego completa el diagrama que figura debajo.

Enrique es un joven gimnasta que se entrena para los Juegos Olímpicos. Se va a vivir al Centro de Entrenamiento Olímpico en Colorado Springs. Allí entrena doce horas por día con otros atletas. Además, de manera regular, participa en competencias para evaluar sus destrezas. Enrique determina objetivos para sí mísmo. Quiere mejorar sus destrezas gimnásticas para aprender rutinas más difíciles. Su cronograma de entrenamiento es muy exigente: no tiene tiempo para ir a una escuela común. Estudia todas las materias con un tutor. Luego de algunos años de entrenamiento, Enrique espera formar parte del equipo olímpico.

¿Qué dice el texto?
1.

¿Qué dice el texto?
2.

¿Qué dice el texto?
3.

¿Qué conclusión saco?
4.

5. Imagina a Enrique estudiando con su tutor. ¿Qué conclusión puedes sacar sobre las ventajas o desventajas de estudiar con un tutor en vez de estudiar en una escuela común?

___

___

Actividad para la casa Su hijo o hija leyó un pasaje corto y sacó conclusiones basadas en los detalles que se dan. Cuéntele una historia sobre un atleta que conozca. Pida a su hijo o hija que imagine los detalles a medida que usted los describe. Pídale que saque una conclusión basándose en los detalles que usted le da.

El corredor

Una noche mi abuelo me dijo: —Ven a ver televisión conmigo. El programa es sobre Jesse Owens.

—¿Quién es?—, pregunté con temor. A mi abuelo le fascina la historia, pero a mí no.

Mi abuelo me miró con cara de sorpresa para decirme que Jesse es el atleta a quien todo el mundo considera como el corredor estrella más rápido de pista. Me acurruqué junto a mi abuelo para mirar el programa de televisión sobre Jesse.

Después de ver el programa, yo quería ser el corredor estrella más rápido de pista, igual que Jesse. ¡Al día siguiente corrí a la escuela y llegué muy temprano! Desde entonces, corría a casa todas las tardes, a veces haciendo muecas por la falta de aliento. Corría rápido cuando hacía mandados para mi abuelo, dando volteretas al llegar.

Corría tanto que mi hermano me preguntó: —¿Quién crees que eres?—. Mi papá y mi maestro me preguntaron: —¿Por qué te apuras tanto?—. Mi abuelo sólo decía "Gracias".

Les conté a todos que me encantaba correr y que estaba practicando para ser una estrella de pista como Jesse. Sin embargo, mi hermano me dijo que tenía que comer más vegetales y menos papas fritas. Mi papá dijo que el atletismo también incluye el salto largo y la carrera con vallas. Mi abuelo dijo: —Los récords mundiales son de las personas más rápidas en distancias cortas y largas, y también tienes que aprender a saltar.

Mi cabeza casi explotaba con tantos consejos. Pero ahora que tengo un récord en carreras cortas a la escuela y en hacer mandados rápidos, el año que viene me puedo inscribir en actividades de atletismo.

1. ¿Qué puedes decir sobre la personalidad del autor?

____

____

____

____

____

2. ¿Qué detalles da el autor sobre sus sentimientos? Subraya las oraciones que hablan sobre los sentimientos.

Nombre ____________________

Vocabulario

Instrucciones Elige una palabra del recuadro que coincida con la definición. Escribe la palabra sobre la línea.

Verifica las palabras que conoces
___ amoratados
___ derrapar
___ foco
___ gimnasia
___ lateral
___ latían
___ mortal
___ mueca
___ titubear

____________ **1.** Salto de una vuelta completa pasando los pies por encima de la cabeza.

____________ **2.** Un deporte en el que se hacen ejercicios muy difíciles.

____________ **3.** No actuar con decisión.

____________ **4.** Que están de color morado.

____________ **5.** Expresión del rostro cuando se siente dolor.

Instrucciones Elige la palabra del recuadro que coincida con las pistas y completa el crucigrama.

HORIZONTALES

1. cómo quedaron mis codos después de la caída
2. palpitaban por el dolor
3. lugar hacia el costado en el que quedó mi bicicleta

VERTICALES

1. actividad deportiva que realiza mi hermanita
2. dudar

Escribe un informe periodístico

Imagina que eres un periodista deportivo en un encuentro de gimnasia. En una hoja aparte, escribe un informe periodístico. Utiliza todas las palabras del vocabulario que puedas.

Actividad para la casa Su hijo o hija identificó y utilizó palabras del vocabulario de *El gimnasta*. Hojee los artículos sobre un deporte en la sección de deportes de un periódico. Destaque y defina el vocabulario que se usa para describir cada tipo de deporte.

Los pronombres relativos *que* y *quien*

Los **pronombres relativos** introducen una oración subordinada que aporta información sobre un sustantivo y que cumple la misma función que un adjetivo.

Un perro, que miraba con curiosidad, era el único espectador.

Los pronombres relativos más comunes son: *que* y *quien*.

El **pronombre relativo *que*** se refiere siempre al sustantivo que va delante, el **antecedente.** *Que* puede referirse a personas, animales o cosas.

Me gustaron los zapatos que llevaba.

El **pronombre relativo *quien*** también se refiere a un antecedente, pero en este caso se trata sólo de personas, nunca de animales o cosas. El pronombre *quien* tiene una forma plural: *quienes*.

Sería mi primo quien me enseñase a dar el salto mortal.

A veces hay una preposición delante de *que, quien* o *quienes*.

Isaac es el gimnasta de quien te hablé.

Instrucciones Subraya las palabras entre ( ) que completan correctamente cada oración.

1. Pedro es el muchacho (a quien, que) hace gimnasia artística.
2. Quiero unos zapatos (que, quienes) parezcan de gimnasia.
3. Los niños (quien, a quienes) viste, son amigos míos.
4. Éste es el libro (del que, de quien) te hablé.
5. Mi hermano y yo estamos jugando al juego (que, del que) te hablé ayer.
6. Ojalá viniera Ben, (quien, con quien) también jugaríamos.
7. Compré los zapatos (que, a que) me recomendaste.
8. ¿Quién era el muchacho (quienes, que) estaba dando volteretas?
9. La del dorsal 44 es (quienes, quien) va a ganar.
10. Conseguí los asientos (quien, que) me pediste.
11 Mira, aquellos muchachos son los amigos de (quienes, quien) te hablé.
12. La pista en la (que, quienes) corren es de material sintético.

Actividad para el hogar Su niño o niña estudió los pronombres relativos *que* y *quien*. Pídale que escriba un par de oraciones usando los pronombres *que* o *quien*.

Nombre ______________________________

Prefijos *ante-, pre-, re-*

Palabras de ortografía				
antebrazo	**preceder**	**reanimar**	**anteayer**	**predestinado**
prelavado	**recalentar**	**anteojos**	**predefinir**	**reelegir**
refritos	**antepuesto**	**predecible**	**reintegrar**	**antesala**
reconstruir	**preaviso**	**recolectar**	**antepasados**	**preescolar**

Palabras en contexto Coloca la palabra que corresponda para completar la oración.

1. Para que podamos ir al torneo, tendremos que ______________ dinero.
2. Este mes tenemos que ______________ al presidente de la clase.
3. Para hablar con el líder, hay que esperar mucho tiempo en la ______________.
4. Eso no fue ayer; fue ______________.
5. Hay que ______________ a Luis, que está triste porque perdió su equipo.

Verificar la ortografía Encierra en un círculo la palabra correcta.

6. antedefinir predefinir pordefinir
7. reconstruir anteconstruir porconstruir
8. antebrazo rebrazo prebrazo
9. anteescolar preescolar reescolar
10. profritos antefritos refritos

Actividad para la casa Su hijo o hija escribió palabras con los prefijos *ante-, pre-, re-*. Pídale que deletree una palabra con cada uno de los tres prefijos.

Guía para calificar: Bosquejo autobiográfico

	4	3	2	1
Enfoque/ideas	Bosquejo autobiográfico claramente enfocado en un suceso importante de la vida del escritor	Bosquejo autobiográfico bastante claro; algo enfocado en un suceso de la vida del escritor	Bosquejo autobiográfico con algunos detalles sobre un suceso de la vida del escritor	Bosquejo autobiográfico sin enfoque alguno sobre la vida del escritor
Organización	Sucesos claros en orden cronológico	Sucesos en orden cronológico en su mayoría	Sucesos un tanto desorganizados	Organización escasa o nula
Voz	Muestra con claridad la personalidad y los sentimientos del escritor hacia el tema.	Muestra algunas indicaciones de la personalidad y los sentimientos del escritor hacia el tema.	Muestra escasas indicaciones de la personalidad y los sentimientos del escritor hacia el tema.	No muestra indicaciones de la personalidad ni los sentimientos del escritor hacia el tema.
Lenguaje	Primera persona utilizada apropiadamente en todo el texto	Primera persona utilizada correctamente en su mayoría, pero no en forma consistente	Pronombres de primera persona utilizados incorrectamente	De haber alguno, los pronombres de primera persona se utilizan incorrectamente.
Oraciones	Oraciones claras e interesantes	Oraciones claras e interesantes en su mayoría	Oraciones entrecortadas	Fragmentos o falta de signos de puntuación
Normas	Excelente control y precisión; *que* y *quien* utilizados consistente y correctamente	Buen control; *que* y *quien* utilizados correctamente en su mayoría, pero no consistentemente	Los errores pueden generar dificultades de comprensión; *que* y *quien* utilizados o escritos incorrectamente.	Errores frecuentes que afectan el significado; *que* y *quien* utilizados incorrectamente en todos los casos

Vocabulario • Sufijo *-al*

- El **sufijo** es un grupo de letras que se agrega al final de la palabra base para cambiar su significado o la manera en que se usa en la oración. Por ejemplo, el antiguo sufijo *-al* significa relación o pertenencia, como en *cultural* o *artesanal*. Puedes usar los sufijos como ayuda para descubrir el significado de las palabras.
- En los diccionarios, la definición de una palabra base con el sufijo agregado generalmente se encuentra cerca de la palabra base. La definición de la palabra base es útil para comprender el significado de una palabra.

Instrucciones Lee el siguiente texto. Observa las palabras con el sufijo *-al* mientras lees. Luego responde las preguntas de abajo.

La competencia gimnástica distrital comenzó con una rutina espectacular en la barra de equilibrio que realizó Amy, la principal competidora. Luego, Amy subió de un salto a la barra de equilibrio y comenzó su rutina sin vacilación. Le fue bien en el salto mortal y las volteretas, pero en una voltereta hacia atrás cayó mal. Le pareció que ese dolor era el dolor corporal más fuerte y vio estrellas azules delante de sus ojos. Mientras terminaba su rutina, Amy pensó: "Aquí termina mi posibilidad de ser finalista". ¡Pero cuando se mostraron los números, ella había logrado el mayor puntaje! Aunque el tobillo le palpitaba, subió al estrado de los jueces y recibió la medalla.

1. ¿Qué palabra significa "perteneciente al distrito"? ¿Qué parte de la palabra es una clave?

____

____

2. Deduce el significado de la palabra *mortal* a partir del sufijo.

____

____

3. ¿Cuál es el sufijo de *corporal*? ¿Cómo el sufijo cambia el significado de la palabra base?

____

4. ¿Cómo harías para formar un adjetivo con la palabra *medicina*? ¿Cuál sería el adjetivo?

____

Actividad para la casa Su hijo o hija leyó un texto e identificó y usó el sufijo *-al* para comprender palabras nuevas. En un artículo de diario o revista, busquen palabras con el sufijo *-al* y deduzcan su significado. Confirme los significados buscándolos en el diccionario.

Nombre ______________________________

Gráficas

Las **gráficas**, o **gráficos**, muestran información de manera visual. Puedes utilizar gráficas para comparar cosas. Observa el título o el rótulo de una gráfica para ver qué es lo que se compara. Hay muchos tipos de gráficas, entre las que están las gráficas de barras y las gráficas circulares. Una **gráfica de barras** presenta información en barras verticales ubicadas en un eje de coordenadas. Las palabras o los números a lo largo de cada eje explican lo que se compara. Una **gráfica circular**, que también se denomina gráfica de torta, compara las partes de un todo.

Instrucciones Utiliza esta gráfica para responder las preguntas a continuación.

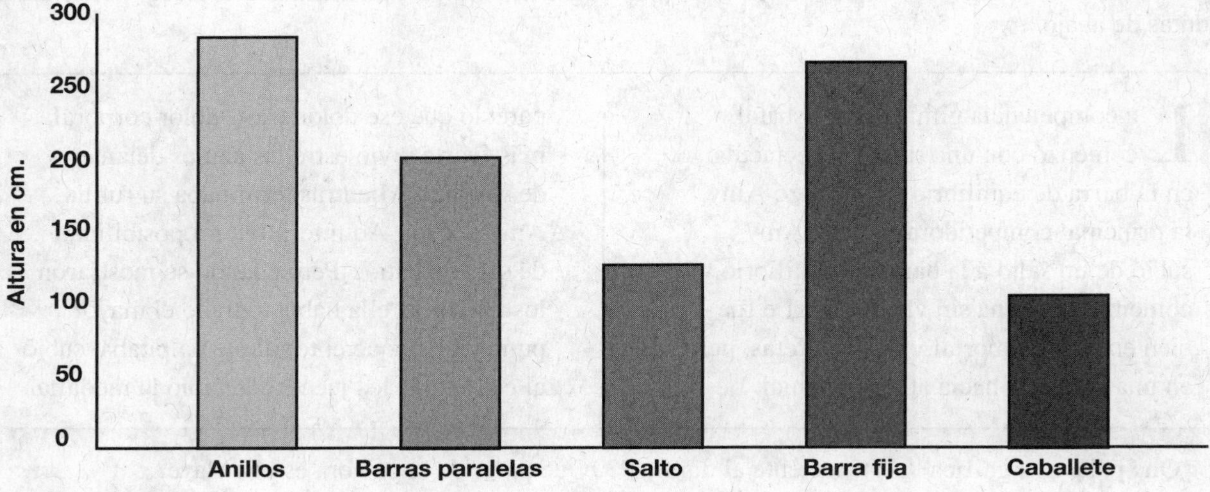

1. Explica qué clase de gráfica es y cómo lo sabes.

____

____

2. ¿Cuál es el aparato más alto del equipo? ¿Cuál es el aparato más bajo del equipo?

____

____

3. ¿Cuántos aparatos del equipo se comparan?

____

4. ¿Aproximadamente qué altura tienen las barras paralelas? ¿Y la barra fija?

____

5. ¿Esta gráfica sería una buena fuente para obtener información sobre el equipo usado por las gimnastas mujeres? ¿Por qué?

____

____

Nombre ____________________

Instrucciones Utiliza la gráfica para responder las preguntas a continuación.

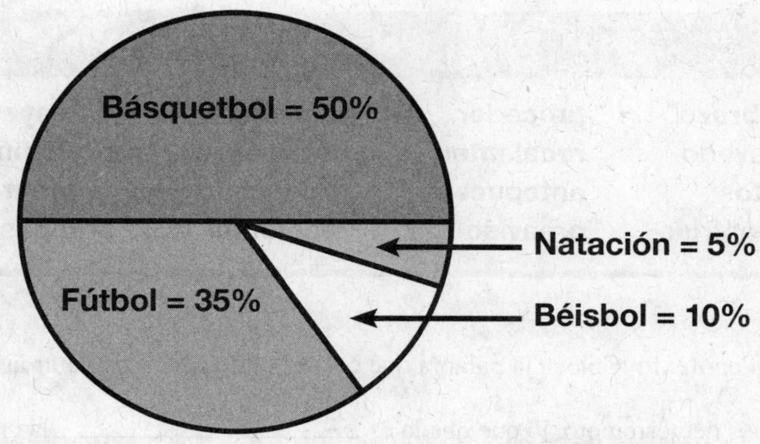

Deportes favoritos de los estudiantes de quinto grado de la Escuela Sawyer

6. ¿Qué clase de gráfica es ésta? ¿Cómo lo sabes?

____

____

7. ¿Cuál es el deporte favorito de los estudiantes de quinto grado de la Escuela Sawyer? ¿Qué porcentaje de estudiantes prefieren ese deporte?

____

____

8. ¿Cuál es el segundo deporte más popular? ¿Qué porcentaje de estudiantes prefieren ese deporte?

____

____

9. ¿Cuál es el deporte menos popular? ¿Qué porcentaje de estudiantes prefieren ese deporte?

____

____

10. ¿Qué se compara en esta gráfica? Explica por qué piensas que este tipo de gráfica presenta esta información de manera efectiva.

____

____

____

Actividad para la casa Su hijo o hija aprendió a usar gráficas como recursos. Con su hijo o hija, observe una gráfica que aparezca en el periódico o en un folleto. Pregúntele qué información se compara. Hágale a su hijo o hija preguntas específicas sobre la información que se muestra en las gráficas.

Nombre ____

Prefijos *ante-, pre-, re-*

Palabras de ortografía				
antebrazo	**preceder**	**reanimar**	**anteayer**	**predestinado**
prelavado	**recalentar**	**anteojos**	**predefinir**	**reelegir**
refritos	**antepuesto**	**predecible**	**reintegrar**	**antesala**
reconstruir	**preaviso**	**recolectar**	**antepasados**	**preescolar**

Palabras en contexto Coloca la palabra que corresponda para completar la oración.

1. Después del terremoto, lo que queda es ____________________ la ciudad.
2. Me di un golpe en el ____________________.
3. Mi hermano comienza este año el ____________________.
4. Eso no fue ayer; fue ____________________.
5. Me encantan los frijoles ____________________.

Verificar la ortografía Encierra en un círculo la palabra correcta.

6.	redecible	predecible	antedecible
7.	recolectar	antecolectar	precolectar
8.	antelegir	porelegir	reelegir
9.	antesala	presala	resala
10.	reanimar	preanimar	anteanimar

Palabras difíciles

predecir
anteúltimo
recalar
antemeridiano
reponer

Completar Agrega el prefijo que corresponda.

11. Los pantalones venían ______lavados.
12. Mi hermano no ve muy bien; necesita ______ojos.
13. Tuvo que ______poner el dinero que tomó.
14. Voy a ______calentar mi comida porque se enfrió.
15. En China se les tiene mucho respeto a los ______pasados.

Actividad para la casa Su niño o niña identificó palabras con los prefijos *ante-*, *pre-* y *re-*. Pídale que mencione otras palabras que comiencen con los tres prefijos estudiados.

Los pronombres relativos *que* y *quien*

Lee las oraciones. Luego lee cada pregunta. Encierra en un círculo la letra de la respuesta correcta.

Empieza la competencia

(1) Los gimnastas ______ ganen recibirán esos trofeos. (2) Serán los jueces ______ designen al vencedor. (3) Nunca vi un salto ______ fuera tan difícil como éste. (4) Lo realizó el gimnasta ______ tanto me habían hablado. (5) Ése es el podio ______ se subirán los triunfadores.

1 ¿Qué opción completa correctamente la oración 1?

- **A** de que
- **B** a quien
- **C** que
- **D** quien

2 ¿Qué opción completa correctamente la oración 2?

- **A** quienes
- **B** a quienes
- **C** quien
- **D** el que

3 ¿Qué opción completa correctamente la oración 3?

- **A** quien
- **B** el que
- **C** de que
- **D** que

4 ¿Qué opción completa correctamente la oración 4?

- **A** quien
- **B** quienes
- **C** de quien
- **D** que

5 ¿Qué opción completa correctamente la oración 5?

- **A** de que
- **B** al que
- **C** de quien
- **D** quien

Actividad para el hogar Su niño o niña se preparó para tomar un examen de los pronombres relativos *que* y *quien*. Lean juntos una noticia del periódico. Pídale que busque pronombres relativos e identifique sus antecedentes.

Nombre ______________________________

Palabras con *-ción, -sión*

Palabras de ortografía

migración	**educación**	**presión**	**dicción**
animación	**porción**	**colección**	**situación**
posición	**comunicación**	**discusión**	**loción**
ilusión	**tensión**	**profesión**	**contorsión**
confusión	**exposición**	**organización**	**estación**

Escribir en orden alfabético Escribe las diez palabras siguientes de la lista en orden alfábetico.

migración	animación	exposición	presión	situación
organización	colección	discusión	confusión	educación

1. ______________
2. ______________
3. ______________
4. ______________
5. ______________
6. ______________
7. ______________
8. ______________
9. ______________
10. ______________

Clasificar Escribe la palabra de la lista que pertenece a cada grupo.

11. postura, ubicación, situación ______________
12. deseo, fantasía, ficción ______________
13. trozo, fracción, ración ______________
14. mensaje, conexión, relación ______________
15. presión, incertidumbre ______________
16. empleo, carrera, ocupación ______________
17. articulación, expresión, voz ______________
18. crema, perfume, colonia ______________
19. contracción, retorcimiento, mueca ______________
20. período, temporada, etapa ______________

Actividad para la casa Su niño o niña aprendió a deletrear palabras con *-ción* y *-sión*. Busque otras palabras con *-ción* y *-sión* en un diccionario y pida a su niño que las use en una oración.

Pronombres sujeto y complemento

Instrucciones Escribe *S* si el pronombre subrayado es sujeto o *C* si funciona como complemento del verbo.

1. Me parece muy importante proteger los bosques. ________
2. Él opina lo mismo que yo. ________
3. Como las mariposas son frágiles, les afecta cualquier cosa. ________
4. Ellas necesitan refugiarse en los árboles. ________
5. ¿Recuerdas que nos lo dijo el conservador? ________
6. Yo espero que aprueben la ley de protección. ________
7. ¿A ustedes les interesa la entomología? ________
8. A mí me parece muy interesante. ________
9. Nosotros, mi hermano y yo, tenemos una colección de insectos. ________
10. Los tenemos en unas cajas especiales con tapa de cristal. ________

Instrucciones Subraya el pronombre entre () que completa cada oración.

11. (Ustedes, Nosotros) fuimos al museo de historia natural.
12. En las salas de insectos, (los, les) había a miles.
13. (Yo, Me) interesaron especialmente las mariposas.
14. Mi hermano miró las mariposas y (los, las) dibujó.
15. Los dibujos (lo, le) salieron muy bien.
16. Yo (me, te) voy ya a la casa.
17. ¿Y (te, tú), qué haces?
18. (Les, Ustedes) prefieren ir a la cafetería.

Nombre ______________________

Prefijos *sobre-*, *sub-*, *super-* y *vice-*

Palabras de ortografía			
sobretodo	sobrestimar	superdotado	superproducción
sobrentendido	subconsciente	sobresalir	superfino
sobrepuesto	subdirector	superviviente	vicepresidente
sobrecama	subalterno	sobreponer	vicesecretario

Analogías Escribe la palabra de la lista que completa cada comparación.

1. El presidente es al vicepresidente lo que el secretario es al ________. ________
2. El cielo es al aeroplano lo que el océano es al ________. ________
3. Los zapatos son a la zapatería lo que los alimentos son al ________. ________
4. Restar es a eliminar lo que añadir es a ________. ________
5. Comediante es a gracioso como fantasma es a ________. ________
6. Rebajar es a subestimar lo que exagerar es a ________. ________

Sinónimos Escribe la palabra de la lista que tenga el mismo o casi el mismo significado.

11. bajo tierra ________
12. colcha ________
13. evidente ________
14. producción ________
15. destacarse ________
16. víctima ________

Actividad para la casa Su niño o niña repasó los prefijos *sobre-*, *sub-*, *super-* y *vice-*. Pídale que forme dos analogías que contengan las palabras de la lista y que explique cómo funcionan las analogías.

Pronombres y antecedentes

Instrucciones Escribe las oraciones sustituyendo las palabras subrayadas por pronombres. Cambia el orden de las palabras si es preciso.

1. El apodo de esta niña describe bien a esta niña.

____

2. Mi tío Jeff era torpe y yo me parezco a mi tío Jeff.

____

3. Mi tío Jeff es simpático y yo quiero mucho a mi tío Jeff.

____

4. No sólo pierdo cosas, también rompo cosas.

____

5. Como Vic me comprende, yo confío en Vic.

____

6. Vic y yo somos inseparables, según dicen a Vic y a mí.

____

Instrucciones Encierra en un círculo el antecedente del pronombre subrayado.

7. Yo soy un poco torpe; me llaman Salada.
8. El trampolín es mi pesadilla; siempre me tropiezo con él.
9. Se me cayó el sombrero y tuve que recogerlo.
10. Mi mamá bailaba y yo la admiro mucho.
11. Mis amigos no confían mucho en mí, pero los voy a sorprender.
12. Gus quería la pelota, así que se la lancé.
13. Ustedes vinieron a visitarme y yo se los agradezco.
14. Mis amigas me han traído flores; ¿puedes ponerlas en agua?

Nombre ____________________

Acento diacrítico

Palabras de ortografía									
si	se	dé	más	te	él	tú	mi	aún	sólo
sí	sé	de	mas	té	el	tu	mí	aun	solo

Acentuar Coloca el acento diacrítico si corresponde en la palabra subrayada y vuelve a escribirla.

1. Anoche mis padres salieron y me dejaron <u>solo</u>. ____________
2. No le pongas azúcar a mi <u>te</u>. ____________
3. <u>Solo</u> quedaba una botella de leche. ____________
4. No <u>te</u> pares tan cerca del borde. ____________
5. Pelé es <u>el</u> mejor futbolista de la historia. ____________
6. ¡Cada día estás <u>mas</u> alto! ____________
7. <u>El</u> me dijo que no. ____________
8. A <u>mi</u> no me gusta escuchar música. ____________
9. Estudió, <u>mas</u> no sacó la nota que esperaba. ____________
10. Llevo el libro en <u>mi</u> mochila. ____________

Completar En las siguientes oraciones, escribe la palabra que corresponda.

11. ________ en sus mejores días, le cuesta hacer ese ejercicio. ____________
12. La carta ________ no ha llegado. ____________
13. La música no ________ escucha. ____________
14. Yo no ________ dónde está. ____________
15. ________ tuviera el dinero, ya lo habría comprado. ____________
16. Con un poquito de azúcar ________ me gusta. ____________
17. Ojalá no me ________ la gripe. ____________
18. Son las llaves ________ la casa. ____________
19. ¿Dónde estabas ________? ____________
20. ¿A qué hora saliste de ________ casa? ____________

Actividad para la casa Su niño o niña aprendió a reconocer y escribir las palabras con acento diacrítico. Pídale que busque algunas de las palabras de la lista en un periódico o revista. Luego, pídale que use cada palabra en oraciones.

Nombre ________________________________

Pronombres posesivos

Instrucciones Subraya el pronombre posesivo de cada oración.

1. No me gustan sus libros; prefiero los míos.
2. Esos microscopios son los suyos.
3. He perdido mi lupa, ¿me prestas la tuya?
4. Aquí guardaremos nuestras observaciones; allí pueden ustedes guardar las suyas.
5. A María le gusta mi colección y a mí, la suya.
6. Ustedes ya fueron a recoger sus cosas; nosotros aún no hemos recogido las nuestras.
7. ¿Crees que mi bicicleta es mejor que la tuya?
8. Dale estos botes a Pedro, porque son los suyos.
9. Mira, esa mochila se parece a la mía.
10. ¿Tú qué lentes prefieres: éstos o los tuyos?

Instrucciones Escribe el pronombre posesivo que sustituye a las palabras entre ( ).

11. los (prismáticos de Delia) ____________________
12. el (cuaderno de mis primos) ____________________
13. la (casa de mi familia y mía) ____________________
14. (tu sándwich) ____________________
15. la (carpeta de Juan y Ben) ____________________
16. (mis patines) ____________________
17. las (fotos tuyas y de Tony) ____________________
18. los (ejercicios de Delia y Susana) ____________________

Nombre ______________________________

Sufijos derivados del latín: *-able, -ible, -ancia, -oso, -osa*

Palabras de ortografía				
amable	**pretenciosa**	**gracioso**	**fragancia**	**accesible**
sensible	**estable**	**famosa**	**hermoso**	**amistoso**
tolerancia	**posible**	**detectable**	**ostentosa**	**calurosa**
orgulloso	**abundancia**	**incomible**	**razonable**	**venenoso**

Palabras en contexto Completa las oraciones con una palabra de la lista.

1. El auto se vende a un precio ______________.
2. Mi madre dijo que era ______________ ir a acampar este fin de semana.
3. Cuando una tostada se quema es ______________.
4. El arco iris muestra una ______________ de colores.
5. No se deben comer los frutos de ese arbusto ya que es ______________.
6. Es importante practicar la ______________ cuando alguien tiene opiniones distintas a las nuestras.
7. Laura colecciona autógrafos de gente ______________.
8. El equipo de fútbol de la escuela está ______________ por su victoria.
9. La mamá de Pedro fue muy ______________; y nos invitó a cenar.
10. Es ______________ observar el amanecer en el mar.
11. La nueva compañera de clase es ______________; siempre pretende ser más de lo que es.
12. El payaso del circo que ha llegado a la ciudad es muy ______________.
13. Algo fosforescente es fácilmente ______________ en la oscuridad.
14. A los vecinos les encanta la casa de Juan porque es ______________.
15. La entrada de la escuela es ______________; tiene una rampa para discapacitados.
16. María es muy ______________; le encantan las novelas de amor.
17. ¡No subas a esa vieja escalera! No parece muy ______________.
18. Nuestro perro es muy ______________ con los extraños.
19. Me gusta la ______________ delicada de las rosas.
20. En la tarde ______________ de ayer nos refugiamos debajo del viejo roble.

Actividad para la casa Su hijo o hija aprendió la ortografía de palabras con los sufijos derivados del latín: *-able, -ible, -ancia, -oso, -osa*. Pídale que formule varias oraciones con las palabras de la lista.

Pronombres indefinidos y reflexivos

Instrucciones Escribe *indefinido* o *reflexivo* para identificar el pronombre subrayado.

1. Todos habían ido a despedirse de Ana. ____________________
2. Ana se sentó en el auto. ____________________
3. Sus padres se apresuraron. ____________________
4. Nadie sabía la hora de salida del tren. ____________________
5. Muchos fueron en tren. ____________________

Instrucciones Subraya el pronombre entre ( ) que completa correctamente cada oración.

6. (Algunos, Ninguno) conocía a aquella muchacha.
7. Ella (se, él) durmió enseguida.
8. No le había dicho a (nada, nadie) que se iba.
9. Tú (te, se) enteraste por casualidad.
10. (Algunos, Cualquiera) se habría puesto triste.

Instrucciones Elige un pronombre del recuadro para completar correctamente cada oración y escríbelo en la raya.

te	nos	todos	nadie	varios	me

11. No pienso saludar a ____________________.
12. Aquí no tengo amigos, están ____________________ en Chicago.
13. Yo ____________________ conozco y sé que sufriré.
14. ¿Tú ____________________ has planteado hacer nuevos amigos?
15. Había muchos estudiantes y ____________________ estaban leyendo.
16. Tú y yo ____________________ veremos en la cafetería.

Prefijos *ante-*, *pre-*, *re-*

Palabras de ortografía

antebrazo	preceder	reanimar	anteayer	predestinado
prelavado	recalentar	anteojos	predefinir	reelegir
refritos	antepuesto	predecible	reintegrar	antesala
reconstruir	preaviso	recolectar	antepasados	preescolar

Sinónimos Escribe la palabra de la lista que tenga el mismo o casi el mismo significado.

1. lentes ______________
2. señalado ______________
3. recoger ______________
4. establecer de antemano ______________
5. revitalizar ______________
6. del codo a la muñeca ______________
7. lavado previo ______________
8. frituras ______________
9. antes de primer grado ______________
10. galería ______________

Antónimos Escribe la palabra de la lista que tenga un significado opuesto o casi opuesto.

1. enfriar ______________
2. sucesores ______________
3. pospuesto ______________
4. posponer ______________
5. destruir ______________
6. impredecible ______________
7. quitar ______________
8. notificación posterior ______________
9. vetar ______________
10. pasado mañana ______________

Actividades hogareñas Su hijo o hija escribió sinónimos y antónimos de palabras con los prefijos *ante-*, *pre-*, *re-*. Mencione varias palabras de la lista. Pídale que diga un sinónimo y un antónimo para cada una y que las use en una oración.

Los pronombres relativos *que* y *quien*

Instrucciones Subraya cada pronombre relativo y escribe si su antecedente es *femenino* o *masculino*, *singular* o *plural*.

1. Ahí está la muchacha de quien te hablé. ______________ ______________

2. Ésos son los gimnastas con quienes entreno. ______________ ______________

3. Juan será quien empiece. ______________ ______________

4. Buscó un entrenador que trabajase bien. ______________ ______________

5. Veo a mis primas, a quienes invité. ______________ ______________

Instrucciones Escribe *que, quien* o *quienes,* según corresponda.

6. Esta es una nota de prensa ______________ salió ayer.

7. Tengo unas hermanas a ______________ les encanta la gimnasia.

8. Deja los zapatos en el armario ______________ está a la entrada.

9. No vino el amigo con ______________ me había citado.

10. El campeonato, al ______________ asistí, fue de lo más reñido.

Instrucciones Vuelve a escribir cada oración y corrige los errores si los hubiera.

11. Mi primo, de quienes te hablé, es un buen gimnasta.

____

12. Era él quien se entrenaba cada mañana.

____

13. No hay una sola mañana quien no haya madrugado.

____

14. No trata con nadie quienes no sea del mundo de la gimnasia.

____

15. Él es la persona quien más admiro.

____

Nombre ____

Tabla de causa y efecto

Instrucciones La mayoría de los sucesos tiene más de una causa y efecto. Completa la tabla con cada causa y efecto que ayuda a explicar el cambio sobre el que planeas escribir en tu ensayo.

Cambio	
Causa	**Efecto**

Nombre ___________________________

Usar palabras de causa y efecto

Instrucciones Escribe tres oraciones o conjuntos de oraciones para tu ensayo que hablen sobre causas y/o efectos. Agrega una de las siguientes palabras o frases para cada oración o conjunto de oraciones con el fin de que la causa y el efecto sean claros. Es probable que debas cambiar algunas palabras.

Palabras y frases para los ensayos de causa y efecto	
Palabras y frases para las causas	**Palabras y frases para los efectos**
porque	de manera que
como	por lo tanto
debido a	por esta razón
a causa de	como resultado
	en consecuencia

1. ___________________________

____

____

2. ___________________________

____

____

3. ___________________________

____

____

Nombre ______________________________

Combinar y cambiar el orden de las oraciones

Escribe claramente poniendo las oraciones en el orden más lógico.

Poco claro Llega la primavera. De la semilla brota un pequeño retoño. La semilla recibe agua y sol.

Claro Llega la primavera. La semilla recibe agua y sol. De la semilla brota un pequeño retoño.

Instrucciones Lee cada grupo de oraciones. Decide si las oraciones son claras y están en orden lógico. Si no lo están, cambia el orden de las oraciones y escríbelas con el nuevo orden. Es probable que desees agregar o cambiar palabras que ayuden a que el orden sea claro.

1. Jon comenzó a correr en maratones. Decidió ponerse en forma. Comenzó a correr una milla por vez.

____

____

2. Las grandes tormentas se forman sobre el océano. Forman huracanes. El agua del océano está caliente.

____

____

3. El camaleón pasó del color verde pálido al marrón. El cambio parecía milagroso. Estaba trepando por una pared marrón.

____

____

4. La aguanieve se transformó en nieve. La temperatura cayó a bajo cero. Era un frío día de invierno.

____

____

5. Las plantas de tomates crecieron. El Sr. Parker puso fertilizante en el suelo. Era un jardinero orgulloso.

____

____

Nombre ____________________

Comentar entre compañeros
Ensayo de causa y efecto

Instrucciones Después de intercambiar borradores, lee el ensayo de tu compañero. Consulta la Lista para revisar mientras tomas notas sobre el ensayo de tu compañero. Escribe tus comentarios o preguntas sobre el texto. Ofrece elogios y sugerencias para las revisiones. Tú y tu compañero deben turnarse para hablar sobre los borradores respectivos usando las notas que escribieron. Entrega tus notas a tu compañero.

Lista para revisar

Enfoque/Ideas

☐ ¿El ensayo de causa y efecto se centra en las razones por las que cambia una persona, un animal o un objeto de la naturaleza?

☐ ¿Contiene el ensayo detalles sobre todas las causas y todos los efectos?

Organización

☐ ¿Tiene el ensayo una introducción, un desarrollo y una conclusión?

☐ ¿Las oraciones se encuentran organizadas de la manera más lógica? ¿Es necesario cambiar el orden de algunas oraciones?

Voz

☐ ¿Es la voz de un escritor informado y, a la vez, conversacional?

Lenguaje

☐ Las palabras y frases de causa y efecto, ¿hacen que dicha relación sea clara?

Oraciones

☐ ¿Tiene el ensayo diversidad de tipos y extensiones de oración?

Cosas que pensé que eran buenas ____________________

____

Cosas que pensé que podían mejorarse ____________________

____

Nombre ________________________________

Personajes y argumento

- Las **características** de un personaje son las cualidades, como valentía o timidez, de los **personajes**, que son las personas y los animales de un cuento. Podemos ver las características de los personajes mediante sus palabras o mediante el modo en que los tratan los otros personajes.
- El **argumento** es el patrón de sucesos en un cuento. Por lo general, los sucesos se cuentan en secuencia, desde el comienzo hasta el final.

Instrucciones Lee el siguiente pasaje. Luego completa el diagrama.

Darcy Evans siempre fue una rebelde. Cuando era joven, se manifestó a favor de los derechos civiles. Estaba en contra de un plan para construir el primer centro comercial en su pequeña ciudad. Estuvo en la primera celebración del Día de la Tierra, en los años setenta. Salven a los delfines, salven a las ballenas, salven a los árboles: Darcy siempre encontraba una buena causa para apoyar, sin importar cuántos años tuviera ella. Por eso nadie se sorprendió cuando Darcy Evans, a los 83 años, lideró la lucha para salvar el edificio de 200 años de la municipalidad. “Soy casi tan vieja como la municipalidad”, bromeaba. Pero todos sabían que si Darcy luchaba por ese edificio, era porque valía la pena hacerlo.

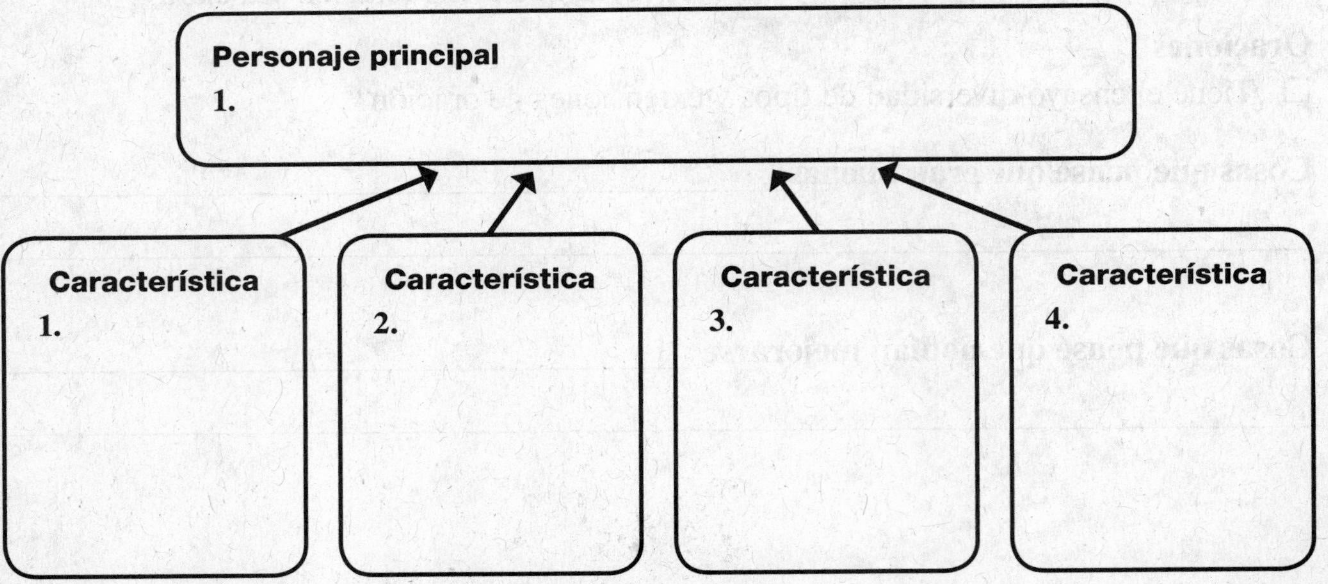

5. ¿Por qué Darcy lucha a favor de varias causas?

____

Actividad para la casa Su niño o niña respondió preguntas sobre el personaje y el argumento de un pasaje de ficción. Pídale que le describa a su personaje favorito de un libro.

Nombre ____________________

Tabla de tres columnas

Vocabulario

Instrucciones Traza una línea que conecte cada palabra de la columna izquierda con su definición de la columna derecha.

1. bramido	se dio por vencido, desechó
2. salvaje	propósito, intención, esfuerzo
3. intento	sonido que puede emitir un toro
4. hazaña	indomable, feroz, enfurecido
5. abandonó	un acto difícil o que requiere de habilidad

Verifica las palabras que conoces

___hazaña
___inmensamente
___cueva
___intento
___abandonó
___salvaje
___bramido

Instrucciones Selecciona la palabra del recuadro que mejor concuerde con cada oración. Escribe la palabra en la línea.

________________ **6.** El bandido sepultó el oro en la ________ justo antes de su arresto.

________________ **7.** En su última valiente ________ , el artista en fuga se liberó de las cadenas justo a tiempo para alcanzar a tirar del cordón del paracaídas.

________________ **8.** Su ________ de recorrer el Sendero de los Apalaches en dos meses tenía pocas probabilidades de prosperar.

________________ **9.** La ________ popular estrella de música rock fue recibida en el coliseo por miles de afectuosos fanáticos.

________________ **10.** La ________ pantera miraba agazapada a su presa.

Escribir un informe periodístico

En una hoja aparte, escribe un informe periodístico imaginario que describa a dos jóvenes de tu vecindario que sorprenden a todos al tener éxito en una difícil tarea. Usa la mayor cantidad de palabras de vocabulario posible.

Actividad para la casa Su hijo o hija identificó y usó palabras del vocabulario del cuento *La escalera para zorrillos*. Juntos, hagan una lista de los logros que usted o su hijo o hija realizan regularmente, pero que podrían parecer asombrosos para otros.

Nombre ______________________

Oraciones y frases negativas

Hay palabras que dicen que no, tales como *no, nadie, nada, nunca, jamás, ningún* (o *ninguno*), *tampoco, ni... ni...* Una oración que dice que no es una **oración negativa.**

—¿Mostró el zorrillo algún deseo de subir la escalera?

—No, no mostró ningún deseo de subirla.

Hay distintas maneras de formar una oración negativa; la más frecuente es poner delante del verbo la palabra *no.*

Nuestro submarino no logró sacarnos a la superficie.

Otra manera consiste en poner delante del verbo la palabra *no* y usar otra palabra negativa después del verbo.

No funcionaron ni el aparato de buceo ni el avión casero.

No he visto jamás un hoyo más lindo que ése.

Instrucciones Subraya las palabras negativas en cada oración.

1. No construyan nada.
2. ¿Hoy no me llamó nadie?
3. Ni me interesa el zorrillo ni me gusta su olor.
4. No me distraigas que estoy trabajando.
5. Nunca vi un zorrillo.
6. Ninguno de mis amigos vino a verme.
7. No bajes al hoyo que hay un zorrillo.
8. Yo no sé nada de ningún zorrillo.
9. Tú vigila para que no nos pille mi padre.
10. No vamos a jugar y tampoco nos meteremos en líos.

Actividad para el hogar Su niño o niña estudió las oraciones y frases negativas. Lean juntos un párrafo de un cuento y pídale que identifique las palabras negativas.

Términos que se prestan a confusión

Palabras de ortografía				
asimismo	**también**	**hecho**	**tampoco**	**en torno**
así mismo	**tan bien**	**echo**	**tan poco**	**entorno**
sino	**haber**	**por qué**	**ojear**	**rehusar**
si no	**a ver**	**porque**	**hojear**	**reusar**

Palabras en contexto Escribe la palabra o las palabras que completan cada oración.

1. ¿Por qué no vas __________ que está pasando allí? __________
2. La playa está vacía, así que debe __________ mal tiempo. __________
3. Tengo que estudiar mucho, ¡y queda __________ tiempo para el examen! __________
4. Ayer, desafortunadamente, __________ pude ver televisión. __________
5. ¿__________ no fuiste a la fiesta de Juan? __________
6. No fui __________ tenía un partido de fútbol. __________
7. Se fue cuando vio que el trabajo ya estaba __________. __________
8. Yo no le __________ la culpa a nadie de lo que pasó. __________

Palabras en contexto Indica si en la oración se utiliza el término correcto.

9. El daño se lo hizo a sí mismo. Correcto Incorrecto
10. Como lo estás haciendo, a sí mismo es. Correcto Incorrecto
11. La Tierra gira en torno a su eje. Correcto Incorrecto
12. El problema es que su en torno no lo ayuda. Correcto Incorrecto
13. Al llegar, debes hojear el lugar para medir el cuarto. Correcto Incorrecto
14. No voy a leer el periódico, sólo voy a hojear las páginas a ver si encuentro algo interesante. Correcto Incorrecto
15. Para ayudar a conservar el ambiente, hay que rehusar los papeles que se imprimen. Correcto Incorrecto
16. Aunque me lo pida, me voy a rehusar a ir. Correcto Incorrecto

Actividad para la casa Su hijo o hija estudió términos que se prestan a confusión. Pida a su hijo o hija que verifique en un diccionario el significado de las palabras del segundo ejercicio.

Aspectos principales de un poema con rima

- contiene rima y ritmo
- a menudo, usa lenguaje figurado, como símiles y metáforas, y también palabras sensoriales o expresivas
- a menudo, usa técnicas poéticas, como la aliteración y la onomatopeya
- usa elementos gráficos, como las mayúsculas

El ritmo de la calle

Por la calle helada, de a pasos, me
animo.
Con las manos marco el ritmo del
camino.
De pronto, delante mío tuve
¡HIELO! ¡Tan blanco como una nube!

Mi pie lo toca.
Me resbalo, de una cuerda jalo, me tomo
de un palo.
Evito caerme, pero ¡PAM! al suelo me
voy y pienso: "¡Qué bueno que soy!".

1. ¿Qué renglón del poema contiene un símil?

___

2. Copia un verso que contenga rima. Explica por qué.

___

___

Nombre ____

Vocabulario - Raíces griegas y latinas

- Muchas palabras en español contienen partes y raíces **griegas** o **latinas.** Utiliza las partes de la palabra y las raíces griegas y latinas para descubrir el significado de las palabras poco comunes.
- La raíz latina *spec* significa "ver" o "mirar", como en la palabra *inspeccionar*. La raíz latina *sec* significa "cortar", como en la palabra *disecar*. La raíz latina *pond* significa "pesar", como en la palabra *ponderoso*.

Instrucciones Lee el siguiente pasaje. Luego responde las preguntas a continuación. Busca las palabras con raíces griegas o latinas para que te ayuden a determinar su significado.

La sección más dura del jueves ocurrió por la mañana, cuando condujimos hasta el pueblo con mi tío abuelo Al. Apenas si podía ver su mano frente a su cara sin sus lentes puestos. Mientras nos acercábamos al semáforo, con mi tío Al al volante, descubro que éramos protagonistas de un terrible espectáculo: no llevaba sus anteojos puestos. Te podrás imaginar el miedo que me invadió. Ponderé mis opciones: ¿le grito algo? ¿Le grito y señalo? Pero, luego, me di cuenta de que los tenía sobre su cabeza. Sin querer distraer al tío Al con una interacción innecesaria, me acerqué y sutilmente di unos golpecitos en sus anteojos. Se deslizaron perfectamente sobre su nariz y se ubicaron justo en su lugar. Finalmente, paramos sin problema frente al semáforo en rojo.

1. ¿Cuál es la raíz de la palabra *sección*? ¿Qué significa la palabra?

____

____

2. ¿De qué manera la raíz latina de la palabra *espectáculo* te ayuda a comprender el significado de la palabra?

____

3. ¿De qué manera la raíz latina de la palabra *interacción* te ayuda a comprender el significado de la palabra?

____

____

4. La palabra latina *distrahere* significa "apartar". ¿Qué palabra del pasaje tiene esa raíz?

____

5. ¿De qué manera la raíz latina de la palabra *ponderar* te ayuda a comprender el significado de la palabra?

____

Actividad para la casa Su niño o niña identificó y respondió preguntas sobre las raíces latinas y griegas de las palabras. Pida a su hijo o hija que busque en un diccionario otras palabras con raíces latinas o griegas. Pídale que le explique el significado de las palabras encontradas. Juntos, piensen en otras palabras con las mismas raíces.

Nombre____

Fuentes impresas

- Las bibliotecas contienen muchas fuentes de información que pueden usar los estudiantes. Puedes usar una base de datos o un catálogo de fichas de una biblioteca. En ambos casos, puedes buscar el material por autor, título o tema.
- Entre las **fuentes impresas** se incluyen enciclopedias, periódicos, revistas, diccionarios y otros libros de referencia.

Instrucciones Lee la siguiente lista de fuentes impresas de una biblioteca escolar para realizar un informe sobre los presidentes de los EE.UU.

Enciclopedias
Enciclopedia sobre los presidentes de los Estados Unidos, Vols. I y II
Enciclopedia de Historia Mundial, Vols. I-XX
Enciclopedia de Historia estadounidense, Vols. I-XII
Enciclopedia de Ciencias Modernas, Vols. I-VI
Enciclopedia del Espectáculo, Vols. I-III

Periódicos
(periódico metropolitano)
(periódico de la comunidad)
(periódico de la escuela)

Revistas
Noticias Semanales
El Lector de Historia
Historia para Niños
La Vida en Patineta
Estados Unidos y el Mundo

Diccionarios
Diccionario del estudiante sobre historia estadounidense
Diccionario cultural de los Estados Unidos
Diccionario Anders de lugares y eventos
Diccionario de quién es quién y qué es qué

Nombre ____________________

Instrucciones Imagina que estás escribiendo un informe sobre los presidentes de los Estados Unidos. Usa la lista de fuentes impresas para responder las preguntas a continuación.

1. ¿Qué tipo de fuentes impresas podrían ser útiles para un informe escolar?

2. ¿Cuál sería la mejor fuente para comenzar con el informe?

3. ¿Todas las revistas podrían ser útiles para tu informe?

4. ¿Qué temas podrías investigar en un catálogo de fichas de una biblioteca?

5. Si supieras que existe un autor que escribió un buen libro sobre los presidentes de los Estados Unidos, ¿cómo usarías este conocimiento para obtener información para tu informe?

6. Explica de qué manera un periódico sería útil si ampliaras tu informe para incluir al actual presidente de los Estados Unidos.

7. ¿Qué tan útil te resultaría un periódico para recolectar información para tu informe? ¿Por qué?

8. Si no comprendieras alguna referencia mencionada en la revista "Historia para Niños", ¿cuál sería un buen libro?

9. Si quisieras averiguar cuántos presidentes eran de un mismo estado, ¿dónde buscarías esa información?

10. Una enciclopedia, ¿sería más útil si estuvieras escribiendo un informe sobre los presidentes de los Estados Unidos en el siglo XXI o un informe sobre películas infantiles? ¿Por qué?

Actividad para la casa Su niño o niña respondió preguntas sobre fuentes impresas y fuentes de los medios de comunicación. Comente dónde se encuentran las fuentes de los medios en la biblioteca o librería local. ¿Cómo se encuentran organizadas? ¿En qué se asemeja o diferencia la organización de las fuentes impresas con la de las fuentes de los medios de comunicación?

Nombre ______________________________

Términos que se prestan a confusión

Instrucciones Encierra en un círculo la palabra correcta que corresponde a cada oración.

1. Vamos a ver/haber el partido de básquetbol.
2. Me gusta el helado de fresa, pero también/tan bien me gusta el de vainilla.
3. Cuando juego con mi equipo de fútbol, le echo/hecho muchas ganas.
4. De todos los colores, no me gusta el blanco ni tan poco/tampoco el negro.
5. Para cuidar el medio ambiente, podemos rehusar/reusar los envases de plástico y vidrio.
6. Lávate las manos antes de comer; si no/sino te puedes enfermar.

Corregir palabras Marca el término incorrecto y escribe en el espacio el término correcto.

7. Es importante vivir en un en torno saludable. ____________________
8. ¿Porque la educación es tan importante? ____________________

Palabras de ortografía

asimismo
así mismo
sino
si no
también
tan bien
haber
a ver
hecho
echo
por qué
porque
tampoco
tan poco
ojear
hojear
en torno
entorno
rehusar
reusar

Palabras difíciles

sobretodo
sobre todo
a sí mismo
conque
con qué

Actividad para el hogar Su hijo o hija identificó términos que se prestan a confusión. Pida a su hijo o hija que seleccione cuatro términos de la lista y le diga la diferencia del significado entre términos similares.

Nombre ____________________

Oraciones y frases negativas

Lee las oraciones. Luego, lee cada pregunta. Encierra en un círculo la letra de la respuesta correcta.

¡Juegos y más juegos!

(1) ¿_______ se te ocurrió hacer un submarino? (2) _______ quiero que una vaca se caiga al hoyo. (3) No me gustan _______ los zorrillos. (4) Ni me voy a jugar _______ quiero mirar televisión. (5) _______ juego a juegos peligrosos.

1 ¿Qué palabra negativa completa correctamente la oración 1?

A Nadie
B Nada
C Ningún
D Nunca

2 ¿Qué palabra negativa completa correctamente la oración 2?

A Nunca
B No
C Nadie
D Nada

3 ¿Qué palabra negativa completa correctamente la oración 3?

A ningunos
B nada
C no
D nadie

4 ¿Qué palabra negativa completa correctamente la oración 4?

A no
B ninguno
C ni
D nunca

5 ¿Qué palabra negativa completa correctamente la oración 5?

A Jamás
B Nadie
C Ninguna
D Ningunos

Escuela + Hogar

Actividad para el hogar Su niño o niña se preparó para tomar un examen de oraciones y frases negativas. Dígale que escriba un párrafo sobre algún juego con algún amigo o amiga y que incluya oraciones negativas.

Fuentes gráficas

- Entre las **fuentes gráficas** se incluyen cuadros, tablas, gráficas, mapas, ilustraciones y fotografías.
- Antes de leer, mira atentamente las fuentes gráficas que acompañan una selección. Te darán una idea de lo que leerás.

Instrucciones Analiza el mapa del viaje del *Titanic*. Luego responde las preguntas que figuran debajo.

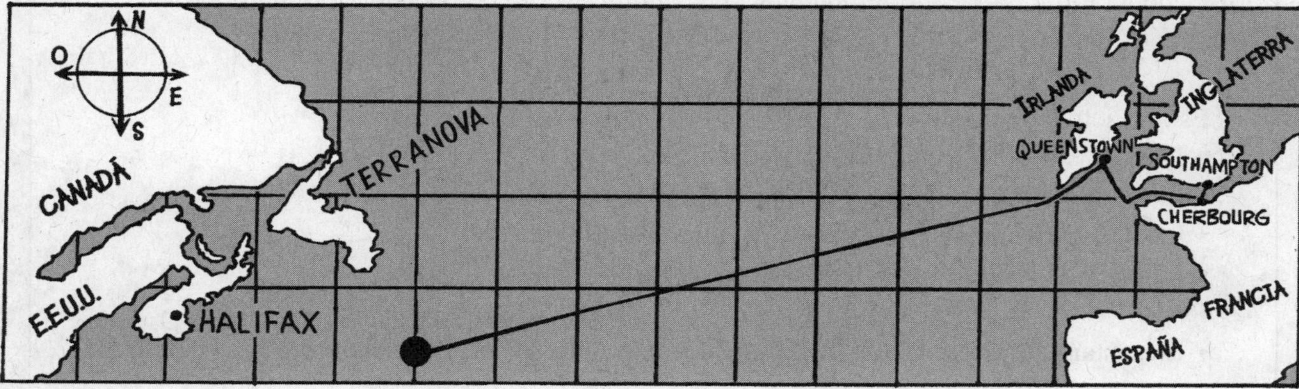

1. ¿Dónde comenzó su viaje el *Titanic*?

2. ¿Qué otros dos puertos de Europa visitó el *Titanic*?

3. ¿En qué dirección navegaba el *Titanic*?

4. ¿De qué país estaba más cerca el *Titanic* cuando se hundió?

5. El *Titanic* se dirigía a Nueva York. ¿Qué porción de su viaje había realizado cuando se hundió?

Actividad para la casa Su niño o niña observó un mapa y contestó preguntas sobre él. Con su niño o niña, dibuje un plano de distribución de su casa. Coloque el nombre de todas las habitaciones y las áreas principales.

Aspectos principales de las notas

- incluyen fechas y hechos importantes
- reformulan información con palabras propias; evitan el plagio
- citan o mencionan la fuente o fuentes originales

Lo que quedó del *Titanic*

Tomado de *El increíble naufragio del R.M.S. Titanic* escrito por Robert D. Ballard y Rick Archbold, páginas 213–214.

Estado actual del barco

- Falta el vidrio de la cúpula de primera clase.
- El *Titanic* está partido al medio, en el fondo del océano.
- Las dos partes están a una distancia entre sí de 600 metros.
- La parte de los bordes del barco está muy arruinada.

Restos

- Presentan una fina película de sedimentos que cubre los objetos dentro del barco; Ballard considera que debería haber más.
- Los objetos hallados incluyen: un hervidor, una taza de latón, botellas de champaña, la cabeza de una muñeca de porcelana, botas y zapatos.

1. Encierra en un círculo los dos tipos de hechos que aparecen en las notas.

2. ¿Cómo evita el escritor el plagio?

____

____

3. Encierra en un círculo la fuente original que cita el escritor.

Nombre ______________________________

Vocabulario

Instrucciones Traza una línea para conectar cada palabra de la izquierda con su definición de la derecha.

1. estrecho	lodo
2. sonar	fragmentos dispersos, ruinas
3. interior	dispositivo para encontrar objetos en la profundidad del agua o bajo el agua
4. fango	que tiene poca anchura
5. escombros	superficie o parte interna

Verifica las palabras que conoces

___ **escombros**
___ **estrecho**
___ **fango**
___ **interior**
___ **robótico**
___ **sedimentos**
___ **sonar**

Instrucciones Elige palabras del recuadro para completar el crucigrama.

HORIZONTALES

1. cómo puede ser el corredor de un barco
2. materiales que se depositan en objetos hundidos

VERTICALES

1. restos de un naufragio
2. relacionado con un robot
3. localiza objetos bajo agua

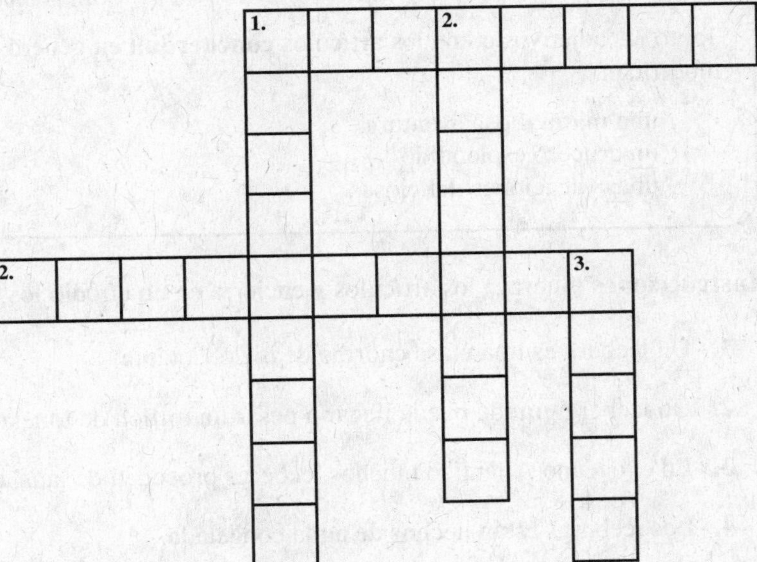

Escribe la entrada de un diario

Haz de cuenta que eres un pasajero en un enorme barco que cruza el océano. En una hoja aparte, escribe tu primera entrada en el diario mientras el barco zarpa. Utiliza todas las palabras del vocabulario que puedas.

Actividad para la casa Su niño o niña identificó y utilizó palabras del cuento *El increíble naufragio del R.M.S. Titanic*. Haga que su niño o niña cuente una aventura reciente que haya experimentado.

Adjetivos y artículos

Los **adjetivos** describen características de personas, animales, lugares o cosas. Son palabras que nos dicen cómo son los sustantivos. Es decir, indican de qué tipo son, cuántos son o cuál o cuáles son.

De qué tipo	un barco enorme y lujoso
Cuántos	dos mil pasajeros
Cuál	ese puerto

Hay algunos adjetivos especiales que indican el lugar de origen de alguien o algo. Se conocen como *gentilicios.*

Es una villa californiana de estilo mexicano.

Los **artículos** siempre anuncian que viene un sustantivo. Se dividen en artículos definidos *(el, la, los, las)* e indefinidos *(un, una, unos, unas).*

Artículos definidos	**Artículos indefinidos**
el barco	un bote
la tripulación	una azafata
los pasajeros	unos turistas
las luces	unas banderas

Tanto los adjetivos como los artículos **concuerdan** en género y número con el sustantivo al que modifican.

una maravillosa aventura
un crucero espléndido
unas vacaciones deliciosas

Instrucciones Subraya los artículos y encierra en un círculo los adjetivos de cada oración.

1. Un iceberg es una masa enorme de hielo flotante.
2. Un iceberg grande puede llegar a pesar un millón de toneladas y ocupar muchas millas cuadradas.
3. En el océano Atlántico muchos icebergs proceden de la isla de Groenlandia.
4. Los icebergs están hechos de agua congelada.
5. Para los viajeros, contemplarlos es un magnífico espectáculo.
6. Los icebergs, a medida que descienden hacia el sur, se van fundiendo en contacto con el cálido sol.
7. Para la navegación, los icebergs son peligrosos obstáculos.
8. El *Titanic,* un crucero británico, chocó contra un gigantesco iceberg y se hundió.
9. Un año caluroso puede provocar un notable aumento de icebergs.
10. Al tener una magnitud desmesurada, son como gélidas islas a la deriva.

Actividad para el hogar Su niño o niña estudió los adjetivos y los artículos. Lean juntos un párrafo de un cuento y pídale a su niño o niña que identifique los adjetivos y los artículos en el texto.

Sufijos derivados del latín: *-ante, -ero, -era, -dor, -dora*

Palabras de ortografía				
cantante	tripulante	ocupante	pasajero	mesero
carpintera	hormiguero	nadador	remolcador	despertador
operadora	limonero	cochera	reparadora	contador
diseñadora	licuadora	calculadora	costurera	ingeniera

Palabras en contexto Completa cada oración con una de las palabras de la lista.

1. José José ha sido un gran _____ de música romántica. 1. ______________
2. Mi papá está arreglando su automóvil en la _____. 2. ______________
3. El _____ me ayuda a levantarme a tiempo en las mañanas. 3. ______________
4. Mi mamá fue la _____ del vestido de la boda. 4. ______________
5. Para hacer cuentas con números es fácil usar la _____. 5. ______________
6. Ese _____ ha ganado varias medallas de natación. 6. ______________
7. En la cocina mi mamá bate la sopa con la _____. 7. ______________
8. El _____ del jardín siempre nos da ricos limones. 8. ______________
9. La profesión de mi papá es _____. 9. ______________

Instrucciones Agrega el sufijo adecuado, *-ante, -ero, -era, -dor, -dora,* a las palabras que se presentan a continuación.

10. tripular 10. ______________
11. ocupar 11. ______________
12. remolcar 12. ______________
13. operar 13. ______________
14. nadar 14. ______________

Actividad para la casa Su niño o niña escribió palabras con los sufijos derivados del latín *-ante, -ero, -era, -dor, -dora*. Pídale que le repita las palabras de la lista.

Nombre ____________________

Título ____________________

A. ____________________

1. ____________________

2. ____________________

3. ____________________

B. ____________________

1. ____________________

2. ____________________

3. ____________________

C. ____________________

1. ____________________

2. ____________________

3. ____________________

Vocabulario • Palabras desconocidas

- Un diccionario enumera las palabras en orden alfabético y ofrece los significados, la categoría gramatical y la ortografía correcta de cada palabra. Un glosario es una lista en orden alfabético de las palabras importantes que se utilizan en un libro y sus significados. Los glosarios se encuentran en la parte final de los libros.
- A veces una **palabra desconocida** no está acompañada de claves del contexto que te ayuden a encontrar su significado. Entonces debes buscar la palabra en un diccionario o en un glosario.

Instrucciones Lee el siguiente pasaje. Luego utiliza el glosario al final del libro o el diccionario para responder las preguntas que figuran debajo.

Uno de los pioneros en investigación bajo el agua fue Jacques Cousteau. Él inventó la "escafandra autónoma" en 1943. La escafandra autónoma fue el primer tanque de buceo de aire comprimido que permitía a los buceadores permanecer bajo el agua durante largos períodos de tiempo. Este tanque le permitió a Cousteau moverse con libertad entre los peces que estudiaba.

Cousteau también ayudó a crear, o inventó, una cámara para filmar bajo el agua. Su serie de televisión, *El mundo submarino de Jacques Cousteau*, fue muy popular. La gente estaba cautivada con las imágenes de la profundidad del océano que podían ver sin salir de sus hogares.

1. ¿Cuál es el significado de *comprimido*?

____

2. ¿Cuál es el significado de *pionero*? Gramaticalmente, ¿qué tipo de palabra es?

____

3. ¿Cuál es el significado de *invento*?

____

4. Busca *Jacques Cousteau* en tu diccionario. ¿Lo encontraste en la C o en la J? ¿Cuándo nació?

____

5. Busca una palabra desconocida en el pasaje. Escribe una oración usando esa palabra.

____

Actividad para la casa Su niño o niña leyó un pasaje corto y utilizó un diccionario y un glosario para encontrar los significados de las palabras desconocidas. Lean un artículo juntos y elijan algunas palabras. Si su niño o niña no puede encontrar claves de contexto que lo ayuden con los significados, pídale que los busque en un diccionario.

Tomar notas

Tomar notas sobre lo que lees puede ayudarte a comprender y recordar mejor el texto. También puede ayudarte a organizar la información que debes estudiar para un examen o que debes incluir en un informe de investigación. No existe un método correcto para tomar notas: puedes hacer una lista, un esquema, un mapa del cuento o parafrasear lo que leíste. Al **parafrasear**, vuelves a escribir lo que leíste pero con tus propias palabras. Evita plagiar o copiar las palabras de otra persona. Al anotar tus hallazgos, sintetiza o combina la información. Para tomar notas, usa palabras clave, frases u oraciones cortas.

Instrucciones Lee el siguiente artículo. Toma notas adecuadamente en otra hoja mientras lees.

Los vehículos controlados a distancia, o ROV, son los principales medios de exploración submarina que se lleva a cabo en aguas profundas. El fotógrafo ruso Dimitri Rebikoff diseñó el primer ROV en 1953. Se hicieron muchas mejoras tecnológicas desde el primer ROV, que se conectaba mediante una cuerda o un cable desde la superficie del agua. La Armada de los Estados Unidos hizo las primeras innovaciones tecnológicas en los ROV en la década de 1960. La Armada usó un CURV, vehículo de rescate submarino controlado por cable, para recuperar una bomba de hidrógeno perdida cerca de la costa de España. El CURV también se usó para salvar la vida de los tripulantes de un submarino que se hundió cerca de la costa de Cork, Irlanda, en 1973. Durante las dos últimas décadas, las compañías privadas de petróleo han buscado nuevos yacimientos en las profundidades. Debido a esto, son responsables de los grandes progresos tecnológicos de los ROV.

Sin embargo, el desarrollo tecnológico más famoso de los ROV llegó en 1986, cuando *Alvin* "voló" hacia los restos del naufragio del *Titanic* en el océano Atlántico. Creado por los científicos del Instituto de Oceanografía Woods Hole, *Alvin* era un vehículo sumergible, operado por un humano, que estaba conectado por medio de un cable que llegaba a la superficie del agua. Una persona podía conducirlo y operar el equipo de cámaras que llevaba en su exterior. El científico Martin Bowen fue la primera persona que llevó a *Alvin* hasta los restos del *Titanic*, aproximadamente a 13,000 pies por debajo del nivel del mar. Como la presión a esa profundidad es demasiado grande para que el cuerpo humano pueda resistirla, solamente un vehículo sumergible protegido como *Alvin* podría proveer la protección necesaria para ese viaje.

Actualmente, los ROV más avanzados, como Triton XL (que tiene aproximadamente la mitad del tamaño de un carro), pueden llevar a cabo varias tareas bajo el agua. Construcción, investigación submarina y mantenimiento de tuberías son algunas de las cosas que estos ROV avanzados pueden realizar.

Nombre ______________________________

Instrucciones Responde las preguntas de abajo según lo que leíste en el artículo y las notas que tomaste.

1. ¿Cuándo se desarrolló el primer vehículo controlado a distancia (ROV)?

2. ¿Por qué la Armada de los EE.UU. desarrolló la tecnología ROV?

3. ¿Por qué se desarrolló *Alvin*?

4. ¿A qué distancia del nivel del mar se ubica el naufragio del *Titanic*?

5. Parafrasea las últimas dos oraciones del primer párrafo.

6. Sintetiza la información del segundo párrafo.

7. ¿Cómo organizarías tus notas sobre este artículo? ¿Por qué?

8. ¿Por qué es importante que tomes notas sobre lo que lees?

9. ¿Cómo te ayuda parafrasear para entender y recordar el material que leíste?

10. En una hoja aparte, realiza una línea cronológica simple sobre los desarrollos principales con la tecnología ROV.

Sufijos derivados del latín: *-ante, -ero, -era, -dor, -dora*

División Lee las palabras y escríbelas dividiendo sus sílabas.

1. despertador ____________
2. nadador ____________
3. diseñadora ____________
4. licuadora ____________
5. remolcador ____________
6. contador ____________

Letras perdidas En las palabras de abajo faltan letras. Escribe el sufijo que falta y la palabra completa.

7. hormigu________ ____________
8. carpint________ ____________
9. tripul________ ____________
10. remolca________ ____________
11. mes________ ____________
12. costur________ ____________
13. ingeni________ ____________
14. repara________ ____________
15. coch________ ____________
16. opera________ ____________

Palabras de ortografía

cantante
tripulante
ocupante
pasajero
mesero
carpintera
hormiguero
nadador
remolcador
despertador
operadora
limonero
cochera
reparadora
contador
diseñadora
licuadora
calculadora
costurera
ingeniera

Palabras difíciles

comerciante
viajero
maderera
conmovedor
acomodador

Actividad para la casa Su niño o niña identificó palabras con los sufijos derivados del latín *-ante, -ero, -era, -dor, -dora*. Pídale que escriba oraciones con las palabras de la lista.

Adjetivos y artículos

Lee las oraciones. Luego, lee cada pregunta. Encierra en un círculo la letra de la respuesta correcta.

Una terrible tragedia

(1) El paquebote inglés navegaba hacia América. (2) De repente, se oyó un gran estrépito. (3) Los sorprendidos pasajeros empezaron a correr. (4) Los botes no tenían suficientes plazas. (5) La tripulación trataba de ordenar la incontrolable avalancha.

1 ¿Cuál es el adjetivo en la oración 1?

A barco
B América
C hacia
D inglés

2 ¿Cuál es el adjetivo en la oración 2?

A repente
B gran
C estrépito
D oyó

3 ¿Cuál es el artículo en la oración 3?

A pasajeros
B Los
C a
D correr

4 ¿Cuál es el adjetivo en la oración 4?

A botes
B plazas
C tenían
D suficientes

5 ¿Cuál es el adjetivo en la oración 5?

A tripulación
B avalancha
C ordenar
D incontrolable

Actividad para el hogar Su niño o niña se preparó para tomar un examen sobre adjetivos y artículos. Dígale que escriba dos oraciones sobre algún hecho histórico y que luego identifique los artículos y los adjetivos.

Nombre ______________________________

Propósito del autor

- El propósito del autor es la razón principal por la que un autor escribe una selección. Un autor puede escribir para persuadir, para informar, para entretener o para expresar ideas o sentimientos.
- A veces un autor puede escribir con más de un propósito en mente.
- Lo que el autor dice y los detalles que da te ayudan a entender su propósito.

Instrucciones Lee el siguiente pasaje y completa el diagrama de abajo.

Jenna soñaba con ser astronauta. Leía libros sobre astronautas, miraba documentales en televisión sobre la exploración del espacio e incluso les insistía a sus padres para que la llevaran de vacaciones a la plataforma de lanzamiento de la NASA en Florida. Para la escuela, los proyectos de Jenna siempre tenían algo que ver con los planetas o el espacio o con astronautas famosos. Parecía conocer más sobre transbordadores espaciales que algunos de sus maestros. Aunque ella había estado solamente una vez en un avión, se pasó las tres horas que duró el vuelo mirando fijamente las nubes y el vasto cielo por la ventana. Jenna no estaba segura de cuánto le iba a llevar, pero sabía que un día miraría hacia la Tierra desde muy lejos, desde la Luna.

PROPÓSITO DEL AUTOR	**1.**
DETALLE ¿Cuál es un ejemplo del interés de Jenna por los astronautas?	**2.**
DETALLE ¿Cuál es otro ejemplo del interés de Jenna por los astronautas?	**3.**

4. El autor, ¿logra con éxito su propósito? ¿Por qué crees que es así?

____

5. Si no entendiste el pasaje, ¿qué podrías hacer para ayudarte a comprenderlo mejor?

____

Actividad para la casa Su niño o niña respondió preguntas acerca del propósito de un autor en un pasaje de ficción. Lean juntos su libro favorito y haga que su hijo describa el propósito del autor para escribir.

Aspectos principales de un bosquejo biográfico

- cuenta la vida de una persona real
- usa lenguaje preciso y detalles sensoriales
- puede mostrar la personalidad del sujeto
- puede usar citas para mostrar la personalidad del sujeto

El puesto de té de Tonya

Mi amiga Tonya es, por naturaleza, buena para los negocios. Puede vender cualquier cosa, desde galletas hasta remeras con algún diseño especial hecho por ella. El verano pasado decidió probar un nuevo tipo de negocio: vender té en un puesto frente a su casa.

El primer día de su nuevo negocio, ayudé a Tonya a preparar una gran jarra de té. Mientras trabajábamos en la cocina de su madre, me dijo: "¡Ésta será una gran idea! La clave está en dar a las personas lo que desean. En verano hace tanto calor que todos desearán una bebida fresca y refrescante".

Pero ese primer día no le fue tan bien como había esperado. Se sentó en el frente de su casa, al lado de un gran cartel que ofrecía "Té por 25 centavos". La tarde era calurosa y seca, el clima perfecto para una bebida fresca. Pero unos pocos automóviles pasaron frente a su angosto jardín y sólo uno paró.

Esa noche, Tonya le pidió consejo a su madre. Tonya sabe mucho sobre negocios gracias a su madre, que trabaja en el departamento de compras de la tienda del centro de la ciudad. Su madre le dijo: "No puedes esperar que los clientes vengan a ti. ¡Debes ir donde están los clientes!".

A la mañana siguiente, bien temprano, ayudé a Tonya a armar su puesto en un lugar diferente. Fuimos al parque, al lado de la estación de trenes, donde gran cantidad de personas iban a su trabajo. La mañana era calurosa, la gente estaba sedienta y para las diez y media habíamos vendido todo el té que habíamos llevado. Tonya tenía razón: ¡su puesto de té fue una gran idea!

1. ¿Qué detalles sensoriales usa el autor para describir el clima?

____

2. Subraya la cita de Tonya. ¿Qué nos muestra esta cita acerca de su personalidad?

____

____

Nombre ______________________________

Vocabulario

Instrucciones Dibuja una línea que conecte cada palabra de la columna de la izquierda con su definición de la columna de la derecha.

1. monitores	persona que se admira
2. modelo	la fuerza que hace que los objetos se muevan o tiendan a moverse hacia el centro de la Tierra
3. gravedad	pantallas de computadoras
4. logro	definido
5. concreto	buen resultado

Verifica las palabras que conoces

___concreto
___logro
___gravedad
___monitores
___interés
___modelo

Instrucciones Selecciona la palabra del cuadro que mejor concuerde con cada clave. Escribe la palabra en la línea.

______________ **6.** aquello que obtiene la mayor atención

______________ **7.** aquello que mantiene nuestros pies sobre la Tierra

______________ **8.** aparatos que muestran información

______________ **9.** algo que se alcanzó con éxito

______________ **10.** no cualquier cosa

Escribir una escena de una obra de teatro

En una hoja aparte, escribe una escena corta de una obra de teatro sobre un astronauta que le cuenta a su nieta cómo es volar a la Luna. Usa la mayor cantidad de palabras del vocabulario que puedas.

Actividad para la casa Su niño o niña identificó y usó palabras del vocabulario de la entrevista *Conversación con una astronauta*. Pida a su hijo o hija que le haga una entrevista sobre el trabajo que usted realiza.

Nombre ______________________

Adjetivos *este, ese* y *aquel*

Como ya has estudiado, hay adjetivos que señalan cuán cerca o lejos está algo de la persona que habla. Como todos los adjetivos, éstos también deben concordar en género y número con el sustantivo al que acompañan. Las cuatro formas de cada uno son:

este	ese	aquel
esta	esa	aquella
estos	esos	aquellos
estas	esas	aquellas

Los adjetivos de la primera columna se usan para indicar seres u objetos que están cerca de la persona que habla. Los de la segunda columna indican seres u objetos que están un tanto alejados de la persona que habla. Los de la tercera columna se usan para indicar seres u objetos que están bastante lejos de quien habla.

Mi padre nació en este país.

¿Te gustan esas frutas deshidratadas que estás comiendo?

Colgaré mi bolsa de dormir en aquel lugar de allí.

Instrucciones Escribe la palabra entre () que completa correctamente cada oración.

1. (Este, Esa) cápsula espacial es más pequeña de lo que pensaba. ______
2. (Estas, Esta) entrevista cuenta cómo viven los astronautas. ______
3. Creo que (aquella, estos) astronautas son muy valientes. ______
4. ¿Es (esos, ese) traje espacial el de John Glenn? ______
5. (Esos, Aquellas) cosas que ves al fondo son cascos espaciales. ______
6. Recuerdo (aquel, aquella) vez en que no se pudo realizar el lanzamiento. ______
7. Fíjate en (aquella, esos) cohetes primitivos. ______
8. Por (esos, aquella) escalera se sube al cohete. ______
9. (Aquella, Ese) nave fue la primera en salir al espacio. ______
10. Mira (esas, esos) fotos que tienes al lado. ______

Actividad para el hogar Su niño o niña estudió los adjetivos *este, ese* y *aquel.* Escriba estos adjetivos en sus cuatro formas en tres tarjetas de fichero, una para cada adjetivo. Pídale a su niño o niña que relacione tres objetos que vea en la habitación con su respectivo adjetivo en función de su cercanía o lejanía, con el género y el número que corresponda.

Nombre ____________________

Raíces griegas

Palabras de ortografía

telecomunicaciones	**mecanógrafo**	**metrópolis**	**televisor**
teléfono	**geógrafo**	**fonética**	**ortodoncia**
fotografía	**fonógrafo**	**microscopio**	**calígrafo**
fotógrafo	**metro**	**microscópico**	**microondas**
fotogénica	**metropolitano**	**televisión**	**microbús**

Clasificación Escribe la palabra de la lista que mejor se adapte a cada grupo.

1. aparato, imagen, receptor, antena, ____________ 1. ____________
2. temperatura, comida, ondas, ____________ 2. ____________
3. instantánea, retrato, imagen, ____________ 3. ____________
4. comunicación, receptor, línea, ____________ 4. ____________
5. Tierra, estudioso, ciencia, ____________ 5. ____________
6. capital, grande, ciudad, ____________ 6. ____________
7. boca, dientes, frenos ____________ 7. ____________
8. regla, escuadra, compás, ____________ 8. ____________

Definiciones Escribe la palabra de la lista que corresponde a cada definición.

9. Instrumento que se usa para observar objetos demasiado pequeños. ____________ 9. ____________
10. Persona que saca fotografías. ____________ 10. ____________
11. Autobús pequeño. ____________ 11. ____________
12. Sistema de transmisión de imágenes. ____________ 12. ____________
13. Aparato que registra y reproduce sonidos. ____________ 13. ____________
14. Sistema de comunicación a distancia. ____________ 14. ____________
15. Persona que se dedica a escribir a máquina. ____________ 15. ____________
16. Persona que sale bien en las fotografías. ____________ 16. ____________
17. Estudio de los sonidos en las lenguas. ____________ 17. ____________
18. Que vive en una metrópolis. ____________ 18. ____________
19. Escribe a mano con excelente letra. ____________ 19. ____________

Actividad para el hogar Su niño o niña escribió palabras que poseen raíces de origen griego. Pida a su niño o niña que subraye las raíces de origen griego en cada palabra.

Secuencia del cuento B

Título

Personajes

Ambiente

Sucesos

____

____

____

____

____

____

____

____

____

____

Vocabulario • Palabras de varios significados

- Algunas palabras tienen más de un significado.
- Si lees una palabra que reconoces pero está usada con un significado desconocido dentro del contexto, usa un diccionario para buscar su significado.

Instrucciones Lee el siguiente párrafo. Luego contesta las preguntas que siguen. Busca claves en el contexto para ayudarte a comprender las palabras de varios significados.

Se puede decir que los astrónomos actúan como monitores del cielo. Se enfocan en los detalles de nuestro gran universo para que podamos comprenderlo. A pesar de la seriedad de su trabajo, la mayoría dice que se divierte como un niño cuando realiza un descubrimiento.

Para ser astrónomo se deben estudiar elementos de ciencia como la gravedad, con un nivel de dedicación y concentración, difíciles de alcanzar para la mayoría de las personas. Pero, una vez que se ha completado la formación y se es astrónomo espacial, el único límite es el cielo.

1. ¿Cómo definirías la palabra *monitores* en este párrafo?

____

2. ¿Qué otra definición tiene la palabra *monitor?*

____

3. ¿Qué palabras clave te ayudan a entender cómo se usó la palabra *seriedad* por primera vez en este párrafo?

____

4. ¿Qué significa *gravedad* en el segundo párrafo?

____

5. ¿Qué otro significado de *gravedad* conoces?

____

Actividad para la casa Su hijo/a usó claves del contexto para ayudarse a definir las palabras de varios significados. Trabajen juntos para usar otras palabras de varios significados e inventar un poema simple.

Buscadores en sitios Web

La NASA en Español: www.lanasa.net

- La NASA en español reúne artículos en español sobre el espacio, publicados por los diferentes sitios de la NASA.
- Hay otras fuentes electrónicas donde también puedes encontrar información científica en español.

Instrucciones Lee la siguiente página, que es parecida a la que encontrarás en el sitio en español de la NASA. Después responde a las preguntas que le siguen.

Vida en el espacio

Un día en la vida de un caminante del espacio
4 de octubre de 2001: El astronauta y explorador Jim Reilly nos cuenta cómo es el trabajo de construcción en el...
http://ciencia.nasa.gov/headlines/y2001/ast04oct_1.htm

La Ciencia de Biología Humana en la NASA: La visión para explorar el espacio
¿O si existe la vida en algún otro lugar del universo?... Por ejemplo los biólogos del espacio tendrán un entendimiento más profundo del cuerpo humano...
http://quest.nasa.gov/projects/flies/vision_S.html

El espacio: ¿Mala influencia para los microbios?
1 de diciembre de 2003: La vida es un poco diferente en el espacio, incluso para los microbios...
http://ciencia.nasa.gov/science-at-nasa/2003/01dec_yeast/

Hogar, hogar en el espacio
14 de marzo de 2001: Pero una casa en el espacio debe estar totalmente sellada...
http://ciencia.nasa.gov/headlines/y2001/ast14mar_1.htm

1. ¿Qué artículos abrirías si quieres saber sobre la vida de los astronautas en el espacio?

____

____

2. En cada entrada, ¿dónde se encuentra el título del artículo?

____

3. ¿Qué se encuentra al final de cada entrada y para qué sirve?

____

____

4. ¿Por qué estos sitios de la red son útiles para llevar a cabo una investigación?

____

____

Nombre ______________________________

Instrucciones Lee la siguiente página, que es parecida a la que encontrarás en el sitio en español de la NASA. Después responde a las preguntas que le siguen.

Planeta Marte

Marte duplica su brillo
22 de septiembre de 2005: El planeta rojo, ya intenso... En el cielo, a mitad de camino hacia el cenit, verá el planeta Marte...
http://ciencia.nasa.gov/headlines/y2005/22sep_doublemars.htm

Había una vez... un planeta con agua
12 de marzo de 2002: Libro en la red, por William Sheehan, the University of Arizona Press, Tucson...
http://ciencia.nasa.gov/science-at-nasa/2002/12mar_waterplanet/

Exploración de Marte: Reseña general
Deseamos averiguar si el antiguo planeta Marte albergó alguna vez un inmenso océano en el hemisferio norte, tal como algunos científicos creen...
http://marsprogram.jpl.nasa.gov/programmissions/overview/

El planeta rojo no está muerto
15 de enero de 2009: Noticias científicas de la NASA: Aunque su superficie parezca inhóspita, la atmósfera del planeta rojo continúa dando indicios...
http://ciencia.nasa.gov/headlines/y2009/15jan_marsmethane.htm

5. ¿En qué se diferencia un catálogo de fichas de la biblioteca de este sitio Web de la NASA?

____

____

____

6. ¿Qué entradas serían más útiles si estuvieras escribiendo sobre planetas que pudieran tener agua?

____

____

7. ¿Por qué es importante la breve descripción sobre el artículo que le sigue al título?

____

____

8. Si necesitaras información específica sobre las exploraciones en Marte, ¿qué escribirías en la ventana de búsqueda del sitio Web?

____

____

Actividad para la casa Su niño o niña respondió preguntas sobre sitios Web. Juntos escojan artículos o noticias en revistas o periódicos sobre un tema interesante. Hagan una lista de ellos, incluyendo el título, la fecha y la fuente (periódico o revista) de donde tomaron la información.

Nombre ______________________

Raíces griegas

Corregir un informe Encierra en un círculo cuatro errores de ortografía que encuentres en el informe. Escribe las palabras correctamente. Encuentra un error de puntuación y escribe la oración correctamente.

> Cuando quieras tomar una fotografia para un proyecto, pide ayuda a un fotografo profesional. Podrías tomar un microvus para ir a verlo, o darle una llamada por tellefono. Crees que te dirá cómo ser más fotogénica?

1. ______________ 2. ______________

3. ______________ 4. ______________

5. ______________

Corregir las palabras Encierra en un círculo la palabra cuya ortografía sea la correcta.

6.	fonettica	fonética	fronetica
7.	metro	merto	métro
8.	mircoscópico	microscópico	microstópico
9.	otrodoncia	ortodoncía	ortodoncia
10.	microondás	microndas	microondas
11.	geógrafo	geogrrafo	geográfo
12.	mettropóli	metrópolis	metrópilli
13.	fonógrafo	fogonagrofo	fanágrafo

Palabras de ortografía

telecomunicaciones
teléfono
fotografía
fotógrafo
fotogénica
mecanógrafo
geógrafo
fonógrafo
metro
metropolitano
metrópolis
fonética
microscopio
mocroscópico
televisón
televisor
ortodoncia
calígrafo
microondas
microbús

Palabras difíciles

fotón
fonológico
cronómetro
microcosmos
teledirigido

Actividad para la casa Su niño o niña identificó palabras escritas incorrectamente. Pida a su niño o niña que escriba cuatro palabras, cada una de ellas con una raíz griega, y que le explique qué significa cada palabra.

Adjetivos *este, ese* y *aquel*

Lee las oraciones. Luego, lee cada pregunta. Encierra en un círculo la letra de la respuesta correcta.

La aventura espacial

(1) ______ astronautas fueron auténticos pioneros. (2) En ______ libros se muestra cómo es viajar por el espacio. (3) Fíjate en ______ cápsula tan antigua de allí. (4) La comida se conserva en ______ recipientes que ves aquí. (5) ______ trasbordador será el próximo en salir al espacio.

1 ¿Qué adjetivo completa correctamente la oración 1?

A Aquellas
B Este
C Aquellos
D Esas

2 ¿Qué adjetivo completa correctamente la oración 2?

A ese
B aquellas
C estas
D estos

3 ¿Qué adjetivo completa correctamente la oración 3?

A esos
B aquellas
C ese
D aquella

4 ¿Qué adjetivo completa correctamente la oración 4?

A aquella
B estos
C aquellos
D aquellas

5 ¿Qué adjetivo completa correctamente la oración 5?

A Esa
B Aquel
C Estas
D Estos

Escuela + Hogar

Actividad para el hogar Su niño o niña se preparó para tomar un examen de los adjetivos *este, ese* y *aquel.* Pídale que los use para nombrar cosas que usted vaya señalando en la habitación.

Causa y efecto

- Una **causa** (lo que hace que algo suceda) puede tener varios efectos. Un **efecto** (el resultado de una causa) puede tener varias causas.
- A veces, las palabras clave como *dado que, como resultado, causó, de tal manera, por lo tanto* y *consecuentemente* se usan para mostrar relaciones de causa y efecto.

Instrucciones Lee el siguiente pasaje. Luego completa el diagrama a continuación.

Kai estaba decidido a excavar directamente hacia el otro lado de la Tierra. Tenía las herramientas: la pala de jardín de su mamá y el rastrillo de metal de su papá. Cuando comenzó a excavar, todo era muy blando. A medida que avanzaba, la excavación se hacía más trabajosa. Mientras seguía machacando el barro debajo de la capa fértil del suelo, la punta de su pala comenzó a aplanarse. Sabía que necesitaría una pala con una punta más filosa para cavar profundamente dentro del manto de la Tierra. Entonces, volvió al garaje y tomó otra pala. Cuanto más excavaba, más sudaba. Muy pronto, Kai se sintió exhausto. Se sentó bajo la sombra de un árbol cercano y rápidamente se quedó dormido.

Soñó que había excavado a través del manto terrestre, a través del caluroso núcleo ardiente, y que se había abierto camino hacia el otro lado del planeta. La excavación en sueños es mucho más sencilla.

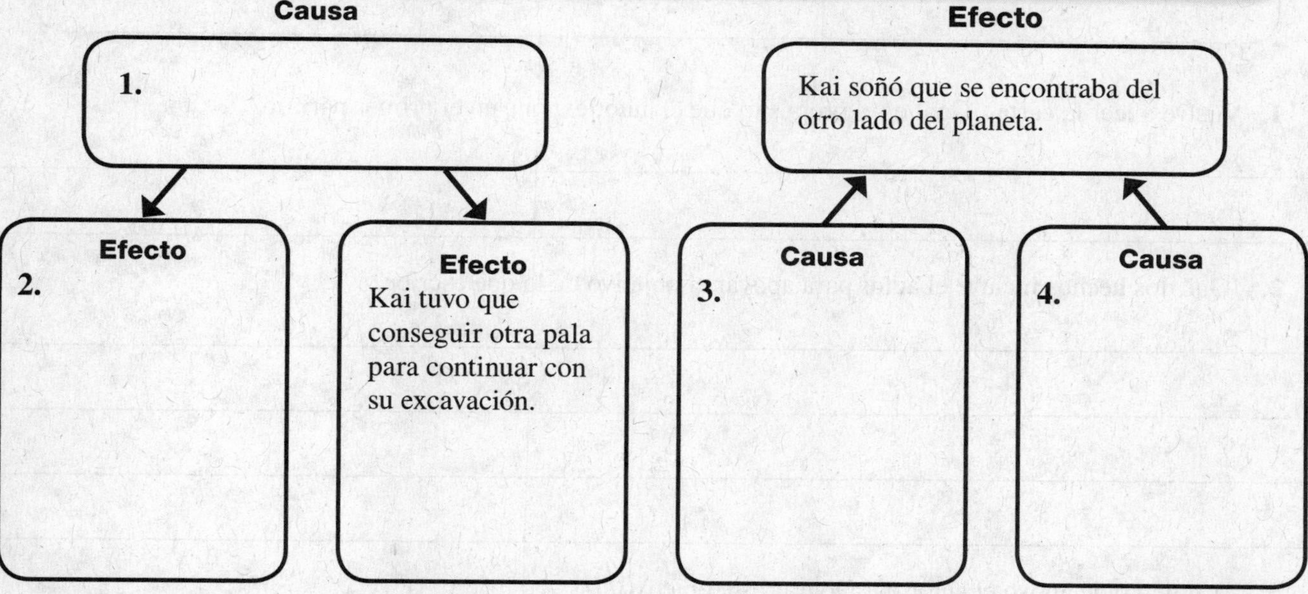
Causa
1.
Efecto
2.
Efecto
Kai tuvo que conseguir otra pala para continuar con su excavación.
Efecto
Kai soñó que se encontraba del otro lado del planeta.
Causa
3.
Causa
4.

5. Resume el pasaje en una o dos oraciones.

____

Escuela + Hogar

Actividad para la casa Su niño o niña leyó un pequeño pasaje e identificó causas y efectos. Lea con su hijo o hija una historia que le guste y comenten las causas y efectos que encuentran.

Estimado editor:

El parque de la calle Oregón necesita urgente reparación y renovación. Entre el piso hundido de las canchas de baloncesto y tenis y los toboganes y columpios rotos y oxidados, el lugar es inseguro para la gran cantidad de niños que concurren diariamente. El parque debe ser arreglado antes de que alguien se lastime.

En primer lugar, el parque se debe limpiar. Está cubierto de botellas rotas y restos de basura. Mi clase de quinto grado de la escuela primaria Windber ha organizado una salida para limpiar el parque. Nos reuniremos en el Parque Oregón a las 9 de la mañana el 11 de octubre. Solicitamos a los vecinos de la comunidad que se acerquen y nos ayuden a limpiar nuestro parque.

Además, pedimos a los miembros del gobierno de la ciudad que visiten el parque y vean, por sí mismos, todos los problemas. La comunidad puede limpiar el parque, pero le corresponde al gobierno de la ciudad retirar todo lo viejo y roto y reemplazarlo con materiales nuevos y seguros. Específicamente deben ser reemplazadas las canchas de tenis y baloncesto y los toboganes y columpios.

Si trabajáramos juntos como comunidad, podríamos tener el parque más seguro, más limpio y más atractivo de la zona. Nuestras alternativas son no usar más el parque o usarlo en este estado, con el riesgo de que alguien se lastime. Un nuevo parque brindaría a la comunidad un lugar de encuentro, de ejercicios y de juegos. Nuestros niños están dispuestos a ayudar para lograr este cambio. Esperan contar con el apoyo de los adultos de su comunidad.

Gracias,
Cooper Jackson
Escuela primaria Windber

1. Vuelve a leer la carta. ¿Cuál es el propósito que el autor expone en el primer párrafo?

____

____

2. ¿Qué dos hechos incluye el autor para apoyar el objetivo de lo que escribe?

____

____

____

____

3. ¿A quién pide apoyo el autor para lograr este objetivo?

____

____

Vocabulario

Instrucciones Selecciona la palabra del recuadro que mejor complete cada oración. Escribe la palabra en la línea que se muestra en la columna izquierda.

Verifica las palabras que conoces
___**coraza**
___**espantosas**
___**extinguido**
___**recubre**
___**serpiente**
___**zambullen**

______________ **1.** Todos saben que los dinosaurios se han ________.

______________ **2.** Algunos pájaros se ________ en el mar para pescar su alimento.

______________ **3.** Algunos dinosaurios lucen como si estuvieran cubiertos por una pesada y protectora ________.

______________ **4.** Muchos dinosaurios tenían garras ________, que atemorizaban a sus enemigos.

______________ **5.** Una capa de escamas ________ el cuerpo de las serpientes.

Instrucciones Completa el crucigrama usando las claves que se encuentran a continuación.

HORIZONTALES

1. muy feas, horribles

2. cubierta dura

VERTICALES

1. que ya no vive en la Tierra

3. ingresan abruptamente al agua

4. reptil de cuerpo alargado

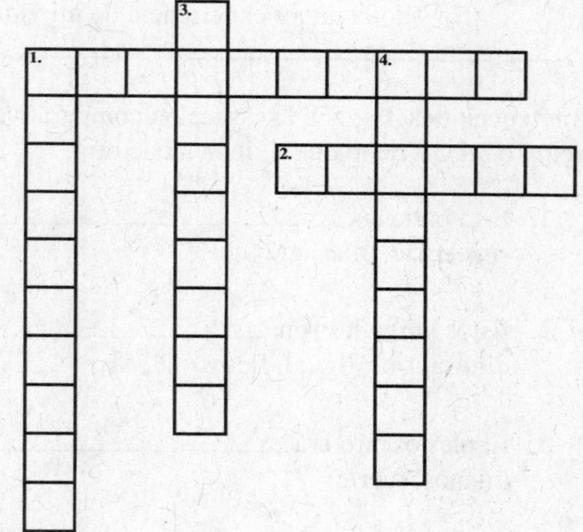

Escribir un artículo periodístico

En una hoja aparte, escribe un artículo periodístico en el que simules ser un periodista de noticias que informa sobre el descubrimiento de restos de dinosaurios en algún lugar que conozcas. Usa la mayor cantidad de palabras del vocabulario posible.

Actividad para la casa Su niño o niña identificó y usó palabras del vocabulario del cuento *Viaje al centro de la Tierra*. Con su hijo o hija, invente un cuento sobre lo que se encuentra en el centro de la Tierra usando las palabras del vocabulario.

Comparativos y superlativos

Los **comparativos** comparan dos cosas. Pueden indicar superioridad:

Harry es más joven que su tío. Corre más que él.

Inferioridad:

Harry es menos alto que Hans. Mide menos que él.

Igualdad:

Vi un monstruo tan grande como el otro.

Vio un monstruo igual de grande que el otro.

Hay algunos comparativos irregulares: *bueno/mejor, malo/peor, grande/mayor, pequeño/menor.*

Los **superlativos** indican una cualidad en su grado máximo. Pueden ser absolutos y se forman con el adverbio *muy* delante del adjetivo o añadiendo *-ísimo* al adjetivo.

El libro es muy interesante. Su autor es famosísimo.

También hay superlativos relativos.

Es la novela más interesante que he leído.

¡Ha sido la mejor experiencia de mi vida!

Instrucciones Escribe la expresión comparativa que corresponda, según se compare una cosa que sea *más, igual* o *menos* de lo que se indica que otra.

1. Esta ballena es ______________________________ las que viven en la superficie. (más, grande)
2. Estos animales son ______________________________ los extintos dinosaurios. (igual, fieros)
3. El plesiosauro era ______________________________ el ictiosauro. (menos, fuerte)
4. Nuestra balsa es ______________________________ esos grandes monstruos. (menos, visible)
5. Yo estoy ______________________________ nuestro guía, Hans. (más, asustado)
6. Esa tempestad era ______________________________ una desatada en alta mar. (igual, violenta)

Actividad para el hogar Su niño o niña estudió los comparativos y superlativos. Pídale que compare distintos tipos de dinosaurios usando comparativos y superlativos.

Raíces latinas

Palabras de ortografía				
espectro	dictado	espectáculo	importante	aspecto
escribió	dictador	espectador	abrupto	transportar
ruptura	dictadura	respeto	portátil	inspector
portentoso	escriba	portero	describir	aporte

Palabras en contexto Escribe las palabras de la lista que completen cada oración.

La sombra parecía un **(1)** ________. Visto de lejos su **(2)** ________ era un verdadero **(3)** ________.

1. ____________ **2.** ____________ **3.** ____________

Al explicar y **(4)** ________ los tipos de gobierno, la maestra no sólo nos explicó el significado de reino y rey, sino también de **(5)** ________ y **(6)** ________.

4. ____________ **5.** ____________ **6.** ____________

En mi edificio hay un **(7)** ________ que mantiene el orden y la limpieza; cumple un rol muy **(8)** ________ en la vida de los vecinos.

7. ____________ **8.** ____________

Al **(9)** ________ objetos frágiles, uno debería cuidarse de no ir por un camino muy **(10)** ________.

9. ____________ **10.** ____________

El **(11)** ________ llevaba una computadora **(12)** ________ en su maletín.

11. ____________ **12.** ____________

Definiciones de las palabras Escribe la palabra de la lista que coincide con cada una de las siguientes definiciones.

13. acción de romper algo o con alguien **13.** ____________

14. causa admiración y asombro **14.** ____________

15. consideración por algo o alguien **15.** ____________

16. contribución **16.** ____________

17. acción de pronunciar algo en voz alta para que otro escriba **17.** ____________

18. que asiste a un espectáculo **18.** ____________

Actividad para la casa Su niño o niña escribió palabras que poseen raíces latinas. Pida a su niño o niña que nombre cinco palabras de la lista y que identifique las raíces latinas de cada palabra. Pídale que escriba cada palabra.

Guía para calificar: Carta al editor

	4	3	2	1
Enfoque/Ideas	Carta bien definida; propósito introducido con claridad; argumentos y razonamiento de respaldo incluidos	Carta algo definida; propósito introducido con claridad; algunos argumentos de respaldo incluidos	Carta no definida; propósito aparente pero no introducido; pocos argumentos de respaldo incluidos	Carta sin propósito claro ni argumentos de respaldo incluidos
Organización	Organización lógica; uso correcto de las normas de una carta	Organización mayormente lógica; ausencia o uso incorrecto de algunas normas de una carta	Organización pobre; ausencia o uso incorrecto de las normas de una carta	Sin esquema de organización identificable; ausencia o uso incorrecto de las normas de una carta
Voz	Voz cautivadora, eficaz y segura; muestra los sentimientos del autor en relación con el propósito introducido	Voz bastante cautivadora; muestra los sentimientos del autor en relación con el propósito introducido	Voz débil; muestra pocos sentimientos en relación con el propósito introducido	Escritura monótona, sin una voz identificable
Lenguaje	Lenguaje vívido, preciso; inclusión de palabras que influencian positivamente los pensamientos del lector y apelan a sus emociones	Lenguaje correcto; inclusión de algunas palabras que influencian positivamente los pensamientos del lector y apelan a sus emociones	Lenguaje limitado o repetitivo; con pocas o sin palabras que influencien positivamente los pensamientos del lector y apelen a sus emociones	Lenguaje incorrecto o muy limitado; sin palabras que influencien positivamente los pensamientos del lector y apelen a sus emociones
Oraciones	Oraciones variadas con progresión lógica	No demasiada variedad; orden mayormente lógico	Demasiadas oraciones similares; sin orden	Muchos fragmentos y oraciones sin final
Normas	Control y precisión excelentes; comparativos y superlativos usados correctamente	Buen control; pocos errores; comparativos y superlativos generalmente usados correctamente	Control pobre; muchos errores; comparativos y superlativos usados incorrectamente	Errores graves que oscurecen el significado

Vocabulario • Palabras poco comunes

- Mientras lees, puedes encontrar una palabra poco común. Busca las claves del contexto, o sea las palabras y oraciones que la rodean, para que te ayuden a comprender el significado de la palabra poco común.

Instrucciones Lee el siguiente pasaje. Luego responde las preguntas que figuran debajo.

El *ichthyosaurus* no es un dinosaurio específico, sino una categoría de dinosaurios. A lo largo de la historia, se describió a los *ichthyosaurus* como criaturas espantosas, es decir, desagradables. Esta descripción tiene más que ver con la imaginación de los artistas que con los hechos verdaderos. Los *ichthyosaurus* son los antepasados (los animales de los que provienen) de los delfines y de las serpientes (o víboras) de hoy en día. Aunque están extinguidos desde hace millones de años, podemos ver algunas similitudes entre un *ichthyosaurus* y las serpientes y los delfines actuales: pueden vivir en el agua, pueden medir hasta tres metros de longitud y tienen una columna vertebral flexible. Todos tienen dientes filosos.

1. ¿Qué te parece que significa *espantosas*?

____

2. ¿Qué clave del contexto te ayudó a entender el significado?

____

3. ¿Cómo te ayudan las claves del contexto a entender el significado de *serpientes*?

____

4. ¿Cómo te ayudan las claves del contexto a entender el significado de *antepasados*?

____

5. ¿Cómo te ayudan las claves del contexto a entender el significado de *extinguidos*?

____

Actividad para la casa Su niño o niña leyó un pasaje corto y utilizó las claves del contexto para entender palabras poco comunes. Juntos, lean algo que haya recibido por correo y ayude a su niño o niña a usar claves del contexto para entender el significado de palabras poco comunes.

Nombre ______________________________

Diagrama o dibujo a escala

- Un diagrama es un dibujo que muestra cómo se crea algo o cómo funciona. En general, los rótulos del diagrama explican cómo funcionan las diferentes partes.
- Un dibujo a escala es un diagrama que usa una escala matemática, por ejemplo, 1 pulgada del dibujo equivale a 1 pie en la "vida real".

Instrucciones Usa este sitio Web para responder las preguntas a continuación.

SITIO DE GEOLOGÍA

Buscar

Nota: Cuanto más específicos sean tus términos de búsqueda, más exitosa será la misma.

Pregunta del día del estudiante

¿Qué tan caliente es el magma?

Haz clic aquí para obtener información

La historia en la actualidad

1981: El espeleólogo británico Ed Jensen descubre nuevos minerales en el sudeste asiático.

1. ¿Dónde comenzarías la búsqueda en este sitio para realizar un diagrama sobre las capas de la Tierra?

____

____

2. ¿Cuáles son las palabras clave de búsqueda que usarías para realizar un diagrama sobre las capas de la Tierra?

____

3. Si quisieras tener una idea del tamaño del área del diagrama, ¿qué palabra clave específica necesitarías usar?

____

4. Si quisieras ayuda para comprender el diagrama, ¿qué palabra clave incluirías en la búsqueda?

____

5. ¿Por qué un sitio de geología sería un buen lugar para comenzar con la búsqueda para realizar tu diagrama?

____

____

Nombre ____________________

Instrucciones Usa el diagrama a continuación para responder las preguntas.

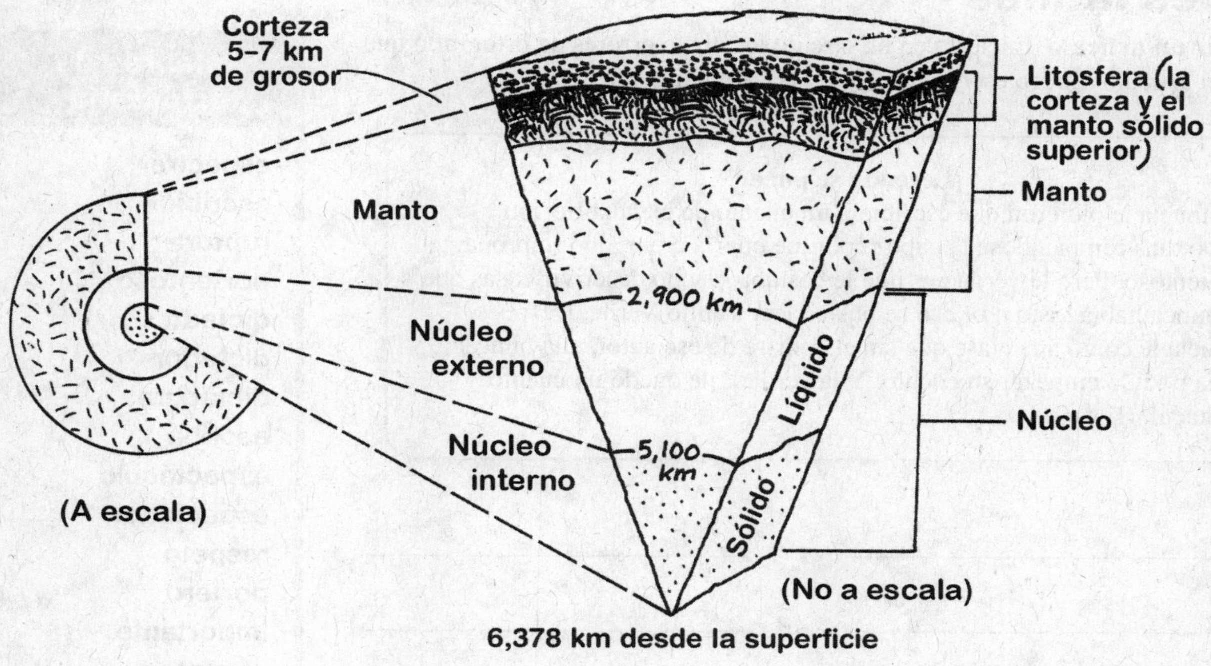

6. ¿Cuál de las dos imágenes de las capas de la Tierra está hecha a escala?

____

7. ¿De qué está hecho el núcleo de la Tierra?

____

8. Observando la imagen "a escala", ¿de qué está compuesta la mayor parte de la Tierra: núcleo, manto o corteza?

____

9. La Tierra mide 8,000 millas de diámetro. Si hicieras un dibujo a escala donde una pulgada fuera equivalente a 2,000 millas, ¿qué tamaño tendría tu dibujo?

____

10. ¿Cómo interpretas el dibujo sobre el núcleo de la Tierra?

____

____

Actividad para la casa Su niño o niña aprendió a identificar e interpretar un dibujo a escala. Con su hijo o hija, cree un dibujo a escala de su hogar usando una proporción de 1 pulgada equivalente a 2 pies (esto debería caber en un tamaño de papel estándar).

Nombre ______________________________

Raíces latinas

Corregir un artículo Encierra en un círculo los cinco errores de ortografía que hay en el artículo. Luego escribe las palabras correctamente.

¡Leyendo se puede!

A Manuela le pidieron que escribiera un cuento de ciencia ficción. Estuvo días rompiéndose la cabeza porque quería crear algo impronante y protentoso. Pero la verdad es que le costaba mucho descrivir cosas que ella nunca había visto. Por eso se puso a leer a Julio Verne. Después, Manuela le contó a la clase que sin el aporte de ese autor, ella nunca habría podido empezar su cuento. Y la verdad, ¡le quedó un cuento espretacular!

1. ______________ 2. ______________

3. ______________ 4. ______________

5. ______________

Corregir las palabras Encierra en un círculo la palabra cuya ortografía sea la correcta.

7.	portrero	portero	protero
8.	espectador	esprectador	espectadlor
9.	dictarador	dictador	drictador
10.	inspector	instpector	imspector
11.	ruptura	rutpura	ructura
12.	restpeto	respeto	rescpeto
13.	transpotar	tramsportar	transportar
14.	porptátil	portátil	pórtatil
15.	portentozo	portpentoso	portentoso

Palabras de ortografía

espectro
escribió
ruptura
portentoso
dictado
dictador
dictadura
escriba
espectáculo
espectador
respeto
portero
importante
abrupto
portátil
describir
aspecto
transportar
inspector
aporte

Palabras difíciles

especulaciones
suscribe
edicto
pórtico
dictaminar

Actividad para la casa Su niño o niña identificó palabras de la lista escritas incorrectamente. Pida a su hijo o hija que nombre cinco palabras de la lista, que explique la raíz latina de cada palabra y luego que escriba y defina cada palabra.

Comparativos y superlativos

Lee el párrafo. Luego, lee cada pregunta. Encierra en un círculo la letra de la respuesta correcta.

Un libro extraordinario

(1) *Viaje al centro de la Tierra* es el _______ libro que he leído. (2) Retrata un mundo extrañísimo y por eso me parece _______ *20,000 leguas de viaje submarino.* (3) Y además, es _______ como una película. (4) En general, los libros de Julio Verne me resultan siempre _______. (5) Las películas, sin embargo, no me parecen _______ como los libros.

1 ¿Qué palabra o expresión completa correctamente la oración 1?

A más bueno
B mejor
C mejores
D bueno

2 ¿Qué palabra o expresión completa correctamente la oración 2?

A más emocionante que
B menos emocionante
C tan bueno
D mejores

3 ¿Qué expresión completa correctamente la oración 3?

A tan entretenido
B más entretenido
C el más entretenido
D menos entretenido

4 ¿Qué palabra o expresión completa correctamente la oración 4?

A peores que
B mejores que
C interesantísimos
D más que

5 ¿Qué palabra o expresión completa correctamente la oración 5?

A tan malas
B tan buenas
C menos
D más

Actividad para el hogar Su niño o niña se preparó para tomar un examen sobre comparativos y superlativos. Lean juntos un artículo de una enciclopedia sobre los dinosaurios y pídale que señale los comparativos y superlativos que encuentre.

Nombre ____________________

Generalizar

- Generalizar significa realizar una afirmación amplia o una regla que se aplica a varios ejemplos. Palabras como *todos, muchos* y *la mayoría* pueden indicar generalizaciones.
- Si las generalizaciones están respaldadas por el texto, son generalizaciones válidas. Si no están respaldadas por el texto o por la lógica, son generalizaciones erróneas.

Instrucciones Lee el siguiente pasaje. Luego, completa el diagrama a continuación escribiendo una generalización válida y dos ideas que la respalden.

El presidente Thomas Jefferson condujo el esfuerzo para realizar la Compra de Luisiana en el año 1803. Los Estados Unidos le compraron a Francia una porción de tierra de 828,000 millas cuadradas al oeste del río Misisipi a un precio de tan sólo tres centavos por acre. La Compra de Luisiana es ampliamente considerada como el mejor negocio de tierras en la historia de los Estados Unidos.

Jefferson les pidió a Lewis y a Clark que exploraran el territorio. Por más de dos años, ellos investigaron la tierra a lo largo del río Misisipi en busca de una ruta hacia el océano Pacífico. En 1806, en su regreso a St. Louis, Lewis y Clark fueron recibidos como héroes. El presidente Jefferson estaba contento ya que había conseguido duplicar el territorio de los Estados Unidos. ¡Podría decirse que hizo el negocio del siglo!

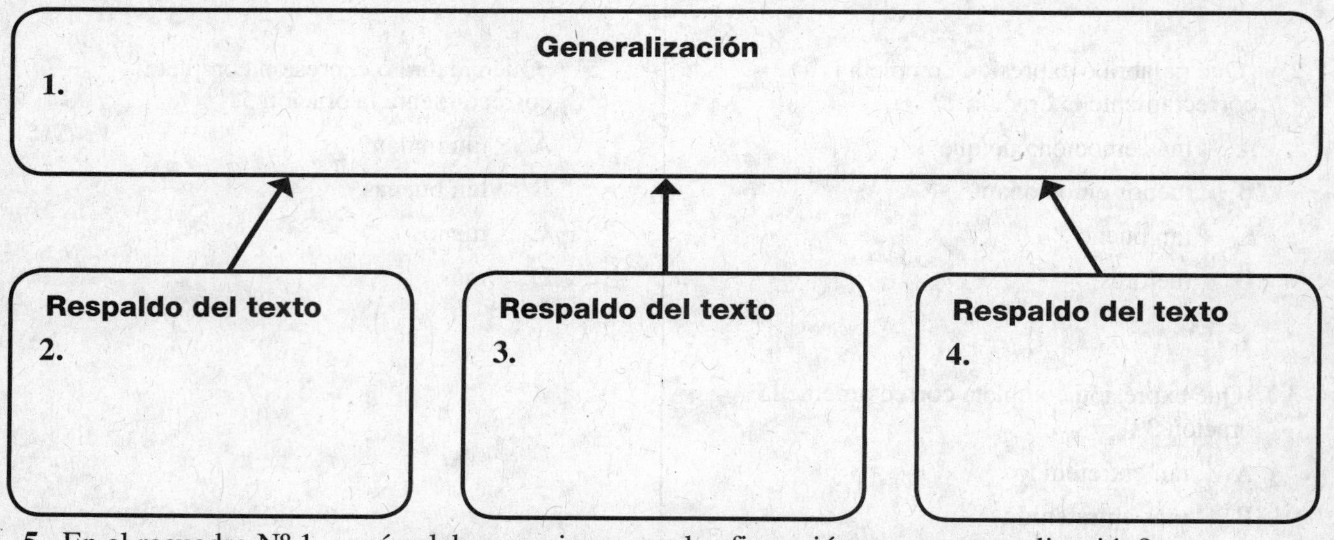

5. En el recuadro Nº 1, ¿qué palabras sugieren que la afirmación es una generalización?

____

6. ¿Esta generalización es válida o errónea? ¿Por qué?

____

Actividad para la casa Su niño o niña realizó y respaldó una generalización sobre un texto expositivo. Seleccione una generalización que se use con frecuencia en su familia y comente con su hijo o hija si es válida o errónea.

Aspectos principales de un resumen

- usa las palabras del escritor del resumen
- vuelve a enunciar los hechos y detalles más importantes
- deja de lado los detalles sin importancia

Resumen de "Hacia el Oeste"

En el siglo XIX, la Ley de Propiedades hizo que mucha gente debiera empacar sus pertenencias y trasladarse a un lugar desconocido. Bajo esta ley, el gobierno entregó, en forma gratuita, 64 hectáreas de tierra a todo aquel que construyera una casa en esas tierras, cavara un pozo de agua, lo usara para labranza y viviera en ella durante cinco años. El viaje hacia el Oeste podía ser muy difícil para estos pioneros. Sus vidas no eran para nada fáciles. Pero si lograban atravesar todas las penurias, tenían, al final, algo que mostrar: ¡El sueño estadounidense!

1. ¿Qué oración expresa la idea principal?

____

____

____

2. Encierra en un círculo un detalle importante que el autor haya incluido en el resumen.

Vocabulario

Instrucciones Traza una línea para conectar cada palabra de la izquierda con su definición de la derecha.

1. garabateados	ocupadas irregularmente
2. independencia	no ocupadas
3. invadidas	escritos rápidamente o con poco cuidado
4. desocupadas	relacionado con el manejo de los ingresos, suministros y los gastos de una casa, un gobierno, etc.
5. económico	libertad del control, la influencia, el apoyo o la ayuda de otras personas.

Verifica las palabras que conoces

___ **económico**
___ **independencia**
___ **desocupadas**
___ **garabateados**
___ **invadidas**

Instrucciones Elige la palabra del recuadro que corresponda para completar las oraciones que figuran debajo. Escribe la palabra sobre la línea.

6. Puedes encontrar restos del Viejo Oeste en las viejas construcciones ____________ que permanecen como fantasmas en Colorado.

7. Alguna vez, estas ciudades en expansión estuvieron ____________ por exploradores.

8. Los exploradores habían llegado buscando oro y progreso ____________.

9. En las viejas paredes y puertas están ____________ nombres y fechas.

10. Desafortunadamente, su éxito financiero y su ____________ o libertad tuvieron corta vida, ya que el auge del oro se esfumó a los pocos años.

Escribe un aviso publicitario

En una hoja aparte, escribe un aviso publicitario para un nuevo parque temático sobre el Viejo Oeste. Tu aviso debe describir algunas exhibiciones y actividades atrayentes, así como también algunos detalles que reflejen el modo de vida en el Viejo Oeste. Trata de utilizar todas las palabras del vocabulario que puedas.

Escuela + Hogar **Actividad para la casa** Su niño o niña identificó y utilizó vocabulario del texto *Pueblos fantasmas del Oeste estadounidense*. Juntos, inventen una historia sobre un pariente que vivió en el Viejo Oeste.

Nombre ______________________

Adverbios

Los **adverbios** son palabras que dan información sobre el verbo. Dicen cómo, cuánto, cuándo o dónde.

Cómo El carro va despacio.
Dónde Allí se asentaron.
Cuándo Se despertó temprano.
Cuánto Me gusta bastante.

Los adverbios también pueden modificar un adjetivo u otro adverbio.

Este pueblo está bastante conservado.
Se quedó vacío muy deprisa.

Muchos adverbios terminan en *–mente*. Algunos adverbios pueden formar diminutivos (cerquita) y superlativos (lejísimos).

Las locuciones o frases adverbiales son grupos de palabras que cumplen la función de adverbios. Algunas locuciones adverbiales son: *a duras penas, a menudo, a veces, de pronto, de repente, de veras, más o menos, poco a poco.*

Poco a poco, los pueblos se fueron quedando vacíos.

Instrucciones Subraya el adverbio o frase adverbial de cada oración.

1. Los mineros llevaban una vida muy dura.
2. Trabajaban con la esperanza de volverse inmensamente ricos.
3. Estaba lejos de su casa y su familia.
4. A menudo vivían en casas aisladas.
5. Nunca descansaban.

Instrucciones Subraya el adverbio correcto entre ( ) para completar cada oración.

6. Las carretas avanzaban (cansino, cansinamente) por los polvorientos caminos.
7. Las ruedas giraban (lentamente, más lentos) sobre los surcos.
8. (Muy, Allí) todo era polvo y viento mientras avanzaban.
9. Faltaba (mucho, muy) para llegar a su destino.
10. El lugar soñado quedaba (todavía, lejos) para los pioneros.

Actividad para el hogar Su niño o niña estudió los adverbios. Lean juntos un párrafo de un cuento y pídale que identifique los adverbios que aparezcan.

Sufijos griegos

Palabras de ortografía				
mineralogía	atletismo	metodología	periodista	hidrofobia
alpinismo	egoísmo	zoología	turista	claustrofobia
cubismo	mecanismo	artista	pianista	agorafobia
analfabetismo	sicología	ciclista	comentarista	economista

Definiciones Escribe la palabra de la lista que corresponda a cada definición.

1. estudio de la composición química, propiedades y formación de los minerales — 1. ____________
2. deporte que consiste en escalar montañas — 2. ____________
3. persona que viaja — 3. ____________
4. piezas que hacen un trabajo con energía mecánica — 4. ____________
5. persona que se dedica a algún arte — 5. ____________

Palabras en contexto Escribe palabras de la lista para completar cada oración.

6. El ____________ es un estilo artístico que descompone la realidad en figuras geométricas.
7. Uno de los deportes que más me gusta es el ____________.
8. ¿Cuál es la ____________ para resolver este problema?
9. Prefiero usar la escalera porque el elevador me da ____________.
10. Leí un artículo muy interesante que escribió un ____________ famoso.
11. A Belinda le encantan los animales y por eso decidió estudiar ____________.
12. Me gustaría ser maestro para ayudar a combatir el ____________.
13. La ciencia que estudia la mente y el comportamiento se llama ____________.
14. ¡Qué hermosa melodía está tocando la ____________!
15. El ____________ pedaleó lo más rápido que pudo para ganar la carrera.

Actividad para la casa Su niño o niña escribió palabras con sufijos griegos. Nombre palabras de la lista y pida a su niño o niña que diga el sufijo griego en cada palabra.

Guía para escribir

Título ______________________________

A. ______________________________

1. ______________________________
2. ______________________________
3. ______________________________

B. ______________________________

1. ______________________________
2. ______________________________
3. ______________________________

C. ______________________________

1. ______________________________
2. ______________________________
3. ______________________________

Vocabulario • Prefijos

- Un **prefijo** es una parte de una palabra que se agrega al comienzo de una palabra base.
- Los **prefijos** no aparecen solos en las oraciones. Usualmente tienen su propia entrada en los diccionarios, y pueden tener diversos orígenes, como las lenguas griego o latín.
- A veces se pueden usar los **prefijos** para comprender el significado de las palabras poco comunes. Por ejemplo: un significado del prefijo *sobre-* es "demasiado". Un motor *sobrecalentado* está demasiado caliente. El prefijo *in-* puede significar "sin" o indicar negación en general. Una fiesta *informal* no es formal.

Instrucciones Lee el siguiente pasaje. Luego, responde las preguntas a continuación. Busca prefijos en las palabras para que te ayuden a determinar sus significados.

La independencia es algo que muchas personas luchan por obtener. De hecho, los Estados Unidos de América se establecieron respondiendo a tal idea. Se podría decir que los fundadores de nuestra nación estaban sobrecargados con tareas relacionadas con la libertad y la independencia. Ellos creían que cualquier forma de gobierno que limitara la libertad era incorrecta. La increíble habilidad de los patriotas para dominar al tan fuerte y experimentado ejército británico ilustra la intensidad de este deseo de libertad.

1. Si *independencia* significa "libertad del control, influencia, respaldo o ayuda de otros", ¿qué significa la palabra base y por qué? Usa un diccionario si necesitas ayuda.

____

____

2. ¿Qué palabra tiene el prefijo *sobre-*?

____

____

3. Si *incorrecto* significa "no aceptable según las reglas", ¿qué significa la palabra base y por qué?

____

____

4. ¿Qué palabra del texto significa lo contrario de *creíble*? ¿Por qué?

____

____

Actividad para la casa Su niño o niña identificó los prefijos para comprender los significados de las palabras. Juntos, intenten hacer una canción que rime combinando una palabra base con diferentes prefijos. Por ejemplo: la palabra *visión* se podría usar para crear palabras que rimen como *revisión* y *supervisión* y la palabra *cargar* se podría usar para crear el par de palabras *recargar* y *sobrecargar.*

Esquema

- Un **esquema** es una buena forma de organizar información que se encuentra en reportajes, artículos y textos expositivos. Crear un esquema puede ayudarte a comprender mejor un texto. También puede ayudarte a focalizar tus propios pensamientos antes de escribir algo por tu cuenta.
- Un esquema incluye un título, temas principales, subtemas y detalles.

Instrucciones Lee el siguiente esquema. Luego, responde las preguntas a continuación.

La Fiebre del oro

I. Viaje hacia el Oeste
  A. Búsqueda de nuevas tierras
  B. Contacto con indígenas
    1. Nuevas amistades
    2. Surgimiento de conflictos
  C. La costa de California
    1. Nuevos asentamientos
    2. Pueblos que se establecen

II. La fiebre por el oro
  A. Llegaban en tropeles
    1. Exploradores
    2. Los del Este viajaban en tropel hacia nuevos pueblos
  B. Los nuevos ricos
  C. Una economía que surgió de la noche a la mañana
    1. Comerciantes y amantes de las fiestas
    2. Banqueros y prestamistas inescrupulosos
    3. Escalinatas de oro

1. ¿Cuáles son los dos temas principales de este esquema?

____

2. Bajo el primer subtema de "La fiebre por el oro", ¿cuáles son los detalles que se enumeran?

____

____

3. ¿Cuál de los subtemas describe el trato con los indígenas?

____

4. ¿Cuál es el primer subtema que contiene información sobre las personas que luchaban por ser ricos durante la Fiebre del oro?

____

5. ¿De qué manera un esquema puede ayudarte a planificar un informe?

____

____

____

Nombre ____________________

Instrucciones Lee el siguiente pasaje. Luego usa la información del pasaje para completar el esquema a continuación.

Compra del Territorio de Luisiana

El Territorio de Luisiana cubre 828,000 millas cuadradas de Norteamérica al oeste del río Misisipi.

Un territorio español Con el permiso de España, los estadounidenses usaban los ríos Misisipi y Misuri y el puerto de Nueva Orleans para el comercio. Sin embargo, el presidente Jefferson creía que los Estados Unidos debían controlar ambas vías fluviales.

Francia compra el territorio El líder de Francia, Napoleón, también quería más control en Norteamérica. En abril de 1802, Jefferson le escribió una carta al ministro de los Estados Unidos en Francia, en la que le comentaba su interés por obtener el territorio que rodeaba a Nueva Orleans. Luego, en octubre de 1802, Francia le compró a España este territorio. Los estadounidenses estaban muy enojados y parecía inevitable un conflicto entre Estados Unidos y Francia.

Estados Unidos compra el territorio En 1803, el presidente Jefferson envió a Francia a James Monroe para que intentara comprar el área que se encontraba alrededor de la desembocadura del Misisipi, incluida Nueva Orleans. Sin embargo, cuando Monroe arribó, se encontró a una Francia inmersa en una difícil posición. Las enfermedades habían debilitado y reducido al ejército francés. Más aun, los franceses estaban preocupados por la posibilidad de que Gran Bretaña les declarara la guerra muy pronto. Napoleón creía que tenía que olvidarse de establecer el poder francés en Norteamérica. Por todos estos motivos, Monroe pudo hacer un trato con Napoleón para comprar el Territorio de Luisiana. Hacia fines del año 1803, se hizo un acuerdo y el tamaño de los Estados Unidos se duplicó en un día.

Compra del Territorio de Luisiana

I. ____________________

A. España les permite a los Estados Unidos usar el río Misisipi y el puerto de Nueva Orleans para el comercio.

B. El presidente Jefferson quiere controlar el Misisipi y Nueva Orleans.

C. ____________________

II. Francia le compra a España el Territorio de Luisiana.

III. Los Estados Unidos y Francia en la mesa de negociación

A. ____________________

B. ____________________

1. El ejército francés se encontraba débil por las enfermedades.

2. Napoleón temía que ocurriera una guerra con Gran Bretaña.

C. ____________________

Actividad para la casa Su niño o niña respondió preguntas sobre esquemas y completó uno usando la información de un artículo expositivo. Juntos, creen un esquema que organice las actividades diarias de la familia. Intenten dividir el día en secciones principales, subtemas y detalles importantes.

Nombre ______________________________

Sufijos griegos

Corregir Encierra en un círculo seis errores ortográficos en el artículo. Escribe las palabras en forma correcta. Encuentra un error de puntuación y escribe la oración correctamente.

¿Qué hacer?

En el mundo hay miles de profesiones distintas. Con mis amigos conversamos a menudo sobré qué nos gustaría hacer de grandes. Pablo es amante de la música, y por eso dice que le encantaría ser pianita. ¡Quiere ser un gran artita! María, la amiga de Pablo, es una apasionada de las piedras, pero la mineraleslogía no le llama para nada la atención. Lo cierto que es que ella quiere especializarse enzología. Y yo adoro los deportes; por eso siempre practiqué atletetismo, hasta que un día me di cuenta de que lo que más me gusta es el alpenismo. Y tú, sabes qué quieres hacer de grande?

Palabras de ortografía

mineralogía
alpinismo
cubismo
analfabetismo
atletismo
egoísmo
mecanismo
sicología
metodología
zoología
artista
ciclista
periodista
turista
pianista
comentarista
hidrofobia
claustrofobia
agorafobia
economista

1. ______________ 2. ______________

3. ______________ 4. ______________

5. ______________ 6. ______________

7. ____

____

Corregir palabras Encierra en un círculo la ortografía correcta de cada palabra.

8.	alpinipismo	apinismo	alpinismo
9.	analfavetismo	analfabetismo	anfalbatetismo
10.	mecanismo	mexanismo	mecanitico
11.	trurista	turrista	turista
12.	hidrofovia	hidrofobia	idrofobia
13.	economista	economizta	ecconomista
14.	zología	sología	zoología

Palabras difíciles

astrología
sicólogo
fotofobia
humanismo
aracnofobia

Actividad para la casa Su hijo identificó palabras con errores ortográficos. Pídale que deletree cuatro palabras que contengan sufijos griegos y que le diga lo que significan las palabras.

Adverbios

Lee el párrafo. Luego, lee cada pregunta. Encierra en un círculo la letra de la respuesta correcta.

Un pueblo sin nombre

(1) Los mineros trabajaban tenazmente en busca del ansiado oro. (2) De pronto, el escaso y preciado metal se agotó. (3) Entonces los mineros comenzaron a irse del lugar. (4) Allí quedaron las casas abandonadas. (5) Y el pueblo minero nunca volvió a habitarse.

1 ¿Cuál es el adverbio o la frase adverbial de la oración 1?

A busca

B ansiado

C oro

D tenazmente

2 ¿Cuál es el adverbio o la frase adverbial de la oración 2?

A pero

B De pronto

C escaso

D metal

3 ¿Cuál es el adverbio o la frase adverbial de la oración 3?

A comenzaron

B Entonces

C irse

D lugar

4 ¿Cuál es el adverbio o la frase adverbial de la oración 4?

A quedaron

B casas

C Allí

D abandonadas

5 ¿Cuál es el adverbio o la frase adverbial de la oración 5?

A nunca

B pueblo

C minero

D habitarse

Actividad para el hogar Su niño o niña se preparó para tomar un examen de los adverbios. Dígale que escriba un párrafo sobre alguna excursión y que incluya palabras que indiquen cómo, cuándo, cuánto o dónde.

Términos que se prestan a confusión

Palabras de ortografía			
asimismo	tan bien	por qué	hojear
así mismo	haber	porque	en torno
sino	a ver	tampoco	entorno
si no	hecho	tan poco	rehusar
también	echo	ojear	reusar

Analogías Escribe la palabra de la lista que completa correctamente cada oración.

1. No entiendo ____________________ no vienes.
2. Si no te vas, te ____________________.
3. A Pedro no le gustan los perros; a mí ____________________.
4. Fuimos ____________________ una competencia de atletismo.
5. Mi mamá se ha puesto a ____________________ la revista.
6. Repartieron el dinero, pero era ____________________ que no alcanzó.
7. Ha hecho el ejercicio ____________________ como el profesor.

Palabras en contexto Escribe la palabra o las palabras que completen correctamente cada oración.

8. Todo gira ____________________ a él; es muy egoísta.
9. El ____________________de la clase es propicio para el estudio.
10. He ____________________ muchas travesuras.
11. Mi mamá me dijo: "Si el perro hace una travesura más, lo ____________________".
12. El fin de semana fuimos ____________________un partido de fútbol.
13. Conseguimos ubicaciones muy buenas por ____________________ ido muy temprano.
14. No fui al parque ____________________ a la escuela.
15. ____________________ entiendes los ejercicios de tarea, pídeme ayuda.

Actividad para la casa Su niño o niña ha practicado ortografía y completado oraciones con términos que se prestan a confusión. Inventen una oración cada uno con palabras de la lista.

Oraciones y frases negativas

Instrucciones Subraya las palabras negativas de cada oración.

1. No te acerques al hoyo.
2. Que no se te ocurra hacer otra travesura.
3. Nadie sabe dónde se metió el zorrillo.
4. ¡A que nunca habías estado aquí!
5. No se suban al árbol porque es peligroso.

Instrucciones Escribe la palabra entre ( ) que completa correctamente cada oración.

6. Ni llovió (ni, nunca) hizo frío.
7. No hay (nada, nunca) en el hoyo.
8. A mí no me gustan las serpientes y (ninguno, tampoco) los lagartos.
9. (Jamás, nadie) se acerquen al pozo.
10. El papá de Eddie (ninguno, no) nos veía mientras cavábamos.

Instrucciones Escribe la palabra negativa que completa correctamente cada oración.

11. Yo ______________________ he viajado en submarino.
12. No vi a ______________________ cuando estuve en el parque.
13. No jugamos al béisbol y ______________________ al fútbol.
14. Mi hermano ______________________ quiere salir hoy.
15. En el hoyo no había ______________________.
16. Busqué una pala pero no encontré ______________________.
17. No tengo ______________________ de ganas de cavar.

Nombre ___________________________

Sufijos derivados del latín: *-ante, -ero, -era, -dor, -dora*

Palabras de ortografía

cantante	mesero	remolcador	cochera	licuadora
tripulante	carpintera	despertador	reparadora	calculadora
ocupante	hormiguero	operadora	contador	costurera
pasajero	nadador	limonero	diseñadora	ingeniera

Analogías Escribe la palabra que complete correctamente cada oración.

1. Harina es a panadera lo que madera a ______________.
2. Avión es a hangar lo que carro a ______________.
3. Batido es a batidora lo que licuado a ______________.
4. Abejas es a panal lo que hormigas a ______________.
5. Manzana es a manzano lo que limón a ______________.
6. Sartén es a cocinera lo que aguja a ______________.
7. Pista es a atleta lo que piscina a ______________.
8. Guitarra es a guitarrista lo que micrófono a ______________.

Palabras clave Escribe la palabra de la lista que coincida con cada clave.

9. persona que atiende mesas ______________
10. persona que diseña ______________
11. persona que maneja una central telefónica ______________
12. persona que viaja ______________
13. sirve para despertarme por la mañana ______________
14. sirve para remolcar ______________

Actividad para la casa Su niño o niña ha aprendido la ortografía de palabras con sufijos derivados del latín. Para practicar en casa, invente claves sobre palabras con sufijos derivados del latín y pida a su hijo o hija que diga cómo se escriben esas palabras.

Adjetivos y artículos

Instrucciones Subraya los artículos y encierra en un círculo los adjetivos de cada oración.

1. Estaban en un mar plagado de icebergs vagabundos.

2. La niebla es el gran enemigo de la navegación.

3. Más de mil personas murieron en aquel terrible naufragio.

4. Después de aquella tragedia, mucha gente dejó de viajar en barco.

5. Los periódicos contaban las escalofriantes historias de los supervivientes.

6. Poca gente de tercera clase sobrevivió.

Instrucciones Escribe *definido* o *indefinido* para indicar de qué tipo es el artículo subrayado.

7. Un marinero dio la voz de alarma. ____________________.

8. El capitán supo que todo estaba perdido. ____________________.

9. Unos niños lloraban con desconsuelo. ____________________.

10. Los camareros iban avisando por los camarotes. ____________________.

Instrucciones Escribe *de qué tipo, cuántos* o *cuál(es)* para indicar la pregunta sobre cada sustantivo que responde el adjetivo subrayado.

11. El gigantesco iceberg brillaba bajo la luna. ____________________

12. Había más de mil personas en cubierta. ____________________

13. Aquellos pasajeros que dormían no se salvaron. ____________________

14. Al cabo de pocas horas, se hizo un silencio abrumador. ____________________

15. Murieron más de mil quinientas personas. ____________________.

Raíces griegas

Palabras de ortografía			
telecomunicaciones	mecanógrafo	metrópolis	televisor
teléfono	geógrafo	fonética	ortodoncia
fotografía	fonógrafo	microscopio	calígrafo
fotógrafo	metro	microscópico	microondas
fotogénica	metropolitano	televisión	microbús

Palabras en contexto Escribe las palabras de la lista que completen correctamente cada oración.

1. Puedes calentar el arroz en el horno de ______________________.
2. ¿Cuál es la población de toda la ______________________?
3. Vimos un programa muy interesante en la ______________________.
4. El insecto tiene un tamaño ______________________.
5. El ______________________ escribió los documentos para la licenciada.
6. La ______________________ muestra muchos detalles de los edificios.
7. El ______________________ hizo un dibujo muy preciso del continente americano.
8. El diccionario incluye la escritura ______________________ de las palabras.
9. Necesitamos saber si la puerta mide un ______________________ de ancho.
10. Para corregir mi dentadura era necesario usar una buena ______________________.

Actividad para el hogar Su niño o niña aprendió la ortografía de las palabras que poseen raíces griegas. Pida a su hijo o hija que organice en grupos la lista de las palabras según las raíces de cada una y comenten qué significan las raíces de cada palabra.

Adjetivos *este, ese* y *aquel*

Instrucciones Escribe el adjetivo más adecuado para describir cada sustantivo.

1. un libro en tus manos ____________________ libro
2. un tienda a una milla ____________________ tienda
3. unos perros en el jardín vecino ____________________ perros
4. unos zapatos en tus pies ____________________ zapatos
5. unos días de hace muchos años ____________________ días
6. una casa enfrente de la tuya ____________________ casa

Instrucciones Subraya el adjetivo entre ( ) que completa correctamente cada oración.

7. (Este, Aquella) constelación se llama Orión.
8. (Este, Esa) transbordador es muy viejo.
9. (Ese, Estos) astronautas que aquí ves saldrán mañana para el espacio.
10. No se puede traspasar (aquellos, esa) línea.

Instrucciones Escribe correctamente cada oración. Cambia el adjetivo si es preciso.

11. Aquellos trajes de aquí son espaciales.

____

12. Esos maquetas son de cápsulas espaciales.

____

13. ¿Ves estas estrellas tan lejanas?

____

14. Estamos entrando en aquella nave.

____

Nombre ______________________

Raíces latinas

Palabras de ortografía			
espectro	dictador	respeto	describir
escribió	dictadura	portero	aspecto
ruptura	escriba	importante	transportar
portentoso	espectáculo	abrupto	inspector
dictado	espectador	portátil	aporte

Clasificación Escribe la palabra de la lista que pertenezca a cada grupo.

1. anotó, apuntó, redactó ______________
2. lectura, pronunciación ______________
3. tiranía, totalitarismo, absolutismo ______________
4. evento, exhibición, representación ______________
5. separación, alejamiento, ______________
6. cuidador, conserje ______________
7. delinear, explicar, reseñar ______________
8. superior, significativo, valioso ______________
9. investigación, pistas ______________
10. contribución, colaboración ______________

Sinónimos Escribe la palabra de la lista que tenga el mismo significado o uno similar.

11. trasladar ______________
12. apariencia ______________
13. miembro del público ______________
14. fantasma ______________
15. soberbio ______________
16. tirano ______________
17. escribano ______________
18. consideración ______________
19. rudo ______________
20. movible ______________

Actividad para la casa Su niño o niña aprendió la ortografía de palabras con raíces latinas. Piensen juntos en una palabra que tenga una de las raíces de las palabras de la lista y búsquenla en el diccionario para verificar que tenga origen latino.

Nombre ______________________________

Comparativos y superlativos

Instrucciones Elige la expresión entre ( ) que completa correctamente cada oración. Luego escribe en la raya la oración completa.

1. La ballena azul es el mamífero (mayor, más) grande de la Tierra.

____

2. Ayer tuve la (peor, tan mala como) pesadilla de mi vida.

____

3. El tiranosaurio rex era (muy feroz, más feroz).

____

4. El velociraptor era (más rápido, tan rápido) que el tiranosaurio rex.

____

5. Gracias al cine, el velociraptor es un dinosaurio (conocidísimo, mayor conocido).

____

Instrucciones Escribe la expresión comparativa que corresponda, según se compare una cosa que sea *más, igual* o *menos* de lo que se indica que otra.

6. Esta película me pareció ______________________________ la de ayer. (más, buena)

7. El velociraptor era ______________________________ un perro actual. (igual, grande)

8. El pterodáctilo era ______________________________ cualquier ave de ahora. (más, grande)

9. El murciélago es mucho ______________________________ el pterodáctilo. (más, pequeño)

10. El triceratops era ______________________________ el tiranosaurio rex. (menos, poderoso)

11. El iguanodonte era ______________________________ un elefante. (igual, pesado)

12. El triceratops estaba ______________________________ el tiranosaurio rex. (más, protegido)

13. Para mí, la paleontología es una ciencia ______________________________ la geología. (más, interesante)

14. Buscar fósiles es ______________________________ buscar un tesoro. (igual, apasionante)

Nombre ______________________________

Sufijos griegos

Palabras de ortografía				
mineralogía	**atletismo**	**metodología**	**periodista**	**hidrofobia**
alpinismo	**egoísmo**	**zoología**	**turista**	**claustrofobia**
cubismo	**mecanismo**	**artista**	**pianista**	**agorafobia**
analfabetismo	**sicología**	**ciclista**	**comentarista**	**economista**

Palabras en contexto Escribe la palabra de la lista que complete correctamente cada oración.

1. El ______________________ es un deporte que consiste en la ascensión a las altas montañas.
2. Es importante conocer el ______________________ de un reloj para poder arreglarlo.
3. Mi tío participó en varios torneos internacionales de ciclismo; él es ______________________.
4. Los espacios muy cerrados me producen angustia; creo que padezco ______________________.
5. El ______________________ es la incapacidad de leer y escribir.

Definiciones de palabras Escribe la palabra de la lista que corresponda a cada definición.

6. estudio de los minerales — 6. ______________
7. excesivo aprecio por uno mismo — 7. ______________
8. métodos utilizados para la investigación — 8. ______________
9. conjunto de disciplinas deportivas — 9. ______________
10. persona que toca el piano — 10. ______________
11. persona que se ocupa de la economía — 11. ______________
12. movimiento artístico basado en figuras geométricas — 12. ______________
13. persona que viaja por ocio — 13. ______________
14. persona que hace comentarios — 14. ______________
15. ciencia que estudia los animales — 15. ______________

Actividad para la casa Su hijo aprendió a escribir palabras con sufijos griegos. Pídale que agrupe las palabras de la lista de acuerdo con el sufijo griego que posean e indique el significado de cada sufijo.

Nombre ______________________________

Adverbios

Instrucciones Escribe el adverbio de cada oración.

1. Ayer visité un pueblo fantasma. ______________
2. Éste quedó desierto recientemente. ______________
3. La historia de los pueblos fantasmas es realmente fascinante. ______________
4. Tú también deberías visitar uno. ______________
5. Sólo se oye el sonido del viento. ______________
6. Me gustó muchísimo. ______________
7. Yo siempre había querido ir a ver uno. ______________
8. El que visité está arriba, en las montañas. ______________
9. Se sube lentamente en un carro de doble tracción. ______________
10. Ahora todas las casas están deshabitadas. ______________

Instrucciones Encierra en un círculo el adverbio o la frase adverbial de cada oración. Escribe *cómo, cuándo, dónde* o *cuánto* para describir lo que dice.

11. El camino está de veras en malas condiciones. ______________
12. De vez en cuando, se ve un águila planeando. ______________
13. La vegetación oculta casi todo el pueblo. ______________
14. Generalmente, la gente llega en vehículos con doble tracción. ______________
15. El pueblo se encuentra lejísimo. ______________
16. La visita resulta bastante agotadora, pero merece la pena. ______________
17. El carro sube la cuesta despacio. ______________
18. El pueblo creció súbitamente durante la fiebre del oro. ______________
19. Luego, al acabarse el oro, se despobló en pocos meses. ______________
20. Jamás se recuperó. ______________

Nombre ___________________________

Tabla del ensayo persuasivo

Instrucciones Completa el organizador gráfico con las ideas para la introducción, las razones de apoyo y la conclusión de tu ensayo persuasivo.

Introducción: Plantea tu posición o tesis.

↓

Primera razón

↓

Segunda razón

↓

Tercera razón (la razón más importante)

↓

Conclusión

Nombre ____________________

Palabras persuasivas

Instrucciones Agrega una palabra persuasiva del cuadro o una palabra propia a cada oración. Escribe nuevamente la oración.

Palabras persuasivas			
mejor	peor	deberían	nunca
lo más importante	tienen	necesario	eficaz

1. Un viaje de campamento a las tierras inhóspitas de Alaska es la ________ excursión para nuestra clase.

____

____

2. ________ es acampar lejos del hábitat de los osos.

____

____

3. Un gran equipo de protección es ________ para sobrevivir.

____

____

4. Cuando acampemos en Alaska, aprenderemos que en un lugar inhóspito es ________ trabajar en equipo que trabajar individualmente.

____

____

5. ________ que vivir la aventura de los grandes espacios abiertos en Alaska.

____

____

Nombre ____________________

Agregar, eliminar o cambiar el orden de las oraciones

Instrucciones Revisa este párrafo y agrega, elimina o cambia el orden de las oraciones como se indica a continuación.

(1) Muchísimas personas intentan escalar el monte Everest cada año. (2) Escalar esta montaña implica muchos peligros. (3) El aire es muy escaso arriba de los 26,000 pies. (4) El clima es extremadamente duro en la cima de la montaña. (5) Muchos escaladores llevan consigo tubos de oxígeno por la escasez del aire. (6) El clima también puede ser impredecible. (7) Una ventisca severa se puede presentar en cuestión de minutos. (8) En conclusión, la montaña en sí presenta muchos peligros. (9) Hay muchas grietas, o cañones, así como bloques de hielo sueltos. (10) Muchos escaladores han muerto en la montaña. (11) Otra montaña peligrosa es el monte Rainier en Washington. (12) A pesar de los peligros, el monte Everest se ha convertido en un destino popular tanto para escaladores profesionales como para escaladores que no lo son.

1. Escribe el número de oración que se debe eliminar. Comenta por qué piensas que se debe eliminar.

____

____

____

2. Subraya las dos oraciones que hay que cambiar de lugar. Escribe las oraciones en el orden correcto.

____

____

____

____

3. Comenta dónde agregarías cada uno de los siguientes hechos en el párrafo.

A. Sin embargo, algunos escaladores profesionales no consideran necesario llevar oxígeno.

____

B. Sólo en el año 1996, 15 personas murieron escalando el monte Everest.

____

C. Con 29,029 pies de altura, el Everest es la montaña más alta del mundo.

____

Nombre ____

Marcas de corrección

Marcas de corrección	
Eliminar	⌐
Agregar	^
Ortografía	⬭
Letra mayúscula	≡
Letra minúscula	/

Instrucciones Ésta es una parte de un ensayo persuasivo. Corrige el párrafo. Busca errores de ortografía, de gramática y de sintaxis. Usa las marcas de corrección para mostrar dónde están y cuáles son las correcciones.

Los astronautas han realisado grandes hazañas. Algunos astronautas han caminado por la Luna. Otros han vivido en una estación espacial por más de un año. Aventuras increívles como éstas comenzaron en el año 1962 con un viaje que hoy en día parece sencillo. En ese año, un astronauta llamado John Glenn se convirtió en el primer estadounidense que orbitó la tierra. Un cohete permitió que la nave espacial de Glenn, llamada *Friendship 7*, viajara al espacio y luego orbitara la Tierra. Una de las primeras personas del mundo que vio la Tierra desde el espacio. Dijo: Es hermoso ver el Atlántico y mirar hacia el este". Después de un tiempo, volaba sobre Perth Australia, donde todabía era de noche. Los habitantes de Perth encendieron las luces para que Glenn pudiera identificarlos desde el espacio. La nave espacial de Glenn orbitó la Tierra tres veces y el vuelo duró aproximadamente cinco horas. Luego, la nave espacial cayó en el océano Atlántico. La primera vez que se orbitó la Tierra se hizo sin problemática y preparó el camino para los biajes espaciales venideros.

Sacar conclusiones

- Los lectores activos sacan conclusiones o toman decisiones basadas en la información del texto y en sus propios conocimientos.
- Analiza tus conclusiones a medida que lees. Pregúntate: ¿puedo apoyarlas con información del texto o con hechos que ya conozco?

Instrucciones Lee el siguiente cuento. Luego completa el diagrama con una conclusión y con una lista de detalles del cuento que apoyen tu conclusión.

La mayoría de los fines de semana de verano, Tina iba a la playa con su tía y primos más pequeños. Construía castillos de arena con ellos y los observaba cuidadosamente mientras se movían cerca de la orilla. Si iban hacia el agua, Tina los tomaba de la mano. Les enseñaba a tener cuidado con las olas grandes y a los más grandes, a nadar. También llevaba comida para compartir. Cuando era hora de partir, Tina alzaba al más pequeño para evitar que se quemara con la arena. En el camino, ya pensaba con ansias en su próximo día en la playa.

¿Qué conclusión puedo sacar?

1.

¿Qué dice el texto?

2.

3.

4.

¿Qué es lo que ya sé?

5.

Actividad para el hogar Su niño o niña ha llegado a una conclusión basada en los detalles de este párrafo. Juntos, lean un relato sobre niños. Trabaje con él o ella para llegar a una o más conclusiones sobre los personajes o sucesos, usando el texto y los conocimientos previos.

Domingo 5 de junio

Querido diario:

¡Qué semana tan loca! Todo empezó el sábado pasado. Fue así: papá había estado planeando una fiesta sorpresa para el cumpleaños de mamá. Cada miembro de la familia tenía una tarea para poder hacer la fiesta. Yo debía ir en bicicleta por el vecindario repartiendo las invitaciones.

Entonces, el sábado pasado le dije a mamá que iba en bicicleta hasta la casa de mi amigo Derek. Puse todas las invitaciones en mi mochila, así mamá no se daría cuenta de qué estaba por hacer. Pero… cuando estaba en la calle entregando las invitaciones, ¡Derek llamó a casa preguntando por mí! ¡No puedo creer que haya olvidado de avisarle del secreto! No hace falta decir que cuando volví a casa mamá estaba furiosa conmigo, quería saber dónde había estado y por qué le había mentido. ¡No podía contarle la verdad! Si lo hacía arruinaría toda la fiesta sorpresa sólo para evitarme problemas. Mamá me castigó durante una semana porque me negué a decirle la verdad.

Su fiesta era el sábado siguiente y la sorpresa salió perfecta. Lloró cuando vio a todos. Cuando me acerqué a decirle "Feliz cumpleaños", me abrazó y me preguntó: "¿Tu mentira del sábado pasado tuvo que ver con esta fiesta?". Le conté que había ido a entregar las invitaciones pero que si se lo decía arruinaba la sorpresa. Se sintió muy mal por haberme castigado durante toda la semana por eso. De hecho, me dijo que me había ganado una tarjeta de "Sin penitencia". Me dijo que la próxima vez que esté castigado y realmente quiera salir a hacer algo, le podía dar la tarjeta y esa noche podría salir. A pesar de que estuve sin salir toda la semana pasada, ¡valió la pena!

1. Encierra en un círculo la fecha de esta entrada de un diario.
2. Escribe un resumen de los sucesos e ideas principales que se cuentan en este diario.

____

____

____

____

3. Subraya varias palabras y frases que muestren que es un diario informal y personal.

Vocabulario

Instrucciones Escoge la palabra del recuadro que mejor coincida con cada definición. Escribe la palabra en la línea.

Verifica las palabras que conoces

- ___ estrafalaria
- ___ impresionante
- ___ titulares
- ___ aguda
- ___ resguardarse
- ___ vital

______________ **1.** de apariencia o estilo extraño

______________ **2.** frases que encabezan y resumen la idea principal de los artículos periodísticos

______________ **3.** muy importante

______________ **4.** emocionante; sorprendente

______________ **5.** defenderse, precaverse o prevenirse

______________ **6.** voz de tono alto

Instrucciones Escoge la palabra del recuadro que complete mejor cada oración. Escribe la palabra en la línea de la izquierda.

______________ **7.** La voz ______ de la niña podía escucharse desde la otra habitación.

______________ **8.** Es ______ descansar mucho cuando estás enfermo.

______________ **9.** Los ______ del periódico mencionaban el incendio en el depósito de McGill.

______________ **10.** La peluca de Andrea era tan ______ que nadie se dio cuenta de qué estaba disfrazada.

Escribir la entrada de un diario

En una hoja aparte, escribe sobre un murciélago o un pájaro que hayas visto al aire libre o en un libro. Usa tantas palabras del vocabulario como puedas.

Actividad para la casa Su hijo identificó y usó palabras del vocabulario de *La verdad acerca de los asombrosos murciélagos de Austin.* Con su hijo, escriba un cuento sobre un animal originario de su área que sea interesante. Usen tantas palabras del vocabulario como puedan.

Modificadores

Los adjetivos, los adverbios y las frases preposicionales se llaman **modificadores.** Son palabras o grupos de palabras que dan información sobre otras palabras y, por tanto, las modifican. Los adjetivos modifican a los sustantivos. Los adverbios modifican al verbo, a los adjetivos o a otros adverbios. Las frases preposicionales pueden modificar a un sustantivo o un verbo y funcionar como adjetivos o como adverbios.

Modifica al sustantivo	La toalla de rayas verdes es la mía.
Modifica al verbo	Un cangrejo se esconde bajo una piedra.

Para evitar confusiones, lo mejor es colocar el modificador lo más cerca posible de la palabra a la que modifica.

Confuso:	La niña fue a la casa tranquila llegada la tarde.
Claro:	La niña fue tranquila a la casa llegada la tarde.

Coloca el adverbio *sólo* inmediatamente antes de la palabra a la que modifica.

Sólo Paco comió ostras. (Nadie más las comió).
Paco sólo comió ostras. (No hizo más que comer ostras).
Paco comió sólo ostras. (No comió nada más).

Instrucciones Escribe *adverbio, adjetivo* o *frase preposicional* para identificar cada modificador subrayado.

1. Ayer fui a ver los murciélagos. ______________________
2. Un magnífico espectáculo se desplegó ante mis ojos. ______________________
3. Los murciélagos estaban bajo el puente. ______________________
4. Empezaron a salir y en un momento oscurecieron el cielo. ______________________

Instrucciones Cada oración tiene un modificador en un lugar incorrecto. Vuelve a escribir la oración correctamente.

5. Desde abajo los espectadores observan el vuelo maravillados de los murciélagos.

____

____

6. Los murciélagos surgen de debajo a miles del puente.

____

____

Actividad para el hogar Su niño o niña estudió los modificadores. Lean juntos un artículo de periódico. Pídale que identifique algunos modificadores, tanto adjetivos como adverbios y frases preposicionales.

Nombre ______________________________

Sufijos *-mente, -dad, -ez, -eza, -anza*

Palabras de ortografía				
detalladamente	rápidamente	completamente	difícilmente	cuidadosamente
suciedad	esperanza	niñez	escasez	nobleza
naturaleza	enfermedad	madurez	confianza	enseñanza
cavidad	generosidad	pureza	delicadeza	lucidez

Sinónimos Escribe la palabra de la lista que posea el mismo significado o un significado similar a la palabra o frase subrayada.

1. El venado corre a gran velocidad por el bosque. 1. ______________
2. Se ve mucha falta de limpieza en el área del laboratorio. 2. ______________
3. El estadio estaba totalmente lleno para la final. 3. ______________
4. Teníamos mucha confianza en que nuestro equipo iba a ganar. 4. ______________
5. Había falta de alimentos por la sequía. 5. ______________
6. Mi tía colocó al bebé en la cuna con mucho esmero. 6. ______________
7. Fue imponente la magnificencia que mostró el rey. 7. ______________
8. Tengo plena seguridad de que voy a pasar el examen. 8. ______________
9. Nos dio alegría ver que llegaba el doctor para curar la dolencia que aquejaba a mi hermana. 9. ______________
10. La princesa estaba orgullosa de pertenecer a la aristocracia. 10. ______________

Definiciones Escribe la palabra de la lista que mejor se ajuste a cada definición.

11. que no se logra sin mucho trabajo 11. ______________
12. infancia 12. ______________
13. ideas y conocimientos que una persona transmite a otra 13. ______________
14. hueco 14. ______________
15. que se refiere a una cosa con todos sus pormenores 15. ______________
16. conjunto de todo lo que forma el universo en donde no ha intervenido el hombre 16. ______________
17. buen juicio o prudencia 17. ______________
18. ausencia de imperfecciones 18. ______________
19. finura, suavidad 19. ______________
20. claridad mental 20. ______________

Actividad para la casa Su niño o niña escribió palabras que poseen sufijos. Pídale que subraye el sufijo en cada palabra.

Nombre ______________________________

SECUENCIA DEL CUENTO C

Título ______________________________

Personajes

Ambiente

Problema

Sucesos

____

____

____

____

____

____

____

____

Solución

Vocabulario • Palabras desconocidas

- Si no puedes darte cuenta del significado de una palabra desconocida por el contexto o la estructura de la palabra, búscala en un **diccionario** o **glosario**.
- Los glosarios y diccionarios contienen definiciones de palabras. Las palabras están en orden alfabético. Usa las palabras guía en la parte de arriba de cada página para encontrar la palabra más rápidamente.

Instrucciones Lee el siguiente párrafo sobre un día en la playa. Luego usa un glosario o diccionario para contestar las preguntas que siguen.

Keiko lamentaba no haber ido nunca a la playa. Sus padres decidieron cumplirle este deseo y viajaron en auto durante muchas horas hacia la playa con Keiko. Por primera vez, jugó con las inmensas olas. Vio las criaturas del mar, como medusas y erizos de mar. Se asombró con las algas verdes que cubrían las rocas y con la suavidad de los troncos a la deriva que llegaban a la orilla. Sin embargo, la mejor sorpresa que tuvo fue un pequeño cangrejo que encontró escondido debajo de una concha. Keiko deseaba que ese día en la playa no terminara nunca.

1. ¿Cuál es la definición de *lamentaba*? Usa la palabra en una oración propia.

____

____

2. ¿Qué tipo de criatura es un *erizo de mar*? ¿Cuál de estos pares de palabras guía *escalera* y *error*, o *era* y *erosión* te ayuda más para encontrar la entrada *erizo de mar*?

____

____

____

3. ¿Cuál es la definición de *asombró*?

____

4. ¿Cuál es la definición y categoría gramatical de *deriva en este contexto*?

____

____

5. ¿Qué significa *escondido* en este párrafo? Escribe la definición con tus propias palabras.

____

Actividad para el hogar Su niño o niña usó un diccionario o glosario para buscar las palabras desconocidas. Trabaje con él o ella para identificar palabras desconocidas en un artículo. Luego, pida a su niño o niña que busque cada palabra nueva en un diccionario o glosario. Juntos verifiquen el significado en la oración.

Seguir y aclarar instrucciones

- Las instrucciones son directivas que se dan en orden, por lo general en pasos numerados.
- Lee todas las instrucciones antes de comenzar. Luego **sigue las instrucciones** haciendo lo que dicen, de a una por vez.
- Trata de visualizar el resultado final de las instrucciones. Si necesitas **aclarar instrucciones,** vuelve a leerlas, revísalas o pregunta.

Instrucciones Utiliza las siguientes instrucciones para responder las preguntas que figuran debajo.

Respiración rítmica

Las siguientes instrucciones te ayudarán a aprender a respirar rítmicamente para nadar.

1. Párate en el agua en un lugar donde te llegue al pecho.
2. Inclínate hacia delante, y gira la cabeza hacia un lado para que tu oreja esté bajo agua pero el rostro esté por encima de la línea de agua.
3. Respira y contén la respiración.
4. Gira la cabeza de modo que tu rostro esté hacia abajo y exhala lentamente por la boca.
5. Gira la cabeza hacia atrás en la posición de inicio e inhala nuevamente.
6. Trata de realizar esto hacia la derecha y hacia la izquierda para ver cuál lado se siente más confortable.
7. Luego repite los pasos 3 al 5 una y otra vez a un ritmo regular.
8. Practica hasta que puedas hacer los pasos 3 al 5 sin dificultad.

1. ¿Cuál es el objetivo de estas instrucciones?

___

2. ¿Cuál es el primer paso de las instrucciones? ¿Cuál es el último?

___

3. Para respirar de manera rítmica ¿qué pasos se necesitan repetir? ¿Por qué?

___

4. ¿Por qué se deben hacer en orden estos pasos?

___

5. Explica cómo pudiste visualizar las instrucciones ¿Cómo hiciste para aclarar las instrucciones que no comprendiste?

___

Instrucciones Utiliza las siguientes instrucciones para responder las preguntas que figuran debajo.

El acertijo de los arrecifes de coral

Sigue estas instrucciones para completar el acertijo de los arrecifes de coral.

1. Escribe las letras de la palabra *jarra*.
2. Al lado, escribe las cuatro primeras letras de la palabra *espiral*.
3. Ahora agrega las dos letras de una palabra que significa lo contrario a *sí*.
4. Tacha las letras *r, r, a, i*.
5. Por último, mezcla las letras que te quedaron para descubrir el nombre de algo que puedes encontrar en un arrecife.

6. ¿Cuál es el propósito de estas instrucciones? ¿Qué hiciste para seguir el paso 1?

____

____

____

7. ¿Cuál es la palabra que escribiste para completar el paso 2? ¿Qué letras te quedaron luego de completar el paso 2?

____

____

8. ¿Cuál es la palabra que escribiste para completar el paso 3? ¿Qué letras te quedaron luego de completar el paso 3?

____

____

9. ¿Cuál es la respuesta del acertijo luego de completar los pasos 4 y 5?

____

____

10. ¿Por qué habría sido imposible resolver el acertijo sin seguir las instrucciones en orden?

____

____

____

Actividad para la casa Su niño o niña aprendió acerca de seguir instrucciones paso a paso. Conversen sobre una receta simple de una comida favorita de su hijo. Trabajen juntos para seguir las instrucciones de la receta paso a paso.

Sufijos *-mente, -dad, -ez, -eza, -anza*

Palabras de ortografía
detalladamente
rápidamente
completamente
difícilmente
cuidadosamente
suciedad
esperanza
niñez
escasez
nobleza
naturaleza
enfermedad
madurez
confianza
enseñanza
cavidad
generosidad
pureza
delicadeza
lucidez

Palabras difíciles
solidaridad
debidamente
semejanza
honradez
simpleza

Claves del contexto Escribe las palabras de las listas para completar cada oración.

1. La ____________________ de idiomas extranjeros es obligatoria en algunas escuelas.

2. Hay que hacer esta tarea con mucho cuidado. Es decir, hay que hacerla ____________________.

3. La ____________________ de agua fue la razón por la cual se murieron las plantas.

4. Los estudiantes entraron ____________________ porque tenían mucha prisa.

5. Estos pacientes no sufren de una ____________________ grave.

Corrección de palabras Encierra en un círculo la palabra escrita correctamente. Escribe la palabra correcta.

6.	noblesa	noboleza	nobleza	**6.** ____________
7.	cavidad	cabidad	cavedad	**7.** ____________
8.	pureza	puresa	poreza	**8.** ____________
9.	luzidez	lucidez	lusidez	**9.** ____________
10.	generosedad	generocidad	generosidad	**10.** ____________
11.	suciedad	susiedad	sucidad	**11.** ____________
12.	esperansa	espiranza	esperanza	**12.** ____________
13.	niñez	niñes	ninez	**13.** ____________
14.	naturalesa	naturelaza	naturaleza	**14.** ____________
15.	delicadesa	delicadeza	delecadeza	**15.** ____________

Actividad para el hogar Su hijo/a ha identificado las palabras con errores de ortografía de la lista de palabras. Diga un sufijo y pida a su hijo/a que diga una palabra de la lista que tenga ese sufijo. Después pídale que la deletree.

Modificadores

Lee las oraciones. Luego, lee cada pregunta. Encierra en un círculo la letra de la respuesta correcta.

Murciélagos por todas partes

(1) Los numerosos murciélagos oscurecían el cielo. (2) Por todas partes había turistas con cámaras. (3) En lo alto, los murciélagos se dispersaban hacia los cuatro puntos cardinales. (4) La luna menguante iluminaba la noche. (5) Nunca en mi vida había visto un espectáculo semejante.

1 ¿Qué es la palabra o frase subrayada de la oración 1?

A adjetivo
B adverbio
C frase prep. adverbial
D frase prep. adjetiva

2 ¿Qué es la palabra o frase subrayada de la oración 2?

A adjetivo
B adverbio
C frase prep. adverbial
D frase prep. adjetiva

3 ¿Qué es la palabra o frase subrayada de la oración 3?

A adjetivo
B adverbio
C frase prep. adverbial
D frase prep. adjetiva

4 ¿Qué es la palabra o frase subrayada de la oración 4?

A adjetivo
B adverbio
C frase prep. adverbial
D frase prep. adjetiva

5 ¿Qué es la palabra o frase subrayada de la oración 5?

A adjetivo
B adverbio
C frase prep. adverbial
D frase prep. adjetiva

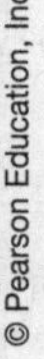

Actividad para el hogar Su niño o niña se preparó para tomar un examen de modificadores. Copie un párrafo de uno de los libros favoritos de su niño o niña dejando en blanco el espacio de algunos modificadores. Pídale que sugiera modificadores para los espacios en blanco.

Nombre ____

Idea principal y detalles

- El tema es el asunto global de un texto. La idea principal de una selección es la idea más importante sobre el tema de esa selección. Los detalles son fragmentos de información que cuentan más sobre la idea principal.
- Algunas veces, el autor establece la idea principal en una sola oración. Cuando el autor no establece la idea principal, el lector debe descubrirla.

Instrucciones Lee el siguiente pasaje. Luego completa el diagrama a continuación.

Las plantas, como los animales, pueden estar en peligro por las acciones de los seres humanos. Algunas plantas se encuentran en peligro porque mueren los insectos que las polinizan. Por ejemplo, un tipo de titímalo prácticamente ha desaparecido porque los químicos mataron a las mariposas que polinizan el titímalo. Además, una planta se puede encontrar en peligro cuando los edificios y las carreteras ocupan la tierra donde ellas crecen. Otras actividades de los seres humanos, como la agricultura y la tala de árboles, pueden también amenazar a las plantas. Finalmente, la polución de la tierra y el agua generada por los hombres pone en peligro a muchos tipos de vida de la naturaleza, incluidas las plantas. Usualmente, las personas no son conscientes de esto, pero las actividades de los seres humanos pueden tener efectos muy nocivos sobre las plantas y sobre otras partes del reino de la naturaleza.

Idea principal

1.

Detalles

2.

3.

4.

5.

Actividad para la casa: Su niño o niña identificó la idea principal y los detalles de un pasaje expositivo. Trabajen juntos para identificar la idea principal y los detalles de párrafos individuales en un artículo de una revista sobre animales.

Aspectos principales de un cuento de detectives

- presenta un problema o misterio al principio del cuento con un enfoque claramente definido
- tiene un ambiente específico, creíble, descrito con detalles sensoriales
- tiene un argumento claramente definido con hechos, detalles y ejemplos para ayudar a resolver el misterio
- explica o resuelve el misterio al final del cuento

Está en las tarjetas

Estaba dormido cuando el sonido del teléfono me despertó. ¿Quién podría llamarme a esta hora? Era mi abuela, estaba desesperada. —Debes venir enseguida —me suplicó—. Es mi receta secreta de crema de caramelo. Iba a hacerla para tu cumpleaños pero la tarjeta con la receta desapareció. Alguien se la llevó.

En cinco minutos llegué a su casa. —¿Dónde guardas la receta? —le pregunté. —Con las otras recetas —contestó, mientras sacaba una caja de zapatos de la despensa. Estaba llena de tarjetas, todas con recetas. —¿Ves? —dijo, señalando una lista con el contenido—. —Acá está, la número 112. Crema de caramelo. Hace dos semanas estaba, pero esta noche cuando la fui a buscar, había desaparecido.

Pensé unos minutos y le pregunté: —¿Quién ha estado en tu casa en estas dos semanas que tuviera acceso a las tarjetas?

La abuela me dijo que había tenido tres visitas: un plomero, una enfermera y una dama del centro de jubilados.

Encontré al plomero arreglando una fuente de agua en el Club de Niños. —Necesito preguntarle acerca de una tarjeta que falta y pertenece a mi abuela —le dije—. ¿Ha visto una tarjeta perdida?

—¿Tarjeta, dices? —preguntó tranquilamente el plomero. —¿A qué tipo de tarjetas se refiere?

La enfermera estaba en la farmacia, le hice la misma pregunta que al plomero. Suspiró profundo y dijo: —¿Por qué tu abuela guarda las recetas en tarjetas? Ahora casi todos usan la computadora. —Y rápidamente miró hacia otro lado.

Le repetí la pregunta a la dama del centro de jubilados. —No, no creo —dijo en forma pensativa—; de tenerla, me habría dado cuenta. Siempre mando tarjetas de saludos en los días de fiesta.

—Ya sé quién tomó tu tarjeta de la receta de crema de caramelo —le dije a mi abuela.

—¿Ya resolviste el caso? ¿Quién fue? —preguntó sorprendida.

—Fue la enfermera. Pregunté lo mismo a los tres sospechosos, pero nunca mencioné a qué tipo de tarjeta me refería. La enfermera fue la única que sabía que se trataba de una tarjeta con una receta y lo sabe porque es quien la ha tomado.

La abuela suspiró: —No debería haberla tomado sin permiso, pero le permitiré que la copie si me devuelve la original.

—Parece un final dulce —dije.

1. Parafrasea el problema o misterio del cuento.

____

2. ¿Qué pista nos muestra quién tomó la tarjeta con la receta? Subraya la pista o indicio.

Nombre ____________________

Vocabulario

Instrucciones Selecciona la palabra del recuadro que coincida con cada oración. Escribe la palabra en la línea.

Verifica las palabras que conoces

- ___ demacrado
- ___ descoloridos
- ___ descomposición
- ___ parásitos
- ___ cadáveres
- ___ inanición
- ___ sospechaba
- ___ tundra

____________ **1.** amplio terreno abierto y llano sin árboles en la región ártica

____________ **2.** organismos vivientes que habitan en o sobre otros, de los cuales se alimentan

____________ **3.** con pocas carnes, delgado, flaco

____________ **4.** emblanquecidos por la exposición al sol o por el uso de químicos

____________ **5.** creía a causa de indicios; desconfiaba

Instrucciones Selecciona la palabra del recuadro que mejor concuerde con cada clave. Escribe la palabra en la línea.

____________ **6.** Superficie congelada incluso en verano.

____________ **7.** Los piojos y las lombrices son ejemplos de éstos.

____________ **8.** Estado causado por hambre extrema.

____________ **9.** Cuerpos sin vida.

____________ **10.** Proceso de putrefacción.

Escribir un memorando

Imagina que eres un guardia de un zoológico que tiene que informar sobre una enfermedad entre los animales del zoológico. En una hoja aparte, escribe un memorando al director del zoológico informando sobre lo que observaste. Usa la mayor cantidad posible de palabras del vocabulario.

Actividad para la casa Su niño o niña identificó y usó palabras del vocabulario de *El misterio de la isla de Saint Matthew*. Juntos, lean un cuento o un artículo expositivo. Pida a su hijo o hija que señale las palabras poco comunes. Trabajen en conjunto para descubrir el significado de cada palabra usando otras palabras que aparecen cerca.

Conjunciones y palabras de transición

Las **conjunciones** son palabras que no cambian y que sirven para unir otras palabras y oraciones. Hay conjunciones que unen palabras u oraciones simples para formar oraciones compuestas, como: *y/e, ni, o/u, pero, sino.*

Fueron a cazar renos y sólo vieron unos cuantos vivos.

Hay otras conjunciones que sirven para formar oraciones complejas, como: *cuando, como, donde, que, porque, para que, aunque, mientras, si.*

Klein pensó que se debía investigar.

Hay otras palabras o grupos de palabras, llamadas **palabras de transición,** que también sirven para unir oraciones y conectar las distintas partes que forman un texto. Por ejemplo: *sin embargo, además, por lo tanto, no obstante.*

El misterio era complicado, no obstante, Klein lo resolvió.

Instrucciones Subraya la conjunción o las conjunciones de cada oración.

1. El zorro ártico excava una madriguera en una colina o acantilado, pero no hiberna.
2. Soporta bien el frío con sus peludas patas y sus pequeñas y redondas orejas.
3. El oso polar es enorme, pero sorprendentemente rápido y ágil.
4. Su velocidad supera la del caribú si se pone a correr.
5. El reno salvaje es un animal pacífico, aunque muy escurridizo por su agudo olfato.
6. El reno se utilizaba como medio de transporte de personas y mercancías.

Instrucciones Escribe en cada oración la conjunción o las palabras de transición del recuadro que corresponden.

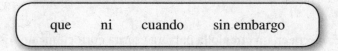

que ni cuando sin embargo

7. Los renos no tenían enemigos, ____________________, murieron de hambre.
8. En la isla no había lobos ____________________ otros grandes depredadores.
9. El Dr. David Klein pensó ____________________ no podían haber muerto de frío.
10. ____________________ llegó a la isla, Klein examinó los esqueletos de los renos.

Actividad para el hogar Su niño o niña estudió las conjunciones y palabras de transición. Pídale que escriba *si, porque, aunque, para que* en tarjetas de fichero y luego lean un artículo corto. Vayan marcando la tarjeta adecuada cada vez que vean una de estas conjunciones.

Sufijos diminutivos

Palabras de ortografía				
bajito	niñita	pelillo	florecillas	perrico
viejita	ventanilla	gatica	pajarillo	pececito
panecillos	ratico	potrico	patica	manita
hermanito	poquitico	pobrecito	pequeñita	despacito

Sufijos Escribe sobre la línea cada palabra correctamente sin el sufijo diminutivo.

1. pajarillo 1. ____________
2. gatica 2. ____________
3. manita 3. ____________
4. pelillo 4. ____________
5. bajito 5. ____________
6. despacito 6. ____________
7. perrico 7. ____________
8. ventanilla 8. ____________
9. hermanito 9. ____________
10. viejita 10. ____________

Corrección de palabras Encierra en un círculo la palabra escrita correctamente. Escribe la palabra correcta.

11. pececito pecisito pesetico 11. ____________
12. poquetito pocito poquitico 12. ____________
13. panecillos pancellos panicillos 13. ____________
14. protrico potreco potrico 14. ____________
15. rateco ratico retico 15. ____________

Actividad para la casa Su hijo/a escribió palabras con sufijos diminutivos. Pídale que subraye el sufijo de cada palabra de la lista.

Nombre ______________________________

Tabla de T

Nombre ____________________

Vocabulario • Terminaciones *-s, -es*

- Las terminaciones se agregan a las palabras base para modificar su significado. Reconocer las terminaciones te ayudará a entender el significado de una palabra.
- Las terminaciones *–s, –es,* agregadas a un sustantivo o adjetivo en singular, lo convierten en plural.

Instrucciones Lee el párrafo siguiente, luego contesta las preguntas que siguen. Usa un diccionario como ayuda.

El piloto volaba sobre la tundra ártica buscando focas bebé. Estaba controlando la población de focas para una organización conservacionista. A pesar de que la caza de focas estaba prohibida, algunos tenían sospechas de que las focas estaban desapareciendo. El piloto encontró algunas que se veían mal, probablemente por enfermedades menores, pero estaban vivas. Luego vio cada vez más; estaba realmente muy contento.

1. ¿Qué clase de palabra es *sospechas*? ¿Qué significado le da la terminación?

____

____

2. ¿En qué número está la palabra *focas*: singular o plural? ¿Cómo lo sabes?

____

3. ¿Cuál es el plural de la palabra *organización*? ¿Por qué se añade la terminación *-es* en este caso?

____

____

4. ¿Cómo cambiaría el significado de la palabra *enfermedades* si le sacamos la terminación *–es*?

____

Actividad para el hogar Su hijo/a identificó y usó terminaciones de palabras para determinar el significado de las palabras de un texto. Trabaje con su hijo/a para identificar sustantivos y adjetivos en otro artículo. Juntos identifiquen las terminaciones que ayudan a determinar si se trata de palabras en plural.

Nombre ____________________

Línea cronológica

- Una línea cronológica es una tabla que muestra una secuencia de sucesos. Generalmente está dividida en períodos de tiempo para mostrar el orden de los sucesos. Algunas líneas cronológicas se leen de izquierda a derecha, otras se leen de arriba hacia abajo.
- Se puede usar una línea cronológica para mostrar el orden de los sucesos en un texto expositivo. Una línea cronológica también puede mostrar el orden de los sucesos en una obra de ficción.
- Una línea cronológica puede cubrir cualquier período de tiempo, como un día o miles de años. Presta atención a los títulos y a los rótulos en una línea cronológica.

Instrucciones Lee la siguiente línea cronológica. Luego responde las preguntas a continuación.

La vida de un reno

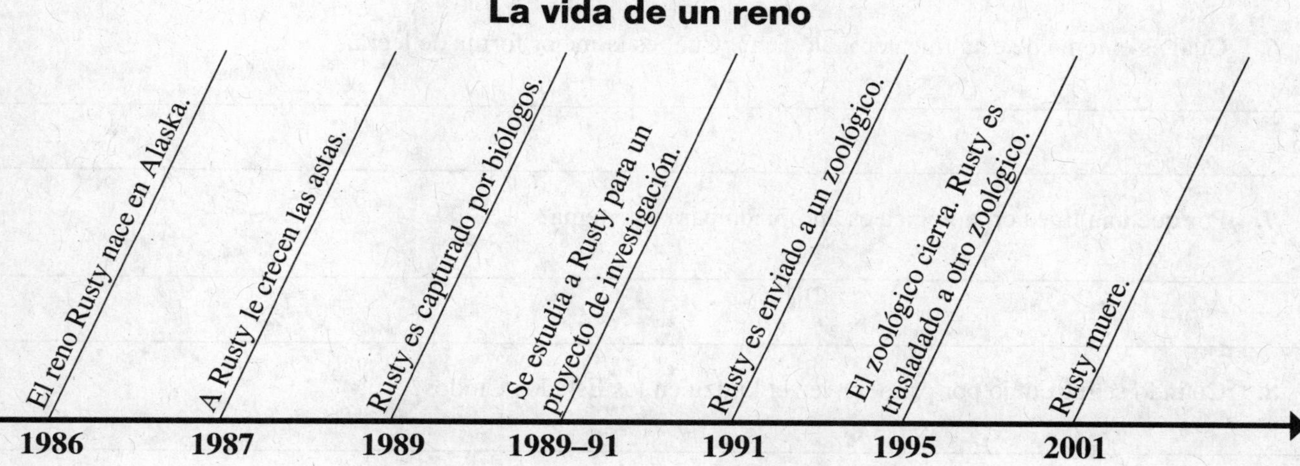
El reno Rusty nace en Alaska.
A Rusty le crecen las astas.
Rusty es capturado por biólogos.
Se estudia a Rusty para un proyecto de investigación.
Rusty es enviado a un zoológico.
El zoológico cierra. Rusty es trasladado a otro zoológico.
Rusty muere.
1986
1987
1989
1989–91
1991
1995
2001

1. ¿Cómo está organizada esta línea cronológica? ¿Cuál es el tema de la misma?

2. ¿Cuántos años pasaron desde el nacimiento de Rusty hasta su captura?

3. ¿Cuánto tiempo estuvo Rusty en los zoológicos?

4. ¿Cuántos años tenía Rusty cuando murió?

5. El promedio de vida para un reno en su hábitat natural es de entre diez y doce años. ¿De qué manera la línea cronológica te ayuda a sacar una conclusión sobre la cantidad de años que vivió Rusty? Explica.

Instrucciones Lee la siguiente línea cronológica. Luego responde las preguntas a continuación.

Historia de la planta que creció muy bien

1876	Kudzu, una enredadera originaria de Japón, llega a los Estados Unidos.
Década de 1900	Los agricultores de Florida comenzaron a alimentar a sus animales con kudzu.
Década de 1920	El Servicio de Conservación de la Tierra de los Estados Unidos estimula el uso de kudzu para prevenir la erosión.
Década de 1930	El Cuerpo Civil de Conservación de los Estados Unidos planta el kudzu.
Década de 1940	El gobierno paga a los agricultores para que cosechen kudzu.
Década de 1940	Las personalidades de la radio de Georgia forman los Clubes de kudzu.
1953	El gobierno desaconseja el uso de kudzu.
1972	El gobierno declara que el kudzu es una maleza.
2004	El kudzu cubre 6 millones de acres en el sur; las personas trabajan para eliminarlo.

6. ¿Cuál es el tema de esta línea cronológica? ¿Cuál es la mejor forma de leerla?

7. ¿Por qué una línea cronológica es apropiada para este tema?

8. ¿Cuándo se introdujo por primera vez el kudzu en los Estados Unidos?

9. ¿Cuánto tiempo le llevó al gobierno de los Estados Unidos declarar al kudzu una maleza? ¿Cuándo se plantó el kudzu con mayor intensidad?

10. ¿Qué pasó con el kudzu más recientemente según la línea cronológica?

Actividad para la casa Su niño o niña aprendió cómo usar el recurso de las líneas cronológicas. Juntos, observen una línea cronológica en un libro de historia. Pida a su hijo o hija que explique las entradas y que responda a sus preguntas sobre el orden cronológico.

Sufijos diminutivos

Sufijos Escribe las palabras con el sufijo diminutivo adecuado para que coincidan con las palabras de la lista.

1. punta — 1. ____________
2. pelo — 2. ____________
3. despacio — 3. ____________
4. pie — 4. ____________
5. potro — 5. ____________
6. pobre — 6. ____________
7. gata — 7. ____________
8. chiquito — 8. ____________
9. hermano — 9. ____________
10. vieja — 10. ____________

Palabras de ortografía

- bajito
- viejita
- panecillos
- hermanito
- niñita
- ventanilla
- ratico
- poquitico
- pelillo
- gatica
- potrico
- pobrecito
- florecillas
- pajarillo
- patica
- pequeñita
- perrico
- pececito
- manita
- despacito

Corrección de palabras Encierra en un círculo la palabra escrita correctamente. Escribe la palabra correcta.

11.	ventanilla	ventancita	ventaniya	**11.** ____________
12.	floreciya	florecito	florecilla	**12.** ____________
13.	pajarillo	pajarcito	pajariyo	**13.** ____________
14.	niñecita	niñilla	niñita	**14.** ____________
15.	patiya	patica	patecita	**15.** ____________

Palabras difíciles

- manecilla
- chiquitito
- piececillo
- corazoncito
- puntilla

Actividad para la casa Su hijo/a identificó palabras de la lista que tenían errores de ortografía. Pida a su hijo/a que nombre las cuatro palabras que le resulten más difíciles y que las escriba correctamente.

Conjunciones y palabras de transición

Lee las oraciones. Luego, lee cada pregunta. Encierra con un círculo la letra de la respuesta correcta.

Los renos de Saint Matthew

(1) El número de renos aumentaba ______ de repente ocurrió la catástrofe. (2) En la isla había muchos esqueletos de renos ______ muy pocos ejemplares vivos. (3) ______ habían sobrevivido cuarenta y una hembras, sólo quedaba un macho. (4) No tenían depredadores; ______, nada controló el crecimiento excesivo de la especie. (5) Los renos murieron ______ agotaron sus fuentes de alimento.

1 ¿Qué conjunción o palabras de transición completan correctamente la oración 1?

A cuando
B o
C ni
D si

2 ¿Qué conjunción o palabras de transición completan correctamente la oración 2?

A o
B ni
C sino
D pero

3 ¿Qué conjunción o palabras de transición completan correctamente la oración 3?

A Ni
B Pero
C Aunque
D Porque

4 ¿Qué conjunción o palabras de transición completan correctamente la oración 4?

A por lo tanto
B porque
C sino
D o

5 ¿Qué conjunción o palabras de transición completan correctamente la oración 5?

A o
B porque
C para que
D que

Actividad para el hogar Su niño o niña se preparó para tomar un examen de conjunciones y palabras de transición. Pídale que lea un artículo de periódico y encierre en un círculo las conjunciones que vea.

Nombre ______________________________

Comparar y contrastar

- Los escritores a veces usan la **comparación** y el **contraste** para organizar sus escritos. Las palabras clave tales como *mismo, al igual que, parecido, diferente, aunque* y *sin embargo* señalan comparaciones y contrastes.
- Los buenos lectores notan las comparaciones y los contrastes del autor y realizan los suyos cuando leen.

Instrucciones Lee el siguiente pasaje. Luego completa el diagrama que figura debajo.

Hillary y su familia querían mudarse a la ciudad de Nueva York debido a que les parecía más emocionante en comparación con su propia ciudad, tan tranquila. Ahorraron dinero durante un año para poder realizar la mudanza. Cuando llegó el momento de la mudanza, sus amigos les hicieron una gran fiesta de despedida.

Luego de que se mudaron a Nueva York, disfrutaron de la energía de las multitudes mientras se apresuraban por las calles. Visitaron los museos con las increíbles colecciones de arte y artesanías. Experimentaron con las nuevas comidas de todo el mundo.

Sin embargo, no estaban preparados para lo caro que costaba todo allí. Y aunque estaban rodeados de gente, les resultó difícil hacerse amigos. Se sorprendieron, pero a veces extrañaban la paz y la quietud de su ciudad natal. Con el tiempo, comprendieron que su nuevo hogar tenía una mezcla de ventajas y desventajas.

Ventajas y desventajas de mudarse a la ciudad de Nueva York	
Ventajas	**Desventajas**
1.	3.
2.	4.

5. ¿Qué conocimientos previos sobre las ventajas y las desventajas de vivir en una ciudad grande te ayudan a realizar comparaciones y contrastes?

____

____

Actividad para la casa Su niño o niña leyó un pasaje corto y realizó comparaciones y contrastes. Luego de leer un artículo histórico, trabaje con su hijo para comparar y contrastar algo en dos puntos temporales distintos.

Aspectos principales de la parodia

- Imita el argumento, estilo y lenguaje de un cuento conocido.
- Cambia detalles del cuento original para lograr un efecto cómico.
- Puede incluir una complicación que llegue hasta un clímax.

Los tres cerditos

Frank era el mayor de los tres cerditos. Siempre tuvo su propia manera de hacer las cosas. Pensaba que era más inteligente que cualquiera, incluyendo sus dos hermanos menores. También pensaba que se debía trabajar lo menos posible.

Los tres cerditos vivían en una pequeña casa de ladrillos con su madre. ¡Cuatro cerdos en una casa tan pequeña era demasiado! La mamá decidió que ya era hora de que los niños se fueran.

—Construyan sus propias casas —dijo—, que sean sólo para ustedes—. Frank decidió que, antes de ponerse a trabajar en su casa, miraría a sus hermanos. Pensaba que sería más listo que ellos para construir una casa y que aprendería de los errores que ellos cometieran.

El hermano más pequeño construyó una casa de paja. Un lobo la tiró abajo de un soplido y se comió al hermano. La mamá lloró y lloró. —Deben hacer una casa segura —les advirtió.

El hermano del medio construyó una casa con ramas y las ató fuertemente con sogas. —¡Qué hermosa casa! —dijo la mamá. Frank miró y esperó. Una semana más tarde, el lobo sopló y separó todas las ramas y se comió al hermano del medio.

La mamá de Frank lloró y lloró. —¡No te mudes! —le dijo a Frank—. Esta casa de ladrillos es segura, quédate aquí conmigo. Tú eres todo lo que me queda ahora.

Frank se limpió las lágrimas. Extrañaba a sus hermanos. De todas maneras, muy pronto, sonrió. Mirar y esperar era mucho mejor que trabajar. Decidió que haría su propia casa de ladrillos. Pero los ladrillos eran muy pesados, era mucho trabajo. Sí, pensó Frank, él era el cerdo más inteligente de los alrededores.

Y el lobo, a quien también le gustaba mirar y esperar, estaba triste.

1. ¿Cuál de los personajes del cuento original “Los tres cerditos” es el más diferente en esta parodia? ¿Cuáles son las diferencias?

____

____

2. ¿Cuál es el momento decisivo de este cuento? Encierra en un círculo la oración que muestra que se ha roto la tensión.

Nombre ______________________

Vocabulario

Instrucciones Selecciona la palabra del recuadro que mejor complete cada oración. Escribe la palabra en la línea.

Verifica las palabras que conoces

___ **elegante**
___ **precioso**
___ **purifiques**
___ **radiante**
___ **reino**
___ **transforme**

______________ **1.** dotado de gracia; que tiene buen gusto y distinción para vestir

______________ **2.** de gran valor; costoso; valioso

______________ **3.** limpies

______________ **4.** territorio donde gobierna un rey

______________ **5.** brillante; resplandeciente

Instrucciones Completa el crucigrama usando las claves que se encuentran a continuación.

VERTICALES

1. objeto de gran valor
3. modifique
4. alguien con gracia o bien vestido

HORIZONTALES

1. limpies para volver puro
2. territorio donde gobierna un rey

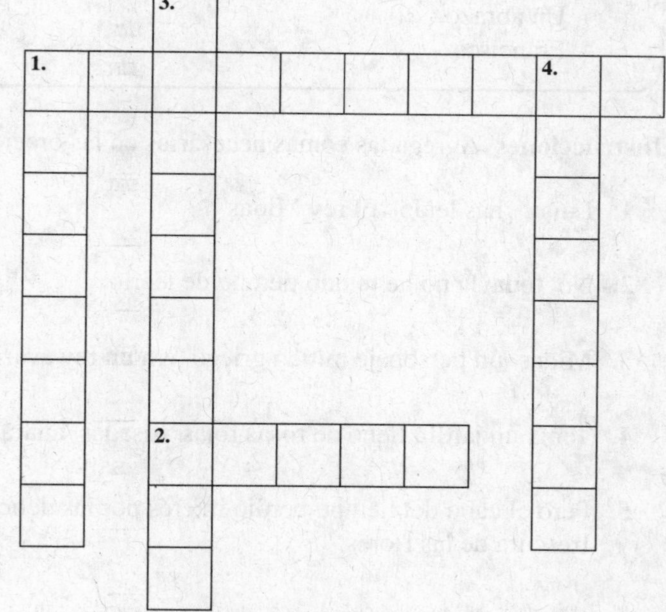

Escribir una descripción

En una hoja aparte, escribe una pequeña descripción del castillo de un rey. Usa la mayor cantidad de palabras del vocabulario que puedas.

Actividad para la casa Su niño o niña identificó y usó palabras del vocabulario de *El rey Midas y su toque de oro.* Lea un mito o un cuento de hadas. Pida a su hijo o hija que señale cualquier palabra del vocabulario de la lección que observe.

Uso de la coma

La **coma** se usa para indicarle al lector cuándo hacer una pausa. A veces sirve también para aclarar el sentido de una oración.

Se pone una coma después de palabras como *sí, no* o *por supuesto,* cuando van al comienzo de una oración.

No, no conocía esta historia.

También se usa la coma para separar el nombre de la persona a quien se habla.

Renata, ¿me lees algo? Espera, Juan, ahora voy.

Se separan con comas los elementos de una serie, excepto los dos últimos, que se pueden conectar con *y* o con *o*.

Tengo cuentos, libros de poemas, tiras cómicas y revistas.

Se ponen entre comas todas las aclaraciones.

Juan, el hermano de Renata, aún no sabe leer.

También se pone una coma entre el nombre de la ciudad y el del estado o país.

Mis tíos viven en El Paso, Texas.

En una carta, se pone coma entre la ciudad y la fecha, y otra al final, entre la despedida y la firma:

San Diego, 22 de abril de 2011
Un abrazo,
Francisco

Instrucciones Agrega las comas necesarias en las oraciones.

1. Luisa ¿has leído “El rey Midas”?

2. No todavía no he tenido tiempo de leerlo.

3. Midas un personaje mítico griego era un rey avariento.

4. Tenía un jardín lleno de rosas rojas rosadas anaranjadas amarillas y blancas.

5. Pero al cabo del tiempo perdió interés por las delicadas fragancias los delicados colores y la suave frescura de las flores.

6. ¿Has visto alguna fotografía de Atenas Grecia?

7. Yo vi una exposición sobre la Antigua Grecia cuando visité San Antonio Texas.

8. Me gustan los cuentos las fábulas las películas y la música.

9. Renata mi prima vive en Madrid España.

Actividad para el hogar Su niño o niña estudió los usos de la coma. Pídale que escriba la lista de las cosas que se llevaría de excursión y recuérdele que ponga comas entre los elementos de la serie.

Sufijos aumentativos

Palabras de ortografía			
mazazo	**grandón**	**pelotazo**	**librazo**
pisotón	**grandote**	**golpetazo**	**librote**
taconazo	**manaza**	**camisón**	**goterón**
zapatones	**casota**	**botellón**	**golazo**
casona	**portón**	**muchachote**	**grandullón**

Sufijos Vuelve a escribir cada palabra correctamente sin el sufijo aumentativo.

1. taconazo ____________

2. casota ____________

3. botellón ____________

4. golpetazo ____________

5. muchachote ____________

6. goterón ____________

7. zapatones ____________

8. camisón ____________

9. grandón ____________

10. golazo ____________

Corrección de palabras Encierra en un círculo la palabra escrita correctamente. Escribe la palabra correcta.

11. mazaso	masazo	mazazo	**11.** ____________
12. pisotón	pesotón	pesetón	**12.** ____________
13. grandullón	grandillón	grandeleón	**13.** ____________
14. urtón	puertón	portón	**14.** ____________
15. manasa	manaza	monaza	**15.** ____________

Actividad para el hogar Su hijo/a escribió palabras con sufijos aumentativos. Pida a su hijo/a que le nombre cinco palabras de la lista e identifique el sufijo que le corresponda a cada una.

Título ____________________

Principio

Desarrollo

Final

Nombre ______________________________

Vocabulario • Sufijo *-ante*

- El sufijo *-ante* se añade a verbos de la primera conjugación para formar adjetivos. Significa "que ejecuta la acción".
- El diccionario es un libro que nos ayuda a encontrar el significado de palabras que no conocemos.

Instrucciones Lee el siguiente texto y contesta las preguntas que siguen. Usa un diccionario como ayuda.

Había una vez un rey que lo tenía todo. Bueno, casi todo. Debido a un hechizo su hermosa hija estaba incurablemente triste. Era desesperante. El rey envió a un mensajero con una noticia resonante: quien pudiera curarla recibiría un precioso reconocimiento. Un día, llegó un joven mago.

—Si escucha mis canciones, se curará —dijo, y comenzó a tocar su laúd.

La princesa despertó mágicamente, con los ojos brillantes de felicidad. Como recompensa, el joven hechicero ingresó a la Real Academia de Magia.

1. ¿Cuál es el verbo base de *resonante*?

____

____

2. Deduce el significado de la palabra *desesperante* a partir del sufijo.

____

____

3. ¿Qué palabras que incluyen el sufijo *-ante* figuran en el texto? ¿Qué clase de palabras son?

____

____

4. Escribe las palabras del texto que incluyan otro sufijo que reconozcas. ¿Cuál es el sufijo?

____

____

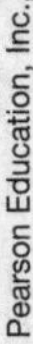

Actividad para el hogar Su hijo/a identificó y usó sufijos para entender nuevas palabras en el texto. Trabajen juntos para identificar palabras desconocidas de un artículo. Pida a su hijo/a que diga si algún sufijo lo ayuda a entender la palabra. Confirme el significado usando el diccionario.

Nombre ____

Formulario de pedido/Solicitud

Los **formularios de pedido** y las **solicitudes** son tablas con columnas y espacios en blanco. Un formulario de pedido es un medio por el cual una persona puede comprar mercancía. Una solicitud es una hoja informativa con la cual una persona puede postularse para un trabajo.

Instrucciones Usa este formulario de pedido de un catálogo en línea para responder las preguntas a continuación.

GLITTER GOLD Formulario de pedido

Haga clic en *ENVIAR* una vez que haya completado este formulario.

Número de artículo	Artículo	Cantidad	Precio
13715	Pulsera grande		$
20166	Anillo grande		$
			+ $ 5 por envío
		PRECIO TOTAL	$

Domicilio de facturación

* Nombre

* Domicilio

* Ciudad

* Estado   *Código postal

* País

* Número telefónico

* Dirección de correo electrónico

Domicilio del envío

☐ Marque esta casilla si este domicilio coincide con el domicilio de facturación.

* Nombre

* Domicilio

* Ciudad

* Estado   * Código postal

* País

* Número telefónico

FORMA DE PAGO

* Tipo de tarjeta de crédito

* Número de cuenta

* Fecha de vencimiento

Sus comentarios o mensajes aquí

* Campos obligatorios

ENVIAR

1. ¿En qué caso completarás solamente uno de los dos campos de domicilio que se muestran?

____

____

2. Si decides comprar un artículo, ¿qué información necesitas especificar en el formulario de pedido?

____

3. Si deseas enviar una orden de pedido en línea a Glitter Gold, ¿cuáles son las opciones de pago disponibles?

____

4. ¿Cómo se pueden enviar los comentarios a Glitter Gold?

____

____

Nombre ______________________________

Instrucciones Usa este formulario de solicitud de trabajo en línea para responder las preguntas a continuación.

MIDAS MINING CO. Formulario de empleo Haga clic en *ENVIAR* una vez que haya completado este formulario.			
INFORMACIÓN PERSONAL			
Apellido		Primer nombre	Segundo nombre
Domicilio		Ciudad	Estado/Código postal
Número telefónico		Dirección de correo electrónico	Número de seguro social
Puesto para el cual se postula		Jornada completa/Media jornada	Fecha disponible para el inicio
EDUCACIÓN			
Secundaria		Domicilio	Fecha de egreso
Universidad		Domicilio	Fecha de egreso
EXPERIENCIA LABORAL			
Empleador actual	Domicilio	Tareas	Fecha de inicio/finalización
Nombre del empleador	Domicilio	Tareas	Fecha de inicio/finalización
OTRAS APTITUDES			
REFERENCIAS			
Nombre	Domicilio	Número telefónico	Relación
			ENVIAR

5. ¿Cuál es el propósito de este formulario?

____

____

6. ¿Cuál es la primera información que se debe proporcionar en este formulario?

____

7. ¿En qué sección se especifica cuándo puede comenzar a trabajar?

____

8. ¿Cuáles son tres de las cinco secciones más importantes del formulario?

____

9. ¿Cuáles son las instrucciones que se proporcionan en este formulario?

____

____

Actividad para la casa Su niño o niña aprendió a completar formularios de pedidos y solicitudes. Observen juntos otros formularios o solicitudes. Comente con su hijo o hija cómo completar cada uno de ellos.

Sufijos aumentativos

Actividad Encierra en un círculo seis palabras con sufijos aumentativos. Luego escribe las palabras.

Ayer vimos en casa un partido de fútbol. Al principio, mi jugador favorito no metió ningún gol. Dio un pelotazo, pero cayó fuera del área. Al final del segundo tiempo, un jugador grandullón le dio un pisotón y un golpetazo, lo cual impidió que llegara cerca de la portería. Fue un penalti clarísimo. Ahí fue cuando mi jugador favorito metió un golazo. De la emoción, hasta le di un abrazo a mi hermano, un muchachote rudo que nunca se deja abrazar.

Palabras de ortografía

mazazo
pisotón
taconazo
zapatones
casona
grandón
grandote
manaza
casota
portón
pelotazo
golpetazo
camisón
botellón
muchachote
librazo
librote
goterón
golazo
grandullón

Palabras difíciles

resbalón
jefazo
guapetón
taponazo
cartelón

1. ____________ 2. ____________
3. ____________ 4. ____________
5. ____________ 6. ____________

Corregir palabras Encierra en un círculo la ortografía correcta de cada palabra.

7.	masaso	mazaso	mazazo
8.	pisotón	pisotone	pizazo
9.	taconazo	tacanazo	taconaso
10.	pelotezo	pelotazo	peletezo
11.	golpetoso	golpetone	golpetazo
12.	grandolone	grandone	grandón
13.	camisón	camisetone	camesón
14.	casonone	casona	casetón
15.	botelloson	botellón	botellon
16.	goterón	goteron	goteronoso
17.	zapatinones	zapatones	zapatoso
18.	manasa	manesa	manaza
19.	casota	casotototа	casata

Actividad para la casa Su niño o niña identificó palabras con sufijos aumentativos. Pídale que elija cinco palabras de la lista y que les quite el sufijo aumentativo.

Nombre ______________________________

Uso de la coma

Lee las oraciones. Luego, lee cada pregunta. Encierra con un círculo la letra de la respuesta correcta.

El oro del rey

(1) El rey tenía _______. (2) _______ que te dé esta rosa? (3) _______ es preciosa. (4) _______ se convirtió en una estatua dorada. (5) _______ todo se había convertido en duro oro.

1 ¿Qué grupo de palabras completa correctamente la oración 1?

A un palacio, un jardín, un tesoro y una hija
B un palacio, un jardín un tesoro, y una hija
C un palacio, un jardín, un tesoro y, una hija
D un palacio un jardín un tesoro y una hija

2 ¿Qué grupo de palabras completa correctamente la oración 2?

A Dime Aurelia ¿quieres
B Dime, Aurelia ¿quieres
C Dime Aurelia, ¿quieres,
D Dime, Aurelia, ¿quieres

3 ¿Qué grupo de palabras completa correctamente la oración 3?

A Por supuesto amado, padre,
B Por, supuesto amado, padre
C Por supuesto, amado padre,
D Por supuesto amado padre

4 ¿Qué grupo de palabras completa correctamente la oración 4?

A Aurelia, la hija del rey,
B Aurelia la hija, del rey
C Aurelia la hija del rey
D Aurelia, la hija del, rey

5 ¿Qué grupo de palabras completa correctamente la oración 5?

A Las plantas la ropa la comida,
B Las plantas, la ropa, la comida,
C Las plantas, la ropa la comida
D Las plantas la ropa, la comida

Actividad para el hogar Su niño o niña se preparó para tomar un examen del uso de la coma. Pídale que dé ejemplos de los usos que ha aprendido.

Hechos y opiniones

- Los **enunciados de un hecho** son objetivos, no personales. Se puede comprobar si son verdaderos o falsos.
- Los **enunciados de una opinión** pueden ser válidos o erróneos. Los enunciados válidos están sustentados por hechos y el sentido común. No sucede lo mismo con los enunciados **erróneos**.
- Analiza enunciados de una opinión usando tus conocimientos previos. Según lo que has visto o leído o lo que sabes, puedes preguntar: ¿Este enunciado es válido o erróneo?

Instrucciones Lee el siguiente pasaje. Luego completa el cuadro con enunciados de una opinión del pasaje y sus hechos de apoyo, si son válidos, o una explicación, si son erróneos.

Durante la década de 1930, los trasatlánticos eran un modo lujoso de viajar. Estoy seguro de que únicamente a los artesanos más refinados se les permitía contribuir con lo más lujoso de estos palacios flotantes. Los inmigrantes, como así también los más ricos, viajaban en estos trasatlánticos.

Esos barcos eran los buques más hermosos en el agua. La era de los trasatlánticos se extendió desde la década de 1920 hasta 1960. Cada uno de nosotros debería aprender más acerca del esplendor de estos barcos.

Enunciado de una opinión	Respaldo	Válido o erróneo
Estoy seguro de que únicamente a los artesanos más refinados se les permitía contribuir con lo más lujoso de estos palacios flotantes.	**1.**	**2.**
3.	**4.**	**5.**

Actividad para la casa Su niño o niña identificó enunciados de un hecho y enunciados de una opinión en un pasaje de no ficción. Trabaje con su niño o niña para identificar enunciados de un hecho y enunciados de una opinión en un artículo corto de una revista. Desafíelo haciéndole preguntas para comprobar si los enunciados de una opinión están respaldados por hechos.

Babe Ruth era una estrella

Yo sabía que Babe Ruth era un famoso jugador de béisbol antes de leer el libro *Babe Ruth: Uno de los mejores* de Guernsey Van Riper. Pero no sabía que había tenido una vida tan dura de niño. Este libro es una biografía de Babe Ruth. Me gustó cómo el autor da muchos detalles sobre la infancia de Babe Ruth. Cuenta que Babe era un muchacho rudo que transformó su poder para convertirse en un jugador de *baseball*.

Es extraño que su primer nombre sea George y su apodo Babe, como un niño. Babe siempre fue grande y fuerte, incluso de pequeño. El libro explica que Babe estuvo muchas veces en problemas porque sus padres no lo cuidaban. Tenían un restaurante con clientes rudos. Por ejemplo, en el libro, una vecina llamada Callahan dice: "¡Y las cosas que pasaban en ese restaurante! Los hombres peleaban y hablaban en voz alta". Ella opina: "Era un mal lugar para un muchacho testarudo como ese George Ruth. Siempre pensaba en llamar a la policía".

Cuando Babe creció, siguió metiéndose en problemas. Finalmente, un maestro pensó que él sería bueno jugando béisbol. ¡Tenía razón! Babe dejó de pelear cuando comenzó a usar su fuerza para pegar cuadrangulares.

Ésta es una biografía interesante y entretenida que enseña una lección importante sobre cómo usar lo que se tiene en la vida. El autor muestra, a través de la vida de Babe, cómo un problema puede transformarse en un éxito. Pienso que todos disfrutarán de este libro. Aprenderán cómo alguien famoso que comenzó siendo pobre y teniendo problemas trabajó para lograr ser uno de los mejores.

1. ¿Qué libro se está analizando? ¿Quién es el autor?

____

2. ¿Qué párrafo brinda detalles sobre la infancia de Babe Ruth? Encierra en un círculo dos detalles.

____

____

____

3. ¿Por qué el crítico piensa que la gente querrá leer este libro?

____

____

____

Vocabulario

Instrucciones Selecciona la palabra del recuadro que mejor complete cada oración. Escribe la palabra en la línea.

Verifica las palabras que conoces

- ___ censuraba
- ___ cruzaba
- ___ empapó
- ___ era
- ___ explosión
- ___ hidrógeno

____________________ **1.** desaprobaba; criticaba; culpaba

____________________ **2.** acción de estallar con un fuerte ruido; estallido

____________________ **3.** mojó completamente

____________________ **4.** un período de tiempo o de la historia

____________________ **5.** atravesaba un camino de una parte a otra

Instrucciones Selecciona la palabra del cuadro que mejor concuerde con cada clave. Escribe la palabra en la línea.

____________________ **6.** Mojó completamente una importante lluvia.

____________________ **7.** Un ejemplo es el período colonial o la Edad Media.

____________________ **8.** Puede ser ocasionada por una bomba.

____________________ **9.** El elemento que se combina con el oxígeno para formar el agua.

____________________ **10.** Lo que hacía un barco que se desplazaba de Europa a América.

Escribir un mensaje de correo electrónico

En una hoja aparte, escribe el mensaje de correo electrónico que mandarías desde un barco después de ser testigo de la erupción de un volcán. Usa la mayor cantidad de palabras del vocabulario que puedas.

Escuela + Hogar

Actividad para la casa Su niño o niña identificó y usó palabras del vocabulario de *El Hindenburg*. Lea un cuento o un artículo expositivo. Pida a su hijo o hija que señale las palabras poco comunes. Trabaje con él o ella para intentar identificar el significado de cada palabra usando otra palabra que aparezca en su cuento o artículo.

Raya y comillas

Para transcribir un **diálogo entre personajes,** se pone una **raya** cada vez que alguien habla. Tras esa raya inicial se pone mayúscula. Luego se deja un espacio y se pone otra delante de lo que dice el narrador.

—Nunca he visto un dirigible —se quejó Pedro.
—¿Y si fuéramos al museo? —dijo Andrés.

Si el diálogo del personaje continúa, también se pone una raya después de lo que dice el narrador.

—¡Buena idea! —contestó Pedro—. Veamos qué horario tiene.

Una cita presenta las palabras exactas de otra persona u otro texto. Las citas, precedidas por dos puntos, van siempre entre **comillas (" ")**, tanto si son de un texto escrito como si repiten algo que alguien dijo o pensó.

El ejercicio empieza con la oración: "Estaba la pájara pinta".
El general San Martín dijo: "No dejes para mañana lo que puedas hacer hoy".

Se escriben entre comillas los títulos de cuentos, canciones, poemas, artículos periodísticos y capítulos o secciones de un libro.

Mi cuento favorito es "Aladino y la lámpara maravillosa".
El artículo "Los renos de Bering" es muy interesante.

Instrucciones Escribe las oraciones agregando comillas y rayas donde sea necesario.

1. Será el dirigible más grande del mundo dijo Hugo Eckener.

____

2. ¿Has leído el artículo El titán de los cielos? preguntó Marisa.

____

____

3. Con el accidente del *Hindenburg* se acaba un sueño, dijo un periodista.

____

____

4. Hugo Eckener, el creador de los zepelines, dijo: Algo bueno fue reemplazado por algo mejor.

____

____

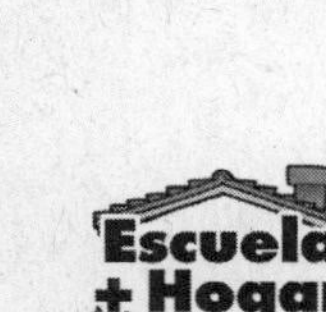

Actividad para el hogar Su niño o niña estudió los usos de la raya y las comillas. Lean juntos un cuento y pídale que señale las rayas que indican que los textos son diálogos.

Nombre ______________________________

Sufijos despectivos y superlativos

Palabras de ortografía

papelejo	**animalejo**	**autorzuelo**	**pellejo**	**malísimo**
librejo	**gentuza**	**lindísima**	**caballejo**	**limpísimo**
calleja	**pajarraco**	**buenísimo**	**jovenzuelo**	**bribonzuelo**
libraco	**ladronzuelo**	**portezuela**	**tardísimo**	**tipejo**

Palabras en contexto Escribe las palabras de la lista debajo de cada oración para completarla.

Tuve un día ______. Un ______ robó mi cartera.

1. ______________________ **2.** ______________________

Llegué ______ a la cita porque me perdí en una ______.

3. ______________________ **4.** ______________________

A pesar de su corta edad, al ______ le gusta trabajar. No es un ______.

5. ______________________ **6.** ______________________

El pirata entró por la ______ con un ______ sobre el hombro.

7. ______________________ **8.** ______________________

A nadie le gustaban los libros que escribía. Era un ______ ______.

9. ______________________ **10.** ______________________

Definiciones Escribe la palabra de la lista que tiene el significado opuesto de la palabra o frase.

11. Muy temprano ______________ **12.** Gran calle ______________

13. Muy sucio ______________ **14.** Personas distinguidas ______________

15. Anciano ______________ **16.** Hermoso animal ______________

17. Buenísimo ______________ **18.** Gran autor ______________

19. Gran hombre ______________ **20.** Trabajador ______________

Actividad para el hogar Su hijo o hija escribió palabras con sufijos despectivos y superlativos. Diga palabras de la lista sin los sufijos despectivos y superlativos y pídale que use los sufijos para cambiar el significado.

Guía para calificar: Reseña

	4	3	2	1
Enfoque/Ideas	Resume la idea principal, incluye una tesis respaldada por datos del libro	Resume generalmente la idea principal e incluye una tesis basada, en su mayor parte, en datos del libro	Resume de alguna manera la idea principal, puede incluir una tesis con algunos datos del libro	Carece de un resumen o idea principal; no hay tesis ni datos del libro
Organización	Incluye introducción, desarrollo y conclusión sólidos	Incluye introducción, desarrollo y conclusión básicos	Incluye introducción, desarrollo y conclusión débiles	No incluye introducción, desarrollo ni conclusión
Voz	Participa de principio a fin	Participa casi siempre	Intenta participar	No participa
Lenguaje	El lenguaje coincide estrechamente con el propósito	El lenguaje coincide bien con el propósito	El lenguaje sólo coincide en parte con el propósito	El lenguaje no coincide con el propósito
Oraciones	Claras y completas	Generalmente claras y completas	Algo claras y completas	Ni claras ni completas
Normas	Ningún error o pocos en el uso de las rayas, las citas y las comillas, y en la ortografía de las palabras relacionadas	Errores moderados en el uso de las rayas, las citas y las comillas, y en la ortografía de las palabras relacionadas	Varios errores en el uso de las rayas, las citas y las comillas, y en la ortografía de las palabras relacionadas	Uso sistemáticamente incorrecto de las rayas, las citas y las comillas, y ortografía incorrecta de las palabras relacionadas

Nombre ______________________

Vocabulario • Palabras poco comunes

- Cuando observes **palabras poco comunes** en la lectura, usa las claves del contexto para descubrir su significado.
- Las claves del contexto incluyen definiciones, explicaciones y sinónimos (palabras que poseen el mismo significado o un significado similar a otras palabras).

Instrucciones Lee el siguiente pasaje. Luego usa la información en el pasaje para completar el esquema a continuación.

A principios del siglo XX, muchas personas criticaban a los hermanos Wright por intentar construir una máquina para volar. Estas personas censuraban sus intentos de construir algo para lo cual los seres humanos no estaban preparados. Sin embargo, los hermanos continuaron trabajando en su invento, incluso las veces en que la lluvia los empapó, dejándolos hechos sopa. En 1903, finalmente crearon un aeroplano con una hélice y un motor a gas. Controlaban la velocidad de la aeronave incrementando o reduciendo el encendido del motor. Esto ocasionó una explosión, o estallido, del combustible que guiaba la hélice. Cuando finalmente consiguieron hacer volar a una máquina conducida por una hélice, ésta cruzaba el cielo a una velocidad muy reducida, recorriéndolo a sólo una milla por hora. Aun así, el avión de los hermanos Wright inauguró una nueva era del transporte completamente diferente, la época del aeroplano.

1. ¿Qué significa *censuraban*? ¿Cuáles son las claves que te ayudan a determinar su significado?

____

____

2. ¿Qué significa *empapó*? ¿Cuáles son las claves que te ayudan a determinar su significado?

____

3. ¿Cuáles son las claves que te ayudan a determinar el significado de *explosión*? ¿Qué significa esta palabra?

____

____

4. ¿Cuáles son las claves del contexto que te ayudan a determinar el significado de *cruzaba*?

____

5. ¿Qué significa *era*? ¿Cómo puedes usar las claves del contexto para determinar su significado?

____

____

Actividad para el hogar Su niño o niña identificó y usó palabras del contexto para comprender palabras poco comunes en un pasaje expositivo. Trabaje con él o ella para identificar palabras poco comunes en otro artículo y buscar claves del contexto que ayuden a comprender su significado. Verifique los significados en el glosario que se encuentra en la parte posterior del libro o en un diccionario.

Nombre ___________________________

Mapa/Globo terráqueo/Atlas

- Un **mapa** es un dibujo de un lugar que muestra la zona dónde se encuentra o sucedió algo. Se pueden observar diferentes tipos de mapas. Estos incluyen mapas ilustrativos, mapas físicos y mapas para propósitos especiales. Observa atentamente las **leyendas** o claves de los mapas. Éstas explican los símbolos usados en el mapa. También muestran instrucciones y escalas de distancia.
- Un **atlas** es un libro de mapas.
- Un **globo terráqueo** es una esfera que contiene un mapa del mundo. Como la Tierra es redonda, los globos terráqueos proporcionan una imagen más precisa que la imagen que proporcionan los mapas respecto del tamaño y la forma de la Tierra.

Instrucciones Estudia el siguiente mapa. Luego usa el mapa para responder las preguntas a continuación.

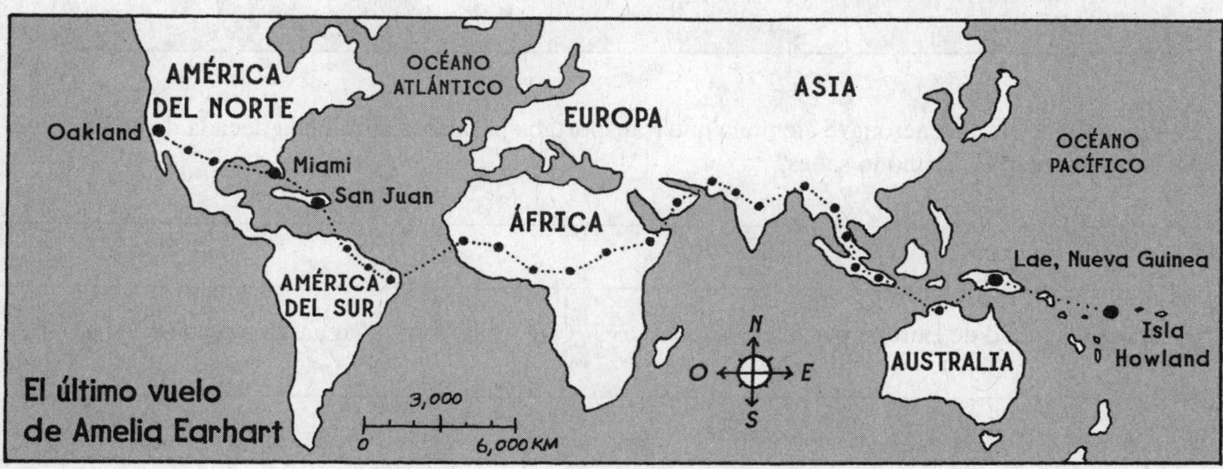

1. El 20 de marzo de 1937, Amelia Earhart inició un viaje en avión con la esperanza de convertirse en la primera persona en volar alrededor del mundo. Comenzó su viaje en Oakland, California. ¿Cuál fue su último destino en los Estados Unidos?

____

2. ¿Dónde aterrizó luego?

____

3. ¿Qué tan extenso fue su viaje a través de los Estados Unidos? ¿Cómo puedes saberlo?

____

____

4. ¿En qué continentes aterrizó a lo largo de su viaje hasta llegar a Lae, Nueva Guinea?

____

5. El 1º de julio de 1937, Amelia Earhart partió de Lae, Nueva Guinea. ¿Cuál era el lugar programado para su próximo aterrizaje? ¿A qué distancia se encuentra este lugar de Nueva Guinea?

____

Nombre ______________________

Instrucciones Estudia el siguiente mapa. Luego, úsalo para responder las preguntas a continuación.

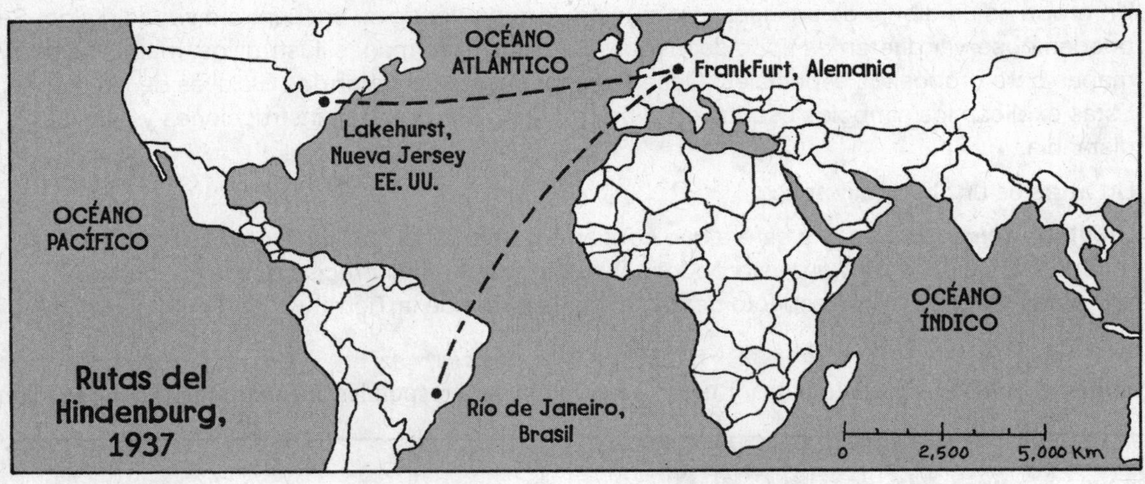

6. El *Hindenburg* era una aeronave alemana que transportaba pasajeros durante la década de 1930. ¿Qué muestra este mapa? ¿Cómo lo sabes?

7. ¿Desde qué ciudad de Europa partía el *Hindenburg*? ¿Qué gran masa de agua atravesaba el *Hindenburg*?

8. Según el mapa, ¿cuáles eran los dos destinos del *Hindenburg* en 1937?

9. ¿Cuál era la distancia aproximada de cada ruta hasta estos destinos?

10. Este mapa, ¿se parece a un globo? ¿Qué término utilizarías para describir este mapa: un mapa de ruta; un mapa político, que muestra los límites entre los países; o un mapa físico, que muestra las elevaciones y otros detalles del relieve?

Actividad para la casa Su hijo ha aprendido a utilizar mapas como recursos. Observen un mapa de ruta juntos. Pida a su hijo que determine las distancias y planifique rutas hacia los destinos que usted le indique.

Sufijos despectivos y superlativos

Actividad Encierra en un círculo seis palabras con sufijos despectivos y superlativos. Luego escríbelas.

Era un día malísimo. Me tocó caminar por una calleja solitaria. Iba tardísimo al trabajo, pero no podía encontrar la calle que buscaba. De repente me encontré con un tipejo. "Ha de ser un bribonzuelo", pensé. Sin embargo, estaba muy equivocado. Era un buen hombre que me mostró la portezuela que daba a la calle que buscaba.

1. ______________ 2. ______________

3. ______________ 4. ______________

5. ______________ 6. ______________

Corrección de palabras Encierra en un círculo la palabra escrita correctamente.

7.	librecon	librejon	librejo
8.	gentuza	gentiza	gentizon
9.	lindisima	lindísima	lindisíma
10.	rapidisimo	rapidísimo	rápidisimo
11.	tipojo	tipajo	tipejo
12.	portenzuela	portezuela	portazuela
13.	jovensuelo	jovezuelo	jovenzuelo
14.	pajarraco	pajaraco	pajanrraco
15.	ladronzuelo	ladrónzuelo	ladronsuelo
16.	animalejon	animalcon	animalejo
17.	cabellojo	caballejo	cabellono
18.	cayejo	callejozo	calleja
19.	limpisimo	limpioisimo	limpísimo

Palabras de ortografía

papelejo
librejo
calleja
libraco
animalejo
gentuza
pajarraco
ladronzuelo
autorzuelo
lindísima
buenísimo
portezuela
pellejo
caballejo
jovenzuelo
tardísimo
malísimo
limpísimo
bribonzuelo
tipejo

Palabras difíciles

bellísimo
llenísimo
simplísima
rapidísimo
medianejo

Actividad para la casa Su niño o niña identificó errores de ortografía. Dígale algunas palabras y pídale que agregue los sufijos despectivos y superlativos para cambiarles el significado.

Nombre ______________________________

Raya y comillas

Lee las oraciones. Luego, lee cada pregunta. Encierra en un círculo la letra de la respuesta correcta.

Viaje en zepelín

(1) —Fíjate, estamos ______ (2) —Mamá, me quitaron ______
(3) —Pero es ______ (4) —¿Leemos ______ (5) —¡Estupendo! ______

1 ¿Cuál es el final correcto de la oración 1?

A despegando —dijo Wallace Dochner.

B despegando, dijo Wallace Dochner.

C despegando, dijo —Wallace Dochner.

D —despegando —dijo Wallace Dochner.

2 ¿Cuál es el final correcto de la oración 2?

A el camión, se quejó Werner. —Yo sólo jugaba.

B el camión, se quejó Werner. Yo sólo jugaba.

C el camión —se quejó Werner. Yo sólo jugaba.

D el camión —se quejó Werner—. Yo sólo jugaba.

3 ¿Cuál es el final correcto de la oración 3?

A peligroso, le contestó su mamá, acariciándolo.

B peligroso —le contestó su —mamá, acariciándolo.

C peligroso —le contestó su mamá, acariciándolo.

D peligroso, le contestó su mamá, —acariciándolo.

4 ¿Cuál es el final correcto de la oración 4?

A “Caperucita Roja”? —preguntó el papá.

B “Caperucita Roja”?, preguntó el papá.

C Caperucita Roja? —preguntó el papá.

D “Caperucita Roja” preguntó el papá.

5 ¿Cuál es el final correcto de la oración 5?

A —Gritaron los niños. Pero que lea mamá.

B —gritaron los niños—. Pero que lea mamá.

C —gritaron los niños, pero que lea mamá.

D —gritaron los niños. —Pero que lea mamá.

Escuela + Hogar

Actividad para la casa Su niño o niña se preparó para tomar un examen de la raya y las comillas. Díctele alguna frase célebre (“Llegué, vi y vencí” de Julio César, por ejemplo) y pídale que le diga si lleva o no comillas.

Secuencia

- **Secuencia** es el orden de los sucesos en una selección. Las fechas y los momentos del día o las palabras clave tales como *primero, después* y *luego* pueden ayudarte a seguir una secuencia de sucesos.
- Las palabras clave tales como *mientras* y *durante* indican sucesos que ocurren al mismo tiempo.

Instrucciones Lee el siguiente pasaje. Luego completa el diagrama y escribe acerca de la oración del final.

Marcos estaba nervioso porque tenía que tocar el clarinete en una presentación de la escuela por primera vez. Por cinco meses había estado tomando clases y aprendiendo a hacer que la notas cobraran vida. Pero, una vez comenzada la presentación, se puso nervioso. ¿Y si tocaba fuera de tiempo o se olvidaba las notas? Cuando llegó el momento de su número, se olvidó de que la gente lo estaba mirando y disfrutó de la música. Luego, cuando escuchó los aplausos, se sintió muchísimo mejor.

Secuencia de sucesos

1.

2.

3.

4.

5. Sé que algunas veces los clarinetes hacen un chillido intenso durante las presentaciones.

Actividad para la casa Su hijo identificó la secuencia de un cuento y los conocimientos previos que tenía acerca del tema. Trabaje con su hijo para identificar la secuencia de sucesos de un cuento. Anime a su hijo a describir los conocimientos previos que tiene acerca del tema del cuento.

Nombre ____________________

Aspectos principales de la narración personal

- cuenta una historia real sobre una experiencia personal
- incluye detalles que ayudan al lector a entender la experiencia
- usa la primera persona (yo, mí)
- muestra la voz del autor a través de pensamientos y sentimientos

Una sorpresa para mamá

Mamá trabaja mucho en algo que ama. Es chef y su comida es deliciosa. En sus días libres me hace pizzas extrañas o cualquier otra cosa que yo quiera.

Hace dos meses pensé: "Mamá necesita a alguien que le cocine". Y ahí fue cuando armé mi plan. La mejor amiga de mi madre, Trish, también es chef, así que le pedí que me enseñara a cocinar algo especial para el día de las madres.

Tuve que decirle que no sabía nada de una cocina. Trish comenzó por el principio. Primero, planeamos el menú. Luego, trabajé sobre diferentes puntos: leer las de recetas, medir los ingredientes y cortar los vegetales sin lastimarme. Cuando empecé a cocinar ¡realmente tuve problemas con todo! Cometí errores como volcar comida de la cacerola y quemar salsas. Sin embargo, Trish tuvo mucha paciencia y de a poco dominé cada plato.

Cuando llegó el día de las madres, me puse a trabajar apenas mamá se fue. Siempre hace una combinación de desayuno y almuerzo en el restaurante y llega a casa exhausta.

Esta vez, sin embargo, cuando llegó, la casa olía genial. Había puesto su CD favorito y la mesa estaba preparada. La primera parte de nuestra comida, la ensalada, estaba lista para servir.

Mamá estaba sorprendida. Comió todo, ¡yo estaba feliz! Mi duro trabajo hizo de mí más que un cocinero exitoso. Me hizo un hijo que pudo devolver bondad a su mamá.

1. ¿Qué pensamientos sobre su madre comparte el autor con el lector en los dos primeros párrafos?

____

____

2. ¿Qué detalles en el quinto párrafo ayudan a sentirse parte de esta experiencia? Subraya las oraciones que atraen tus sentidos.

Nombre ___________________________

Vocabulario

Instrucciones Elige la palabra o frase del cuadro que corresponda. Escribe la palabra sobre la línea.

Verifica las palabras que conoces
___ desolado
___ distinguirlas
___ ejemplar
___ empeñó
___ instintivamente
___ mellizas
___ privilegio
___ tremendo

_______________ **1.** triste; desierto

_______________ **2.** muy travieso; muy grande

_______________ **3.** hermanas nacidas de un mismo parto

_______________ **4.** por instinto

_______________ **5.** cada uno de los individuos de una especie

Instrucciones Elige la palabra del cuadro que complete las oraciones que siguen. Escribe la palabra sobre la línea de la izquierda.

_______________ **6.** Luis dio un _________ traspié y se lastimó.

_______________ **7.** Sus hermanas _________ corrieron a ayudarlo.

_______________ **8.** Eran muy parecidas, apenas podía _________.

_______________ **9.** Por suerte, puso _________ las manos para cubrirse la cabeza al caer.

_______________ **10.** Se sintió muy avergonzado, estaba _________.

Escribe una noticia

En una hoja aparte, escribe una noticia sobre la aparición de una extraña criatura en algún lugar de tu vecindario. Usa la mayor cantidad de palabras del vocabulario que puedas.

Actividad para el hogar Su hijo/a identificó y usó palabras del vocabulario de *Apareció en mi ventana*. Lea un cuento o artículo informativo con su hijo/a. Pida que señale palabras poco comunes. Trabajen juntos para tratar de obtener el significado de cada palabra usando las claves del contexto.

Nombre ____

Mayúsculas, abreviaturas y puntuación

Ya has estudiado el uso de la coma, las comillas y la raya. A continuación encontrarás algunos otros signos de puntuación y sus usos.

Pon un **punto (.)** al final de las oraciones enunciativas, después de las iniciales de un nombre y al final de una abreviatura.

Hoy escucharemos al Dr. José L. Benítez.

Pon **dos puntos (:)** tras anunciar una enumeración, antes de una cita o, al escribir una carta, después del nombre de la persona (o personas) a quien ésta va dirigida.

Son cuatro hermanos: Alba, Blanca, Gil y Jesús Jerónimo.
Querido abuelo:

Pon **signos de interrogación (¿ ?)** al principio y al final de las oraciones interrogativas, así como **signos de exclamación (¡ !)** al principio y al final de las exclamativas.

¿Has visto alguna vez un mukusuluba? ¡No te imaginas lo raro que es!

Se escribe con mayúscula inicial la primera palabra de los títulos de libros, películas y obras de arte. En cambio, los títulos de revistas y periódicos llevan mayúscula inicial en todos los sustantivos y adjetivos. Cuando los escribas con la computadora, usa la letra cursiva; cuando los escribas a mano, subráyalos.

Estoy leyendo *Cien años de soledad.*
Mis padres reciben el diario *El Nuevo Sol de Texas.*

Escribe en mayúsculas las **siglas,** como las de organizaciones. Escribe con mayúscula inicial los sustantivos y adjetivos que componen el nombre de una **organización.**

Ayer visité el edificio de la ONU (Organización de las Naciones Unidas).

Instrucciones Escribe las oraciones. Corrige todo lo necesario en el uso de la puntuación, las mayúsculas y los subrayados.

1. Qué nombre le va bien a un mukusuluba

____

2. Qué animal tan raro!

____

3. Leí un libro titulado harry potter y el cáliz de fuego

____

4. Me he estado informando sobre lo que es la nasa.

____

Actividad para la casa Su niño o niña estudió el uso de mayúsculas, abreviaturas y puntuación. Pídale que escriba tres oraciones como ejemplo de los tres usos de los dos puntos.

Nombre ______________________________

Prefijos griegos: *neo-, odonto-, orto-, geo-, bio-, hidro-*

Palabras de ortografía

neologismo	odontología	geografía	ortopédico	neón
neolítico	hidroavión	geometría	biofísica	biografía
neogótico	ortodoncia	biología	ortografía	biodiversidad
odontólogo	geología	biosfera	hidrógeno	biógrafa

Definiciones Escribe la palabra de la lista que signifique lo mismo o casi lo mismo que cada palabra o frase.

1. Palabra nueva — 1. ____________
2. Ciencia que estudia el globo terrestre — 2. ____________
3. Autora de la vida de las personas — 3. ____________
4. Avión que flota sobre el agua — 4. ____________
5. Normas de escritura — 5. ____________

Palabras en contexto Escribe una palabra de la lista para completar correctamente cada oración.

6. El ________ del anuncio es muy brillante. — 6. ____________
7. En mi clase de lingüística estudiamos los ________. — 7. ____________
8. Estudiamos los ángulos obtusos en la clase de ________. — 8. ____________
9. Tiene una vida interesante. Ya leí su ________. — 9. ____________
10. Como tengo mal un pie, compré un zapato ________. — 10. ____________
11. Tengo caries y fui con el ________. — 11. ____________
12. Aprendí las capitales en la clase de ________. — 12. ____________
13. La ________ escribió sobre la vida del presidente. — 13. ____________
14. El ________ aterrizó sobre el agua. — 14. ____________
15. Es importante mantener la ________ en el planeta. — 15. ____________
16. Me gusta la arquitectura ________. — 16. ____________
17. En la clase de arqueología leímos sobre el periodo ________. — 17. ____________

Actividad para el hogar Su hijo/a identificó palabras con prefijos griegos y completó oraciones con ellas. Pida a su hijo/a que le diga el significado de otras palabras con prefijos griegos, por ejemplo, "neoclásico".

Vocabulario • Homógrafos

- Al leer puedes encontrar homógrafos, es decir, palabras que se escriben igual pero tienen distinto significado.
- Usa las claves del contexto, o las palabras que rodean a la palabra desconocida, para descubrir el significado. Las claves del contexto incluyen definiciones, explicaciones y sinónimos.
- El diccionario te ayudará a encontrar los significados de las palabras que no conoces.

Instrucciones Lee el párrafo siguiente y luego contesta las preguntas que siguen.

Juana tenía una muñeca nueva. Estaba peinándola cuando vino el cartero. Abrió la puerta, lo saludó y le mostró su nuevo juguete. A él no le interesó, estaba preocupado pensando cómo invertir el resto de la tarde que le quedaría libre. A pesar de que Juana amaba a su muñeca le gustaba hablar con el cartero y para que éste le prestara atención le dijo: –Tengo algo rico en la cocina, ¿quieres pasar? Pedro, que así se llamaba el cartero, no lo dudó, ya sabía cómo pasaría el resto de la tarde. ¡Era muy glotón!

1. *Muñeca* puede ser un juguete o la parte del cuerpo que une el brazo con la mano. ¿Qué claves te ayudaron a encontrar su significado?

____

____

2. En este contexo, *¿pesar* significa "medir el peso" o es una parte de una frase de transición?

____

3. Usa uno de los homógrafos en el texto dos veces en una oración, mostrando los dos significados.

____

____

4. ¿Qué significado del homógrafo *llamaba* se usa en la penúltima oración: "tenía por nombre" o "pedía que viniera"?

____

5. *Resto* puede significar "sustraigo una cantidad" o "parte". ¿Cómo el contexto te indica el significado?

____

Actividad para el hogar Su hijo/a identificó y usó claves del contexto para comprender el significado de los homógrafos del texto. Trabaje con él o ella para reconocer otros homógrafos en un artículo. Luego, su hijo/a puede buscar claves en el contexto para encontrar el significado. Confirmen juntos el significado correcto.

Nombre ______________________________

Cartel/Anuncio

- Carteles y anuncios informan sobre eventos, como en clubes o encuentros de organizaciones.
- Por lo general, contestan estas preguntas: ¿Quién? ¿Qué? ¿Cuándo? ¿Dónde? ¿Por qué?
- Para dar énfasis a la información, se usan letras de grandes tamaños y colores.
- Al escribir un cartel o anuncio, sólo se incluye la información importante.

Instrucciones Usa este cartel para contestar las preguntas.

¿Quién actúa en este evento? ¿**Quién** lo presenta?	**1.**
¿Qué clase de evento es? ¿Cuál es el costo?	**2.**
¿Cuándo es el evento?	**3.**
¿Dónde es el evento?	**4.**
¿Por qué se realiza?	**5.**

Instrucciones Usa el anuncio para responder las preguntas.

Únete ya

Armstrong School
Junior Jazz Club

Esta organización se dedica a la apreciación de la música de jazz. Charlas de invitados, refrescos y mucha música forman parte de la diversión.

¡Ven y trae tu instrumento!

Sala 201
A las 15:30 Todos los jueves

6. ¿Cuál es el objetivo del anuncio?

7. ¿Cuál es el evento? ¿Por qué crees que este evento se lleva a cabo?

8. ¿Cuándo y dónde se realiza?

9. ¿Qué enfatiza el anuncio? ¿Cómo y por qué se enfatiza?

10. En una hoja aparte, escribe un anuncio para un evento escolar.

Actividad para el hogar Su hijo/a aprendió sobre la lectura de carteles. Muestre un cartel a su hijo/a y pregunte cómo el cartel responde a estas preguntas acerca del evento que anuncia: ¿Quién?, ¿Qué?, ¿Cuándo?, ¿Dónde? y ¿Por qué? Comenten cómo hacer un cartel para un evento escolar o comunitario.

Prefijos griegos: *neo-, odonto-, orto-, geo-, bio-, hidro-*

¿Qué significan? Une los prefijos con sus significados.

1.	neo-	**2.**	"agua"
3.	odonto-	**4.**	"vida"
5.	orto-	**6.**	"diente"
7.	geo-	**8.**	"nuevo"
9.	bio-	**10.**	"corrección"
11.	hidro-	**12.**	"tierra"

Formar palabras Forma palabras uniendo los prefijos griegos con distintas palabras base.

bio-, neo-, orto-, geo-, odonto-, hidro-

¿Puedes determinar el significado de las palabras que acabas de formar en base al significado de los prefijos?

Palabras de ortografía

neologismo
neolítico
neogótico
odontólogo
odontología
ortografía
ortodoncia
geología
geografía
geometría
biología
biosfera
ortopédico
biofísica
hidroavión
hidrógeno
neón
biografía
biodiversidad
biógrafa

Palabras difíciles

biodegradable
neoclásico
hidrocarburo
geoquímica
ortogonal

Actividad para la casa Su hijo acaba de identificar prefijos griegos. Pídale que elija una palabra de la lista y que determine su significado a partir del significado del prefijo.

Mayúsculas, abreviaturas y puntuación

Lee las oraciones. Luego, lee cada pregunta. Encierra en un círculo la letra de la respuesta correcta.

¿Recuerdas?

(1) No recuerdo cuándo fue el examen sobre ______ (2) Se lo preguntaré a dos ______ (3) ¡Cómo me gustan los libros ______ (4) ¿Recuerdas qué significan ______ (5) Sí, son las siglas de la ______

1 ¿Qué grupo de palabras completa correctamente la oración 1?

A el libro *Alicia en el país de las maravillas.*

B el libro "Alicia en el país de las maravillas".

C el libro *Alicia en el País De Las maravillas.*

D el libro *Alicia en El país de las Maravillas.*

2 ¿Qué grupo de palabras completa correctamente la oración 2?

A maestros; el Sr. Peláez y la Sra. Ruiz.

B maestros el Sr. Peláez y la Sra. Ruiz.

C maestros: el Sr Peláez y la Sra Ruiz.

D maestros: el Sr. Peláez y la Sra. Ruiz.

3 ¿Qué grupo de palabras completa correctamente la oración 3?

A de L. Carrol y de J. Verne!

B de L. Carrol y de J. Verne?

C de L Carrol y de J Verne!

D de L. Carrol y de J. Verne

4 ¿Qué grupo de palabras completa correctamente la oración 4?

A las siglas oea?

B las siglas *OEA?*

C las siglas OEA?

D las siglas OEA.

5 ¿Qué grupo de palabras completa correctamente la oración 5?

A Organización de Estados Americanos!

B Organización de Estados Americanos.

C Organización De Estados Americanos.

D organización de Estados Americanos.

Actividad para la casa Su niño o niña se preparó para tomar un examen de mayúsculas, abreviaturas y puntuación. Pídale que busque en revistas y periódicos ejemplos de abreviaturas e iniciales de nombres, así como de siglas y nombres de organizaciones. Dígale que se fije en el uso del punto y de las mayúsculas.

Nombre ______________________________

Sufijos *-mente, -dad, -ez, -eza, -anza*

Palabras de ortografía

detalladamente	suciedad	naturaleza	generosidad
rápidamente	esperanza	enfermedad	cavidad
completamente	niñez	madurez	pureza
difícilmente	escasez	confianza	delicadeza
cuidadosamente	nobleza	enseñanza	lucidez

Antónimos Escribe la palabra de la lista con el significado opuesto. No uses las palabras más de una vez.

1. lentamente ______________________________
2. fácilmente ______________________________
3. salud ______________________________
4. desconfianza ______________________________
5. descuidadamente ______________________________
6. abundancia ______________________________
7. limpieza ______________________________
8. avaricia ______________________________

Palabras en contexto Completa cada oración con una palabra de la lista.

9. La mamá cuidaba a su bebé con ______________________________.
10. El maestro está preocupado por la ______________________________ de sus estudiantes.
11. A Felipe le encanta ir al bosque para apreciar la ______________________________.
12. Debes utilizar tu ______________________________ para descifrar el problema matemático.
13. Manuel está ______________________________ enamorado de Mónica.
14. Se necesita tener ______________________________ para poder enfrentar los problemas.
15. La etapa que más recuerda con cariño mi tío es la ______________________________.
16. El dentista le dijo a Juan que su ______________________________ dental es poco sensible.
17. El artista dibujaba ______________________________ cada parte de la flor.
18. El equipo de fútbol tiene la ______________________________ de coronarse campeón.
19. El científico analizaba la ______________________________ del agua.

Actividad para la casa Su hijo/a ha aprendido a escribir correctamente palabras con sufijos. Nombre algunas palabras de la lista y pida a su hijo/a que diga un sinónimo o antónimo de cada palabra.

Modificadores

Instrucciones Subraya los modificadores de cada oración.

1. Ayer estuve viendo los murciélagos.

2. Me ubiqué arriba entre la gente.

3. Los negros murciélagos cubrían el cielo.

4. En el puente había mucha gente.

5. El revoloteo de los murciélagos producía un ruido ensordecedor.

Instrucciones Escribe *adverbio, adjetivo, frase prep. adverbial* o *frase prep. adjetiva* para identificar los modificadores subrayados.

6. Una multitud se reúne sobre el puente. ______________

7. Yo siempre había querido verlo. ______________

8. En verano se celebra un festival de los murciélagos. ______________

9. Los restaurantes colocan mesas fuera en los patios. ______________

10. Para muchos, los murciélagos eran una visión horripilante. ______________

11. Los espectadores observan desde el lago el vuelo de los murciélagos. ______________

12. La bandada toma la forma de un tornado. ______________

Instrucciones Cada oración tiene un modificador en un lugar incorrecto. Vuelve a escribir la oración correctamente.

13. La mascota del equipo de aspecto feroz es un murciélago.

____

14. Al atardecer, los murciélagos salen a miles voraces.

____

Sufijos diminutivos

Palabras de ortografía				
bajito	**niñita**	**pelillo**	**florecillas**	**perrico**
viejita	**ventanilla**	**gatica**	**pajarillo**	**pececito**
panecillos	**ratico**	**potrico**	**patica**	**manita**
hermanito	**poquitico**	**pobrecito**	**pequeñita**	**despacito**

Antónimos Escribe la palabra de la lista con el significado opuesto.

1. alto ______________
2. muchachita ______________
3. grandota ______________
4. muchísimo ______________
5. rapidísimo ______________
6. perrote ______________
7. ancianita ______________
8. afortunado ______________

Palabras en contexto Completa cada oración con una palabra de la lista.

9. El panadero tenía una deliciosa receta para hacer ______________.
10. Iñaki es el más consentido de la familia por ser el ______________ menor.
11. A Jazmín le gusta que le den el lugar más cercano a la ______________ cuando viaja en avión.
12. Lo que para mí es un ______________, para ti puede ser una eternidad.
13. El ratón temeroso huía cada vez que la ______________ se le acercaba.
14. Mi mamá me dijo que me quitara un ______________ de perro que tenía en mi camisa negra.
15. En el establo, todos veíamos con estupor al ______________ que apenas podía caminar.
16. Pablo cortaba las ______________ que le iba a regalar a su maestra.
17. Todas las mañanas me levanto con el canto de un ______________.
18. Pobrecito perro, al caer se fracturó una ______________.
19. A Jesús le acaban de comprar una pecera nueva para su ______________ dorado.
20. La hermanita de Ana cayó tan bruscamente que se torció su ______________.

Actividad para la casa Su hijo/a aprendió la ortografía de palabras con los sufijos *-ito, -ita, -illo, -illa, -ico, -ica*. Pida a su hijo o hija que busque un ejemplo de una palabra con cada terminación en una revista y que luego la escriba correctamente sin mirar la revista.

Nombre ______________________________

Conjunciones y palabras de transición

Instrucciones Subraya las conjunciones y palabras de transición de las oraciones.

1. Los científicos reúnen datos y resuelven problemas.
2. Aunque los problemas sean diferentes, todos requieren tiempo para resolverlos.
3. Cuando los científicos buscan una respuesta, lo hacen de una manera ordenada y precisa.
4. Usan el método científico, o sea, un enfoque sistemático para resolver problemas.
5. Mientras trabajan, van anotando los datos.
6. Si tienen una idea, plantean una hipótesis.
7. No obstante, la hipótesis no es el fin.
8. No pueden sacar ninguna conclusión hasta que analicen los datos.

Instrucciones Elige la conjunción o palabras de transición del recuadro que completan correctamente cada oración. Escribe la oración completa.

así que	si	para que
cuando	como	por tanto

9. La isla no está poblada, ______________________ no tiene aeropuertos.

____

10. Está demasiado lejos de la costa ______________________ una avioneta se aventure a ir.

____

____

11. El hielo la rodea casi todo el año; ______________________, es imposible llegar en barco.

____

____

12. ______________________ había tantas dificultades, Klein y sus colegas tardaron en ir.

____

13. ______________________ desembarcaron, sólo llevaban el equipo de acampar y la comida.

____

14. Su primer paso fue determinar ______________________ el informe era cierto.

____

Nombre ____________________

Sufijos aumentativos

Palabras de ortografía				
mazazo	**casona**	**casota**	**camisón**	**librote**
pisotón	**grandón**	**portón**	**botellón**	**goterón**
taconazo	**grandote**	**pelotazo**	**muchachote**	**golazo**
zapatones	**manaza**	**golpetazo**	**librazo**	**grandullón**

Antónimos Escribe la palabra de la lista que tenga el significado opuesto.

1. chiquito ____________________
2. casita ____________________
3. librito ____________________
4. niñito ____________________
5. zapatitos ____________________
6. pequeño ____________________

Corrección de palabras Encierra en un círculo la palabra escrita correctamente. Escribe la palabra correcta.

7. mazaso	masaso	mazazo	**7.** ________
8. botellón	boteyón	botellon	**8.** ________
9. librazo	livraso	libraso	**9.** ________
10. peltazo	pelotazo	pelotaso	**10.** ________
11. kasona	cazona	casona	**11.** ________
12. camisón	camizon	camison	**12.** ________
13. grandullon	granduyon	grandullón	**13.** ________
14. portón	porton	puertón	**14.** ________
15. manasa	manza	manaza	**15.** ________
16. golpetaso	golpetazo	golpeteazo	**16.** ________
17. pizotón	pisotón	pisoton	**17.** ________
18. taconaso	takonazo	taconazo	**18.** ________
19. goterón	goterron	goteron	**19.** ________
20. golazo	golaso	goleazo	**20.** ________

Actividad para la casa Su hijo/a aprendió la ortografía de palabras con los sufijos *-ón, -ona, -azo, -aza, -ote* y *-ota*. Pida a su hijo/a que busque tres grupos de palabras de la lista que rimen y que las escriba correctamente.

Nombre ___________________________________

Uso de la coma

Instrucciones Agrega las comas necesarias en las oraciones.

1. El rey Midas bajó a la mazmorra su lugar secreto donde guardaba todo su tesoro.

2. La aparición tenía cabellos dorados una túnica dorada y una mirada deslumbrante.

3. Rey Midas dime cuál es tu deseo.

4. Por supuesto quiero convertirlo todo en oro.

5. Aurelia mira lo que te he traído del jardín.

6. El anciano al que habían detenido en el jardín comió con apetito.

Instrucciones Las siguientes oraciones tienen uno o más errores en el uso de la coma. Cópialas agregando o eliminando comas donde sea preciso.

7. Ana ¿qué tal te manejas tú con el dinero?

____

____

8. En general a la gente le gusta gastar pero no ahorrar.

____

____

9. Hoy compré, comida una bebida unos lápices y un cuaderno.

____

____

10. A Jorge un amigo mío se le va el dinero como agua.

____

____

11. Por cierto, Juan me tienes, que devolver un dólar.

____

____

12. Desde luego te lo devolveré en un par de días.

____

____

Sufijos despectivos y superlativos

Palabras de ortografía

papelejo	animalejo	autorzuelo	pellejo	malísimo
librejo	gentuza	lindísima	caballejo	limpísimo
calleja	pajarraco	buenísimo	jovenzuelo	bribonzuelo
libraco	ladronzuelo	portezuela	tardísimo	tipejo

Sinónimos Escribe la palabra de la lista que tenga el mismo significado o uno similar.

1. bellísima ______
2. pésimo ______
3. excelente ______
4. raterillo ______
5. librejo ______

Corrección de palabras Encierra en un círculo la palabra escrita correctamente. Escribe la palabra correcta.

6.	callega	cayeja	calleja	6. ______
7.	jovenzuelo	jobensuelo	jovensuelo	7. ______
8.	caballejo	cavallejo	cabayejo	8. ______
9.	brivonzuelo	bribonzuelo	bribonsuelo	9. ______
10.	limpizimo	limpisimo	limpísimo	10. ______
11.	pajarraco	pajaraco	pajarrako	11. ______
12.	pelliejo	peyejo	pellejo	12. ______
13.	tardísimo	tardizimo	tardisimo	13. ______
14.	librego	livrejo	librejo	14. ______
15.	hautorzuelo	autorzuelo	autorsuelo	15. ______

Actividades en el hogar Su hijo/a aprendió la ortografía de palabras con sufijos despectivos y superlativos. Pida a su hijo o hija que dé un ejemplo de una palabra con uno de estos sufijos y que la use en una oración.

Nombre ____________________

Raya y comillas

Instrucciones Subraya la oración en la que se usa correctamente la raya.

1. —¿Te vas de vacaciones? preguntó Pere—.
—¿Te vas de vacaciones? —preguntó Pere.

2. —Suelo ir a visitar a mi abuelo —dijo Pat—. Vive en Portland, Oregón.
Suelo ir a visitar a mi abuelo —dijo Pat. —Vive en Portland, Oregón.

3. —¿Te gusta volar —preguntó Pere— o prefieres ir en tren?
—¿Te gusta volar? —preguntó Pere. ¿O prefieres ir en tren?

4. —Depende, contestó Pat. Todo tiene sus ventajas.
—Depende —contestó Pat—. Todo tiene sus ventajas.

5. En tren se ven más cosas, explicó. —Pero el avión es más rápido.
—En tren se ven más cosas —explicó—. Pero el avión es más rápido.

Instrucciones Escribe las oraciones agregando comillas y rayas donde sea necesario.

6. Voy a contar el cuento El patito feo, dijo Fermina.

____

7. ¿Lo conoces? preguntó.

____

8. No, respondió Ernesto. Cuéntalo, por favor.

____

9. Pues como decía aquél: Más vale tarde que nunca, dijo Fermina.

____

____

10. Érase una vez, comenzó, con voz de misterio.

____

Nombre ______________________________

Prefijos griegos: *neo-, odonto-, orto-, geo-, bio-, hidro-*

Palabras de ortografía

neologismo	**ortografía**	**biología**	**hidrógeno**
neolítico	**ortodoncia**	**biosfera**	**neón**
neogótico	**geología**	**ortopédico**	**biografía**
odontólogo	**geografía**	**biofísica**	**biodiversidad**
odontología	**geometría**	**hidroavión**	**biógrafa**

Palabras en contexto Completa la oración con una palabra de la lista.

1. Las luces de ______________ encandilaban al conductor.
2. La maestra va tachando cada oración que tenga errores de ______________.
3. La ciencia que estudia a los seres vivos se llama ______________.
4. Visité al ______________ porque me dolía una muela.
5. En el examen de ______________ teníamos que buscar el área de un rectángulo.
6. Estela sacó una A en ______________ porque sabe dónde se localizan Madagascar, Etiopía, Siria y Kazajistán.
7. María Celeste García es una ______________ y está escribiendo un libro sobre la vida de Martin Luther King, Jr.

Corrección de palabras Encierra en un círculo la palabra escrita correctamente. Escribe la palabra correcta.

8.	hidrógeno	hidrogeno	hidrojeno	**8.** ______________
9.	geologia	geología	geolojía	**9.** ______________
10.	ortodioncia	ortodonsia	ortodoncia	**10.** ______________
11.	biografía	biogafía	bíografia	**11.** ______________
12.	bioficica	biophisica	biofísica	**12.** ______________
13.	neologismo	neolojismo	neologísmo	**13.** ______________
14.	negogotico	neótico	neogótico	**14.** ______________
15.	neolitico	neolítico	neulitico	**15.** ______________

Actividad para la casa Su hijo/a ha aprendido a escribir palabras con prefijos griegos. Pídale que nombre tres pares de palabras de la lista, que las escriba correctamente y que explique la diferencia en el significado.

Mayúsculas, abreviaturas y puntuación

Instrucciones Une los elementos de la columna de la izquierda con los usos de la columna de la derecha. Escribe en la raya la letra del uso correcto.

______ **1.** el punto (.)	**A.** al principio y al final de las oraciones interrogativas
______ **2.** los dos puntos (:)	**B.** al principio y al final de las oraciones exclamativas
______ **3.** signos de interrogación (¿?)	**C.** títulos de libros, películas y obras de arte
______ **4.** signos de exclamación (¡!)	**D.** siglas
______ **5.** letra cursiva y mayúscula inicial	**E.** al final de las oraciones enunciativas
______ **6.** mayúsculas	**F.** tras anunciar una enumeración

Instrucciones Escribe las oraciones. Corrige todo lo necesario en el uso de la puntuación, las mayúsculas y los subrayados.

7. La sra bird no vino hoy a clase

____

8. Qué le pasó Se enfermó?

____

9. Qué lata! Otra vez jamón serrano!

____

10. Tengo cuatro colores rojo, amarillo, verde y azul

____

11. He estado viendo buscando a Nemo.

____

12. Sabes lo que significan las siglas tlcan?

____

13. Sí significan tratado de libre comercio de américa del norte.

____

Nombre ______________________________

Gráfica S-Q-A

Instrucciones Completa esta gráfica S-Q-A para poder organizar tus ideas.

Tema ______________________________

Lo que <u>S</u>é	Lo que <u>Q</u>uiero saber	Lo que <u>A</u>prendí

Pregunta determinante ______________________________

Nombre ______________________________

Oraciones principales y con detalles

Instrucciones Decide cómo organizarás tus párrafos. Luego escribe una oración principal y los detalles de apoyo para cada párrafo.

Párrafo 1
Oración principal: ______________________________

____

Oraciones con detalles: ______________________________

____

Párrafo 2
Oración principal: ______________________________

____

Oraciones con detalles: ______________________________

____

Párrafo 3
Oración principal: ______________________________

____

Oraciones con detalles: ______________________________

____

Párrafo 4
Oración principal: ______________________________

____

Oraciones con detalles: ______________________________

____

Nombre ____________________________________

Combinar oraciones

Instrucciones Utiliza la palabra entre paréntesis para combinar cada par de oraciones. Acuérdate de utilizar mayúsculas en la primera letra de cada oración nueva y de agregar una coma cuando sea necesario.

1. (porque) No se pueden ver las fallas. Están muy por debajo de la superficie de la Tierra.

____

____

2. (cuando) Se produce un terremoto. Las partes de la corteza terrestre se quiebran y se desplazan.

____

____

____

3. (o) Las ondas sísmicas, ¿son todas iguales? ¿Existen distintos tipos de ondas sísmicas?

____

____

____

4. (y) La escala de Richter mide la energía liberada. La escala de Mercali mide los efectos de un terremoto.

____

____

____

5. (pero) Actualmente los geólogos no pueden predecir ni prevenir los terremotos. Algún día, esperan poder hacer las dos cosas.

____

____

____

Nombre ____________________

Comentar entre compañeros Informe de investigación

Instrucciones Luego de intercambiar los borradores, lee el informe de tu compañero. Consulta la Lista para revisar mientras tomas notas acerca del informe de tu compañero. Escribe tus comentarios o preguntas en los renglones. Ofrece cumplidos así como también sugerencias para la revisión. Túrnense para hablar acerca de los borradores de cada uno utilizando las notas que escribieron. Entrégale tus notas a tu compañero.

Lista para revisar

Enfoque/Ideas

- ☐ ¿El informe de investigación se centra en un tema?
- ☐ ¿Incluye suficientes detalles?

Organización

- ☐ ¿Tiene cada párrafo una oración principal y oraciones con detalles de apoyo?

Voz

- ☐ ¿Es un informe interesante para leer?

Lenguaje

- ☐ ¿El escritor ha parafraseado el material?

Oraciones

- ☐ ¿Algunas oraciones cortas simples han sido combinadas en oraciones compuestas o complejas para mejorar la fluidez y la claridad?

Cosas que creo que estuvieron bien ____________________

____

____

Cosas que creo que se podrían mejorar ____________________

____

____